	기축일	경인일	신묘일	임진일	계사일
1국	299	353	407	461	519
2국	303	358	411	465	523
3국	307	363	416	470	528
4국	311	368	420	475	532
5국	315	372	424	480	536
6국	319	376	429	484	541
7국	324	380	434	489	546
8국	328	384	438	494	551
9국	332	388	442	499	556
10국	337	392	446	504	560
11국	342	397	450	508	565
12국	346	401	454	512	570

○ 묘성과, 리괘, 호랑이가 사람을 무는 상
구관은 길하고, 나머지 정단은 모두 흉하다. 특히 출행, 병재, 관재가 흉하다.

○ 별책과, 음란의 상, 불완전의 상
혼인과 가정에서 음란이 발생한다. 모든 일에서 불완전하다.

○ 팔전과, 동인괘, 협력동심의 상
근친상간의 상으로서 가정이 음란하다. 유실물은 안에 있다.

○ 반음과, 진괘, 경천동지의 상
길사는 불성하고, 흉사는 사라진다. 혼인과 가정과 직장과는 절연된다.

○ 복음과, 간괘, 수구대신의 상
구관(求官)은 길하고, 나머지 정단은 모두 흉하다. 질병은 수술수가 있다.

즉문즉답
대육임직지

갑신순

우산愚山 이수동李洙銅

1963 경북 백두대간 황악산 남쪽 산자락에서 출생
1991 한국기공연합회 기공사, 감사 역임
2005 『운명 바꿀 것인가 따를 것인가』에
　　　한국의 대표 역학인 10人에 소개
2006 『육임입문』 1·2·3 출간
2009 『육임실전』 1 출간
2010 『대육임필법부 평주』 출간
2013 원광대학교 한국문화학과 졸업, 문학박사
2014 『육임실전』 2(「육임지남주해」) 출간
2018 「육임의 혼인점단 이론체계 연구」, 실천민속학회, 2018.
전직) 서라벌대학교 풍수명리학과 강사, 공주대학교 동양학과 강사
현재) 원광디지털대학교 동양학과 강사, 동국대학교 미래융합교육원 강사
　　　(학술단체) 고려육임학회 학회장, 한국택일 연구소
　　　네이버에서 고려육임학회 카페 http://cafe.naver.com/taotemple
　　　이메일 : gigong@naver.com

대유육임시리즈 9 대육임직지 ③ 갑신순

- 2쇄 발행 2020년 10월 15일
- 주해　우산 이수동
- 편집　이연실 윤치훈
- 발행인 윤상철　· 발행처 대유학당 since1993
- 출판등록 2002년 4월 17일 제305-2002-000028호
- 주소 서울 동대문구 휘경동 258 서신빌딩 402호
- 전화 (02)2249-5630~1
- 홈페이지 http//www.daeyou.net 대유학당
- ISBN 978-89-6369-092-6 13180
- 정가 **30,000원**

- 이 도서의 국립중앙도서관 출판예정도서목록(CIP)은
　서지정보유통지원시스템 홈페이지(http : //seoji.nl.go.kr)와
　국가자료공동목록시스템(http : //www.nl.go.kr/kolisnet)에서
　이용하실 수 있습니다. (CIP2018030946)

즉문즉답
대육임직지

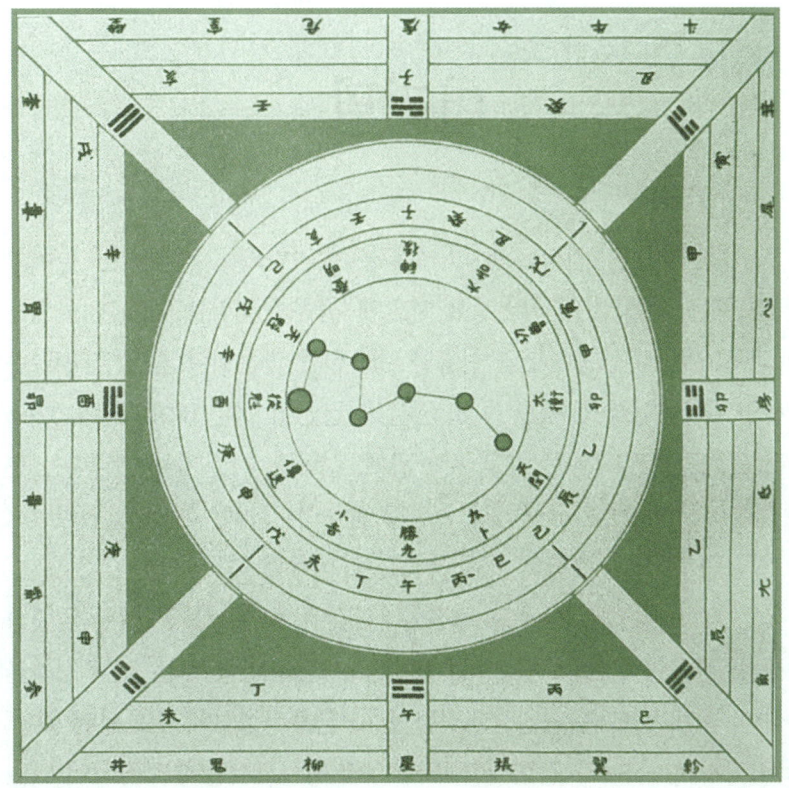

낙랑군 우왕묘에서 출토된 육임식반의 복원도.

○ 육임식반은 하늘을 뜻하는 원형(圓形)의 천반과 땅을 상징하는 방형(方形)의 지반으로 구성되어 있다.

□ 원형(동그라미)의 한 가운데에는 북두칠성이 그려져 있고, 동그라미 테두리에는 육임의 12월장 및 10간 12지가 적혀 있으며, 그 바깥의 방형의 네모에도 10간 12지와 팔괘 그리고 이십팔수가 적혀 있다.

△ 이 유물을 통해 육임식반이 널리 사용됐고, 육임점(六壬占)이 널리 성행했음을 알 수 있다.

머리말

『대육임직지』는 인사(人事)의 길흉을 손가락으로 가리키듯 곧바로 가르쳐주는 책이자, 인사의 주요 사안에 '즉문즉답'하는 책이다. 육임은 720과로 인사의 성공여부와 길흉을 예측하는 학문이다. 육임 720과 주석서인 『대육임직지』에는 주요 인사의 답안이 '직지(直指)'되어 있다. 따라서 육임을 연구하는 분과 사주카페, 철학관, 사찰에서 상담하는 분은 물론이고, 일반인도 구입과 동시에 활용이 가능한 책으로, 편리성으로 말하면 토정 이지함의 『토정비결』에 비유할 수 있다.

육임 720과를 해설한 주요 고전을 시대순으로 살펴보면 『대육임입성대전검』, 『육임직지』, 『육임요결』이 있다. 『대육임직지』는 이 고전들을 주석한 책이다. 『대육임입성대전검』은 고금도서집성에 수록되어 있고, 『육임직지』는 청나라 강희제(康熙帝) 때의 왕실도서관에 소장되어 있었던 고서이며, 『육임요결』은 청말·근대초기 오사청 문집의 한 책이다.

10여 년 전 720과 주석서 출간을 결심한 뒤에, 이제야 갑자순, 갑술순, 갑신순의 주석서를 먼저 세상에 내 놓는다. 이 책에는 가정(주택), 구관(시험, 승진), 혼인, 임신·출산, 귀인 알현(면접), 구재(장사, 사업), 질병, 출행(여행), 귀가, 쟁송(관재) 외에도 날씨와 음택(산소)과 전쟁에 대한 길흉여부와 그 이유가 비교적 자세하게 설명되어 있다. 아무쪼록 이 책이 육임을 연구하는 분, 상담 현장에서 상담하는 분, 그리고 일반인에게 작은 도움이 되길 기원한다.

서기 2018년 계하에
빛고을 光明에서 우산 이수동 삼가 적음

일러두기

1. 본고의 근본은 『대육임입성대전검』, 『육임직지』, 『육임요결』에 두었다.

2. 과체

 매 국의 과체에서 '∥' 이전의 것은 고전의 것이고, '∥' 이후의 것은 고전 이외의 것으로써 저자가 보완하였다.

3. 귀인접지법

구분 주야 십간	현대		청나라 이전 ~명나라	
	낮	밤	낮	밤
甲	未	丑	丑	未
乙	申	子	子	申
丙	酉	亥	亥	酉
丁	亥	酉	亥	酉
戊	丑	未	丑	未
己	子	申	子	申
庚	丑	未	丑	未
辛	寅	午	午	寅
壬	卯	巳	巳	卯
癸	巳	卯	巳	卯

 본고에서는 현대인의 활용을 위해 아래와 같이 현대의 귀인접지법을 적용하였다.

갑일의 낮 귀인은 未이고 밤 귀인은 丑이다.
을일의 낮 귀인은 申이고 밤 귀인은 子이다.
병일의 낮 귀인은 酉이고 밤 귀인은 亥이다.
신일의 낮 귀인은 寅이고 밤 귀인은 午이다.
임일의 낮 귀인은 卯이고 밤 귀인은 巳이다.

4. 섭해과의 삼전은 고전의 삼전을 취용하였다.

5. 귀인알현
   이 항목은 공무원이나 직장인이 그들의 상급자에게 청탁하거나 혹은 서민이 관청의 공무원 혹은 귀인을 만나서 부탁할 때에 적용된다.

6. 가정
   원문에서의 '가택'이다. 가정사와 가상(양택) 항목이다. 만약 회사를 정단하면 회사가 되고, 가게를 정단하면 가게가 된다. 따라서 회사 또는 가게의 좋고 나쁜 상황을 알 수 있다.

7. 쟁송과 관재
   쟁송은 원고와 피고가 정해진 상황에서 승소와 패소를 예측하는 것이고, 관재는 범법을 저지른 뒤 죄의 경중을 예측하는 것이다.

8. 원문에서 10개 '괘'로 표기되어 있는 것을 '과'로 바꾸었다. 예를 들어 '원수괘'를 '원수과'로 바꾸었다.

9. 정단에서의 우산그림(☂)은 원문에는 없지만 꼭 필요하다고 생각하여 저자가 추가한 것이다. 가령 갑자일 제1국에서 '☂ 알현' 항목을 저자가 보충하여 항목의 가장 뒤편에 수록하였다.

『대육임직지』의 특징

1. 이 책의 원저는 『대육임입성대전검』, 『육임직지』, 『육임요결』이다.

2. 이 책은 인사의 주요 질문에 대한 답을 직지(直指)한 책이다. 따라서 육임의 최종 결과물이라고 할 수 있다.

3. 이 책은 과체(課體), 과의(課義), 해왈(解曰), 단왈(斷曰), 12개 사안, 그리고 『대육임필법부』와 『과경』을 비롯한 육임의 주요 문헌에서의 720과 해설로 구성되어 있다. '과의'는 '핵심'으로, '해왈'은 '분석'으로, '단왈'은 '정단'으로 변경하였다.

4. 사안별 정단은 12개 사안 혹은 10개의 사안으로 구성되어 있다. 가령 갑자일 제1국의 12개 사안은 천시(날씨), 모망, 가택, 혼인, 질병, 임신·출산, 구재, 포획, 유실, 행인, 출행, 정벌이다. 그러나 일진에 따라 일부가 빠지고 이를 대신하여 공명, 실탈(失脫), 쟁송이 추가되어 있다. 본문의 일부에서는 공명이 사환(仕宦)으로 되어 있거나 혹은 정벌(征伐)이 병전(兵戰)으로 기술되어 있으며 혹은 쟁송이나 실탈(유실)이 빠져있기도 하다.

정단에 필요한 도표

〈표 1〉 국수

월장 중기 점시	亥 우 수 ~	戌 춘 분 ~	酉 곡 우 ~	申 소 만 ~	未 하 지 ~	午 대 서 ~	巳 처 서 ~	辰 추 분 ~	卯 상 강 ~	寅 소 설 ~	丑 동 지 ~	子 대 한 ~
子	2	3	4	5	6	7	8	9	10	11	12	1
丑	3	4	5	6	7	8	9	10	11	12	1	2
寅	4	5	6	7	8	9	10	11	12	1	2	3
卯	5	6	7	8	9	10	11	12	1	2	3	4
辰	6	7	8	9	10	11	12	1	2	3	4	5
巳	7	8	9	**10**	11	12	1	2	3	4	5	6
午	8	9	10	11	12	1	2	3	4	5	6	7
未	9	10	11	12	1	2	3	4	5	6	7	8
申	10	11	12	1	2	3	4	5	6	7	8	9
酉	11	12	1	2	3	4	5	6	7	8	9	10
戌	12	1	2	3	4	5	6	7	8	9	10	11
亥	1	2	3	4	5	6	7	8	9	10	11	12

● 국수를 찾는 방법과 점시, 월장, 행년

　가령 서기 2018년 6월 1일 낮 10시에 정단할 경우, 일진은 甲子이고 점시는 巳이며 월장은 申이다. 점시 난의 巳와 월장 난의 申이 만나는 지점에 10이 적혀있으므로 갑자일의 제10국을 열어서 궁금한 항목을 찾아서 보면 된다. 점시는 〈표 2〉를 참조하면 되고, 월장은 〈표 3〉을 참조하면 되며, 한국나이에 따른 행년은 〈표 4〉를 참조하면 된다.

〈표 2〉 12점시(기준 : 표준시)

점시	시간(대략)
자시(子時)	밤 11시 32분~01시 31분
축시(丑時)	밤 01시 32분~03시 31분
인시(寅時)	밤 03시 32분~05시 31분
묘시(卯時)	새벽 05시 32분~07시 31분
진시(辰時)	아침 07시 32분~09시 31분
사시(巳時)	낮 09시 32분~11시 31분
오시(午時)	낮 11시 32분~1시 31분
미시(未時)	낮 1시 32분~3시 31분
신시(申時)	낮 3시 32분~5시 31분
유시(酉時)	저녁 5시 32분~7시 31분
술시(戌時)	밤 7시 32분~9시 31분
해시(亥時)	밤 9시 32분~11시 31분
※ 점시의 기준은 매일 조금씩 달라진다.	

〈표 3〉 월장이 바뀌는 날짜(기준 : 양력)

월장	12기	양력	월장	12기	양력
亥	우수(雨水)	2월 18일~20일	巳	처서(處暑)	8월 22일~23일
戌	춘분(春分)	3월 20일~22일	辰	추분(秋分)	9월 22일~24일
酉	곡우(穀雨)	4월 20일~21일	卯	상강(霜降)	10월 23일~24일
申	소만(小滿)	5월 20일~21일	寅	소설(小雪)	11월 22일~23일
未	하지(夏至)	6월 21일~23일	丑	동지(冬至)	12월 21일~23일
午	대서(大暑)	7월 22일~23일	子	대한(大寒)	1월 20일~21일

※ 월장이 바뀌는 일시분(日時分)은 매년 달라진다.
신뢰성 있는 만세력을 참조할 것.

〈표 4〉 행년표

나이	1세	2세	3세	4세	5세	6세	7세	8세	9세	10세
남자	丙寅	丁卯	戊辰	己巳	庚午	辛未	壬申	癸酉	甲戌	乙亥
여자	壬申	辛未	庚午	己巳	戊辰	丁卯	丙寅	乙丑	甲子	癸亥

나이	11세	12세	13세	14세	15세	16세	17세	18세	19세	20세
남자	丙子	丁丑	戊寅	己卯	庚辰	辛巳	壬午	癸未	甲申	乙酉
여자	壬戌	辛酉	庚申	己未	戊午	丁巳	丙辰	乙卯	甲寅	癸丑

나이	21세	22세	23세	24세	25세	26세	27세	28세	29세	30세
남자	丙戌	丁亥	戊子	己丑	庚寅	辛卯	壬辰	癸巳	甲午	乙未
여자	壬子	辛亥	庚戌	己酉	戊申	丁未	丙午	乙巳	甲辰	癸卯

나이	31세	32세	33세	34세	35세	36세	37세	38세	39세	40세
남자	丙申	丁酉	戊戌	己亥	庚子	辛丑	壬寅	癸卯	甲辰	乙巳
여자	壬寅	辛丑	庚子	己亥	戊戌	丁酉	丙申	乙未	甲午	癸巳

나이	41세	42세	43세	44세	45세	46세	47세	48세	49세	50세
남자	丙午	丁未	戊申	己酉	庚戌	辛亥	壬子	癸丑	甲寅	乙卯
여자	壬辰	辛卯	庚寅	己丑	戊子	丁亥	丙戌	乙酉	甲申	癸未

나이	51세	52세	53세	54세	55세	56세	57세	58세	59세	60세
남자	丙辰	丁巳	戊午	己未	庚申	辛酉	壬戌	癸亥	甲子	乙丑
여자	壬午	辛巳	庚辰	己卯	戊寅	丁丑	丙子	乙亥	甲戌	癸酉

갑신일

甲申日의 길신(구보)과 흉살(팔살)				
일덕	寅		형	
일록	寅		충	
역마	寅		파	
장생	亥		해	
제왕	卯		귀살	申酉
순기	子		묘신	未
육의	甲申		패신	子
귀인	주	未	공망	午未
	야	丑	탈(脫)	巳午
합(合)			사(死)	午
태(胎)	酉		절(絶)	申

대륙임직지

甲申일 제 1 국

공망 : 午·未 ○
낮 : 왼쪽 천장, 밤 : 오른쪽 천장

庚	癸	甲
青寅蛇	朱巳勾	后申白
寅	巳	申
庚	庚	甲	甲
青寅蛇	青寅蛇	后申白	后申白
甲寅	寅	申	申

癸巳朱	勾	○午青	○未貴	空	甲申后 白
壬辰合	合				乙酉陰 常
辛卯勾	朱				丙戌玄 玄
庚寅青 蛇寅	空丑貴丑	白子后子	丁亥常 陰亥

□ **과체** : 복음, 자임, 원태 ∥ 형상, 일덕, 육의, 조지, 간지상충.

□ **핵심** : 가출한 사람은 귀가하고, 래인(來人)은 반드시 나를 속인다. 일록의 둔반은 귀살인 庚이고, 말전에서는 여러 백호를 만난다.

□ **분석** : ❶ 복음과에서 역마가 발용이 되었으니 가출한 가족이 바로 도착한다.

❷ 일지의 음양이 모두 금이고 일간의 음양이 모두 목인데, 일간이 지상으로 가면 반드시 무시를 당한다.

❸ 간상의 寅은 일록이고 둔간은 귀살인 庚이다. 낮에는 청룡의 도움을 받는다. 그러나 밤에는 등사의 丁巳화에 탈기당하여 반드시 재난을 당하니 밤에는 일록을 탐내면 안 된다.

❹ 중전의 巳는 일간을 탈기하고 말전으로 가니 여러 백호를 만나는데, 이와 같이 보는 것은 申이 백호이고 밤에 백호가 타고 있기 때문이다.

❺ 일지의 음양에 여러 백호가 무리를 짓고 있으니 백호를 감당하기 어렵다.

□ **정단** : ❶ 이 자임격의 과전은 모두 맹신이다. 격명이 원태로서 숨어

서 모습을 드러내지 않는 상이니 조용히 때를 기다리는 것이 좋다.
❷ 발용에 일록과 역마인 寅을 모두 갖췄고, 등사가 뿔을 드러내며, 구진이 도장을 받드니 승진에 길하다. 공무원이 정단하면 반드시 공명을 이루는데, 연명상에서 오행의 수를 보면 더욱 기쁘다. 그러나 만약 연명상에 申이 있는 사람이 정단하면 이롭지 않은데 이는 일록을 충하여 일록이 깨지기 때문이다.
→ 연명이 亥·子이면 그 상신 亥·子에서 일간을 생하여 '관인상생'이 되니 공명에 더욱 이롭다.

○ **날씨** : 바람은 많이 불지만 비는 적게 온다. 낮 정단에서는 비가 온다.
→ 발용이 寅이니 바람이 분다. 낮 정단에서는 초전에 청룡이 타니 비가 오고, 밤 정단에서는 등사가 타니 우레가 친다.
○ **가정** : 일지와 일간이 서로 절신이니 이사해야 한다.
→ 일간은 사람이고 일지는 집이다. 지상의 申이 일간 甲의 절신이고 간상의 寅이 일지 申의 절신이어서 이 집과의 인연이 끝났으니 이사해야 한다. ● 일간은 남편이고 일지는 아내이다. 간지와 그 상신이 서로 형과 충과 극을 하며 다시 일간의 둔반에서 일지의 둔반을 극하며 또다시 지상신이 일간의 절신이고 간상신이 일지의 절신이니 화목하지 않을뿐만 아니라 이혼하는 상이다. ● 지상에 낮에는 천후가 타서 일간을 극하니 처가 남편을 괴롭히고, 밤에는 백호가 타서 일간을 극하니 가정에 환자가 있다.
○ **혼인** : 낮 정단에는 취할만하지만 형극(刑克)을 방지해야 한다.
→ 일간은 남자이고 일지는 여자이다. 낮에는 지상이 길장인 천후가 타고 있어서 취할만하지만 간지가 형과 극을 하니 싸우는 것을 방지해야 한다. ● 궁합 : 기궁과 일지가 상충하고, 간상신과 지상신

이 상충하며, 기궁과 지상신 그리고 일지와 간상신이 상충하니 궁합이 나쁘다. 만약 혼인하면 삼전이 삼형이니 일평생 부부가 다툰다. ● 지상신이 일간을 극하니 나에게 해를 입히는 사람이다. 낮에는 지상에 길장인 천후가 타니 여자의 성정이 좋은 편이고, 밤에는 지상에 흉장인 백호가 타니 여자의 성정이 나쁜 편이다.

○ 임신·출산 : 부인의 태기가 왕성하다. 혹은 첩이 임신한다.
→ 태신은 태아이다. 일간의 태신인 酉가 과전에 없으므로 임신하기 어렵다. 천지반도의 태신인 酉는 태괘로서 소녀를 뜻하니, 연명이 酉인 사람의 첩이 임신할 가능성이 있다.

○ 구관 : 낮 정단에서 청룡과 역마가 일덕과 일록에 타니, 공무원임용고시로 명성을 날리는 데에 크게 이롭다. 다만 연명이 申巳午인 사람은 부족하다.
→ 청룡은 문관을 뜻하고 역마는 합격과 승진을 뜻한다. 낮 정단에서 초전의 일록과 역마에 청룡이 타니 고시에 매우 이롭다. 연명이 巳·午이면 그 상신 巳·午에서 관성과 '최관부(催官符)'를 극하고 다시 일덕과 일록인 寅목을 설기하니 이롭지 않고, 연명이 申이면 그 상신 申금에서 일덕과 일록을 충하고 극하니 이롭지 않다.

○ 구재 : 얻기 어렵다.
→ 재성은 재물이다. 재성이 과전이 없으므로 얻지 못한다.

○ 질병 : 피를 보는 액이 있으니 최흉하다. 다행히 구하는 신이 있으니 무방하다.
→ 밤에 정단하면 백호가 귀살에 타니 피를 보는 액을 당하지만 일간의 의약신인 巳가 중전에 임하니 치료가 가능하다.

○ 알현 : 귀인을 만나 명예를 구하는 일에 이롭다.
→ 역마는 원행이고 일록은 관록이다. 초전이 역마와 일록이니 귀인을 만나 명예를 추구하는 일에서 이롭다.

○ 유실 : 근처에서 찾으면 된다.

➜ 복음과는 유실물이 근처에 있다.
- 출행 : 원행해도 된다.
    ➜ 초전이 자동차를 뜻하는 역마이니 원행해도 된다.
- 귀가 : 즉시 온다.
    ➜ 간상신이 초전이 되고 말전이 지상신이 되니 즉시 온다.
- 쟁송 : 패소한다.
    ➜ 쟁송은 원고와 피고 사이의 승패를 가리는 쟁송이고, 관재는 원고나 피고와는 무관하게 범법을 저지른 관재이다. 쟁송을 정단하면 일간이 일지로부터 극을 당하니 패소하고, 만약 관재를 정단하면 삼전이 삼형을 이루고 말전의 申이 일간 甲을 극하니 중형을 피하기 어렵다.
- 전투 : 낮 정단에서는 대승하고, 밤 정단에서는 불안하다.
    ➜ 간지상에 낮 정단에서는 길장이 타니 대승하고, 밤 정단에서는 흉장이 타니 불안하다.

□ 『필법부』 : 〈제75법〉 손님과 주인이 다투니 형벌을 받는다. 도모하는 교섭사는 반드시 각각에게 다른 마음이 있다.
〈제24법〉 내가 타인에게 일을 구하는 격이다. 모든 일에서 강제로 타인에게 고개를 숙여서 구함을 면치 못하고, 또한 타인의 압력으로 스스로 굴신하기는 어렵다. 다만 시령으로 왕상하면 오히려 길하고 만약 사수이면 불안하다.
    ➜ 〈제24법〉은 조지격을 설명하고 있다.
〈제89법〉 자임과 자신에 정마가 타면 행동을 하게 된다. 삼전과 간지 위에 순내 정신이 있거나 또는 천마와 역마가 타면 반드시 고요하게 있다가 움직인다.

□ 『수중금』 : 원태에 일록·역마·청룡·주작이 보일 경우 관직정단을 하면

매우 이롭다. 그러나 이 외의 정단을 하여 구진이나 백호가 보이니 반드시 소송을 당하거나 혹은 병자가 발생한다. 해월(亥月)에는 주로 임신과 출산에 관한 정단이다. 행년 위에 청룡이 보이면 아들을 낳고, 천후가 보이면 딸을 낳으며, 등사가 타면 놀라고, 백호가 타면 다치며, 구진이 타면 액을 당한다.

甲申일 제2국

공망 : 午·未
낮 : 왼쪽 천장, 밤 : 오른쪽 천장

戊	丁	丙	
白 子 后	常 亥 陰	玄 戌 玄	
丑	子	亥	
己	戊	○	○
空 丑 貴	白 子 后	貴 未 空	蛇 午 靑
甲 寅	丑	申	未

壬辰巳合	癸巳午合朱	○午未蛇靑	○未申貴空
辛卯辰勾朱			甲申酉后白
庚寅卯靑蛇			乙酉戌陰常
己丑寅空 貴	戊子丑白 后	丁亥子常 陰	丙戌亥玄 玄

□ **과체** : 지일, 퇴여, 중음 // 재공(財空), 삼기, 귀부간지, 간지상충, 살몰.

□ **핵심** : 계속하여 서로 속인다. 두 귀인이 도와준다. 생계는 왕성하지만 자식의 일은 나쁘다.

□ **분석** : 간상이 일지의 묘신이고 지상이 일간의 묘신이니 서로 속인다. 밤 귀인은 일간에 타고 낮 귀인은 일지에 타고 있지만 丑과 未가 서로 형을 하니 양 귀인의 사이가 좋지 않다. 초전과 중전의 子·亥는 수이고 말전의 戌에 타고 있는 두 현무 또한 수이다. 여러 수에서 일간을 생하니 생계가 넉넉하다. 다만 화를 지나치게 제극하여 일간의 자손을 상하게 하니 자손이 폐인이 될 지경이다.

□ **정단** : ❶ 이 지일과는 연여로서 역으로 전해진다. 후퇴하면서 전진하고, 은혜 속에 해가 생기며, 모든 일은 동일한 부류의 사람에게서 일어난다. 서로 화합하면 길하고 의심하면 흉하다.

❷ 삼전 밤의 천후·태음·현무는 모두 간음의 천장이고, 子와 未, 丑과 午가 서로 육해이니, 사람은 왕성하고 집은 쇠미하며 주객은 화합하지 않는다. 모든 일에서 근신해야 손해입는 것을 면할 수 있다.

❸ 귀인이 남몰래 나를 도우며 가을과 겨울에 점단하면 대길하다.

○ **날씨** : 장맛비가 계속하여 오고 멈추지 않는다.
→ 초전과 중전의 子와 亥는 물론이고 말전에 타고 있는 현무가 모두 비를 뜻하니 장기간 비가 온다.
○ **가정** : 가족이 화목하지 않다. 어린이가 다치는 것을 방지해야 한다.
→ 일간은 나이고 일지는 가족이다. 간지와 그 상신이 상충하고 제2과상신 子와 제3과상신 未, 제1과상신 丑과 제4과상신 午가 서로 육해이니 나와 가족이 화목하지 않다. 子는 어린이다. 낮에는 백호가 子에 타고 있으니 병이 나거나 다친다. ● 지상은 일간 甲의 묘신인 未이고 간상은 일지 申의 묘신인 丑이니, 나와 가정사 모두 어둡다. 삼전이 다시 밤의 12지로 이어져서 중음이니 가운이 어두워지는 것을 예방해야 한다.
○ **혼인** : 이롭지 않다.
→ 일간은 남자이고 일지는 여자이다. 일간과 일지인 寅과 申, 그 상신인 丑과 未가 상충하고 제2과상신 子와 제3과상신 未, 제1과상신 丑과 제4과상신 午가 육해이니, 남녀의 궁합은 물론이고 남자와 처가, 여자와 시가의 사이가 모두 나쁘니 혼인이 이롭지 않고 궁합 또한 나쁘다. ● 지상이 일간의 묘신이니 앞날이 어두운 여자이고, 다시 지상이 공망되었으니 보잘 것 없는 사람이며, 또다시 그 음신이 공망되었으니 상대방의 집안 또한 보잘 것이 없다.
○ **임신·출산** : 태아를 안전하게 출산한다. 그러나 아이를 키우지 못하는 것을 방지해야 한다.
→ 일간은 태아이고 일지는 임신부이다. 간지와 그 상신이 상충하니 출산이 길하다. 그러나 간지상에 간지의 묘신이 임하니 생육이 밝지 못하다.

○ **구관** : 누군가가 나를 몰래 돕는다.
　→ 초전과 중전의 부모효에서 일간을 생하니 누군가가 나를 몰래 돕는다.
○ **구재** : 득재한 후에 잃는 것을 방지해야 한다.
　→ 丑未戌은 재성이다. 간상의 丑에는 낮 정단에서 천공이 타고, 지상의 未는 공망되어 었으며, 말전의 戌에는 현무가 타고 있다. 따라서 득재한 후에 재물을 잃는다.
○ **질병** : 낮 정단에서는 귀수(鬼祟)로 인한 재앙이다. 만약 자손의 질병을 정단하면 흉하다.
　→ 귀인 공망은 귀수로 인한 질병이다. 지상의 낮에 귀인이 공망되었으니 귀수로 인한 질병이다. 자손의 질병을 정단하면 삼전의 인성국이 자손에 해당하는 오행의 화를 극하니 흉하다.
○ **유실** : 찾을 수 있다.
　→ 재성은 재물이다. 간상에 재성 丑이 임하니 찾을 수 있다.
○ **출행** : 주저하면서 쉽게 결정을 내리지 못한다.
　→ 일간은 출행인이다. 간상에 묘신이 임하니 출행을 결정하기 어렵다.
○ **귀가** : 늦게 귀가한다.
　→ 말전 戌 ⋯ 중전 亥 ⋯ 말전 子 ⋯ 간상 丑으로 이어지니 늦게 귀가한다.
○ **쟁송** : 해소된다. 암해를 방지해야 한다.
　→ 일간은 나이고 일지는 상대이다. 간지상의 묘신 丑과 未가 상충하니 쟁송이 해소된다. 그리고 지상의 未에서 일간음신 子를 육해하니 보이지 않는 암해를 방지해야 한다. ● **승패** : 일간은 튼실하고 일지는 공허하며 또다시 삼전의 수국이 일지 申을 설기하여 일간을 생하니 다시 내가 승소하는 상이다.
○ **전투** : 이익이 적다. 가을과 겨울에 정단하면 길하다.

→ 재성은 전리품이다. 지상의 未는 공망되었고 말전의 재성 戌에는 현무가 타고 있으니 전리품이 적다. 가을과 겨울에는 일간의 부모 효인 子와 亥가 왕상하니 길하다.

□ 『필법부』: 〈제45법〉 주야귀인이 서로 가하면 양 귀인에게서 구한다.
 → 이 과전에서는 낮 귀인 未는 지상에 임하고 밤 귀인 丑은 간상에 임하여 간지 위에 두 귀인이 모두 임하니 두 귀인의 주선으로 성사한다고 하였다. 그러나 낮 귀인 未가 공망되었으니 그렇지 못할 뿐만 아니라 지상의 未가 일간의 묘신이고 간상의 丑이 일지의 묘신이니 귀인의 도움은커녕 귀인으로부터 오히려 해를 입는다.
〈제88법〉 간지상에 묘신이 타면 모두 혼미해진다.
 → 이 과전에서는 일간의 묘신이 지상에 임하고 일지의 묘신이 간상에 임하고 있다. 만약 가정 정단을 하면 가정에 어려움이 많다.
〈제95법〉 육효가 괘로 드러나면 극을 방지해야 된다.
 → 이 과전에서는 부모효가 극왕하니 자손이 우려된다.
□ 『과경』: 간지에 주야귀인이 임하면 반드시 두 귀인의 온전한 도움으로 성사된다.
 → 앞의 『필법부』 제45법 해설 참조.
□ 『수중금』: 子亥戌은 중음으로서 은둔에 좋다. 7~8세 아이에게는 나쁘다.
 → 삼전이 모두 밤의 12지이니 은둔에 좋다. 그리고 초전과 중전의 子와 亥가 모여서 부모국이니 이의 극을 받는 자식에게는 나쁘다.
□ 『지장부』: 삼전이 모두 부모효이니 내가 걱정하지 않더라도 부모는 건강하다.
 → 『필법부』 제95법과 관련이 있다. 삼전에 부모효인 子와 亥가 임하니 부모님은 우려되지 않으나 이의 극을 받는 자식이 우려된다.

甲申일 제 3 국

공망 : 午·未 ○
낮 : 왼쪽 천장, 밤 : 오른쪽 천장

	壬	庚
蛇午青 合辰合	青寅蛇
申	午 ○	辰
戊	丙	○	壬
白子后 玄戌玄 蛇午青 合辰合
甲寅	子	申	午 ○

辛勾朱 卯巳	壬合合 辰午 ○	癸朱勾 巳未 ○	○蛇 午申 青
庚青蛇 寅辰			○貴空 未酉
己空貴 丑卯			甲后白 申戌
戊白后 子寅	丁常陰 亥丑	丙玄玄 戌子	乙陰常 酉亥

□ **과체** : 섭해, 간전, 고조, 여덕∥복덕, 육양, 사화룡(蛇化龍,낮), 용화사(龍化蛇,밤), 교차삼합(간지), 교차탈합, 청룡극하, 간지상충, 고진과수.

□ **핵심** : 집안의 재물이 마구 샌다. 자손의 대가 끊어지고 방랑한다. 庚금 살을 막아준다. 나중에는 높아진다.

□ **분석** : ❶ 午는 甲의 자손이다. 午가 가택 위에 머물면서 일간의 기운을 탈기하고 다시 갑신순의 공망되어 었다. 가택 위에서 탈기하고 공망되었으니 후손들이 방란하는 상이다.

❷ 말전 寅의 둔간은 庚이다. 일록 寅의 가까이에 귀살이 있으니 일록을 취할 수 없지만 午화가 庚금을 제극하는 것에 의지하여 나중에는 일록을 취할 수 있다. 5월에 정단하면 월건이 공망을 매우니 이렇게 논할 수 있다.

□ **정단** : ❶ 섭해과의 견기격이니 모든 일이 지체되고 나아갈 수도 없고 물러날 수도 없다. 격명이 고조이니 예전으로 돌아가는 상이다.

❷ 귀인이 卯酉에 임하면 고위직공무원은 승진하고, 하위직공무원은 강등과 문책을 당하며, 음인과 소인은 재앙을 입는다.

❸ 모든 모망사에서 전진은 이롭지만 후퇴하면 불리한데, 후퇴하면 공망을 만나기 때문이다.

○ **날씨** : 맑은 날씨를 원하는 정단을 하면 맑지 않다. 비를 원하는 정단을 하면 戌일에 비가 온다.
→ 초전의 午화가 공망되었으니 비가 오지 않고, 일간음신 戌에 수의 천장인 현무가 타니 戌일에 비가 온다.
○ **가정** : 집이 허물어지고 가업이 쇠퇴해진다. 집을 다시 고쳐야 한다. 봄의 낮 정단에서는 화재를 방지해야 한다.
→ 일간은 사람이고 일지는 집이다. 지상의 午에서 일간을 설기하니 가산이 줄고, 지상이 공망되었으니 가산이 남아있지 않다. 봄에 정단하면 지상의 午가 화귀살이고 낮에는 화재의 천장인 등사가 타서 일지 申을 극하니 화재가 발생한다. 만약 인월(寅月)에 정단하면 지상신이 사기이니 집에 사상사가 발생한다.
○ **혼인** : 성사된다. 그러나 좋은 가운데에서 조금 부족한 것이 있다.
→ 일간은 남자이고 일지는 여자이다. 간지가 교차삼합하니 혼인이 성사되는 상이지만 간지와 그 상신 그리고 지상이 공망되었으니 불성할 우려가 있다.
○ **임신·출산** : 임신은 좋고 출산은 나쁘다.
→ 일간은 태아이고 일지는 임신부이다. 간지가 교차삼합하니 임신정단은 좋지만 출산정단은 나쁘다. 만약 임신의 유무나 임신 중 태아의 건강을 정단하면, 지상의 자손효가 공망되었고, 간지와 그 상신이 상충하며, 간지교차육합이 불성하니 임신되기 어렵고 또한 낙태 위험이 있다. 그러나 만약 출산을 물으면 동일한 이유로 인해 순산한다.
○ **구관** : 오월(午月)에 정단하면 길하고, 나머지 달에 정단하면 유명무

실하다.
→ 밤에는 공망된 문관직 류신인 청룡승신 午가 오월(午月)에 풀리니 길하고 나머지 달은 흉하다고 하였다. 그러나 청룡이 지반을 극하면 '청룡극하'라고 하여 용의 비늘이 벗겨지고 다시 삼전이 고조이니 관로가 어둡다.

○ **구재** : 미래가 나쁘다. 도난을 방지해야 한다.
→ 중전의 재성이 공망되었으니 미래가 나쁘고, 일간음신의 재성에 현무가 타고 있으니 도난을 방지해야 한다.

○ **질병** : 기혈이 쇠약하다. 급병은 무방하고 구병은 흉하다.
→ 지상의 午에서 일간을 설기하고 다시 공망되었으니 기혈이 손상당하여 쇠약하다. 초전이 공망되면 신병은 낫고 구병은 사망한다.

○ **출행** : 조심해야 한다. 소인을 만날 우려가 있다.
→ 일간은 나이고 일지는 여행지이다. 지상에서 일간을 설기하니 소인으로 인해 도난당할 우려가 있다.

○ **귀가** : 도로에 있다. 갑신순을 벗어난 뒤에 반드시 온다.
→ 천강(辰)이 사중인 午에 임하니 도로에 있다. 공망 된 초전의 午가 메워지는 갑오순에 온다.

○ **쟁송** : 놀람과 우환이 반복된다. 나중에 풀린다.
→ 일간은 나이고 일지는 상대이다. 간상과 지상에 흉장인 등사와 백호가 반복되어 있으니 놀람과 우환이 반복된다. 비록 간지가 교차삼합하지만 일간과 일지, 일간과 일지의 상신이 상충하니 합의하기 어렵다. 그러나 초전과 중전이 공망되었으니 나중에는 놀람과 우환이 풀린다. ● 승패 : 일간의 음양이신은 실하고 일지의 음양이신은 공망되었으니 내가 승소한다.

○ **전투** : 많은 군사를 잃는 상이니 근신해야 한다.
→ 전쟁에서 섭해과는 많은 어려움이 뒤따른다. 그리고 초전에서 일간을 탈기하고 공망되었으며 다시 중전이 공망되었으니 전쟁을

치르는 과정에서 많은 군사를 잃는다.

□ 『필법부』 : 〈제36법〉 일간과 일지가 모두 패신이면 형세가 기울고 무너진다. 몸을 정단하면 기혈이 쇠패하고 가택을 정단하면 가옥이 무너지니 날이 갈수록 낭패이고 큰 발전이 전혀 없다.
　→ 간상과 지상에 패신이 모두 임하면 '구패(俱敗)'이다. 간상의 子는 일간 甲의 패신이고 지상의 午는 일지 申의 패신이다.
〈제18-2법〉 삼전이 차례로 공망되면 전진해야 한다.
　→ 초전의 천반 午와 중전의 지반 午가 공망되었다.

□ 『육임지남』 : 월장 未를 점시 酉에 가하여 석부(射覆) 정단을 하였다. 이것은 반드시 문서의 한 종류이다. 화남이 말하기를, "그것이 문서임을 어떻게 알았는가?" 라고 이치에 대한 설명을 구하였다. 내가 말하기를, 동방삭(B.C.154~B.C.93)이 썼던 석부법으로 판단하니, 본과는 삼전이 순양이고, 둔갑(遁甲)을 취했더니 丁卯이며, 올려 보았더니 丑 글자이며 그 음신은 亥이다. 따라서 亥를 취해 초전이 되고 삼전은 亥酉未이다. 亥는 도서(책)의 류신이고 다시 甲日의 문서효이다. 과연 역서(易書)의 일종이다. 내가 말하기를 84항이다. 과연 그것은 원천강의 본과이었다.
　→ 동방삭의 『동방삭사복무이집』에서 말하기를 "월장가시를 하여 사과삼전을 정한다. 〈과수법〉에서 일간을 오자원둔으로써 丁壬 글자가 머문 곳으로 정한다. 강일에는 丁을 찾는다. 과전에서 양 글자가 많으면 올려보아서 丁 위의 신이 초전이 된다. 만약 음 글자가 많으면 구부려보아서 丁 아래의 신이 초전이 된다. 유일에는 壬을 취한다. 과전에서 음자가 많으면 올려보아서 壬 위의 신이 초전이 되고, 양자가 많으면 구부려보아서 壬 아래의 신이 초전이 된다."고 하였다. 본 과는 삼전이 午辰寅이므로 양이 많다. 따라서 丁 위의 신이

초전이 된다. 丁이 卯에 임하고 있으므로 卯 위의 丑이 초전이 되며 중전과 말전은 亥와 酉가 된다. 초전의 亥는 도서(책)이고 부모효 역시 도서이다. 따라서 책이다. 亥가 丑에 가했다. 亥가 8이고 丑이 4이니 합하면 84이다.

| 갑신순 | 갑신일 | 4국 |

甲申일 제4국

공망 : 午·未 ○
낮 : 오른쪽 천장, 밤 : 왼쪽 천장

癸	庚	丁	
朱 巳 勾	青 寅 蛇	常 亥 陰	
申	巳	寅	
丁	甲	癸	庚
常 亥 陰	后 申 白	朱 巳 勾	青 寅 蛇
甲寅	亥	申	巳

庚寅巳 青	辛卯午 蛇 勾 朱 ○	壬辰未 合 合	癸巳申 朱 勾 ○
己丑辰 空 貴			蛇 午酉 青 ○
戊子卯 白 后			貴 未戌 空 ○
丁亥寅 常 陰 玄	丙戌丑 玄	乙酉子 陰 常	甲申亥 后 白

□ **과체** : 원수, 원태(병태) // 형상, 충파, 교차육해, 복덕, 회환, 폐구, 주작폐구, 구진폐구, 조간, 태상간생(낮), 삼전체생, 간지상충, 교차탈기, 간지구파, 사귀(蛇貴).

□ **핵심** : 일지에서 일간으로 전해지니 상대가 나에게 와서 부탁한다. 정마가 가로질러 온다. 입을 다물고 있는 것이 상책이다.

□ **분석** : ❶ 초전이 지상신이고 말전이 간상신이어서 일지에서 일간으로 전해졌으니 상대가 나에게 와서 부탁한다.

❷ 일지음신의 寅 역마와 간상 亥의 둔간 정마가 가로질러서 오니 그 기세가 고속으로 움직이고 잠시도 쉬지 않는다.

❸ 순미가 일지에 가하여 발용이 되었으니 폐구격이다. 반드시 말을 근신하는 것이 상책이다.

□ **정단** : ❶ 이 원수과의 과전이 모두 맹신이니 원태격이다. 존귀한 사람이 비천한 사람을 다스리니 모든 일이 순조롭고 남자에게서 일어난다. 군자가 정단하면 원수의 상에 합당하고 광명정대하다. 그러나 소인이 정단하면 재물을 맞이하는 원태로서 암매하니 은둔해야 한다. 관직정단을 하면 구진이 관인을 받들고 등사에 뿔이 났으니 길

상하지만 이 외의 정단을 하면 쟁송이나 화재로 놀라는 일이 발생한다. 그리고 일지와 일간 위에 각각 장생이 타지만 서로 탈기하고 훔치니 좋은 가운데에서 우환이 생긴다.

○ **날씨** : 갑자기 맑고 갑자기 비가 온다.
　→ 초전이 巳화이니 맑고 말전이 亥수이니 비가 온다.
○ **가정** : 전답과 가옥으로 인해 다투며 구설과 문서사가 생긴다.
　→ 일지는 전답과 가옥이다. 일지와 일간이 상형과 상충이고 그 상신이 다시 상충인데, 낮에는 주작이 타고 밤에는 구진이 타니 부동산으로 인해 다툼이 발생한다. 만약 다툼이나 쟁송이 발생할 경우 주작폐구와 구진폐구이니 쟁송에서 나의 주장을 펴기 어렵다.
○ **혼인** : 나쁘다.
　→ 일간은 남자이고 일지는 여자이다. 일간 寅과 일지 申, 간상의 亥와 지상의 巳, 간상의 둔반 丁과 지상의 둔반 癸가 상충하고 다시 간지가 교차육해이니 나쁜 궁합이며 혼인은 불성한다. 그리고 간지가 교차탈기하니 남녀 모두에게 손실만 발생한다. 상대방의 성정은 낮에는 주작이 타니 언쟁을 좋아하는 사람이고, 밤에는 구진이 타니 다툼을 좋아하는 사람이다.
○ **임신·출산** : 벙어리이다. 태신이 패신과 탈기에 임했으니 낙태를 방지해야 한다.
　→ 지상과 발용이 폐구 되었으니 벙어리이다. 그리고 일간의 태신인 酉가 일간의 패신이면서 酉의 사지인 子에 임했고 다시 간지와 그 상신이 상충하고 교차육해하니 나쁜데 삼전이 병태격이니 낙태를 방지해야 한다.
○ **구관** : 고시에서 고득점으로 합격하며, 관직자는 승진하고 발탁된다. 다만 연명 申에서 방해하는 것을 꺼린다.

➡ 중전은 관록을 뜻하는 일록과 합격을 뜻하는 역마이니 고시생은 합격하고 관직자는 승진한다. 다만 연명이 亥인 사람은 그 상신 申에서 일록과 역마를 충하니 고시와 승진에 모두 나쁘다. 만약 관직자의 전정을 물으면 간지가 상충하고 교차탈기하며 간지구파이며 삼전이 다시 병태이니 밝지 못하다.

○ **구재** : 얻기 어렵다.
➡ 재성은 재물이다. 과전에 재성이 없으니 얻기 어렵다.

○ **질병** : 가슴·복부나 인후의 병 혹은 중풍으로 말을 하지 못한다.
➡ 지상과 발용이 폐구되었으니 먹지 못하거나, 가슴이나 배가 막혀 있거나, 중풍이나 다른 병으로 인해 말을 하지 못한다. 초전의 巳와 중전의 寅이 삼형이니 수술을 방지해야 한다.

○ **유실** : 얻기 어렵다. 본 사람이 말을 하지 않는다.
➡ 재성은 재물이다. 재성이 과전에 없으므로 재물을 얻지 못한다. 초전이 폐구 되었으니 도둑을 본 사람이 말을 하지 않는다.

○ **출행** : 이롭지 않다.
➡ 일간은 여행객이고 일지는 여행지이다. 간지와 그 상신이 상충하니 이롭지 않다. 그리고 지상에서 일간을 탈기하니 재물을 잃는다.

○ **귀가** : 즉시 온다.
➡ 삼전의 12신이 사과에 모두 임하니 즉시 온다.

○ **쟁송** : 형(刑)을 당하는 것을 방지해야 한다. 간사한 사람의 음사를 말하면 안 된다.
➡ 삼형에는 형(刑)의 뜻이 있다. 관재를 점단하면 일지의 상하가 삼형이고 초전과 중전이 삼형이니 형을 당하는 것을 방지해야 한다. 그리고 주작이 폐구되었으니 쟁송에서 불이익 당하는 것을 방지해야 하며 말을 삼가야 한다. ● 초전과 중전이 삼형이어서 흉하지만 말전이 초전을 충하고 다시 일간을 생하니 나중에는 길하다.

○ **전투** : 아군과 적군이 승전하기도 하고 패전하기도 한다.
→ 간지와 그 상신이 상충하니 승전도 하고 패전도 한다.
○ **분묘** : 길하다. 수목이 무성해서 나무뿌리가 침범하는 것을 방지해야 한다. 그리고 두 공망이 묘신을 끼고 있으니 구멍을 막아야 한다.
→ 제3과는 묘(墓)이고 제4과는 혈(穴)이다. 제3과와 제4과에 장생이 임하니 길지이다. 다만 제4과에 寅목이 임하니 목렴을 방지해야 한다. 그리고 일묘 未는 공망되고 밤에 천공이 타며 지묘 丑에는 낮에 천공이 타니, 구멍 난 묘지를 메워야 한다.

□ 『**필법부**』 : 〈제22-2법〉 간지가 모두 상하로 합을 하면 두 마음이 합쳐진다.
→ 비록 일간의 상하와 일지의 상하가 상합하니 두 마음이 합쳐진다. 그러나 간지와 그 상신이 상충하고 간지가 교차육해하며 교차탈기하니 처음에는 길하고 나중에는 흉하다.
〈제76법〉 서로 시기하여 모두에게 화가 미친다.
→ 이 과전에서는 기궁 寅과 지상의 巳가 육해이고 일지 申과 간상의 亥가 육해이니 서로 시기한다.
〈제38법〉 폐구는 두 가지로 나눠서 추리한다.
□ 『**수중금**』 : 순미가 순수에 가하여 발용이 되면 폐구격이다. 모든 정단에서 비밀이 많아서 기미를 예측하기 어렵다. 폐구에 주작이 타면 소송 정단에서 억울한 일을 풀 수 없다.
□ 『**지장부**』 : 상하로 육합하면 주객이 화합하고, 상하로 형해를 하면 원수지간이 서로 만난다.

甲申일 제 5 국

공망 : 午·未○
낮 : 왼쪽 천장, 밤 : 오른쪽 천장

丙	○	庚
合 戌 合	后 午 白	白 寅 后
寅	戌	午 ○
丙	○	壬	戊
---	---	---	---
合 戌 合	后 午 白	玄 辰 玄	青 子 蛇
甲 寅	戌	申	辰

己 貴 空 丑 巳	庚 白 寅 午 ○	辛 常 卯 未	壬 玄 辰 申
戊 青 子 蛇 辰			癸 陰 巳 酉 常
丁 勾 亥 朱 卯			甲 后 午 白 戌
丙 合 戌 合 寅	乙 朱 酉 勾 丑	甲 蛇 申 青 子	○ 貴 未 空 亥

□ **과체** : 섭해(견기), 염상, 교동, 참관∥화미, 전국, 삼기, 체생, 불행전, 환혼채, 초전협극, 신장·살몰·귀등천문(낮), 사호귀정, 간지상충.

□ **핵심** : 그물이 일간과 일지를 묶었고 중전과 말전이 공망되었다. 인월(寅月)에 정단하면 백호와 역마와 庚이 침입한다.

□ **분석** : ❶ 두괴인 戌이 일간에 임하고 천강인 辰이 일지에 임하니 행동에 변고가 생긴다.

❷ 戌이 일간에 임하여 발용이 되었으니 참관이다.

❸ 중전의 午는 갑신순의 공망되어 었고 말전의 寅은 공망에 앉아 있으니, 기운이 가라앉아서 무기력하다.

❹ 寅은 역마이고 그 위의 둔간은 귀살인데, 낮에 백호가 타서 일간을 극하니 그 기세가 흉악하다. 만약 공함되지 않았으면 침해가 쌓이는 것을 면하기 어렵고 두렵다.

□ **정단** : ❶ 섭해과의 견기격이고 염상격이다. 견기격이니 의혹이 있는지를 둘러봐야 하고, 염상격이니 허는 많고 실은 적으며, 처음에는 합하고 나중에는 흩어지며 밝음이 어두워진다.

❷ 그리고 목일(木日)의 도기(盜氣) 및 戌이 寅에 가하는 것은 묘신이

생(生)에 임하는 것은 영혼과 몸을 가리는 것이다.
❸ 辰이 일지에 가하고 다시 연명에 가하면 관직정단을 하면 좋은 직위를 얻고 이 외의 정단을 하면 나쁘다.

○ 날씨 : 구름이 모여들지만 비는 오지 않는다. 태양이 출현하려고 하다가 출현하지 않고, 바람이 불려고 하다가 불지 않는다.
→ 삼전이 염상이니 비가 오지 않고, 삼전이 염상이지만 공망되었으니 태양이 출현하지 않는다. 寅은 바람이다. 말전의 寅이 공망되었으니 바람이 불지 않는다.
○ 가정 : 불안하다. 음인과 소인이 마을을 넘어 도망치는 것을 막아야 한다.
→ 간지상에 천라지망이 임하니 가정내외에 장애가 발생하여 불안하다. 지상의 辰에 현무가 타니 음인과 소인과 처가 도망치는 것을 막아야 하며 또한 재물을 도난당하는 것을 방지해야 한다. 그리고 간지와 그 상신이 상충하니 부모와 자식 및 남편과 아내가 화목하지 않으며, 주야 정단에서 초전에 육합이 타고 중전과 말전에 천후가 타니 남자가 음란하다. 또한 낮 정단에서는 말전이 백호가 둔귀에 타고 있으니 질병을 예방해야 한다.
○ 혼인 : 나쁘다.
→ 일간은 남자이고 일지는 여자이다. 간지상에 괴강이 임하니 흉악한 남녀이고, 지상의 辰에 현무가 타니 더욱 더 성정이 좋지 않은 여자이다. 간지와 그 상신 그리고 둔반이 상충하니 궁합이 나쁘고 혼인은 불성한다. 삼전이 교활한 남자라는 뜻의 '교동'이니 남자가 음란하고, 낮에는 일지음신에서 청룡이 부모효에 타고 있으니 여자 집안이 부유하다.
○ 임신·출산 : 첩이 임신하지만 잘못될 우려가 있다.

→ 태신인 酉는 태괘로서 첩을 뜻하니 첩이 임신하지만 태신이 묘신인 丑에 임하니 낙태가 우려된다. 그리고 섭해과이고 간지상에 괴강이 출산을 정단하면 난산이다.
○ **구관** : 아직은 뜻을 이루지 못한다.
→ 섭해과이고 또한 관성을 상하게 하는 상관국이며 다시 중전과 말전이 공망되었으니 아직은 뜻을 이루지 못한다.
○ **구재** : 얻는다. 아랫사람과 도모하지만 뜻대로 되지 않는다.
→ 재성은 재물이다. 간상에 재성이 임하니 재물을 얻는다. 다만 삼전이 자손이니 아랫사람과 구재를 도모해야 한다.
○ **알현** : 만나지 못한다.
→ 비록 참관격이지만 중전과 말전이 공망되었으니 만나지 못한다. 만약 만나면 낮 정단에서는 귀인이 공망되었으니 소득이 없고, 밤 정단에서는 귀인이 재성에 타니 소득이 있다.
○ **질병** : 주로 열병이다. 심장에 병이 있거나 부녀자의 혈액병이다.
→ 삼전과 일간이 염상이니 화기가 지나쳐서 온 병으로서 심장병이다. 그리고 낮 정단에서 말전의 백호에 둔귀가 임하니 혈병이다. 일간 및 삼전이 탈기국이니 원기가 약하고 만약 남편의 질병을 정단하면 가장 위험하다. 일간 및 삼전이 염상국이니 폐가 약하다.
○ **유실** : 도둑이 훔쳐갔다.
→ 재성인 지상의 戌에 현무가 타고 있으니 도둑이 훔쳐갔다.
○ **출행** : 피난에 이롭다.
→ 비록 섭해과여서 고생은 하지만 참관격과 신장·살몰·귀등천문이니 피난에 이롭다.
○ **귀가** : 바로 온다.
→ 비록 섭해과여서 고생은 하지만 참관격과 신장·살몰·귀등천문이니 바로 온다.
○ **쟁송** : 법조인을 만나는 일에서 이롭고 사건의 진실이 반드시 밝혀진

다.
→ 귀인이 천문에 임하니 법조인을 만나는 일에서 이롭고 간지상의 천라지망이 상충하여 깨지니 반드시 쟁송이 풀린다. 관재를 정단하면 일간 및 삼전이 탈기국이니 비용이 많이 지출되고, 말전의 둔반에 귀살 庚이 임하고 천반에는 백호가 타고 있으니 중형을 방지해야 한다. ● 섭해과이니 관재와 쟁송이 오래간다.

○ **전투** : 이롭지 않다.
→ 일간은 아군이고 일지는 적군이다. 간지에 천라지망이 임하니 출병에서 장애가 생겨서 이롭지 않다.

○ **분묘** : 길하지 않다. 무덤이 파괴된다.
→ 제3과와 제4과의 지반과 천반이 제1과와 제2과의 지반과 천반이 상충하여 묘지가 파괴되는 상이니 길하지 않다.

□ 『**필법부**』 : 〈제85법〉 초전이 협극되면 뜻대로 되지 않는다. 만약 협극되는 것이 재신이면 재물을 꾀하지 못하고, 일간의 귀살이 협극되면 우환을 당하더라도 우환이 되지 않는다.
〈제82법〉 삼전이 나아가지 못하는 불행전은 초전을 살펴야 한다.

□ 『**과경**』 : 寅의 둔간이 庚이고 일간의 귀살이다. 낮에는 백호가 타서 먼 곳에서 일간을 극하니 지극히 흉하고 지극히 위험하다. 공망되어더라도 흉과 위험을 구할 수 없다.

□ 『**수중금**』 : 천후는 음란의 천장이고 육합은 사문(私門)이다. 육합이 일어나서 발용에 타고 말전에 천후가 타면 '교동'이다.
→ 혼인과 가정 정단에서 가장 나쁘다.

| 갑신순 | 갑신일 | 6국 |

甲申일 제 6 국

공망 : 午·未 ○
낮 : 왼쪽 천장, 밤 : 오른족 천장

丙		癸		戊	
合 戌 合		陰 巳 常		青 子 蛇	
卯		戌		巳	
乙		壬		辛	丙
朱 酉 勾		玄 辰 玄		常 卯 陰	合 戌 合
甲 寅		酉		申	卯

戊子巳 青蛇	己丑午○ 空貴	庚寅未 白后	辛卯申 常陰
丁亥辰 勾朱			壬辰酉 玄玄
丙戌卯 合合			癸巳戌 陰常
乙酉寅 朱勾	甲申丑 蛇青	○未子 貴空	后午亥○ 白

□ **과체** : 지일, 상호나망, 주인∥초전협극, 삼기, 호왕, 복덕, 인귀생성, 맥월, 관격, 태수극절, 아괴성, 간지상충.

□ **핵심** : 교차하여 간지 위에 왕신이 타고 기궁과 일지가 묘신에 임한다. 움직이면 그물을 만나고, 중전에서는 낙심한다.

□ **분석** : ❶ 목은 卯에서 왕성하고 금은 酉에서 왕성하다. 지금 간상에는 酉가 타고 지상에는 卯가 타니, 간지에 서로의 왕신이 타고 있다.
❷ 寅이 未에 앉아 있고 申이 丑에 앉아 간지가 각자의 묘고에 앉아 있으니 어두운 기운을 자초한다. 만약 조용히 지키면 왕신이 와서 나를 따르고, 경거망동하면 왕신이 그물로 변한다.
❸ 중전의 巳화가 비록 귀살을 제극하지만 巳가 戌에 앉아 있고 말전의 子로부터 극을 당하니 나에게는 아무런 도움이 되지 않는다.

□ **정단** : ❶ 지일과는 모든 일이 동류로부터 일어나고, 전진과 후퇴를 결정하지 못하며, 은혜 속에 해가 있고 화합 속에 불화가 있다.
❷ 비록 巳와 戌이 서로 가하므로 주인(鑄印)의 상이지만 戌은 아래이고 巳는 위이다. 금(金)과 화(火)는 반대의 위치이고 子가 巳에 임하여 불을 끄니 정격으로 논하면 안 된다.

- ○ **날씨** : 구름이 끼고 우레가 치니 반드시 비가 온다.
  - → 초전의 戌은 구름이고 卯는 우레이며, 말전의 子는 강우이다. 따라서 구름이 끼고 비가 온다.
- ○ **가정** : 흥왕한 가운데에서 어둠과 장애와 재앙을 방지해야 한다.
  - → 일간은 사람이고 일지는 가택이다. 간지의 왕신이 간지에 임하니 사람과 가택이 발달하지만 간지의 상신이 양인이니 경거망동하면 화를 초래한다. ● 간지, 간지의 상신, 간지의 둔반이 상충하니 식구가 화목하지 않다. 그리고 간상에 낮에는 주작이 타니 구설수나 탄핵이나 관재가 발생하고, 밤에는 구진이 타니 가벼우면 쟁투심하면 관재가 발생한다. ● 지상의 둔반이 귀살이고 천반에는 태상이 타니 음식으로 인한 화가 발생하고, 밤에는 태음이 타니 주색에 의한 화가 발생한다.
- ○ **혼인** : 화합 중 형을 당하여 깨진다.
  - → 일간은 남자이고 일지는 여자이다. 비록 간지에 서로의 왕신이 타지만 간지와 그 상신 그리고 둔반이 상충하니 궁합이 나쁘고 혼인이 깨진다. ● 간지교차양인이니 남녀 모두 성정이 온화하지 못하고, 지상의 둔반이 귀살이니 상대로부터 해를 입는다. ● 지상에 낮에는 태상이 타니 음식을 잘 하는 여성이고, 밤에는 태음이 타니 음란하다. ● 지일과이니 만약 두 곳에 혼처가 있을 경우에는 근처에 있는 가까운 사람을 배우자로 선택하는 것이 좋다.
- ○ **임신·출산** : 태신이 귀살이고 태신이 절지에 임하니 길하지 않다.
  - → 酉는 태신이며 태아이다. 酉가 일간을 극하며 다시 酉가 酉의 절신인 寅에 임하니 낙태될 위험이 있다.
- ○ **구관** : 반드시 취득하며, 진월(辰月)에 정단하면 더욱 길하다. 다만 옳은 관직은 아니다.

→ 주인격이니 관직을 얻는다. 戌이 천마가 되는 진월(辰月)이나 술월(戌月)에 정단하면 더욱 길하다. ● 간지 교차양인이고 교차나망이니 무리하게 신분상승을 추구하면 흉하다.

○ **구재** : 어렵게 얻는다.
→ 초전의 戌이 재성이니 재물을 얻지만 재성이 협극 되었으니 작은 재물을 어렵게 얻는다. 다만 여름에 정단하면 戌이 왕성하니 협극의 해가 작다. ● 교차양인과 교차나망이니 무리한 투자나 확장은 흉하다.

○ **알현** : 좋은 가운데에서 속임이 있다.
→ 낮 정단에서의 귀인승신 未는 일간의 묘신이다. 묘신에는 속임의 뜻이 있으니 귀인의 속임을 방지해야 한다. 그리고 간지와 그 상신이 상충하니 만나더라도 소득이 없다.

○ **질병** : 치료된다.
→ 중전의 자손효 巳는 의약신이다. 巳에서 귀살 酉를 제압하니 병이 낫는다. 질병이 발생한 원인은 간상의 낮에는 주작이 타니 구설이나 관재로 인해 발병했고, 밤에는 구진이 타니 싸움이나 관재로 인해 발병했다.

○ **유실** : 친척집이나 이웃집에 있다.
→ 지일과는 유실물이 친척이나 이웃에 있다.

○ **출행** : 집을 나가지 못한다. 나가더라도 이롭지 않다.
→ 초전이 천라지망이니 출행하지 못한다. 그러나 戌을 충하는 진월(辰月)이나 진일(辰日)에 출행할 수 있다. 그리고 간지와 그 상신이 상충하고 교차양인이니 출행하더라도 이롭지 않다.

○ **귀가** : 자식을 정단하면 곧 도착한다.
→ 초전의 육합이 자식을 뜻하니 곧 도착한다.

○ **쟁송** : 종결되기 어렵다.
→ 일간은 나이고 일지는 상대이다. 간지가 상충하고 다시 상호나

망이니 종결되기 어렵다. 간상의 酉금에서 지상의 卯목을 극하니 내가 승소한다.
○ 전투 : 길하다.
→ 일간은 아군이고 일지는 적군이다. 간상의 酉금에서 지상의 卯목을 극하니 길하다.

□ 『필법부』: 〈제78법〉 호왕과 개왕은 앉아서 도모하는 것이 좋다. 호왕에 해당하면 양쪽이 서로 도모하여 모두 흥왕해진다.
→ 일간의 왕신인 卯는 지상에 임하고 일지의 왕신인 酉는 일간에 임하니 교차왕신이다.
〈제87법〉 사람과 가택이 묘신에 앉으면 불행을 초래한다.
→ 일간(기궁) 寅은 寅의 묘신인 未에 앉아 있고, 일지 申은 申의 묘신인 丑에 앉아 있다. 따라서 가정 내외에서 불행이 생긴다.

□ 『고감』: 己未년에 출생한 어느 현령이, 戊申년에 월장 申을 점시 丑에 가하여 수명을 정단하였다. 지일과의 간상에 파쇄와 주작과 귀살이 타고 있으니 직위가 어둡다. 초전은 재성인 戌이고 여기에 육합이 타니 재물을 받는다. 그러나 그 음신에서 천라지망으로 변하고 귀살인 酉가 몸을 상하게 하니 내년 8월에 조사를 받는다. 공조인 寅이 묘신에 임하니 견책되거나 강등을 당해 구속당한다. 행년은 巳이다. 묘신인 戌에서 행년상신 子를 극하고 巳가 갑신순의 끝이니 庚戌년에 급병을 얻어 입을 닫고 생을 마감1한다. 전후에 모두 이와 같았다.

甲申일 제 7 국

공망 : 午·未 ○
낮 : 왼쪽천장, 밤 : 오른쪽 천장

庚	甲	庚
白 寅 后	蛇 申 青	白 寅 后
申	寅	申

甲	庚	庚	甲
蛇 申 青	白 寅 后	白 寅 后	蛇 申 青
甲 寅	申	申	寅

勾 丁亥巳 朱	青 戊子午 蛇 ○	空 己丑未 貴 ○	白 庚寅申 后
合 丙戌辰 合			常 辛卯酉 陰
朱 乙酉卯 勾			玄 壬辰戌 玄
蛇 甲申寅 青	貴 未丑 空 ○	后 午子 白 ○	陰 癸巳亥 常

□ **과체** : 반음, 원태(절태), 난수∥형상, 초전협극(낮), 덕경(멸덕), 육의, 록현탈격(낮), 권섭부정, 구절(간지봉절), 육양, 주야귀인상가, 사호둔귀(낮), 간지상충, 귀인공망, 귀인차질.

□ **핵심** : 아랫사람이 나에게 와서 무례하니 흉을 이루다 말할 수 없다. 특히 낮에 정단하면 여덟 마리의 호랑이가 침을 삼키면서 포효한다.

□ **분석** : ❶ 일간이 지상으로 가서 일지로부터 극을 당하여 존중받지 못하니, 어른이 난을 당한 뒤에 후회하게 된다.

❷ 일지가 간상으로 와서 일간을 극하니 상문난수의 화를 입어 흉이 심하며, 만약 낮에 정단하면 그 흉이 더욱 심하다.

❸ 寅이 申의 위에 앉아 있고 申이 寅의 위에 앉아 있다. 寅과 申만 과전에 있으니 모두 여덟 마리의 백호가 있다. 왕래하면서 충돌하는 것을 피하기 어려우니 그 변화를 잘 살펴야 하며, 가서 취하려고 하면 호랑이에게 잡아먹히는 위험이 있다.

□ **정단** : ❶ 반음과의 무의격이며 다시 난수격이다. 간지가 서로 가해서 일간만 일지로부터 극을 당하여 횡포를 당한다.

❷ 하물며 간지의 위에는 모두 절신이 임했고 일록과 역마가 임하

니 어찌 좋겠는가? 밤 정단에서는 청룡이 간상에 타고 있으므로 덜하지만 낮 정단에서는 간상에 등사가 타고 있으니 지극히 흉하다.

○ 날씨 : 광풍이 분다. 소나기가 내리고 그치기를 반복한다.
→ 寅은 바람이고 청룡은 강우이다. 삼전에 이들이 반복되어 있으니 바람이 불고 비가 오기를 반복한다.
○ 가정 : 식구가 불안하다.
→ 일간은 사람이고 일지는 가택이다. 일간의 상하가 상충하니 사람이 동요하여 불안하고, 일지의 상하가 상충하니 가정이 동요하여 불안하다. ● 또한 간지와 그 상신 그리고 둔간이 상충하니 가족이 불화한다. ● 낮 정단에서는 지상에 백호가 타고 있으니 가족 중에 아픈 사람이 있고, 일지음신에는 등사가 귀살에 타고 있으니 가정에 놀랄 일이 생긴다. ● 간지에 절신이 임하니 이사해야 한다.
○ 혼인 : 혼인이 깨진다.
→ 일간은 남자이고 일지는 여자이다. 주야 모두 그리고 기궁이 지상으로 가는 것이 남자가 여자에게 장가드는 상이지만 일지 申과 상충하고, 일지가 간상으로 오는 것이 여자가 남자에게 시집오는 상이지만 기궁 寅과 상충하니 혼인이 깨진다. ● 지상으로 간 기궁이 지반으로부터 극을 당하고 간상으로 온 일지가 일간을 극하니 남자를 해치는 여자이다. 특히 낮 정단에서는 지상에 백호가 타고 있으니 질병이 있는 여자이다.
○ 임신·출산 : 일간의 태신과 일지의 태신이 모두 있으니 쌍둥이다. 낮 정단에서는 즉시 출산한다.
→ 일간의 태아는 酉이고 일지의 태신은 卯이다. 酉가 卯에 임하고 卯가 酉에 임하니 쌍둥이이다. 일간은 태아이고 일지는 임신부이다. 간지와 그 상신이 상충하니 즉시 출산한다. ● 임신을 정단하면 간

지와 그상신 그리고 간지의 둔반이 상충하니 임신이 쉽게 되지 않는다.
○ **구관** : 사직해야 한다.
→ 반음과는 사직하는 과이다. 다만 가을에는 관성이 왕성하니 일반직공무원은 무방하고 임명직공무원은 사직해야 한다.
○ **구재** : 얻는 것은 없고 잃는 것은 있다.
→ 재성은 재물이다. 과전에 처재효가 없으니 얻는 것이 없고 잃는 것은 있다.
○ **질병** : 밤 정단에서는 치료되고, 낮 정단에서는 대흉하다.
→ 초전과 말전의 寅에 낮에는 백호가 타고 있고 그 위에 귀살이 임하니 대흉하다. 그리고 주야 귀인이 모두 공망되었으니 귀수(鬼祟)가 있다.
○ **유실** : 숨겼지만 반드시 발각된다.
→ 반음과는 계곡이 능선이 되어 드러나는 상이니 발각된다.
○ **출행** : 이롭지 않다.
→ 일간은 여행객이고 일지는 여행지이다. 간지와 그 상신이 상충하니 출행이 이롭지 않다.
○ **귀가** : 곧 귀가한다. 밤 정단에서는 먼 곳으로부터 소식이나 문자가 온다.
→ 辰이 사중인 戌에 임하니 곧 귀가한다. 申에는 우체국의 뜻이 있다. 申이 중전과 간상에 임하니 소식이 온다.
○ **관재** : 흉하다. 형(刑)을 당하는 것을 방지해야 한다.
→ 일곱 귀살이 과전에 임하니 흉하며 형을 받는 것을 방지해야 한다. 특히 낮 정단에서는 간상과 중전의 申에 등사가 타서 일간을 극하니 중형을 받고, 또한 지상과 초전과 말전에 백호가 역마를 타서 백호의 오행 庚申금에서 일간을 극하고 다시 그 위의 둔반에서 일간을 극하니 더욱 흉하다. ● 쟁송에서 내가 패소한다. 일간은 나이고

일지는 상대이다. 일지가 간상으로 와서 일간을 극하니 내가 패소하고, 기궁이 지상으로 가서 지반으로부터 극을 당하니 내가 패소한다.
- **전투** : 이롭지 않다. 봄 정단에서는 조금 길하다.
  → 일간은 아군이고 일지는 적군이다. 간지가 상충하니 아군과 적군이 교전한다. 봄에 정단하면 일간이 왕성하니 아군이 유리하다.

□ 『필법부』 : 〈제8법〉 일록이 일지에 임하면 직위는 임시직으로 정당한 자리가 아니거나 혹은 먼 곳으로 발령난다.
〈제79법〉 일간과 일지가 절신이면 모든 모망사는 끊긴다. 흉사를 끊고 끝맺는 일에는 좋고, 관송이 풀리는 일에도 좋으며, 질병 정단을 하면 낫는다.
→ 간상에는 일간 甲의 절신인 申이 임하고, 지상에는 일지 申의 절신인 寅이 임하고 있다.
〈제45법〉 주야귀인이 서로 가하면 양 귀인에게서 구하면 된다.
→ 이 과전에서는 낮 귀인 未가 밤 귀인 丑에 임하고 있다. 하급직 공무원이 고위직 공무원에게 부탁하는 일은 양 귀인의 도움으로 뜻을 얻는다.

□ 『과경』 : 申이 甲에 가하니 보이는 귀살이고, 寅이 일지에 가한 둔반의 庚은 갑신순의 보이지 않는 귀살이며, 절신이 귀살이 되니 흉사를 결절하는 일에서 이로워서 관송이 풀린다.

□ 『관월경』 : 난수의 격명이 흰 무지개가 태양을 뚫고 지나간다는 뜻의 '백홍관일(白虹貫日)'이다. 만약 타인의 성을 들이면 집안을 망치게 되는데, 만약 집안사람이면 그 사람이 천하고 아랫사람은 무례하다. 설령 손위와 손아래가 화순하더라도 반드시 관사(官司)를 당한다.

| 갑신순 | 갑신일 | 8국 |

甲申일 제 8 국

공망 : 午·未
낮 : 왼쪽천장, 밤 : 오른쪽 천장

戊	癸	丙	
青 子 蛇	陰 巳 常	合 戌 合	
未 ○	子	巳	
○	戊	己	○
貴 未 空	青 子 蛇	空 丑 貴	后 午 白
甲 寅	未 ○	申	丑

丙戌合	丁亥勾	戊子蛇	己丑貴
合巳	勾午朱	青未○	空申庚
朱 乙酉辰			白 庚寅后 酉
蛇 甲申卯 青			常 辛卯戌 陰
○ 貴未寅 空	后午丑 白	癸巳子 陰常	壬辰亥 玄玄

□ **과체** : 비용, 주인∥침해, 재공(財空), 삼기, 간지구묘, 묘공(墓空), 묘신부일, 육편판(연명 : 卯), 사과개공(낮), 고진과수, 살몰, 간지상충.

□ **핵심** : 간지에 묘신이 임한다. 낮 정단에서는 승소하기 어렵다. 사람은 점차 형통해지고 가정은 점차 자흥(自興)한다.

□ **분석** : ❶ 간상의 未는 목의 묘신이고 지상의 丑은 금의 묘신이다. 일간과 일지 모두에 묘신이 덮고 있으니 모두 혼미하다.
❷ 낮 정단에서는 초전의 子와 未가 서로 상해를 가하고 未는 낮 귀인이다. 귀인이 해를 입으니 어찌 소송이 공정하게 처리 되겠는가?
❸ 만약 사람과 가택을 정단하면 양 귀인이 일간과 일지에 임했으니 사람은 형통하고 가운이 반드시 일어나는 상이지만 점차 묘지가 굳어져서 지체된다. 낮 정단에서는 양 귀인이 모두 공망되었으니 헛된 기쁨이 되지만 갑신순을 벗어난 이후에는 점차 형통해진다.

□ **정단** : ❶ 이 지일과에서는 묘신이 일간과 일지를 덮고 있으니 모든 일이 어둡고 지체되며 형통하기 어렵다. 좋은 것은 묘신이 공망을 만났으니 오히려 어둠에서 광명이 찾아 오고 어려운 가운데에서 복이 온다.

❷ 발용이 공망되어 무력하니 모든 꾀하는 일은 허무하고 부실하다. 다만 구류와 승려와 도가 수행자 등 고독한 사람은 대길하다.

―――――――――――――――――――

○ **날씨** : 맑은 날씨가 오래가지 못한다. 비가 오기를 정단하면 갑신순을 벗어난 뒤에 비가 온다.
→ 중전이 巳화이니 맑지만 말전이 戌토이니 나중에는 흐려진다. 비를 뜻하는 초전의 子수가 풀리는 갑오순에 비가 온다.
○ **가정** : 집을 개조하면 귀(貴)가 일어난다.
→ 일지는 집이고 귀인은 공무원이다. 밤 정단에서는 천을귀인이 丑에 타서 지상에 임하니 집을 개조하면 귀한 신분이 되고, 낮 정단에서는 지상의 丑에 천공이 타니 가정에 공허한 일이 발생한다. ● 일지음신에 낮 정단에서는 천후가 午에 타서 일간을 설기하니 부인으로 인해 손실이 발생하고, 밤 정단에서는 백호가 자손효에 타서 일간을 설기하니 자녀의 건강이 우려된다. ● 간상과 지상에 묘신이 임하니 이사해야 한다.
○ **혼인** : 지체되며 불성한다.
→ 일간은 남자이고 일지는 여자이다. 간상과 지상에 묘신이 임하니 혼인이 지체되며 어둡다. 그리고 일간과 일지가 상충하고 간상신과 지상신이 상충하니 혼인은 불성한다. 지상에 낮에는 천공이 타니 바르지 못한 여자이고, 밤에는 천을귀인이 타니 귀한 여자이다. ● 지일과이니 가까운 곳이나 사람에게서 혼처를 구하는 것이 좋다.
※ 『육임직지』 원문에서는 "지체되지만 합친다."고 했다.
○ **임신·출산** : 딸이다.
→ 일간의 음양이신이 1음2양이니 딸이고, 삼전이 1음2양이니 다시 딸이다.

○ 구관 : 귀인이 거짓으로 나를 이끌어준다.

→ 낮 정단에서 간상의 귀인이 묘신에 타고 있고 다시 공망되었으니 귀인이 거짓으로 나를 이끌어준다. 만약 승진을 물으면 묘신이 간상에 임하고 다시 일간이 공망되었으며 또다시 초전이 공망되었으니 승진하지 못한다. ● 만약 관직의 안부(安否)를 밤에 정단하면 염막귀인이 일간에 임하니 퇴임 우려가 있다. ● 고시를 정단하면 묘신이 간상에 임하고 다시 일간이 공망되었으며 또다시 초전이 공망되었으니 합격하지 못한다.

○ 구재 : 사적인 뇌물이 있지만 아직 수중에 들어오지 않았다.

→ 일간은 나이고 재성은 재물이다. 간상의 재성이 공망되었으니 지금은 재물을 얻지 못하지만 공망이 풀리는 갑오순에는 수중에 들어온다. ● 만약 사업정단을 하면 재성이 말전에 임하니 나중에 재물을 얻는다.

○ 질병 : 구병 환자는 사망한다.

→ 일간이 공망되고 초전이 다시 공망되었으니 구병 환자는 사망한다. ● 만약 경증의 병이라면 일간이 공망되고 초전이 다시 공망되었으니 낫는다. 만약 부모의 질병을 정단하면 부모효가 공망되었으니 부모가 사망하고, 만약 처의 질병을 정단하면 처재효가 공망되었으니 처가 사망한다.

○ 유실 : 주야 모두 도둑을 잡지 못한다.

→ 현무는 도둑이고 구진은 경찰이다. 낮 정단에서는 현무상신 辰이 구진승신 亥를 극하니 도둑을 잡지 못하고 오히려 도둑으로부터 해를 입는다. 그리고 밤 정단에서는 현무상신 辰과 구진승신 酉과 상생하고 상합하니 도둑이 경찰에게 뇌물을 주어 무마시키므로 도둑을 잡을 수 없다.

○ 출행 : 여정을 변경한다.

→ 일간과 초전이 공망되었으니 여정을 변경하여 갑오순에 출행하

는 것이 좋다.
○ **귀가** : 즉시 온다.
  → 지일과는 근처로 출행했으므로 즉시 온다.
○ **쟁송** : 풀린다.
  → 간지상의 묘신이 상충하니 쟁송이 풀린다. 다만 낮 정단에서는 초전의 子와 간상의 귀인승신 未가 육해이니 나의 이치가 바를지라도 왜곡된 판결을 받는다. ● 쟁송에서 일간은 나이고 일지는 상대방이다. 간상과 지상에 묘신이 임하니 양측 모두 불이익을 방지해야 한다. 일간은 공허하고 일지는 튼실하니 내가 불리하다.
○ **전투** : 많은 군사를 잃는 것을 방지해야 한다.
  → 일간은 장수와 졸병이다. 묘신이 일간에 임하니 패전하는 상이다. 따라서 많은 군사를 잃는 것을 방지해야 한다.

□ 『**필법부**』: 〈제88법〉 간지에 묘신이 타면 모두가 혼미해진다.
  〈제43법〉 천을귀인이 올바르지 못하면 소송에서 비록 나의 이치가 바를지라도 왜곡된 판결을 받는다.
□ 『**고감**』: ❶ 戊申년 亥시 辰월장으로 辛未년에 출생한 사람의 앞날을 정단했다. 간지에 묘신이 임하고 용신이 귀인승신 未를 해치니 앞날이 막힌다. 자손효인 巳가 폐구되었으니 자식이 없고, 금년에 의사의 오진에 의한 사고를 방지해야 한다. 나중에 과연 그러하였다.
  ❷ 그리고 동일한 과전으로 가택을 정단했다. 아궁이 아래에 무덤 구멍이 있는데, 아궁이를 옮기면 소리와 영상이 사라진다. 세 번째 방의 땅을 다섯 척 파면 반드시 이곳에 노인이 묻혀 있고, 이 시신을 다른 곳으로 옮기면 편안하다. 시험해보니 과연 그러하였다.
  → 申은 신(身)이고 申의 묘지가 丑이니 시신이 묘지에 묻힌 상이고 丑이 유월(酉月)의 사기이니 곧 사망을 뜻한다.

| 갑신순 | 갑신일 | 9국 |

甲申일 제 9 국

공망 : 午·未 ○
낮 : 왼쪽 천장, 밤 : 오른쪽 천장

壬 玄 辰 玄	甲 蛇 申 靑	戊 靑 子 蛇	
子	辰	申	
○ 后 午 白	丙 合 戌 合	戊 靑 子 蛇	壬 玄 辰 玄
甲 寅	午 ○	申	子

乙 勾 朱 酉 巳 蛇 甲 申 辰 ○ 貴 未 卯 ○ 后 午 寅	丙 合 合 戌 午○ 白 癸 陰 巳 丑	丁 朱 勾 亥 未○ 壬 常 玄 辰 玄 子	戊 蛇 靑 子 申 己 空 丑 酉 庚 白 寅 戌 辛 常 卯 陰 亥

갑신일 9국

□ **과체** : 원수, 윤하, 여덕, 맥월 // 육의, 형통(체생), 여덕, 복덕, 인귀생성, 가중사거, 구사(俱死), 육양, 합중범살, 구사(俱死), 간지상충, 탈상봉탈.

□ **핵심** : 식구는 많고 집은 좁다. 나는 성공하고 상대는 실패한다. 간상에서 일간을 탈기하고 공망되어 얻다. 삼전이 우환을 풀 수 있다.

□ **분석** : ❶ 申子辰이 합을 한 뒤에 수국이 되어 일간을 생하고 일지를 탈기하니, 사람과 집을 논할 때에는 식구는 많고 집은 좁으며, 상대와 나를 논할 때에는 나는 성공하고 상대는 실패한다.

❷ 부모·재성·관성이 공망되면 무력한데, 일간이 공망과 탈기가 되면 나의 기운을 훔치는 것이 더욱 심하다. 다행히 삼전의 수국이 午화를 충분히 제어하니 공망과 탈기되는 우환을 풀 수 있다.

□ **정단** : ❶ 이 원수과는 윤하국이다. 모든 일이 순조롭고 일은 남자에게서 일어나며 상에서 하를 다스리니 광명정대하다. 먼저 거동하면 이롭고 나중에 대응하면 불리하며, 움직이는 것이 이롭고 가만히 있으면 이롭지 않다.

❷ 천강인 辰이 일지의 음신에 임한 뒤에 발용이 되었으니 갑자기

변화가 생겨서 부평초처럼 떠돌면서 불안하지만 지혜로운 사람은 그것을 감당할 수 있다.

❸ 원수의 존귀함과 윤하의 상을 겸해서 사람들에게 은혜를 베풀면 길하다.

○ **날씨** : 비와 이슬이 많이 온다.
　→ 삼전이 수국이니 비와 이슬이 많이 온다.
○ **가정** : 식구는 많고 집은 좁다. 강변의 도적을 막아야 한다.
　→ 일간은 식구이고 일지는 집이다. 삼전의 수국에서 일지를 탈기해서 일간을 생하니 집은 좁고 식구는 많다. 삼전 수국의 초전에 현무가 타고 있으니 강변의 도적을 막아야 한다. ● 간상이 일간의 사(死)이고 지상이 일지의 사(死)이니 집안에 상(喪)을 당하는 것을 방지해야 하며 모든 일을 이루기 어렵다. ● 간상에서 일간을 탈기하고 다시 공망되었으니 모든 일에서 손실이 발생하고 공허해지며, 일간음신의 재성이 공망되었으니 손재수가 발생한다.
○ **혼인** : 궁합이 나쁘고 혼인은 불성한다.
　→ 일간은 남자이고 일지는 여자이다. 간지와 그 상신이 상충하니 궁합이 나쁘고 혼인은 불성한다. 더욱이 간상이 일간의 사(死)이고 지상이 일지의 사(死)이어서 흉하니 혼담을 멈춰야 한다. 남자의 경우 간상에서 일간을 탈기하고 다시 천반이 공망되어 '탈상봉공'이니 손실이 많은 상황이다. ● 주야 모두 지상에서 일간을 생하여 오니 남자를 내조하는 여자이다. 다만 낮 정단에서는 청룡이 지상에 타고 있으니 미인이고, 밤 정단에서는 등사가 타고 있으니 추녀이다.
○ **임신·출산** : 딸을 낳는다. 태아의 질병을 방지해야 하며, 난산을 방지해야 한다.
　→ 삼전이 수국이고, 태신인 酉가 태괘이며, 과전이 육양이니 딸이

다. 그리고 과전이 삼합하니 임신은 길하고 출산은 난산이다. ● 만약 임신 중 태아의 안부(安否)를 정단하면 일간이 공망되었으니 유산될 가능성이 있다.
○ **구관** : 타인의 추천을 받는다. 가을과 겨울에 정단하면 길하다. 치수와 수리(水利)에 관련된 직무이다.
  → 삼전이 체생하니 타인의 추천을 받는다. 가을과 겨울에 정단하면 삼전의 수국에서 일간을 왕성하게 생하니 더욱 길하다. 그리고 삼전이 수국이니 해양이나 수자원관리 등 물에 관련된 직무이다.
○ **알현** : 합을 하는 가운데에서 의혹이 생긴다.
  → 삼전의 수국에서 일간을 생하고 삼전에서 일간을 체생하지만 말전의 子에서 간상의 午를 충을 하니 좋은 가운데에서 나쁜 것이 있다.
○ **질병** : 설사와 허탈증이다. 천강인 辰이 묘신이니 매우 흉한 상이다.
  → 일간은 환자이다. 일간이 간상으로 탈기되고 다시 공망되었으니 설사와 허탈증이다.
○ **유실** : 집안을 벗어나지 않았지만 얻기 어렵다.
  → 삼전이 삼합하니 집안에 있다. 그러나 재성인 辰에 현무가 타니 얻기 어렵다.
○ **출행** : 유실을 방지해야 한다.
  → 일간은 출행인이다. 간상에서 일간을 탈기하고 다시 공망되었으니 유실을 방지해야 한다.
○ **귀가** : 먼저 서신이 온다.
  → 소식이 오는 경우는 월건신살인 천마와 신신과 천계를 본다. 6월에 정단하면 초전의 辰이 천마와 신신과 천계이니 소식이 오고, 1월과 11월에 정단하면 중전의 申이 신신이니 소식이 오며, 4월과 10월에 정단하면 말전의 子가 천마이니 소식이 온다.

월건\신살	寅	卯	辰	巳	午	未	申	酉	戌	亥	子	丑
천마(天馬)	午	申	戌	子	寅	辰	午	申	戌	子	寅	辰
신신(信神)	申	戌	寅	丑	亥	辰	巳	未	巳	未	申	戌
천계(天鷄)	酉	申	未	午	巳	辰	卯	寅	丑	子	亥	戌

○ 쟁송 : 도적을 놓쳤으니 쟁송을 해결하기 어렵다.

→ 현무가 초전의 辰에 타고 있어서 이미 도둑이 도망쳤으니 쟁송을 해결하기 어렵다. ● 간상의 공망된 午가 풀리는 오년이나 오월장이나 오월에 정단하면 삼전의 수국이 일지 申금을 설기하여 일간 甲목을 생하니 내가 유리하다.

○ 전투 : 수군 장수는 길하다. 휴전에 합의해야 한다.

→ 수국에서 일간을 생하니 수전에 길하다. 과전이 삼합하니 휴전 합의가 가능하다.

○ 분묘 : 수재가 있고 도둑이 훔쳐간다. 조상의 묘지에 처나 첩을 매장하면 안 된다.

→ 일지는 묘지이다. 일지음양이 수국이니 수재가 있고 辰에 현무가 타니 묘에 도둑이 든다. 인성국이니 처나 첩의 무덤을 쓰면 안 된다.

□ 『필법부』 : 〈제80법〉 사람과 가택이 모두 12운성의 사신이면 사람과 가택이 쇠해지고 파리해진다.

→ 일지와 일간 위에 모두 사기가 타고 있으니 휴식하는 것은 좋고 도모하여 움직이면 만사 불리하다.

〈제84법〉 합 속에 살을 범하는 것은 꿀 속에 비상이 있는 것이다.

〈제31법〉 삼전이 차례로 일간을 생해 오면 타인의 추천을 받는다.

□ 『관월경』 : 삼전의 윤하에 현무가 타고 있으니 도둑이 발생하여 걱정이 두 배이다.

| 갑신순 | 갑신일 | 10국 |

甲申일 제 10 국

공망 : 午·未
낮 : 왼쪽 천장, 밤 : 오른쪽천장

甲	丁	庚
蛇申青	勾亥朱	白寅后
巳	申	亥

癸	甲	丁	庚
陰巳常	蛇申青	勾亥朱	白寅后
甲寅	巳	申	亥

甲蛇申巳	乙朱午青	丙合未勾	丁朱亥青戌子酉 蛇
貴未辰 ○			
后午卯 白			空己丑戌 貴
陰巳常癸寅	玄辰丑 壬	常卯子 辛陰	白寅亥 庚后

□ **과체** : 중심, 원태(생태) // 형상, 침해, 육의, 록현탈격(낮), 복덕, 인귀생성, 절신가생, 회환, 사호귀정, 백호입상차, 간지상충, 교차상파, 교차장생, 탈상봉탈(밤), 구탈(俱脫), 사화백(蛇化白,낮), 고진과수.

□ **핵심** : 간지가 서로 충과 극을 하면서 또한 서로 생을 한다. 귀인은 화를 내고 일간은 초전이 두렵다. 낮에는 백호가 역마를 타고 달려오니 세심하게 살펴야 한다.

□ **분석** : ❶ 간상의 巳는 지상의 亥와 상충하고 기궁 寅은 일지 申과 상충한다. 그리고 申은 寅과 상충하고 亥와 巳는 상극한다. 장생이 교차육합을 하며, 과전의 간지가 서로 충과 극을 하지만 다시 서로 생과 합을 한다.

❷ 양 귀인이 감옥에 갇혔으니 반드시 귀인이 화를 낸다.

❸ 초전의 申은 일간의 귀살이니 매우 두렵다. 그리고 말전 寅의 둔간이 庚인데, 낮에는 백호가 역마를 타고 달려오니 세심하게 살펴야 한다.

➔ 낮 귀인 未는 辰에 임하고 밤 귀인 丑은 戌에 임하여 귀인이 감옥에 갇힌 상이니 '귀인입옥'이다. 공무원이나 직장인이 윗분에게 부

탁을 하면 윗분이 나의 부탁을 들어 주지 않고, 일반인이 관청의 공무원에게 부탁을 하면 나의 부탁을 들어 주지 않는다.

- □ 정단 : ❶ 중심과는 아래에서 위를 극하니 불순한 일이 많고, 모든 일은 음인과 소인에게서 일어난다.

    ❷ 그리고 원태격이다. 의혹스러워서 결단하지 못한다.

    ❸ 청룡의 뿔이 잘리고 형(刑)과 충(冲)을 면하지 못하니 자세하게 살펴서 행동해야 하며 만약 경거망동하면 화를 입는다.

○ 날씨 : 비가 온다. 바람과 우박에 대비해야 한다.

➔ 초전이 申이고 중전이 亥이니 비가 온다. 말전이 寅이니 바람이 불고 낮에는 백호가 타니 우박이 쏟아진다.

○ 가정 : 구설수와 쟁투를 방지해야 하며 손재수가 생긴다.

➔ 일지는 가정이다. 지상에 낮에는 구진이 타니 쟁투가 생기고, 밤에는 주작이 타니 구설수가 생긴다. 그리고 간상에서 일간을 탈기하고 지상에서 일지를 탈기하니 가정 내외에 손재수가 생긴다.

○ 혼인 : 나쁘다. 다만 밤 정단에서는 무방하다.

➔ 일간은 남자이고 일지는 여자이다. 간지와 그 상신이 상충하고 극을 하며 간지가 교차상파하니 궁합이 나쁘고 혼인도 불성한다. 밤 정단에서는 간상에 길장인 태상이 타니 무방하다.

○ 임신·출산 : 태신이 패지에 임하니 태아가 손상되는 것을 방지해야 한다.

➔ 태신은 태아이다. 태신 酉가 酉의 패신인 午에 임하니 태아가 손상된다. ● 일간이 폐구 되었으니 선천성언어장애가 우려된다.

○ 구관 : 이루지만 장애를 방지해야 한다.

➔ 초전은 관성이고 말전은 일록이다. 초전에서 중전을 생하고 중전에서 말전을 생하니 관로가 순탄하다. 다만 간지와 그 상신이 충

과 극을 하니 장애를 방지해야 한다.
- ○ **구재** : 재물로 인해 관재가 닥치는 것을 방지해야 한다.
  → 재성은 재물이고 귀살은 관재이다. 재물을 욕심내면 재성에서 초전의 귀살을 생하니 재물로 인해 관재가 닥친다.
- ○ **질병** : 폐구가 일간에 임하니 중풍으로 인해 말을 하지 못하고 음식을 삼키지 못한다.
  → 일간은 환자이다. 간상에 입이 닫혔다는 뜻의 폐구(閉口)가 임하니 먹지 못하고 말하지 못하는 병이다.
- ○ **유실** : 발견하기 어렵다.
  → 폐구격은 자취가 없으므로 찾지 못한다.
- ○ **출행** : 놀라는 일과 두려운 일을 방지해야 한다. 사람을 만나러 가면 이롭지 않다.
  → 일간은 여행객이고 일지는 여행지이다. 지상에 낮에는 구진이 타니 쟁투가 생기고 밤에는 주작이 타니 구설수가 생기니 만나러 가면 안 된다.
- ○ **귀가** : 곧 도착한다.
  → 辰이 사계인 丑에 임하니 곧 도착한다.
- ○ **쟁송** : 크게 놀라는 근심이 있지만 결국은 풀린다.
  → 삼전이 체생하니 쟁송이 순조롭게 풀린다. ● 일간 甲이 일지 申으로부터 극을 당하고 간상의 巳가 지상의 亥로부터 극을 당하고 다시 말전 둔반의 귀살 庚이 일간 甲을 극하니 내가 패소할 우려가 있다.
- ○ **전투** : 길하다. 아직은 순조롭지 않다.
  → 삼전이 체생하니 길하다. 일간은 아군이고 일지는 적군이다. 간지가 충과 극을 하니 전투가 순조롭지 않다.

□ 『필법부』: 〈제69법〉 백호가 둔간귀살에 타면 재앙이 얕지 않다. 설령 공망되어 더라도 재앙을 면할 수 없다.
〈제76법〉 서로 시기하여 모두에게 화가 미친다.
→ 일간의 상하가 寅巳이니 육해이고 일지의 상하가 申亥이니 육해이다. 서로 시기하여 주객이 서로 교제를 돌아보지 않게 되므로, 양쪽이 서로 도모해 보지만 모두에게 어긋나는 해가 있다.

□ 『고감』: 어느 현승(縣丞)이 월장 申을 점시 巳에 가한 뒤에 관직을 정단했다. 초전에서 관성 申이 巳에 임했는데, 지반의 巳에 쌍어의 뜻이 있으니 관직을 겸직한다. 중전에서는 장생인 亥가 일지 申에 임했으니 상관이 나를 받쳐준다. 말전의 寅은 곧 일간으로서 寅이 亥에 임했으니 제왕의 궁전에 이르는 뜻이 있고, 지반의 亥가 학당이니 스승의 직위로 근무하는 영광이 있다. 과연 권현인의 추천을 받아서 상궁에서 교수직에 올랐다.
※ 학당(學堂): 갑을일 己亥, 병정일: 丙寅, 무기일: 戊午, 경신일: 辛巳, 임계일: 甲申.

□ 『육임지남』: ❶ 월장 巳를 점시 寅에 가한 뒤에 원시(院試) 정단을 했다. 월건과 순수는 발용이고, 청룡과 주작은 왕지에 타며, 일덕과 일록은 역마에 타고 있으며, 간지가 교차육합하니 으뜸으로 추천되는 것이 틀림없다.
❷ 辛未년에 월장 戌을 점시 未에 가한 뒤에 승진 정단을 했다. 청룡과 태상이 모두 보이며 천성(天城)과 천리(天吏)를 모두 갖춘다. 청룡이 내전이 되었지만 기이한 도움을 받아 발탁되고 주작승신이 일간을 생하니 고위직을 취득하는 영예가 있으며 역마와 일덕과 일록이 모두 천문에 드니 천관(天官)이 틀림없다. 그러나 천을귀인이 천라지망에 임하고 용신이 하적상을 당했으니 나중에 천관직에서 물러난다. 모두 이와 같았다.

| 갑신순 | 갑신일 | 11국 |

甲申일 제 11 국

공망 : 午·未 ○
낮 : 왼쪽 천장, 밤 : 오른쪽 천장

壬	○	甲
合辰合	蛇午青	后申白
寅	辰	午 ○
壬	○ 丙	戌
合辰合	蛇午青 玄戌玄	白子后
甲寅	辰	申	戌

○貴未空巳	甲后申午○	乙陰酉未○	丙玄戌申
○蛇午青辰朱癸勾巳卯			丁常亥陰酉戌白子后戌
壬合辰寅	辛勾卯朱丑	庚青寅蛇子	己空丑貴亥

□ **과체** : 섭해, 참관, 진간전, 등삼천 // 형상, 초전협극, 육의, 복덕(공망), 육양, 불행전, 신장·살몰·귀등천문(밤), 강색귀호, 최관사자(밤), 간지상충, 귀인공망(낮), 과수.

□ **핵심** : 간상과 지상에는 괴강이 임하고 있고, 중전과 말전은 공망되어 있다. 먼 곳을 취하지 말고 가까운 곳을 취해야 한다. 태세, 월건, 일진을 살펴야 한다.

□ **분석** : ❶ 괴강이 일진에 임한 뒤에 움직여서 발용이 되었으니 자세하게 살펴야 한다.

❷ 육합이 나란히 간상에 있으니 진참관격이며, 하물며 辰午申이 등삼천격이니 일상적이지 않은 매우 원대한 일이다. 그러나 애석하게도 중전과 말전이 공망되었으니, 움직이려고 하지만 움직이지 못하고 끝내 모든 일에서 결실이 없다. 다만 먼 곳을 취하지 말고 가까운 취해야 하며 흉과 화를 흩는 일에는 이롭다.

❸ 설령 초전에서 태세를 만나고 중전과 말전에서 월건과 일진을 만나더라도 먼 곳을 취하지 말고 가까운 취해야 하며, 급히 서두르지 말고 느긋하게 해야 한다. 만약 점시가 발용이 되면 움직이려고

하지만 움직이지 못하며 먼 곳으로 가서 구하면 성과가 없다. 가까운 곳에서 구하면 오히려 성과가 있다.

□ **정단** : ❶ 이 섭해과와 참관격은 편안하게 거주하는 상이 아니다. 의혹이 있는 가운데에서 나아가고 물러나며 어려움을 많이 겪는다.

❷ 초전에서 협극을 만나니 자기의 뜻대로 일이 되지 않는다.

❸ 일상(日上)이 사문(私門)이니 음모와 사적인 염원이 많다.

❹ 중전과 말전이 모두 공망되었으니 흉은 불성하고 길은 성취하지 못한다.

→ 일상에 육합이 타고 있으니 사문이라고 하였다.

○ **날씨** : 개려고 하다가 다시 흐려지고, 비가 오려고 하다가 멎는다. 큰 바람이 갑자기 일어난다.

→ 초전이 辰토이니 개려고 하다가 말전이 申이니 비가 오려고 한다. 용이 하늘로 비상하니 비가 오려고 하다가 중전과 말전이 공망되었으니 비가 멎는다. 밤에는 말전에 백호가 타니 바람이 분다.

○ **가정** : 편안하지 않다. 비록 흉하지만 풀린다.

→ 일간은 사람이고 일지는 집이며 辰戌은 천라지망이다. 간지상에 辰戌이 임하니 가정 내외에 장애가 있어서 편안하지 않다. 그러나 辰과 戌이 상충하니 나중에는 풀린다. ● 지상의 재성에 현무가 타고 있으니 재물을 잃는다. 그리고 일지음신의 부모효가 하적상을 당하고 낮에는 백호가 타고 있으니 부모에게 질환이 발생하고, 밤에는 천후승신이 하적상을 당하니 처에게 우환이 발생한다.

○ **혼인** : 나쁘다. 불성한다.

→ 일간은 남자이고 일지는 여자이다. 섭해과이고 간지상에 천라지망이 임하니 혼인에 장애가 생기고, 다시 간지와 그 상신 그리고 둔반이 상충하니 불성한다. ● 주야 모두 지상에 흉장이 타니 여자의

성정이 나쁘다.
- **임신·출산** : 태아가 손상되는 것을 방지해야 하며 출산할 때에 놀란다.
  → 태신인 酉가 공망되었으니 태아가 손상되는 것을 방지해야 한다. 간지상에 辰戌이 임하여서 난산이니 놀란다.
- **구관** : 백방의 계책을 꾸며서 추구하더라도 성취하지 못한다.
  → 등삼천이 공망되어 용이 승천하지 못하고 다시 관성인 申이 공망되었으니 공명을 성취하지 못한다.
- **구재** : 뇌물을 주어 사적으로 도모하더라도 결국 공치게 된다.
  → 재성은 재물이다. 초전의 재성이 상하 협극되었으니 취하지 못하고 중전과 말전이 공망되었으니 공허해진다.
- **질병** : 위험하다. 급병은 즉시 낫는다.
  → 삼전이 등삼천이고 백호귀살이 일간을 극하니 위험하지만 모두 공망되었으니 위험하지 않으며 특히 급병은 즉시 낫는다.
- **유실** : 신속하게 찾으면 얻는다.
  → 현무가 타고 재성이 지상에 임하니 신속하게 찾으면 얻는다.
- **출행** : 원행하면 목적지에 이르지 못하니 걸음을 되돌려서 가까운 곳으로 가야 한다.
  → 섭해과는 원행하면 고난을 겪고 목적지에 이르지 못한다.
- **귀가** : 먼 곳에 있는 사람은 아직 출발하지 않았고, 가까운 곳에 있는 사람은 즉시 온다.
  → 먼 곳에 있는 사람은 말전이 공망되었으니 아직 출발하지 않았고, 가까운 곳에 있는 사람은 초전이 동신인 辰이니 즉시 도착한다.
- **쟁송** : 쟁송이 풀린다.
  → 일간은 나이고 일지는 상대이다. 간지의 상신이 비록 천라지망이어서 나쁘지만 상충하니 쟁송이 풀린다.
- **전투** : 조금 이로울 뿐이니 믿어서는 안 된다. 적군이 생각하지 못한

때에 출군하면 대승을 거둔다.
　→ 일간은 아군이고 일지는 적군이다. 간지의 상신이 상충하니 일진일퇴하는 상이다. 그러나 적군을 뜻하는 말전의 申이 공망되었으니 불시에 출군하면 승전한다.
○ **분묘** : 파괴되는 것을 방지해야 한다.
　→ 일지는 묘지이다. 일지 申과 지상신 戌이 기궁 寅과 간상신 辰으로부터 충을 당하고 있으니, 묘지가 파괴되는 것을 방지해야 한다.

□ 『**필법부**』: 〈제66법〉 일지의 묘신 겸 재신이 나란히 보이면 여정을 다시 생각해야 한다.
　→ 이 과전에서는 일지 申의 묘신인 丑이 비록 일간의 재성이지만 과전에 임하고 있지는 않다.
　〈제52법〉 천강(辰)이 귀신문(寅)을 막으면 임의로 도모할 수 있다. 재난을 피하는 일, 음모, 사적인 기도, 문상과 문병, 약 짓기와 부적 쓰기에 좋다. 만약 甲日·戊日·庚日이면 더욱 좋다.
　〈제82법〉 삼전이 나아가지 못하는 불행전은 초전을 살펴야 한다.
□ 『**과경**』: 청룡이 하늘로 비상하면 비가 오고 관직자는 하늘로 비상하여 승진하지만 공망과 탈기를 꺼린다. 다만 쟁송과 질병을 정단하면 오히려 공망되는 것이 좋다.
□ 『**지장부**』: 공망은 손실의 신이다. 중전이 공망되면 허리가 부러졌다고 하고, 말전이 공망되면 발이 잘렸다고 한다. 辰과 戌이 천라지망의 살기이지만 상충하니 일간에서 알이 깨지고 일지에서 둥지가 뒤집힌다.

| 甲申일 | 제 12 국 |

공망 : 午·未 ○
낮 : 왼쪽 천장, 밤 : 오른쪽 천장

壬	癸		○
合辰合	朱巳勾		蛇午青
卯	辰		巳
辛	壬	乙	丙
勾卯朱	合辰合	陰酉常	玄戌玄
甲寅	卯	申	酉

○蛇午巳青	○貴未午空	甲申未○	乙酉陰常
朱癸巳辰勾			玄丙戌酉玄
合壬辰卯合			常丁亥戌陰
勾辛卯寅	庚寅青丑	己丑蛇子	白戊子亥后

☐ **과체** : 중심, 진여, 나망, 승계(升階) ∥ 침해(피차시기), 초전협극, 구왕(개왕), 복덕, 호태, 가귀, 간지상충.

☐ **핵심** : 사람과 가택이 모두 왕성하지만 움직이면 그물에 걸린다. 낮에 정단하면 손실이 심하고, 일간과 일지가 모두 상대의 묘지에 들어간다.

☐ **분석** : ❶ 목은 卯에서 왕신이고 금은 酉에서 왕신이다. 간지에 각각 왕신이 타고 있으니, 지키면 귀(貴)하지만 경거망동하면 반드시 그물에 걸려서 나와 가정이 양인으로 변하여 재난과 화를 부른다.
❷ 중전과 말전에서는 일간의 기운을 뺏고, 낮 정단에서는 주작과 등사 화의 천장이 타고 있으니 손실이 더욱 심하다.
❸ 寅은 금의 묘지인 丑에 앉아 있고 申은 목의 묘지인 未에 앉아 있다. 이와 같이 간지가 서로 묘지에 앉아 있어서 모두 어둠을 초래하니 서로 의지하기 위해 찾아 가면 안 된다.

☐ **정단** : ❶ 이 중심과는 순조로운 진연여이지만 순조로운 가운데에서 거스름이 있고 전진하는 가운데에서 물러남이 있다. 가만히 있으면 좋고 움직이면 지체되며, 시작은 있지만 결과는 없다. 이미 차질이

생겼다면 구업을 다시 하는 것이 대길하여 본래의 것이 안전하다. 만약 분수 외의 것을 추구하면 오히려 재난이 생기고 후회하게 된다.

❷ 그리고 간지가 서로의 묘신에 임하고 있다. 만약 어리석은 사람이 서로 의지하기 위해 찾아 가면 어둠에 빠진다. 정단하는 사람은 마땅히 이를 과감하게 경계해야 한다.

○ 날씨 : 구름이 많이 끼지만 비는 적게 온다.
→ 초전이 辰토이니 구름이 끼고, 중전의 둔간이 癸수이니 비가 조금 온다.
○ 가정 : 흥하지 않는다. 그리고 집을 다른 사람에게 빌려주면 집이 망가진다.
→ 일간은 나이고 일지는 가정이다. 비록 간상이 일간의 왕신이고 지상이 일지의 왕신이지만 간지와 그 상신이 상충하니 흥하지 않다. 삼전의 화국에서 일지를 극하니 만약 타인에게 집을 빌려주면 집이 망가진다. ● 낮에 정단하면 지상의 酉가 도화이고 여기에 태음이 타고 있으니 부인의 음란을 방지해야 한다. ● 일간의 재성인 일지음신 戌에 현무가 타고 있으니 가정에서 도난을 방지해야 한다.
○ 혼인 : 남녀 모두 상해를 입는다.
→ 일간은 남자이고 일지는 여자이다. 간상신 卯는 일간 甲의 왕신이자 양인이고 지상신 酉는 일지 申의 왕신이자 양인이니 남녀 모두 몸을 상한다. ● 기궁은 일지와 상충하고 간상신은 지상신과 상충하며 간상의 둔반과 지상의 둔반이 상충하니 궁합이 나쁘다. ● 지상의 酉에서 일간을 극하니 남자에게 해를 끼치는 여자인데, 특히 낮에는 일지의 도화에 음란의 천장 태음이 타고 있으니 음란한 여자이다. ● 초전이 협극되었으니 혼인이 순조롭지 않다.

○ **임신·출산** : 태신이 왕지에 임하니 키울 수 있다.
　➜ 일간의 태신은 酉이다. 酉가 申에 임하니 키울 수 있다.
○ **구관** : 시작은 하지만 결실이 없다.
　➜ 관성은 관직이다. 중전과 말전의 자손효에서 관성인 酉를 극하고 이를 간상에서는 충을 하며 말전이 공망되었으니 결실이 없다.
○ **구재** : 자기의 노력으로 되지 않는다. 끝내 얻지 못한다.
　➜ 재성은 재물이다. 초전의 재성이 협극이 되었으니 뜻대로 되지 않는다.
○ **질병** : 정신질환이다. 음식으로 인해 생긴 병이니 음식을 금하면 즉시 낫는다.
　➜ 간지의 상신이 왕신이고 양인이니 정신질환이다.
○ **유실** : 서둘러서 찾아야 한다. 지체하면 찾기 어렵다.
　➜ 재성은 재물이다. 초전에 재성이 있으니 서두르면 찾을 수 있다. 참고로 귀살 겸 묘신이 육처에 임하면 이 역시 정신질환이다.
○ **출행** : 근행하면 이롭고 원행하면 이롭지 않다.
　➜ 초전은 근행이고 말전은 원행이다. 말전이 공망되었으니 원행하면 불리하다.
○ **귀가** : 아직 기약이 없다.
　➜ 삼전이 진여이고 말전이 공망되었으니 아직 기약이 없다.
○ **쟁송** : 구설과 문서로 발생했다. 전진하면 흉하고 후퇴하면 길하다.
　➜ 밤 정단에서는 간상에 주작이 타고 있으니 문서와 구설로 인해 발생했다. 간상이 양인이니 전진하면 흉하고 후퇴하면 길하다.
○ **전투** : 주(主)에게 유리하고 객(客)에게 불리하다. 근심과 우환이 해소된다.
　➜ 중심과이니 나중에 대응하는 쪽이 유리하고 먼저 공격하는 쪽이 불리하다. 간지상의 두 양인이 상충하니 근심과 우환이 해소된다.
○ **분묘** : 불길하다. 귀(貴)하게 되지 않는다.

→ 제3과는 묘지이고 제4과는 혈(穴)이다. 제1과와 제2과로부터 충을 당하니 불길하다. 그리고 삼전이 좋지 않아서 후손이 관직으로 나아가지 못하니 귀(貴)하게 되지 않는다.

□ 『필법부』: 〈제78법〉 호왕과 개왕은 앉아서 도모하는 것이 좋다. 개왕은 일지와 일간 위에 모두 왕신이 타는 것이다. 타인과 나, 손님과 주인, 남편과 아내, 부모와 자식이 모두 흥왕하다. 무릇 모망사는 순조로운 이익이 있으니 애써 힘들이지 않아도 스스로 만족스럽다. 앉아서 기다리는 것은 옳고 도모하여 움직이면 불리하다.

〈제55법〉 천라지망을 만나면 모망사에서 졸렬함이 많다. 이른바 간상에 간전일진이 타고 지상에 지전일진이 타면 '천라지망'이다. 대개 이 격을 얻으면 그물로 몸과 가택을 옭아매니, 모든 정단에서 어찌 형통할 수 있겠는가?

〈제87법〉 사람과 가택이 묘신에 앉으면 불행을 부른다. 모든 일이 암매해지고 모든 일에서 스스로 화를 부른다.

→ 일간 (기궁) 寅은 일지의 묘신인 丑에 앉아 있고, 일지 申은 일간의 묘신인 未에 앉아 있다.

□ 『정와』: 앞에 있는 12지가 길을 막고 있으니 머리를 내밀 수 없고, 정마를 만나면 더욱 흉하다. 만약 연명상신에서 충(冲)을 하면 흉을 구할 수 있다.

→ 천라지망을 설명하고 있다.

□ 『지장부』: 午는 정양(正陽)으로서 전각 앞에 있는 섬돌의 상이니 辰巳를 따라 계단에 올라 광명을 본다. 다만 삼전이 공망으로 이어져서 소리가 산골짜기로 울려서 펴지니 물러나면 길하고 전진하면 나쁘다.

을유일

乙酉日의 길신(구보)과 흉살(팔살)			
일덕	申	형	
일록	卯	충	
역마	亥	파	
장생	亥	해	
제왕	卯	귀살	申酉
순기	子	묘신	未
육의	甲申	패신	子
귀인	주 申	공망	午未
	야 子	탈(脫)	巳午
합(合)		사(死)	午
태(胎)	酉	절(絶)	申

乙酉일 제 1 국

공망 : 午·未 ○
낮 : 왼쪽 천장, 밤 : 오른쪽 천장

壬		乙		辛	
勾辰	勾	后酉	玄	青卯	合
辰		酉		卯	
壬		壬		乙	乙
勾辰	勾	勾辰	勾	后酉玄	后酉玄
乙辰		辰		酉	酉

癸巳合巳	○朱午午	○蛇未未 ○	甲申貴申	常
壬辰勾辰			乙酉后酉	玄
辛卯青卯合			丙戌陰戌	陰
庚寅空寅朱	己丑白丑蛇	戊子常子貴	丁亥玄亥	后

□ **과체** : 복음, 자신, 두전, 참관∥형상, 교차육합, 가귀, 고진과수.

□ **핵심** : 교섭하는 일이 매우 좋다. 가정에는 귀살이 많이 모여 있다. 화합하는 가운데에서 화가 생긴다. 아랫사람이 나를 속인다.

□ **분석** : ❶ 辰과 酉가 합을 하며 간지의 상하가 교차상합하여 나와 상대가 한 마음이고 한뜻이니 교섭해도 된다.

❷ 酉가 왕지에 가하여 가택의 음양에 임하였고 다시 중전으로 들어가서 일간의 귀살이 되니, 비록 일간과는 합을 하지만 합을 하는 가운데에서 극을 한다.

❸ 酉는 첩이다. 여기에 밤에는 현무가 타고 낮에는 천후가 타서 말전의 사문(私門)에 들어가니 노비가 나를 간교하게 속이는 일이 발생한다.

□ **정단** : ❶ 이 복음과의 자신격은 엎드려 숨어서 움직이지 않고 나타나지 않는 상이다. 자신의 유(柔)를 믿고 세속에서 가만히 움직이는 시기를 기다린다.

❷ 참관이 발용이 되면 편안하게 생활할 수 없다. 천강이 재성인데 재성은 강하고 일간은 약하다.

❸ 중전의 귀살이 현무를 생하니 매우 큰 손실이 생기지만 말전에서 귀살을 충하니 오히려 좋다. 개변하면 흉한 가운데에서 길로 변화하니 근심하고 겁먹지 않아도 된다.

○ **날씨** : 짙은 안개가 끼고 크게 흐리지만 바람이 불어서 흩어진다.
  ➜ 초전이 辰이니 안개가 끼고 중전이 酉이니 흐리다. 말전에서 중전을 충하니 안개와 흐린 날씨가 흩어진다.
○ **가정** : 편안하지 않다. 간음과 도망을 방지해야 한다.
  ➜ 일간은 사람이고 일지는 집이다. 일지의 음양이신이 귀살이니 편안치 않다. 낮 정단에서는 천후가 지상에 타서 일간을 극하니 부인으로 인한 화가 닥치고, 밤 정단에서는 현무가 지상에 타서 일간을 극하니 도난이나 사기를 당하여 편안하지 않다. 그리고 지상의 酉에 현무가 타고 있으니 여종업원이 도망치는 것을 막아야 한다.
○ **혼인** : 배우자감으로 부적합하다.
  ➜ 일간은 남자이고 일지는 여자이다. 기궁과 일지가 상합하고 간상신과 지상신이 상합하며 간지가 교차육합하니 궁합이 좋은 편이다. 다만 일지의 상하가 자형이니 독선적인 성격이고 지상의 귀살에서 일간을 극하여 남자에게 해를 끼치는 여자이니 배우자감으로 부적합하다. 특히 밤 정단에서는 지상에 흉장인 현무가 타니 낮에 비해 더욱 흉하다.
○ **임신·출산** : 딸을 낳는다.
  ➜ 태신인 酉가 소녀를 뜻하는 태괘이고 일간의 음양이신이 1음2양이니 딸을 낳는다.
○ **구관** : 얻기 어렵다.
  ➜ 관성은 관직이고 일록은 관록이다. 초전이 자형이어서 두전이고 또한 중전의 관성 酉와 말전의 일록 卯가 상충하여 관성과 일록이

깨졌으니 얻기 어렵다.
- 구재 : 구재하면 화를 입는다.
  → 초전의 辰이 재성이며 다시 양인이고 또한 辰에서 중전의 귀살을 생하니 재물로 인해 화를 입는다.
- 알현 : 겉으로는 화합하지만 속마음은 그렇지 못하다.
  → 일간은 나이고 일지는 상대이다. 비록 간지가 교차육합하지만 일간의 상하가 자형이고 일지의 상하가 다시 자형이니 겉으로는 화합하지만 속마음은 그렇지 못하다. 그리고 일간이 지상의 酉로부터 극을 당하니 상대로 인해 해를 입는다.
- 질병 : 흉하다. 급병은 낫는다.
  → 음식을 뜻하는 말전의 일록이 중전의 酉로부터 충을 당하여 음식을 못 먹는 상이니 흉하다. 일간과 일지가 상충하고 중전의 귀살이 말전으로부터 충을 당하니 급병은 낫는다.
- 유실 : 집안에서 찾아야 한다. 하녀가 훔쳤다.
  → 복음과는 유실물이 집안에 있다. 그리고 지상의 酉가 하녀를 뜻하니 하녀의 짓이다.
- 출행 : 원행은 이롭지 않다.
  → 복음과는 근행하면 길하고 원행하면 흉하다.
- 귀가 : 아직 오지 않는다.
  → 복음과에서의 근행은 곧 도착하고 원행은 아직 오지 않는다.
- 쟁송 : 합의하는 것이 좋다.
  → 일간은 나이고 일지는 상대이다. 간지의 상하가 육합하고 간지가 교차육합하니 합의가 가능하다.
- 전투 : 휴전이 이롭다.
  → 간지의 상하가 육합하고 간지가 교차육합하니 휴전이 가능하다.

□ 『필법부』 : 〈제22법〉 상하가 모두 화합하니 서로의 마음이 같다.
〈제89법〉 자임과 자신에 정마가 타면 움직인다. 삼전과 간지에 순내의 정신이 있거나 또는 천마나 역마가 타면 반드시 고요하게 있다가 움직인다.

※ 천마

월건 신살	寅	卯	辰	巳	午	未	申	酉	戌	亥	子	丑
천마(天馬)	午	申	戌	子	寅	辰	午	申	戌	子	寅	辰

※ 역마(驛馬)

일지 신살	巳酉丑	申子辰	亥卯未	寅午戌
역마(驛馬)	亥	寅	巳	申

□ 『과경』 : 자형이 발용이 되었고 중전이 지상으로 와서 다시 자형이 되었다. 말전은 중전의 충을 취하여 되었으며 전해지는 것이 두절되었으니 '두색격(杜塞格)'이다. 두색격은 모든 일이 중지되고 변경된다.

□ 『육임지남』 : 丁丑년의 己巳월에 월장 酉를 점시 酉에 가한 뒤에 임신 정단을 했다. 가택 위가 酉이니 첩이 임신했다. 두 구진이 천강(辰)에 타서 발용이 되었으니 반드시 쌍둥이로서 아들 하나에 딸 하나이다. 酉는 태괘로서 일간의 태신이며 귀살이고 사기(死氣)이다. 그리고 卯는 진괘로서 일지의 태신이며 생기이다. 따라서 아들은 살고 딸은 반드시 죽는다. 모두 적중했다.

※ 생기, 사기

월건 신살	寅	卯	辰	巳	午	未	申	酉	戌	亥	子	丑
생기	子	丑	寅	卯	辰	巳	午	未	申	酉	戌	亥
사기	午	未	申	酉	戌	亥	子	丑	寅	卯	辰	巳

| 乙酉일 | 제 2 국 |

공망 : 午·未
낮 : 왼쪽 천장, 밤 : 오른쪽 천장

甲	○	○
貴申常	蛇未白	朱午空
酉	申	未 ○
辛	庚	甲 ○
青卯合	空寅朱	貴申常 蛇未白
乙辰	卯	酉 申

勾辰巳	癸 勾合巳午	○ 青朱午未 ○	○ 蛇未申 白
辛 青卯辰			甲 貴申酉 常
庚 空寅卯 朱			乙 后酉戌 玄
己 白丑寅 蛇	戊 常子丑 貴	丁 玄亥子 后	丙 陰戌亥 陰

□ **과체** : 요극, 호시, 퇴여∥침해, 재공, 일덕, 육의, 왕록임신, 복덕(공망), 가귀, 나거취재, 불행전, 여덕(낮), 살몰.

□ **핵심** : 귀살인 辛과 申이 나란히 있으니 관직 이외의 정단을 하면 두렵다. 나와 가정이 모두 흉하다. 군자는 귀하다.

□ **분석** : ❶ 卯의 둔간인 辛이 일간에 임하고 申은 일간을 요극한 뒤에 발용이 되어 명암의 두 귀살이 나에게 오니 신상에 나쁘다.

❷ 가택의 상신이 일간을 극하는데, 타고 있는 천장이 귀인과 태상이어서 모두 귀살을 생하여 원수로 다가오니, 가택이 흉해서 거주할 수 없다. 구관(求官) 이외의 정단을 하면 질병과 소송이 교대로 침입하여 오고 재물이 사라지니 두렵고, 구관 정단을 하면 오히려 귀하여서 왕성한 관록이 나에게 오고 관성이 집안을 비춘다.

❸ 중전과 말전은 묘신과 탈기와 공망이고 유일하게 초전에만 태상과 귀인이 타서 발용이 되었으니 귀격(貴格)이다.

□ **정단** : ❶ 이 호시격은 역으로 전해진 연여로서 모든 일이 요동치며 타인과의 인정은 어긋난다.

❷ 물러나면서 전진하며 주(主)에게는 이롭고 객(客)에게는 이롭지

않으며, 서북에서는 이롭고 서남에서는 이롭지 않다. 여덕은 군자에게는 길하고 소인에게는 재앙이 생긴다. 그러나 중전과 말전이 공망에 떨어져서 화와 복이 모두 가벼우며 모든 일을 중지해야 한다.

○ **날씨** : 적은 비가 온다. 맑은 날씨를 원하는 정단을 하면 맑지 않다.
→ 초전의 申이 수모(水母)이지만 중전과 말전이 공망되었으니 적은 비가 온다. 말전의 午화가 공망되었으니 맑지 않다.

○ **가정** : 식록을 잃는 것을 방지해야 한다. 구설수가 서남방에서 오니 손님을 집에 숙박하게 하면 안 된다. 그리고 음인과 어린이에게 재앙이 있으니 토신에 기도해야 한다.
→ 지상의 申에서 일록인 卯를 극하니 식록을 잃는다. 요극과는 우환이 서남방에서 오고 호시는 집에 손님을 들이면 화가 미친다. 그리고 낮 귀인이 귀살 申에 타서 일간을 극하니 토신에 기도해야 한다.

○ **혼인** : 불성한다.
→ 일간은 남자이고 일지는 여자이다. 일지 酉에서 일간 乙을 극하고 지상신 申에서 간상신 卯를 극하니 궁합이 나쁘고 혼인도 불성한다. ● 지상에 낮에는 귀인이 타고 있으니 귀한 여자이고, 밤에는 태상이 타고 있으니 음식을 잘하는 사람이다. 그리고 지상이 일덕귀인이고 다시 육의이니 귀한 여자이다.

○ **임신·출산** : 태아는 딸이다. 출산은 신속하다.
→ 일간의 천지반이 모두 음이니 딸이고 삼전이 1음2양이니 다시 딸이다. 일지 酉에서 일간 乙을 극하고 지상신 申에서 간상신 卯를 극하니 출산이 신속하지만 임신이 잘 되지 않는다. 그리고 태신이 귀살에 해당하고 여기에 현무가 타고 있으니 사생아가 우려된다.

○ **구관** : 관성이 있고 일록도 있다. 고위직 공무원은 승진한다.

→ 관성은 관직이고 일록은 관록이다. 관성 申은 초전에 있고 일록 卯는 간상에 있어서 공무원이 관록을 받는 상이니 고위직 공무원은 승진한다.

O **구재** : 취득하는 것이 없다.

→ 왕록이 일간에 임하니 현재의 직업에 충실해야 한다. 만약 개업하면 중전의 재성이 공망되었으니 취득하는 것이 없다. 다만 연명이 亥 혹은 寅 혹은 巳이면 그 상신이 戌 혹은 丑 혹은 辰이니 재물을 얻는다. 그리고 이직(移職)하면 재성이 공망되었으니 취득하는 것이 없다.

O **질병** : 흉하다.

→ 귀살은 질병이고 자손효는 의약이다. 귀살 申은 실하고 의약 午는 공하니 흉하다. 그리고 낮 정단에서는 지상의 귀살 申에 귀인이 타고 있으니 하늘 신과 땅 신의 해코지가 있으니 신에 기도해야 한다.

O **유실** : 서남방에서 찾으면 있다.

→ 요극과는 유실물이 서남방에 있다.

O **출행** : 결실이 없다.

→ 중전의 재성이 공망되었으니 결실이 없다.

O **귀가** : 근행은 巳일에 오고 원행은 子일이나 辰일에 온다.

→ 근행은 발용과의 육합일인 巳일에 오고 원행은 발용과의 삼합일인 子일이나 辰일에 온다.

O **쟁송** : 전답과 가옥으로 인해 발생했다. 처음에는 놀라지만 나중에는 풀린다.

→ 재성은 원인이다. 주야 모두 구진이 辰土에 타고 있으니 부동산으로 인해 쟁송이 발생했지만 중전과 말전이 공망되었으니 쟁송이 풀린다. ● **승패** : 일간 甲이 일지 酉로부터 극을 당하고 간상의 卯가 지상의 申으로부터 극을 당하니 내가 패소할 우려가 있다.

○ **전투** : 승전할 조짐이 보이지 않으니 휴전해야 한다.
　→ 일간은 아군이고 일지는 적군이다. 일지가 일간을 극하고 지상신이 간상신을 극하니 패전할 조짐이다. 따라서 휴전해야 한다.

───────────────────────

□ 『필법부』 : 〈제7법〉 왕록이 일간에 임하면 망령된 행동을 해서는 안 된다. 일간의 록신이 다시 일간의 왕신을 만들어서 간상에 임하면 이를 버리고 별도로 도모해서는 절대로 안 된다.
　〈제48법〉 천을귀인이 귀살에 타면 곧 하늘 귀신과 땅 귀신의 해가 있다. 질병 정단을 하면 반드시 하늘 신과 땅 신의 해코지가 있다. 만약 가택 위에 임하면 반드시 가정 내 사당의 신상에게 엄숙하지 못해서 병환이 온 것이다. 따라서 공을 닦고 덕을 베풀어서 가택신을 편안하게 위로하면 일반인에게 거의 모든 재앙이 사라진다.
　→ 이 과전에서는 낮 정단에서 지상의 천을귀인이 귀살 申에 타고 있다.
　〈제82법〉 삼전이 나아가지 못하는 불행전은 초전을 살펴야 한다.
□ 『지장부』 : 申未午는 음을 능멸하는 뜻이 있는 '능음(凌陰)'이다. 행동은 위험하지만 뜻밖에 운이 좋아서 위험한 경우는 안전하고 안전한 경우는 위험하다. 역연여가 공망되면 '각답공망(脚踏空亡)'이라고 하여 전진해야 하고 물러나면 안 된다.
□ 『수중금』 : 辰의 양신이 모두 극을 하여 흉이 심하고 강하니 먼저 움직이면 안 된다. 삼전이 공망되었으니 화살을 잃었다.
　→ 요극과의 호시격에서 삼전이 공망되었으니 화살을 잃은 셈이다.

| 乙酉일 | 제 3 국 |

공망 : 午·未 ○
낮 : 왼쪽 천장, 밤 : 오른쪽 천장

○	癸	辛	
蛇 未 白	合 巳 靑	靑 卯 合	
酉	未 ○	巳	
庚	戊	○	癸
空 寅 朱	常 子 貴	蛇 未 白	合 巳 靑
乙 辰	寅	酉	未 ○

辛卯巳 靑	壬辰午 勾	癸巳未 合 靑	○午申 朱 空
庚寅辰 空 朱			○未酉 蛇 白
己丑卯 白 蛇			甲申戌 貴 常
戊子寅 常 貴	丁亥丑 玄	丙戌子 后 陰	乙酉亥 陰 后 玄

□ **과체** : 요극, 탄사, 퇴간전, 회명(回明) // 재공, 복덕, 무음(교차상극), 오음, 나거취재, 침해, 귀인입옥(낮), 고진과수.

□ **핵심** : 밤 정단에서 호랑이가 묘지 위에 앉아 있어서 재물과 혼인에 좋지 않으니 이를 취하면 화가 닥친다. 소송이 순리대로 풀리지 않는다.

□ **분석** : ❶ 未는 일간의 묘신이다. 밤에는 백호가 타서 가택 위에 임하니 가택이 어둡고 가족에게는 질병이 생기지만 다행히 일지를 극하지 않으니 흉이 가볍다.
❷ 일간의 재성이 발용이 되었으니 재물이 굴러들어오는 상이지만 공망되었으니 수포로 돌아간다.
❸ 밤 정단의 말전에 육합이 卯에 타고 있으니 혼사가 생긴다.
❹ 寅 위의 밤 귀인이 지상의 未와 육해이니 소송에서 떳떳할지라도 반드시 억울한 판결을 받는다.

□ **정단** : ❶ 요극의 탄사격은 모든 일이 안에서 일어나며 원만하게 성취하기 어렵다. 객(客)에게는 유리하고 주(主)에게는 불리하며, 먼저 거동하면 이롭고 나중에 대응하면 이롭지 않다.[1] 하물며 발용이 공

망되었으니 움직이면 공허해지며 화와 복이 모두 부실(不實)하다. 다만 승려, 수도자 등 고독한 사람에게는 이롭지만 만약 이 외의 사람이 정단하면 이롭지 않다.

❷ 지상에 일간의 묘신이 가하고 백호와 등사가 타고 있어서 묘지의 문이 열리는 상이어서 집안에서 상(喪)을 당하는 뜻이 있으니 합수목으로 액막이를 해야 한다.

→ 객(客)은 공격하는 쪽이고 주(主)는 방어하는 쪽이다.

○ 날씨 : 큰 바람이 불고 우레와 번개가 친다.
→ 밤 정단에서 초전에 백호가 타고 있으니 바람이 불고 말전이 卯이니 우레와 번개가 친다.

○ 가정 : 가정이 편안하지 않다. 거듭하여 상을 당하는 것을 방지해야 하고 집 밑에 유골이 묻혀 있다.
→ 일지는 가택이며 가정이다. 지상이 묘신이고 다시 공망되었으니 가정이 편안하지 않다. 일간의 묘신인 未에 주야에 등사와 백호가 타고 있으니 거듭하여 상을 당하는 것을 방지해야 하며, 밤에 정단하면 백호가 묘신에 타고 있어서 복시살이니 집 밑에 유골이 묻혀 있다.

○ 혼인 : 불길하며 불성한다.
→ 일지는 상대이다. 지상의 未가 일간의 묘신이니 불길하고 지상이 공망되었으니 혼인은 불성한다. ● 만약 묘월(卯月)이나 진월(辰月)에 정단하면 지상의 未가 사신과 사기에 해당하니 여자가 사망할 우려가 있으니 더욱 불길하다. ● 과전이 오음이며 일간 乙이 지상의 未를 극하고 일지 酉가 간상의 寅을 극하여 무음이어서 남녀가

---

1) 『육임직지』 원문에서는 "宜後不宜先." 즉 나중은 마땅하고 먼저는 마땅하지 않다고 하였다.

음란하니 다시 불길하다.
○ **임신·출산** : 불안하다. 난산을 방지해야 한다.
→ 일간은 태아이고 일지는 임신부이다. 일간과 일지가 교차상극하니 불안하며 난산을 방지해야 한다.
○ **구관** : 나쁘다.
→ 일록은 관록이고 관성은 관직이다. 일록인 卯가 말전에 임하지만 관성을 생하는 재성 未가 공망되었고 관성이 과전에 임하지 않으니 구관이 나쁘다. 『육임직지』 원문에서는 "작은 녹봉이 있다."고 하였다.
○ **구재** : 재물을 포기하면 화를 면할 수 있다.
→ 지상과 초전의 未는 재성이다. 재성이 공망되었으니 욕심낼 수도 없고 취할 수도 없다. 만약 취하면 간상과 말전의 둔반이 귀살이어서 반드시 재물로 인해 화가 미치니 재물을 포기하면 화를 면할 수 있다.
○ **질병** : 우측 허리와 다리의 질환이다. 급병은 낫고 구병은 흉하다.
→ 일간은 상체이며 일지는 하체, 일간은 좌측이며 일지는 우측이다. 일지가 공망되었으니 우측 허리와 다리의 질환이다. 초전이 공망되었으니 급병은 낫고 구병은 위험하다. 밤에 정단하면 백호가 未토에 타서 오행의 수를 극하니 신·방광 질환이다. 집 밑의 유골로 인한 질병이니 이사해야 낫는다.
○ **유실** : 얻기 어렵다.
→ 재성은 재물이다. 초전의 재성이 공망되었으니 얻기 어렵다.
○ **출행** : 만나지 못한다. 불성하니 멈춰야 한다.
→ 일간은 나이고 일지는 상대이다. 일지가 공망되었으니 사람을 방문하면 만나지 못한다. 꾀하는 일이 불성하니 멈춰야 한다.
○ **귀가** : 아직 돌아오지 않는다. 미월에 정단하면 즉시 귀가한다.
→ 말전은 출발지, 중전은 경유지, 초전은 도착지이다. 초전이 공망

되었으니 아직 돌아오지 않는다. 미년(未年)이나 미월(未月)이나 미월장(未月將, 하지~대서) 기간에 정단하면 공망이 풀리니 즉시 귀가한다.

O 쟁송 : 이롭지 않다. 빨리 풀어야 한다.
→ 간상의 寅이 지상의 未를 극하니 승소한다. 다만 간상의 둔귀가 일간을 극하여 이롭지 않으니 빨리 풀어야 한다.

O 전투 : 많은 군사를 잃는 것을 방지해야 한다.
→ 초전의 未가 묘신이고 중전의 巳가 일간을 탈기하니 많은 군사를 잃는 것을 방지해야 한다.

O 분묘 : 조짐이 길하다. 묘지 주변에 나무를 많이 심어야 하고 개미굴과 뱀굴을 방지해야 한다.
→ 제3과는 묘이고 제4과는 혈이다. 지상의 未에서 일지 酉를 생하고 일지음신의 巳에서 일지음신의 未를 생하니 분묘의 조짐이 길하다. 일지의 음양이신이 모두 공망되어 묘지가 공허하니 분묘를 오랫동안 보존하기 위해서는 묘지 주변에 관목을 많이 심어야 하고 아직 매장하지 않았다면 개미나 뱀의 굴을 방지해야 한다.

□ 『필법부』 : 〈제65법〉 일간의 묘신이 관신(關神)을 아우르면 사람과 가택이 황폐해지는 허물이 있다. 만약 일간의 양과에서 발용이 되면 사람이 쇠패해지고 지진의 양과에서 발용이 되면 가운이 막힌다. 관신은 봄에는 丑, 여름에는 辰, 가을에는 未, 겨울에는 戌이다.
→ 가을에는 지상의 未가 가을의 관신이고 다시 일간의 묘신이다. 〈제62법〉 묘신백호가 일지에 임하면 엎드린 시신인 복시가 있다. 주택정단을 하면 반드시 엎드려 있는 시신인 '복시귀'에 의한 화가 있거나, 형체와 소리의 여운인 형향(形響)이 있다. 만약 다시 가택을 극하면 화가 더욱 심하다.

→ 밤에는 백호가 지상의 묘신에 타서 일지에 임한다.

〈제64법〉 부부가 음란하여 각기 사통하는 일이 있다. 반드시 사적으로 간통하여 부부 불화의 뜻이 있다.

→ 일간 乙은 지상의 未를 극하고 일지 酉는 간상의 寅을 극하니 무음격이다. 따라서 부부가 음란하여 사통한다.

☐ 『과경』: 삼전의 未巳卯는 밝음으로 회귀한다는 뜻이 있는 '회명격(回明格)'이다. 未에서 卯로 전해지고 음이 양에 닿으니 그믐달이 점차 보름달이 되는 상이다. 모든 일을 갑자기 거동하면 안 되고 천천히 진행해야 이롭다. 길사는 점차 성사되고 흉사는 점차 사라진다.

乙酉일 제 4 국

공망 : 午·未
낮 : 왼쪽 천장, 밤 : 오른쪽 천장

	己		丙		○	
青	丑	蛇	朱	戌	陰	后	未	白
	辰		丑		戌	
	己		丙		○		辛
青	丑	蛇	朱	戌	陰	陰	午	空	白	卯	合
	乙辰		丑		酉		午 ○

庚寅巳 空	辛卯午 ○ 朱白	壬辰未 ○ 常勾	癸巳申 青玄
己丑辰 青蛇			午酉 ○ 陰空
戊子卯 勾貴			未戌 ○ 后白
丁亥寅 合	丙戌丑 朱陰	乙酉子 蛇玄	甲申亥 貴常

□ **과체** : 중심, 가색, 구추 ∥ 침해(피차시기), 재공, 전국, 록현탈격(낮), 복덕(공망), 신장·귀등천문(낮), 의약신공망, 고진과수.

□ **핵심** : 앞에서는 서로 해를 입히고 속으로는 서로 호의를 베푼다. : 만약 재물을 교섭하면 상대는 밝고 나는 어둡다.

□ **분석** : ❶ 간지의 위에서는 丑과 午가 서로 해를 입히고 간지의 아래에서는 辰과 酉가 상합하니, 겉으로는 불화하지만 속으로는 진정 사랑한다.

❷ 삼전의 모든 토가 일간의 재성이지만 일지의 묘신이 일간을 덮고 있고 발용이 된 일간의 재성 丑이 오히려 일지 酉를 생하니, 상대는 밝고 나는 어둡다.

→ 그렇지 않다. 丑이 酉의 묘신이니 丑이 酉를 생하지 못한다.

□ **정단** : ❶ 이 중심과는 삼전이 모두 사계 가색격이니 모든 일이 어렵고 뜻대로 되지 않는다.

❷ 아랫사람이 제멋대로 하여 윗사람에게 불리하니 반드시 심사숙고 한 뒤에 행동해야 후회하지 않게 되고 화를 면할 수 있다.

❸ 일지의 묘신이 일간을 덮으니 타인으로부터 사기당하는 것을 방

지해야 한다.

❹ 가택의 상신이 공망되고 다시 일간을 탈기하며 다시 일지 酉를 극하니 가정이 파괴되어 무너질 위험이 있다.

❺ 삼전이 차례로 형을 하고 간지의 상신이 육해이며 말전이 공망되었으니, 재물이 흩어지고 타인의 원한을 사니 근신하고 또 근신해야 한다.

○ **날씨** : 구름이 끼고 안개가 일며 바람이 많이 불지만 비는 적게 온다.
→ 삼전이 가색이니 구름이 끼고 안개가 끼지만 비가 오지 않는다.
○ **가정** : 가장이 혼미하다. 음인은 설치며 아랫사람이 주인을 속인다.
→ 일간은 가장이다. 간상에 일지의 묘신인 丑이 임하니 가장이 하는 일이 어둡고, 중심과이니 아랫사람이 윗사람에게 무례하다. 그리고 지상에서 일간을 탈기하니 가정에 지출이 많다. 낮에는 태음이 타니 음인에 의한 손실이고, 밤에는 천공이 타니 종업원이나 거짓된 사람에 의한 손실이다.
○ **혼인** : 불길하다.
→ 일간은 남자이고 일지는 여자이다. 일지 酉의 묘신인 丑이 간상에 임하니 불길하고, 다시 낮에는 도화에 태음이 타고 있으니 상대의 성정이 음란하고 밤에는 천공이 타니 상대의 성정이 바르지 못하니 혼인이 불길하다. ● 만약 점시가 子 혹은 午 혹은 卯 혹은 酉인 경우에는 구추에 해당되니 여자의 미모에 흠이 있고 혼사로 인해 재앙이 발생한다.
● 만약 혼인을 강행하면 지상에서 일간을 탈기하고 다시 공망되었으니 상대로 인해 손실이 크다. ● 간상의 丑과 지상의 午가 육해이니 궁합이 나쁘다. ● 삼전이 삼형이니 연애나 혼담이 순조롭지 않고 말전이 공망되었으니 혼인은 불성한다. ● 일간의 음양과 삼전의 재

국이 강하게 인성을 극하니, 며느리를 맞이한 뒤에 부모의 수명이 길지 않을 우려가 있다.
○ 임신·출산 : 태신이 패신에 임하니 태아가 손상되는 것을 방지해야 한다.

→ 일간의 태신인 酉가 酉의 패신인 子에 임하니 태아가 손상되는 것을 방지해야 한다. 중심과이니 딸이고 일간의 상하가 모두 음이니 딸이며 태신인 酉가 소녀를 뜻하는 태괘이니 다시 딸이다.

○ 구관 : 관직을 얻지만 하위직이다.

→ 간상과 삼전의 재성이 관성인 일지 酉를 생하니 관직을 얻지만 하위직이다. 특히 연명이 연명이 亥와 子인 사람은 그 상신이 관성 申과 酉이니 더욱 길하다. ● 일간의 음양과 삼전이 토국 곧 가색이니 국토를 보전하거나 토목건축에 관련된 시험을 준비하는 것이 좋다.

○ 구재 : 장사하여 본전을 잃는다. 집안의 재산을 질병과 소송으로 인해 잃는 것을 방지해야 한다.

→ 간상이 일간의 재성이지만 일지의 묘신이니 장사하여 본전을 잃는다. 삼전의 丑戌未는 재국이다. 일간은 약하고 재성은 강하니 재물을 얻지 못하며, 오히려 재물을 욕심 부리다가 삼전이 삼형이니 질병과 관재가 닥치는 것을 방지해야 한다. 다만 일간이 왕성해지는 겨울과 봄에 정단하면 삼전의 재물을 얻을 수 있다.

○ 질병 : 소화기 질환으로서 원기가 허하니 낫기 어렵다. 윗사람의 질병정단은 더욱 나쁘다.

→ 삼전이 토국(가색격)이니 소화기 질환이 발생한다. 과전에 오행의 수가 없어서 신장의 원기가 쇠약하니 낫기 어렵다. 만약 부모에게 병이 났을 경우에는 재국이 인성을 극하니 질병정단은 더욱 나쁘다.

○ 유실 : 신속하게 찾아야 한다.

→ 재물을 뜻하는 삼전의 재국이 삼형이 되어 재물이 손상될 우려가 있으니 신속하게 찾아야 한다.
○ **출행** : 안전하지 않다.
→ 지상신이 일간을 탈기하니 여행지에서 손실을 입으니 안전하지 못하고 다시 간상이 일지의 묘신인 丑이니 출행이 어둡다.
○ **귀가** : 길에서 장애가 생긴다.
→ 삼전이 삼형이니 귀가에 장애가 생긴다. 말전이 공망되었으니 아직 출발에 장애가 생긴다.
○ **쟁송** : 논밭 문서로 인한 쟁송이다. 쟁송의 처음에는 꼬이지만 나중에는 풀린다.
→ 삼전이 부동산을 뜻하는 가색이니 부동산으로 인해 쟁송이 발생한다. 귀살이 과전에 없고 말전이 공망되었으니 나중에는 풀린다.
● 일간은 튼실하고 일지는 공허하니 쟁송에서 내가 유리하다.
○ **전투** : 이롭지 않다. 농사를 지으면서 느긋하게 공격해야 한다.
→ 간상에 일지의 묘신이 임하니 이롭지 않다. 삼전이 가색이니 둔전(屯田)을 경작하면서 느긋하게 전쟁해야 한다.

□ **『필법부』** : 〈제66법〉 일지의 묘신 겸 재신이 나란히 보이면 여정을 다시 생각해야 된다. 일지의 묘신이 일간의 재성을 만들면 반드시 장사하여 원금을 잃는다.
→ 이 과전에서는 일지 酉의 묘신인 丑이 간상에 임하니 일지의 묘신과 일간의 재성이 동시에 임한다.
〈제77법〉 손님과 주인이 다투니 형벌을 받는다. 교섭사에서 반드시 각각에게 다른 마음이 있다.
〈제27법〉 삼전의 재신이 귀살로 변하면 재물을 구하면 안 된다. 재물 취득으로 인하여 화가 미치기 때문이다.

⟨제76법⟩ 서로 시기하여 모두에게 화가 미친다. 서로 시기하여 주객이 서로 교제를 돌아보지 않게 되므로, 양쪽이 서로 도모해 보지만 모두에게 어긋나는 해가 있다.

□ 『과경』: 삼전의 모든 재성에서 일지를 생하고 관성을 생하니 오직 곡식을 바쳐서 관직을 구하는 일이나 재물로 귀인에게 부탁하는 일에 좋다.

□ 『육임심경』: 乙·戊·己·辛·壬의 날에 사중[子·午·卯·酉]이 나란히 임하면 구추인데 丑이 간지의 위에 임한 뒤에 천재(天災)가 발용이 되니 사람에게 해가 미친다. 처를 들이고 딸을 시집보내서는 안 되며 가장 꺼리는 정단은 여행과 출군(出軍)이다.

| 乙酉일 　제 5 국 |

공망 : 午·未 ○
낮 : 왼쪽 천장, 밤 : 오른쪽 천장

	癸	己	乙
玄 巳 靑	靑 丑 蛇	蛇 酉 玄
	酉	巳	丑
戊	甲	癸	己
勾 子 貴	貴 申 常	玄 巳 靑	靑 丑 蛇
乙 辰	子	酉	巳

	己丑 青蛇	庚寅 空朱 午 ○	辛卯 白合 未	壬辰 常勾 申
勾 子 辰	戊子辰 貴			癸巳 酉 玄青
合 亥 卯	丁亥卯 后			○ 午戌 陰空
朱 戌 寅	丙戌寅 陰蛇	乙酉丑 玄	甲申子 貴常	○ 未亥 后白

□ **과체** : 원수, 종혁 ∥ 화미, 전국, 복덕, 오음, 살몰, 교차탈기.

□ **핵심** : 비록 귀살이 과전에 가득하여 흉하지만 간상의 수에서 일간을 생하니 먼 곳에서 구재하면 좋고 근심은 변하여 기쁨이 된다.

□ **분석** : ❶ 비록 삼전의 금국이 일간의 귀살이어서 걱정되지만 금국이 간상의 子수를 생해서 일간을 돕고 삼전이 삼합하여 차례로 일간을 생하여 온다. 또한 丑토가 일지 酉를 생해서 귀살을 인도하여 오니 먼 곳에서 재물을 구해야 한다.

❷ 금이 수를 생하고 수가 일간을 생하며 일간과 일지의 음양이 각각 삼합을 형성한다. 지상의 巳와 일간음신 申, 간상의 子와 일지음신 丑, 기궁인 辰과 일지 酉가 모두 육합하니, 근심이 변하여 기쁨이 되고 살(殺)이 있을지라도 화가 미치지 않는다.

□ **정단** : ❶ 원수과이며 종혁격이다. 모든 일은 남자에게서 일어나고 권위는 윗사람에게 있으며 항상 순조로움이 많다.

❷ 초전에서 巳가 酉에 가하니 먼저는 개혁하여 나중은 이를 따르며 먼저는 막히고 나중은 형통하여서 어렵던 일이 쉽게 되고, 원수가 은혜로 변하며 많은 사람의 도움을 받는다. 가을과 겨울에 정단하

면 모든 일이 길하다.

○ **날씨** : 비를 희망하면 비가 오고 기후가 조화로워서 만물에 생기가 넘친다.
　→ 삼전의 금국에서 수를 생하니 비가 온다.
○ **가정** : 작은 도둑을 방지해야 한다.
　→ 일간은 나이고 일지는 가정이다. 일간 乙목은 지상의 巳화로 탈기되고 일지 酉금은 간상의 子수로 탈기되니 나와 가정 모두 손재수를 방지해야 한다. 현무는 도둑과 도난이다. 낮에는 지상에 현무가 타고 있으니 도둑을 방지해야 한다. 청룡은 재물이다. 밤에는 지상에 청룡이 타서 일간을 탈설하니 손실을 방지해야 한다. ● 일지음신에 낮에는 청룡이 일간의 재성인 丑토에 타고 있으니 부동산으로 인한 수익이 있고, 밤에는 등사가 일간의 재성인 丑토에 타고 있으니 부동산으로 인한 수익이 있지만 이로 인해 괴인한 일이 발생하는 것을 방지해야 한다. ● 일지의 음신과 삼전이 삼합한 금국이 간상의 子수를 생한 뒤에 다시 일간을 도우니 가정에 길사가 많다.
○ **혼인** : 사과삼전에 삼합이 많다. 여러 배우자감 중에서 선한 사람을 선택하면 된다.
　→ 일간과 일지의 상하가 각각 삼합하고 다시 삼전이 삼합하니 삼합이 많다. 많은 사람들이 나를 도우니 여러 배우자감 중에서 좋은 사람을 선택하면 된다.
○ **임신·출산** : 태신이 일간의 귀살로서 태신이 묘지 속으로 들어가고 복부에 임했다. 현무와 등사가 여기에 타고 있으니 태아가 사망하는 것을 방지해야 한다.
　→ 태신은 태아이고 丑은 임신부의 배이다. 일간의 태신인 酉가 酉의 묘지에 임하니 태아가 사망한다.

| 갑신순 | 을유일 | 5국 | 89

○ 구관 : 처음에는 장애가 생기고 나중에는 성사된다. 귀인의 추천을 받지만 재물을 취하면 안 된다.

→ 초전이 폐구되었으니 처음에는 일이 막히지만 삼전이 일간을 차례로 생하니 나중에는 성사된다. 밤 정단에서는 귀인이 일간을 생하니 귀인의 추천을 받는다. 만약 재물을 탐하면 재성에서 子수를 극하니 나쁘다. ● 만약 가을에 정단하면 일지음양과 삼전의 관성이 빛을 발하니 가장 길하다.

○ 구재 : 재물이 갑자기 들어왔다가 갑자기 나간다. 천천히 구하는 것이 안전하다.

→ 재성은 재물이다. 초전의 巳에서 중전의 재성 丑을 생하니 갑자기 재물이 들어오고, 중전의 丑에서 말전의 酉를 생하니 갑자기 재물이 나간다. 재성이 중전에 임하니 천천히 재물을 구하는 것이 좋다. ● 중전의 재성이 丑토이니 땅과 부동산에 관련된 일로 사업하는 것이 좋다.

○ 알현 : 늦게 만난다.

→ 두 귀인이 서로 가하니 늦게 귀인을 만난다.

○ 질병 : 병사(病邪)가 오랫동안 몸에 붙어있지만 해는 없다.

→ 사과와 삼전이 삼합하니 병사가 오랫동안 몸에 머물지만 일간을 생하여 오니 해는 없다. 그러나 초전의 巳는 상차(상여)이고 酉는 효복(상복)이다. 초전에서 巳가 酉에 가하니 상(喪)을 방지해야 한다. ● 금이 강하고 목이 약하니 목에 관련된 간·담의 기능을 살려야 한다.

○ 유실 : 먼 곳에 있지 않다.

→ 과전이 삼합하고 있으니 먼 곳에 있지 않다.

○ 출행 : 이르는 곳마다 화목하다.

→ 과전이 삼합하니 이르는 곳마다 화목하다.

○ 귀가 : 움직이지 않으면 움직일 수 없지만 움직이면 즉시 도착한다.

→ 과전이 삼합하니 여행지에서 움직이지 않는 상이다. 그러나 만약 움직이면 즉시 귀가한다.
○ 쟁송 : 어려운 가운데에서 쉽게 바뀌고 원수가 변해서 은인이 된다.
→ 삼전의 귀살국이 간상의 인성을 생하여서 다시 일간을 생하니 어려운 가운데에서 쉽게 바뀌고 원수가 변해서 은인이 되고 쟁송이 풀린다. ● 일간은 나이고 일지는 상대이다. 간상의 子수가 지상의 巳화를 극하니 내가 승소한다.
○ 전투 : 대승할 조짐이다.
→ 삼전의 귀살국에서 간상의 인성을 생하여서 다시 일간을 생하니 대승한다.
○ 분묘 : 낮 정단에서 청룡이 무덤을 감싸며 거북이가 엎드려 있으니 대길하다.
→ 제3과는 묘(墓)이고 제4과는 혈(穴)이다. 제3과와 제4과가 삼합하며, 제4과의 천반에 낮에는 청룡이 타니 길하고 밤에는 등사가 타니 역시 길하다.

□ 『필법부』: 〈제11법〉 비록 귀살이 무리를 짓더라도 전혀 두렵지 않다.
→ 삼전이 비록 귀살국이지만 이곳에서 간상의 인성을 생하고 인성에서 다시 일간을 생하니 귀살이 두렵지 않다.
〈제47법〉 귀인이 비록 감옥에 있더라도 일간에 임하면 좋다.
→ 귀인이 辰이나 戌에 임하면 '귀인입옥'이라고 하여 귀인에게 부탁하는 일은 뜻을 이루지 못한다. 다만 귀인이 辰이나 戌에 임하더라도 일간과 일지와 연명에 임하면 귀인입옥으로 논하지 않는다.
〈제83법〉 삼합과 육합을 하면 만사 기쁘다.
→ 일간과 일지의 상하와 삼전이 모두 삼합하고 있다.

- □ 『지장부』: 사과의 한 곳이 상극하하여 원수과이니 모든 일이 순조롭고 모든 일에서 이롭다. 巳丑酉에는 반사(反射)의 뜻이 있어서 정벌할 마음은 품고 있지만 은혜에 보답한다.
- □ 『심인부』: 丑이 巳에 임하고 丑에 청룡이 타면 귀인이 와서 나를 추천한다.
  - → 丑은 귀인의 본가이다. 丑에 귀인이 타면 귀인이 나를 추천한다.

乙酉일 제 6 국

공망 : 午·未
낮 : 왼쪽 천장, 밤 : 오른쪽 천장

丁	○	己
合亥蛇	陰午空	青丑后
辰	亥	午 ○

丁	○	壬	丁
合亥蛇	陰午空	常辰常	合亥蛇
乙辰	亥	酉	辰

戊子勾巳	己丑貴午	庚寅陰未	辛卯玄申
丁亥合辰 蛇			壬辰常酉 常
丙戌朱卯 朱			癸巳玄戌 白
乙酉蛇寅 合	甲申貴丑 勾	○未后子 青	○午陰亥 空

- □ **과체** : 지일, 불비, 사절(四絶) // 사절(死絶), 형상, 구생, 역허, 복덕, 무음, 맥월, 관격(關隔), 불행전, 참관.
- □ **핵심** : 亥수가 정마를 타고 집으로 뛰어 들어온다. 공망과 탈기가 나란히 일간음신에 임하니 이익을 잃고 손실을 입는다.
- □ **분석** : ❶ 亥수가 일간인 乙목을 생하는데, 亥수가 정마에 타서 일간에 가한 뒤에 발용이 되었으니 가장 유익하여서 남에게 부탁할 일이 없다. 그러나 만약 이 좋은 것을 포기하고 지키지 않으면 중전과 말전에서 공망을 만나니 의지할 곳이 없게 된다.
  ❷ 기궁이 酉로 가서 육합하기 위해서는 손실을 감수해야 한다. 중전과 말전이 공망되고 일간이 탈기를 당하니 되돌아서서 亥수가 일간을 생하는 것을 재고해야 한다. 그러나 그 거리가 하늘과 땅만큼이나 넓게 가로막혀 있다. 이와 같으니 이익을 포기하고 손해를 입는 일은 어쩔 수 없다.
- □ **정단** : ❶ 이 비용과는 사과의 사상이 갖춰지지 않았다. 일은 두 가지이고 사람은 일치하지 않으니 선(善)을 택해서 행해야 한다. 그래서 근(近)을 버리고 원(遠)을 취했을지라도 근(近)을 취해야 하며, 친

(親)을 버리고 소(疎)를 취했을지라도 친(親)을 취해야 한다.
❷ 홀연히 일어난 것이 몸을 떠나지 않는다.
❸ 자신을 가볍게 여기고 타인을 따르는 것이 싫지만 스스로 의기소침해진 것을 마음으로 감수해야 후회와 허물이 없다. 만약 기회를 살리고 분수를 지키면 유유자적해진다.

○ 날씨 : 맑기를 원하지만 맑지 않고 비가 온다.
  → 초전의 亥가 수의 오행이니 맑기를 원하지만 맑지 않고 비가 온다.
○ 가정 : 가정이 편안하다. 그러나 가옥건축으로 인하여 가난해진다.
  → 일간은 나이고 일지는 가정이다. 기궁이 지상으로 가서 일지와 육합하니 가정이 편안하다. 그리고 일간은 나이고 일지는 가옥이다. 기궁이 지상으로 가서 일지로 탈기되니 가옥 건축이나 수리 혹은 다른 일로 인한 지출이 심해져서 가난해진다. ● 일간은 가장이다. 간상의 亥가 일간의 장생이니 가장의 생업이 순조롭다. 이곳에 낮에는 육합이 타니 상업을 통한 생업이고, 밤에는 등사가 타니 화촉에 관련된 생업이다. 만약 겨울에 정단하면 亥가 왕성하니 생업이 더욱 왕성하다. ● 제1과와 제4과가 동일한 글자이다. 사과가 하나의 음과 두 양이어서 한 여자가 두 남자와 연애하는 상이니 가정의 문란을 방지해야 한다.
○ 혼인 : 집이 가난하여 조상을 떠나 데릴사위로 간다.
  → 일간은 남자이고 일지는 여자이다. 기궁인 辰이 지상으로 갔으니 남자가 데릴사위로 간다. 기궁이 지상으로 가서 일지와 육합하니 나와 처가 화목하고, 기궁이 지상으로 가서 일지를 생하니 처가에 유익하지만 나에게는 무익하다. ● 만약 혼처를 구할 경우에는 지일과이니 가까운 사람이나 장소에서 구하면 된다. ● 제1과와 제4과가

동일한 글자이다. 사과가 하나의 음과 두 양이어서 한 여자가 두 남자와 연애하는 상이니 혼인이 순조롭지 못하다.
○ **임신·출산** : 태아가 안전하다. 순산한다.
→ 일간은 태아이고 일지는 임신부이다. 기궁이 지상으로 가서 일지와 육합하여 모자가 서로 반기는 상이니 태아가 안전하고 순산한다.
○ **구관** : 관청을 나의 집으로 생각하고 거주하면 안 된다. 몸이 쇠해지고 조상에게 누가 된다.
→ 일간은 나이고 일지는 관청이다. 기궁이 지상으로 간 것은 관사(官舍)로 가서 기거하는 상이고, 기궁이 지상으로 가서 일지로 탈기되는 것은 관사에서 기거하면서 몸이 상하는 상이다.
○ **구재** : 옛것을 지키는 것이 안전하다. 경거망동하여 구재하면 손실이 생긴다.
→ 기궁이 지상으로 가서 탈기되니 이동하여 재물을 탐내면 손실이 생기고 또한 말전의 재성이 공망되었으니 이 재물을 탐내어 경거망동하면 손실이 생긴다.
○ **질병** : 신병은 낫고 구병은 흉하다.
→ 자손효는 의약신이다. 중전의 의약신이 공망되었으니 신병은 무방하지만 중병은 흉하여 낫기 어렵다. ● 일간은 환자이고 일지는 질병이다. 기궁이 지상으로 가서 일지로 탈기되니 점차 몸이 쇠약해지는 상이다.
○ **유실** : 이웃 사람이 가져갔다. 멀리 도망치지 못했다.
→ 지일과는 유실물을 정단하면 근처에 있고, 물건을 가져간 사람을 정단하면 멀리가지 못한다.
○ **출행** : 북방이 좋다.
→ 간상과 초전의 亥에서 일간을 생하니 북방이 좋다.
○ **귀가** : 즉시 귀가한다.

→ 일간은 사람이고 일지는 집이다. 기궁이 가택으로 오니 즉시 귀가한다.
○ **쟁송** : 현재의 상황을 유지하는 것이 이로우며 이 쟁송은 저절로 풀린다. 상대로부터 농락당하는 것을 방지해야 한다.
→ 간상의 亥에서 일간 乙을 생하니 현재의 상황을 유지하는 것이 좋고 중전과 말전이 모두 공망되었으니 쟁송이 저절로 풀린다. 그리고 일간은 나이고 일지는 상대이다. 기궁이 지상으로 가서 일지로 탈기되니 상대로부터 농락당하여 손해입는 것을 방지해야 한다.
○ **전투** : 낮 정단은 길하고 밤 정단은 흉하다.
→ 간상에 낮에는 길장이 타니 길하고 밤에는 흉장이 타니 흉하다.

□ 『**필법부**』: 〈제82법〉 삼전이 앞으로 나아가지 못하는 불행전은 초전을 살펴야 한다. 중전과 말전이 공망되면 초전으로만 길흉을 정단하면 된다.
→ 중전은 천반이 공망되었고 말전은 지반이 공망되었다.
□ 『**과경**』: 삼전의 공망과 탈기를 버리고 일간으로 되돌아가서 간상의 생을 받으니 난을 피해서 도망가서 산다는 뜻의 '피난도생(避難逃生)'이다. 간상의 亥를 취하지 않고 지상의 酉로 가서 합을 탐한 뒤에 손실을 입으니 복덕을 받지 못한다는 뜻이 있는 '불수복덕(不受福德)'이다.
□ 『**심인부**』: 午가 亥에 가하고, 酉가 寅에 가하고, 子가 巳에 가하고, 卯가 申에 가한다. 모든 경전에서는 이를 "'사절(四絶)'이라고 하여 옛일을 결절(結節)하는 일에서 최길하다."고 하였다.
→ 여기에서는 흉사를 결절하는 일에서 최길하다는 뜻이다.
□ 『**금궤경**』: 하나를 알기 위해서는 반드시 일간을 알아야 한다. 그리고 두 곳의 하적상이니 두 가지 일인데 그 일은 처재사와 쟁송사로

서 안전하지 않다.

→ 사과의 극은 곧 동(動)이다. 제2과와 제4과에 극이 있으니 두 가지 일이 동한다. 제2과상신이 탈기이니 나의 신상에 손실이 발생하고, 제4과상신이 장생이니 장생이 뜻하는 생업이나 부모에 관련된 일이 발생한다.

乙酉일 제 7 국

공망 : 午·未
낮 : 왼쪽 천장, 밤 : 오른쪽 천장

辛	乙	辛
白 卯 玄	蛇 酉 合	白 卯 玄
酉	卯	酉

丙	壬	辛	乙
朱 戌 朱	常 辰 常	白 卯 玄	蛇 酉 合
乙 辰	戌	酉	卯

丁亥巳 合	戊子午 勾 貴 ○	己丑未 青 后 ○	庚寅申 空 陰
丙戌辰 朱 朱 乙酉卯 蛇 合 甲申寅 貴 勾			辛卯酉 白 玄 壬辰戌 常 常 癸巳亥 玄 白
	后未丑 ○	陰午子 ○	

□ **과체** : 반음, 무의, 용전∥록현탈, 권섭부정, 회환, 착륜, 교차육해, 간지육합, 삼교.

□ **핵심** : 세 개의 辛금이 卯에 임하니 꾀하는 일에서 골치가 아프다. 낮 정단에서는 범과 뱀을 만나니 식록을 구하여 먹고살기가 어렵다.

□ **분석** : ❶ 卯의 둔간인 辛은 일간의 귀살로서, 지상에 하나의 卯가 있고 초전과 말전에 두 개의 卯가 있으니, 모두 세 개의 卯이고 세 개의 辛이다. 많은 귀살이 나타나니 일간이 제극을 당하고 하물며 酉는 방해를 하고 卯는 약속을 저버린다.

❷ 卯酉가 중첩되어 있으니 일이 틀어지며 꾀하는 일에서 골머리가 아프다.

❸ 일록인 卯의 둔간은 귀살로서 귀살의 지역인 酉로 들어가는데, 낮에는 금의 오행인 백호가 타서 일간을 극하니 식록을 취하기 어렵다. 비록 가택에 임하더라도 다시 가택으로부터 극을 당하니, 안락을 찾는 것은 무리이다.

□ **정단** : ❶ 이 반음과 무의격은 두 가지의 일이 발생하며 거듭하여 무상하니 움직이려고 하지만 움직이지 못한다.

❷ 매번 아래에서 일이 발생하며 득(得)과 실(失)이 정해지지 않으며 의혹스러워서 결정하지 못하며, 卯와 酉가 서로 가하니 가정이 편안하지 않다. 간음과 도망과 도난을 방지해야 한다.

○ 날씨 : 바람과 비가 교대로 반복된다.
→ 백호는 바람을 부르는 천장이고 현무는 비를 부르는 천장이다. 초전과 말전에 낮 정단에서는 백호가 타고 있으니 바람이 불고 밤 정단에서는 현무가 타고 있으니 비가 온다. 초전이 말전에 이들이 다시 나타났으니 이러한 날씨가 반복된다.

○ 가정 : 가옥을 수리해야 한다. 남녀의 간음을 방지해야 한다.
→ 卯는 앞문이고 酉는 뒷문이며 일지는 가정이다. 일지의 상하인 卯와 酉가 상충하여 집이 파괴되었으니 가옥을 수리해야 한다. 그리고 卯와 酉는 음란의 신이다. 밤 정단에서는 현무가 지상에 타고 있으니 남녀의 간음을 방지해야 한다. ● 환자 : 낮에는 지상에 백호가 타고 있으니 가정에 환자가 발생하는 것을 예방해야 한다. ● 이사 : 일지의 천반과 지반이 상충하여 가옥의 길한 기운이 깨졌고 또한 낮에는 가정에 환자가 발생하고 밤에는 음란과 도난이 발생하는 가상이니 이사해야 한다. ● 일간과 일지가 교차육해이니 가정이 화목하지 못하다.

○ 혼인 : 혼인이 밝지 못하다. 성사되면 안 된다.
→ 일간은 남자이고 일지는 여자이다. 사중일에 사중이 지상에 가하여서 음란한 배우자감이니 혼인이 성사되면 안 된다. ● 비록 기궁 辰과 일지 酉가 상합하고 간상신 戌과 지상신 卯가 상합하지만 일간의 상하인 戌辰과 일지의 상하인 卯酉가 상충하니 혼인이 불성한다. 만약 혼인하면 백년해로하지 못하고 생사 이별한다. ● 지상에 낮에는 백호가 타고 있으니 상대에게 병이 있고, 밤에는 현무가

타고 있으니 바르지 못하며 음란하다.
○ **임신·출산** : 태기는 왕성하지만 태아는 안전하지 않다.
→ 일지음신과 중전의 酉가 일간의 태신으로서 태아를 가리키니 태기가 왕성하다. 다만 태신인 酉가 이를 충하는 지반 卯에 임했으니 태아가 안전하지 않다.
○ **구관** : 관성과 관록은 있지만 정당한 직위가 아니다.
→ 관성은 관직이고 일록은 관록이다. 관성이 중전에 있지만 충하는 지반에 앉아 있어 불길한데 일록이 지상으로 갔으니 임시직이거나 혹은 지방으로 발령이 난다. ● 공무원의 전정 : 밝지 못하며 장기간 재임하지도 못한다.
○ **구재** : 순조롭지 않다.
→ 재성은 재물이다. 일간음양의 재성인 戌과 辰이 상하로 충을 당했으니 구재가 순조롭지 않다. 설령 득재를 하더라도 결국 잃게 된다. 주작은 문서와 학문과 언어이다. 주야 모두 간상의 처재효 戌에 주작이 타고 있으므로 문서나 학문이나 언어에 관련된 일로 득재가 가능하지만 득재한 뒤에 지출된다. ● 개업 : 일록 卯가 그를 충하는 지반에 앉아 있고 여기에 현무와 백호가 타고 있으니 실패한다.
○ **알현** : 만나지 못한다.
→ 戌은 천라로서 그물이다. 戌이 일간을 옭아매고 있어서 출행할 수 없으니 상대를 만나지 못한다. 그리고 일간은 나이고 일지는 상대이다. 기궁 辰과 지상의 卯가 서로 육해이고 일지 酉와 간상의 戌이 서로 육해이니 상대를 만나더라도 목적을 이루지 못한다.
○ **질병** : 놀람과 근심이 반복되니 매우 근신해야 한다.
→ 이 과전은 우레가 치는 진괘의 반음과여서 놀람과 근심이 반복되니 매우 근신해야 한다. 초전의 卯가 말전에 다시 나타났으므로 치유되더라도 재발을 방지해야 한다. ● 낮에 정단하면 백호가 卯목에 타서 오행의 토를 극하니 토에 해당하는 위장병을 예방해야 한

다.
○ **유실** : 유실물은 가족과 관련이 있다.
　➔ 卯酉는 가정이다. 일지의 상하가 卯酉이니 가족이 가져갔다.
○ **출행** : 두렵다. 여정이 정해지지 않는다.
　➔ 진괘의 반음과이니 출행이 두렵다. 반음과는 출행의 뜻이 정해지지 않는 특징이 있다. 가정을 뜻하는 卯와 酉가 모두 삼전이 되어 출행하지 않는 상이니 여정이 정해지지 않는다.
○ **귀가** : 귀가한 뒤에 다시 간다.
　➔ 말전의 卯가 초전으로 이어지고 다시 지상으로 이어지니 귀가한다. 그러나 반복의 뜻이 있는 반음과이니 다시 나간다.
○ **쟁송** : 분쟁이 반복된다. 근심하고 놀라며 풀리기 어렵다.
　➔ 반음과에는 반복되는 특징이 있으니 분쟁이 반복되며 또한 쟁송으로 인해 근심하고 놀라며 풀리기 어렵다. ● **승패** : 일지 酉가 일간 乙을 극하고 지상의 卯가 간상의 戌을 극하니 내가 불리하다.
○ **출병** : 불리하다. 근신해야 한다.
　➔ 과전의 모든 천반과 지반이 상충하여 기운이 깨졌고 다시 그물을 뜻하는 戌이 일간에 임하니 근신해야 한다.

□ 『**필법부**』 : 〈제8법〉 일록이 일지에 임하면 임시직으로 정당한 자리가 아니다.
　〈제22법〉 상하가 모두 화합하니 서로의 마음이 같다.
　➔ 이 과전에서는 기궁 辰과 일지 酉가 육합하고 간상신 戌과 지상신 卯가 육합한다.
　〈제69법〉 백호가 둔간귀살에 타면 재앙이 얕지 않다. 설령 공망되어더라도 재앙을 구할 수 없다.
　➔ 乙酉일 이 과전에서의 지상과 초전과 말전의 낮 정단에서 천반에

는 백호가 타고 둔반에는 귀살 辛이 임하고 있다.
- □ 『과경』: 일록이 일지에 가하여 일지로부터 극을 당하니 반드시 집을 짓다가 재산을 잃는다.

  → 일록은 재산이다. 일록 卯가 일지 酉에 임한 뒤에 일지로부터 충과 극을 당했으니 집을 짓다가 재산을 잃고, 만약 개업정단을 하면 개업하여 사업에 실패한다고 할 수 있다.
- □ 『정와』: 卯酉卯는 주로 가택과 가정과 도로의 일이다. 12신과 12천장이 흉하니 움직이면 거듭 놀라고 골치가 아프다.
- □ 『지장부』: 卯가 발용이 되면 용전(龍戰)이고 酉가 발용이 되면 호투(虎鬪)이다. 모든 일이 변경되고 근심과 의혹이 많다.

乙酉일　제8국

공망 : 午·未 ○
낮 : 왼쪽 천장, 밤 : 오른쪽 천장

○	戊	癸	
后 未 青	勾 子 貴	玄 巳 白	
寅	未 ○	子	
乙	庚	庚	○
蛇 酉 合	空 寅 陰	空 寅 陰	后 未 青
乙 辰	酉	酉	寅

丙朱戌巳	丁合亥午	戊勾子未	己后丑申
蛇乙酉辰			空庚寅酉陰
合甲申卯貴			白辛卯戌玄
后未寅○青	陰午丑○空	玄巳子○白	常壬辰亥常

□ **과체** : 지일, 불비, 난수, 맥월∥천옥, 재공, 구재대획(불성), 삼기, 여덕(낮), 복덕, 인귀생성, 무음, 장도액, 명암이귀.

□ **핵심** : 말전에 도둑이 들고 초전과 중전이 공망되었으니 절대로 거만하면 안 된다. 윗사람이 기만을 당하더라도 덕으로써 아랫사람을 감싸야 한다.

□ **분석** : ❶ 초전의 未는 이미 갑신순의 공망되어 었고, 중전의 子는 공망에 앉아 있으며, 말전의 巳는 일간의 기운을 훔치니, 삼전은 공망과 도둑뿐이어서 전혀 삼전의 도움을 받을 수 없다.

❷ 일지가 일간에 가한 뒤에 일간을 극하여 윗사람이 난을 당하는 뜻이 있는 '상문난수(上門亂首)'이니 아랫사람으로부터 능멸을 당하며, 존귀한 위치에 있는 사람은 스스로 거만하니 그 해가 매우 심하다.

❸ 지상의 寅은 '지덕(支德)'으로서 지상에서 일간음신으로 오고 일간과는 비화(比和)된다. 일지는 비록 덕으로 보답하지만 속이고 능멸한 죄를 속죄하기에는 부족하다.

□ **정단** : ❶ 이 지일과는 모든 일이 동류에게서 일어나고 은혜 속에 해

가 생긴다.

❷ 그리고 상문난수이다. 밖의 사람이 나를 우습게 여기는데, 이유 없이 나에게 화를 내고 모욕을 주지만, 다행히 발용과 중전이 공망되었으니 재앙이 풀린다. 다만 고진과 과수는 승려나 수도자 등 고독한 사람에게만 좋고, 이 외의 모든 정단에서는 성사되지 않고 반드시 변경된다.

※ 지덕(支德)

신살 \ 일지	子	丑	寅	卯	辰	巳	午	未	申	酉	戌	亥
지덕(支德)	巳	午	未	申	酉	戌	亥	子	丑	寅	卯	辰

○ **날씨** : 바람이 자주 불고 비가 자주 온다. 해충이 농사를 망치는 것을 방지해야 한다.

→ 초전이 未이니 바람이 불며, 중전이 子이고 말전이 癸이니 비가 온다. 비가 많이 오니 해충이 생긴다.

○ **가정** : 덕이 있고 지체가 높은 가문이다. 주인은 허약하고 종업원은 난폭하다.

→ 일간은 사람이고 일지는 가정이다. 지상에 일지의 덕신인 寅이 임하니 덕이 높은 가문이고 옛적에 지체가 높았던 집안이다. 일지 酉가 간상으로 와서 일간 乙을 극하니 주인은 허약하고 종업원은 난폭하니 가정이 걱정된다. 일지인 酉가 여종업원을 가리키니 여종업원에 의한 화를 방지해야 한다. ● 가계 : 지상의 형제효 寅이 곧 겁재이니 가정에 지출이 많고, 일지음신의 처재효 未가 공망되었으니 가정에 재물이 없으며, 일지음신이 일간의 묘신인 未이니 가정이 어둡다. ● 가도 : 사과가 하나의 양과 두 음이니 가정이 문란하다.

○ **혼인** : 성사되면 안 된다.

→ 일간은 남자이고 일지는 여자이다. 일지 酉가 간상으로 와서 일

간 乙을 극하여 여자가 남자에게 해를 입히는 상이고 사과가 불비여서 음란하니 혼인이 성사되면 안 된다. 또한 낮에는 지상에 천공이 타고 있으니 진실하지 못한 사람이고, 밤에는 태음이 타고 있어서 음란한 사람이니 역시 성사되면 안 된다. ● 궁합 : 비록 기궁 辰과 일지 酉가 상합하지만 일지가 간상으로 와서 일간 乙목을 극하고 또다시 간상의 酉금에서 지상의 寅목을 극하니 궁합이 나쁘다. ● 혼인 : 초전이 공망되어 '과수'이고 다시 재성이 공망되었으니 혼인이 불성한다.

○ **임신·출산** : 태아가 손상되는 것을 방지해야 한다.
→ 일간은 태아이고 일지는 임신부이다. 일지 酉가 간상으로 와서 일간 乙을 극하는 것은 어머니가 태아에게 해를 입히는 상이다. 따라서 태아가 손상되는 것을 방지해야 한다.

○ **구관** : 구하지 않아도 관직이 저절로 온다.
→ 낮에 정단하면 중전의 子가 염막귀인이어서 조상의 공덕에 의하여 음관(蔭官)이 된다.

○ **구재** : 여름에 정단하면 큰 재물을 얻는다.
→ 일간 乙이 초전의 未를 극하고, 초전이 중전의 子를 극하며, 중전이 말전의 巳를 극하여서 '구재대획격'이니 큰 재물을 얻는다. 미년, 미월, 미월장 기간에 정단하면 공망된 未가 풀리니 최길하다.

○ **질병** : 흉이 길로 바뀐다. 여름에 정단하면 어린이에게 나쁘다.
→ 간상의 귀살 酉를 말전의 巳에서 제압하니 흉이 길로 바뀐다. 그리고 중전의 子는 어린이이다. 子가 공망되었으니 어린이의 질병을 정단하면 나쁘다. 처재효는 부녀자이고 子는 어린이다. 초전의 재성이 공망되었으니 부녀자의 질병을 정단하면 사망할 위험이 있는데, 낮에 정단하면 처재효에 부녀자를 뜻하는 천후가 타고 있으니 더욱 확실하다. 그리고 중전의 子가 공망되었으니 어린이의 질병을 정단하면 사망할 위험이 있다.

○ 유실 : 되찾지 못한다.
  → 재성은 재물이다. 초전의 재성 未가 공망되었으니 찾지 못한다.
○ 출행 : 잃는 것을 방지해야 한다.
  → 초전의 재성이 공망되었고 말전의 탈기신에 낮에는 현무가 타고 있으니 재물을 잃는 것을 방지해야 한다.
○ 귀가 : 늦게 귀가한다.
  → 말전은 출발지, 중전은 경유지, 초전은 도착지이다. 중전과 초전이 공망되었으니 늦게 귀가한다.
○ 쟁송 : 근심과 의혹이 풀린다.
  → 초전과 중전이 공망되었으니 근심과 의혹이 풀린다. 밤에 정단하면 중전의 귀인승신 子가 초전의 未와 육해이니 왜곡된 판결을 받을 우려가 있다.
○ 전투 : 변화에 대비해야 한다.
  → 일간은 아군이고 일지는 적군이다. 일지가 간상으로 와서 일간을 극하니 적의 기습 등 변화에 대비해야 한다.
○ 분묘 : 여름의 밤 정단은 길하다. 나머지는 모두 나쁘다.
  → 제3과는 묘이고 제4과는 혈이다. 여름 미월(未月)의 토왕절에는 공망된 일지음신 未가 풀리니 길하다. 그러나 나머지 기간에 정단하면 제4과의 천반이 공망되었으니 모두 나쁘다.

□ 『필법부』 : 〈제43법〉 천을귀인이 올바르지 못하면 소송에서 비록 나의 이치가 바를지라도 왜곡된 판결을 받는다.
  → 중전의 귀인승신 子와 초전의 未가 육해이다.
□ 『육임지남』 : 1. 庚寅년에 월장 未를 점시 寅에 가한 뒤에 음택 정단을 한다. 귀인이 왼쪽으로 도니 물길은 역의 수국이며, 申은 안산이고, 제4과 지반이 寅이니 간산곤향(艮山坤向)이다. 未는 래용(來龍)이

다. 未가 공망되었지만 진기(進氣)에 타고 있으니 바른 혈(穴)은 아니지만 그런대로 취할 수 있다. 초전과 중전의 재성과 귀인이 공망을 만났으니 제1대와 제2대는 재물과 관직이 공허하다. 말전은 가택의 장생이며 학당 위에 하괴(戌)와 주작이 임하니 제3대에는 귀(貴,관직)가 발복한다. 2. 丙子년에 월장 戌을 점시 巳에 가한 뒤에 중죄인지를 정단한다. 황은이 일간에 임하고 천사가 일지에 앉아 있으며 태세와 귀인이 일간에 있으니 6월에 사면되어 출옥한다. 다만 戌이 사맹에 임했고 다시 본명에 속하니 변방으로 유배가는 것을 면하지 못한다.

※ 천사(天赦) : 봄 : 戊寅, 여름 : 甲午, 가을 : 戊申, 겨울 : 甲子.

| 乙酉일 | | 제 9 국 |

공망 : 午·未 ○
낮 : 왼쪽 천장, 밤 : 오른쪽 천장

甲	戊		壬
貴申勾	勾子貴		常辰常
辰	申		子
甲	戊	己	癸
貴申勾	勾子貴	青丑后	玄巳白
乙辰	申	酉	丑

乙酉蛇 巳	合	丙戌朱 午	朱	合	丁亥蛇 未	勾	戊子貴 申
甲申辰 貴	勾					青	己丑后 酉
○未卯 后	青					空	庚寅戌 陰
○午寅 陰	空	癸巳丑 玄	白	壬辰子 常	常	白	辛卯亥 玄

□ 과체 : 원수, 윤하∥덕경, 화미, 전국(수국), 육의, 귀덕임신(낮), 오양.

□ 핵심 : 식구는 많고 집은 좁다. 귀인은 많지만 도움이 되지 않는다. 천장은 재물이고 12신은 수이니 재물과 발령장을 모두 지닌다.

□ 분석 : ❶ 申子辰이 모여 수국을 만들어서 일지를 탈기해서 일간을 생하니 식구는 많지만 집이 좁은 상이다.
❷ 주야의 귀인이 서로 가하고 다시 과전에 귀인이 많다. 귀인이 많으니 오히려 의지할 곳이 없고 서로 화목하지 않다.
❸ 삼전 주야의 천장은 모두 토에 속하고 일간의 재성이다. 삼전은 순수한 수로서 일간의 도장이니 재물과 도장을 모두 갖췄다.

□ 정단 : ❶ 원수과이고 윤하격이니 공명정대하고 순조로우니 좋다.
❷ 과전에 삼합과 육합이 모두 보이니 모든 일에서 타인의 도움을 받는다.
❸ 천장이 모두 일간의 재성이어서 재(財)가 인(印)을 극하니 웃어른에게 재앙이 생긴다.
❹ 말전이 초전을 생하고 지상이 귀살을 생하니 관직을 구하는 일 외에는 모두 방해가 된다.

○ 날씨 : 비는 많이 오더라도 비 피해는 없다.
→ 삼전이 수국이니 비가 많이 오지만 수국이 일간을 생하니 비 피해가 없다.
○ 가정 : 식구가 늘고 가족은 화목하다.
→ 일간은 식구이고 일지는 집이다. 삼전의 수국이 일지를 설기하여 일간을 생하니 집은 좁고 사람은 발달한다. ● 지상에 재성이 임하니 집안에 재물이 많다. 그러나 일지음신 巳가 일간을 탈기하니 손재수가 있다. 낮에는 현무가 타고 있으니 도난을 당하고, 밤에는 백호가 타고 있으니 의료비로 지출된다.
● 일간은 가장이다. 간상의 申이 관성이면서 일덕귀인이며 그 위에 申이 임하니 공무원일 가능성이 높은데 낮에는 찬을귀인이 타고 있으니 더욱 확실하다. 현대에서는 좋은 직장의 근무자로도 분석이 가능하다.
○ 혼인 : 성립된다.
→ 원수과이고 일간과 일지와 삼전이 삼합하며 삼전의 수국에서 일간을 생하니 혼인이 성립된다. ● 지상의 丑이 일간의 재성이니 재물이 풍족한 여자이다. ● 낮에는 지상에 청룡이 재성에 타고 있으니 재물이 넉넉한 여자이고, 밤에는 지상에 천후가 타니 역시 귀한 여자이다.
※『육임직지』원문에서는 나쁘다고 하였다.
○ 임신·출산 : 태아는 길하다. 출산은 나쁘다.
→ 일간은 태아이고 일지는 임신부이다. 과전이 삼합하고 다시 간상에 일덕이 임하니 태아는 길하다. 그러나 과전의 세 곳이 삼합하니 출산이 나쁘다.
○ 구관 : 타인의 추천을 받아 부귀를 누린다.

→ 삼전의 수국에서 일지의 관성국을 설기하여 일간을 생하니 타인의 도움을 받아 부귀를 누린다. ● 고시 : 합격한다. 일지의 음양인 관성국이 일간의 음양 및 삼전의 인성국을 생하고 이 인성국이 다시 일간을 생하니 고시에 합격한다. 만약 일간의 관성이 왕성해지는 가을에 정단하면 합격이 더욱 확실하다.

○ **구재** : 얻기 어렵다. 오히려 화를 방지해야 한다.
→ 주야 삼전의 천장이 재국을 이룬다. 여기에서 일지의 관성국을 생하여 일간을 극하니, 재물로 인해 화가 미치는 것을 방지해야 한다. ● 주야 모두 삼전의 천장이 모두 토의 오행이니 토목, 건축, 부동산, 운수업 등의 사업을 하면 구재가 가능하다.

○ **알현** : 좋다.
→ 과전이 삼합하니 매우 좋다.

○ **질병** : 물러나기 어렵다.
→ 일간과 일지의 상하가 삼합하고 삼전이 다시 삼합하니 질병이 물러나기 어렵다. 밤 정단에서는 백호가 자손효인 巳에 타고 있으니 자손에게 질병이 발생하는 것을 예방해야 한다.

○ **유실** : 얻을 수 있다.
→ 재성은 재물이다. 지상에 재성이 임하니 얻을 수 있다.

○ **출행** : 편안하다.
→ 삼전은 여행의 경로이다. 삼전의 수국에서 일간을 생하니 여행이 편안하다.

○ **귀가** : 근방으로 출행한 사람은 즉시 온다.
→ 근방으로 출행한 사람은 삼전의 수국에서 일간을 생하니 즉시 온다. 그러나 원방으로 출행한 사람은 삼전이 삼합하니 지체된다.

○ **쟁송** : 쟁송이 풀리기 어렵다. 합의를 중재하면 쉽게 화해한다.
→ 과전에 천을귀인이 가득하니 권세가 있고 요직에 있는 사람에게 줄 대어 있으니 쟁송이 풀리기 어렵다. 그러나 과전이 삼합하니 합

의를 중재하면 쉽게 화해한다. ● 승패 : 일간은 나이고 일지는 상대이다. 삼전의 수국이 일지 酉금을 설기해서 일간 乙목을 생하니 내가 승소한다. 또한 간상에는 일덕귀인과 천을귀인이 임하고 그 음신 子가 일간을 생하니 나는 승소하고, 지상에는 일지 酉의 묘신인 丑이 임하니 나는 승소하고 상대는 패소한다.

○ **전투** : 낮 정단에서는 대승하고, 밤 정단에서는 작은 이익이 있다.
→ 낮에는 간상에 길장이 타니 대승하고, 밤에는 흉장이 타니 소승한다.

□ 『**필법부**』 : 〈제83법〉 삼합과 육합을 하면 만사 기쁘다.
→ 일간의 상하와 삼전은 삼합하여 수국을 이루고, 일지의 상하는 삼합하여 금국을 이룬다.
〈제44법〉 과전이 모두 귀인이면 도리어 의지할 곳이 없다.
→ 을일(乙日)의 귀인은 申과 子이다. 申은 간상, 제2과 지반, 초전의 천반, 중전의 지반에 있으니 네 곳에 있고, 子는 제2과 천반, 중전의 천반, 말전의 지반에 있으니 세 곳에 있다. 합하면 일곱 곳에 있다.
● 적용 : 공무원, 개인 사업자.

□ 『**육임지남**』 : 1. 乙酉년에 월장 申을 점시 辰에 가한 뒤에 전쟁 정단을 한다. 수국이 일간을 생하고 합 속에 살이 없으며 왕성한 재성에서 관귀(官貴)를 생하니, 적군을 공격하면 반드시 적군이 아군에게 항복하지만 왕기가 안에 있으니 성을 점령하기는 어렵다. 백호가 일지의 음신 巳에 타서 일지인 酉를 극하니 동남쪽에서 병사에 의한 반란이 생기는 것을 방지해야 한다. 나중에 과연 이러하였다.

2. 庚寅년에 월장 酉를 점시 巳에 가한 뒤에 아들의 가출 정단을 한다. 申은 곤방인데 申이 辰에 가하여 수국을 이루었다. 현무는 천문인 亥에 임했고 卯의 위에는 未토가 임한다. 담 안에는 귀수(鬼宿)와

류수(柳宿)가 있고 고진은 승려이며, 卯와 未를 서로 곱하면 선천대연수로 卯가 6이고 未가 8이니 48이다. 아들을 丙일이나 丁일에 발견한다. 과연 서남방 48리 떨어져 있는 금산의 사찰 안에 있는 누각 근처에서 아들을 찾았다.

乙酉日　제 10 국

공망 : 午·未 ○
낮 : 왼쪽 천장, 밤 : 오른쪽 천장

○	丙	己
蛇 未 青	陰 戌 朱	白 丑 后
辰	未 ○	戌

○	丙	戊	辛
蛇 未 青	陰 戌 朱	常 子 貴	青 卯 玄
乙 辰	未 ○	酉	子

甲貴申巳	乙勾酉午○	丙合戌未○	丁陰亥申
蛇 未 辰 青 ○			玄 申 戌 蛇 常 酉 貴
朱 午 卯 空 ○			白 己 丑 戌 后
癸合巳寅	壬白辰丑	辛勾卯常子青玄	庚空寅亥陰

- **과체** : 중심, 가색∥침해, 형상, 재공, 전극, 호생(互生), 묘신부일, 절 신가생, 묘공(墓空), 고진과수.

- **핵심** : 간상과 초전의 두 未가 乙의 묘신이니 많은 사람들이 불쌍하 게 여기고 나를 도와준다. 지상의 子는 육해가 되고 중전의 戌은 형 이 된다. 丑이 초전의 未를 충하니 점차 길해진다.

- **분석** : 묘신 未가 일간을 덮은 뒤에 발용이 되었으니 乙목은 두 번이 나 속임을 당하여 어둡고 막힘이 심하다. 다행히 지상의 子가 초전 의 未를 육해하지만, 중전의 戌이 초전의 未를 형하며 말전의 丑이 초전의 未를 충하니 묘지가 점차 열려서 길해진다. 만약 많은 사람 들이 이것을 불쌍히 여기면서 힘을 써주지 않으면 일간 乙은 스스로 떨쳐 일어나지 못한다.

- **정단** : ❶ 이 중심과는 삼전이 모두 토이니 '가색국'이며 하에서 상을 범하니 거스르는 일이 많아 불순하다. 그리고 한 사람이 큰 힘을 들 여서 농사를 짓더라도 수확이 적어서, 전진하기는 어렵고 후퇴하기 는 쉬우니 자세하게 살펴야 하며 마음대로 행동하면 안 된다.

❷ 하물며 발용이 공망되었으니 이별하여 고독하다. 꾀하는 백 가지

중에서 성사되는 일이 하나도 없으니 옛것을 지키는 것이 길하다.

○ 날씨 : 맑은 날씨를 원하면 맑은 날씨가 오래 가지 못하고, 비를 원하면 아직 비가 오지 않는다.
→ 삼전이 토국이니 맑지도 않고 비가 오지도 않는다.
○ 가정 : 손님과 접대를 위한 술값과 밥값 지출이 많다.
→ 재성은 돈이다. 간상, 일간음신, 초전, 중전의 재성이 공망되었으니 지출이 많다. ● 화목 : 일간은 부모이고 일지는 자녀, 일간은 남편이고 일지는 아내이다. 비록 기궁과 일지가 상합하지만 간상의 未와 지상의 子가 육해이니 가족이 화목하지 않고 또한 삼전이 삼형이니 다시 가운이 순조롭지 못하다. ● 가장 : 일간은 가장이다. 하적상이 발용이 되어 중심과이니 가장의 권위가 약하고, 일간음양의 모든 재성이 공망되었으니 가장의 재운이 매우 약하다.
○ 혼인 : 불성한다.
→ 일간은 남자이고 일지는 여자이다. 비록 기궁과 일지가 육합하지만 그 상신이 육해이니 혼인이 불성하고 또한 일간이 공망되었으니 혼인할 의사가 없거나 혼인할 형편이 되지 않는다. ● 하적상이 발용이 되어 중심과이니 당찬 여자이다. ● 궁합 : 간지의 상신이 육해여서 남녀가 상대방을 서로 해치는 상이니 궁합이 나쁘고 삼전이 다시 삼형이니 혼인이 불성한다. ● 백년해로 : 만약 혼인하면 간지의 상신이 육해이고 삼전이 삼형이니 백년해로를 하지 못한다. 특히 남자가 정단하면 초전의 재성과 중전의 재성이 모두 공망되었으니 두 번이나 상처한다.
○ 임신·출산 : 태신이 패지에 임했다.
→ 태신인 酉가 酉의 패신인 午에 임했으니 태아가 상하는 것을 방지해야 한다. 과전에서는 태신이 공망되고 다시 일간이 공망되었으

니 유산될 우려가 있다. ● 출산 : 삼형에는 수술의 뜻이 있다. 삼전이 삼형이니 인공분만 할 우려가 있다.
○ 구관 : 복직을 꾀하면 복직된다.
→ 관성은 관직이다. 관성인 申이 이의 장생인 巳에 임하니 복직된다. ● 고시 : 일간은 수험생이다. 일간의 음양이 공망되어 수험생이 없는 상이니 불합격된다. ● 승진 : 일간의 음양이 공망되어 공무원이 없는 상이니 승진하지 못한다. ● 고시 종류 : 일간의 음양과 삼전이 모두 토이니 토지에 관련된 공무원임용고시와 국토와 지역을 지키는 군경직에 응시하는 것이 좋다. ● 합격시기 : 간상에 임하고 있는 묘신이 묘신의 작용을 벗어나는 시기로서 미월장(未月將)이나 未가 월건 기준의 생기가 되는 유월(酉月)이 합격시기이다.
○ 구재 : 얻기 어렵다.
→ 재성은 재물이다. 일간의 음양이신 및 초전과 중전에 있는 두 재성이 공망되었고 말전의 재성이 지반과 삼형을 하니 얻기 어렵다. ● 삼전이 가색이니 부동산에 관련된 업종에 투자하는 것이 좋다.
○ 질병 : 웃어른의 질병을 정단하면 나쁘다.
→ 삼전의 재국에서 웃어른을 뜻하는 인성을 강하게 극하니 웃어른의 병은 낫기 어렵다. ● 처재효는 처이다. 낮에 정단하면 말전의 재성에 백호가 타고 있으니 처에게 병이 있다. ● 삼전이 삼형이니 수술수가 있다. ● 구병 : 일간이 공망되었으니 구병을 정단하면 사망할 우려가 있다.
○ 유실 : 밤 정단에서는 발각된다.
→ 재성은 재물이다. 재성이 과전에 나타났으니 발각된다.
○ 출행 : 나쁘다.
→ 일간은 나이고 일지는 여행지이다. 간지의 상신이 육해여서 여행하면 해를 입는 상이니 나쁘고 삼전이 삼형이니 다시 나쁘다. ● 공망된 간상과 초전이 풀리는 다음 순에 출행이 가능하다.

○ 귀가 : 늦게 온다.
  → 말전은 출발지, 중전은 경유지, 초전은 도착지이다. 삼전이 삼형이고 다시 공망되었으니 늦게 온다.
○ 쟁송 : 풀린다.
  → 초전과 중전이 공망되었으니 쟁송이 풀린다. ● 승패 : 일간은 공허하고 일지는 튼실하니 내가 패소한다. 특히 밤에 정단하면 귀인 승신 子가 간상의 未를 육해하니 더욱 흉하다.
○ 전투 : 낮 정단은 흉하고 밤 정단은 길하다.
  → 간상에 낮에는 흉장이 타니 흉하고, 밤에는 길장이 타니 길하다.
○ 분묘 : 집안을 망치는 자식이 출생하는 것을 방지해야 한다.
  → 초전과 중전이 공망되었으니 상대와 중대에 불효자가 출생한다.

□ 『필법부』 : 〈제75법〉 손님과 주인이 다투니 형벌을 받는다. 교섭사에서 반드시 각각에게 다른 마음이 있다.
  → 이 과전에서는 삼전의 未戌丑이 삼형이다.
  〈제76법〉 서로 시기하여 모두에게 화가 미친다. 서로 시기하여 주객이 서로 교제를 돌아보지 않게 되므로, 양쪽이 서로 도모해 보지만 모두에게 어긋나는 해가 있다.
  → 이 과전에서는 간지의 상신인 未와 子가 육해이다.
  〈제65법〉 일간의 묘신이 관신을 아우르면 사람과 가택이 황폐해지는 허물이 있다. 일간의 양과에서 발용이 되면 사람이 쇠패해지고 지진의 양과에서 발용이 되면 가운이 닫힌다. 관신은 봄에는 丑, 여름에는 辰, 가을에는 未, 겨울에는 戌이다.
□ 『지규』 : 가색격을 乙일에 얻으면 크게 해롭다. 등사와 백호를 보면 허비한다.
□ 『정온』 : 이 과에서 혼인 정단을 하면 삼전이 모두 재성이다. 청룡이

발용이 되었고 중전은 천희이다. 제4과에 현무가 卯에 타서 子와 형이 되니 여자의 집에 두려운 마음이 있어서 취하지 못한다. 대체로 혼인 정단에서 가장 꺼리는 것은, 제2과와 제4과에 형과 극이 있는 것과 삼전과 일진의 불화이다.

※ 천희(天喜) : 봄에는 戌, 여름에는 丑, 가을에는 辰, 겨울에는 未가 천희이다. 만약 봄에 정단하면 중전의 戌은 천희이다.

乙酉일 제 11 국	공망 : 午·未 ○
	낮 : 왼쪽 천장, 밤 : 오른쪽 천장

甲	丙	戊
貴 申 勾	陰 戌 朱	常 子 貴
午 ○	申	戌
○	甲	丁	己
朱 午 空	貴 申 勾	玄 亥 蛇	白 丑 后
乙 辰	午 ○	酉	亥

蛇未巳	○青未	甲申午	勾	后酉未	乙合未	陰戌申	丙朱
朱午辰	○空	癸巳卯	合白			玄亥酉	丁蛇
						常戌子	戊貴
勾辰寅	壬常	辛卯丑	青玄	庚寅子	空陰	白丑亥	己后

□ **과체** : 중심, 진간전, 섭삼연 ∥ 덕경(공망), 삼기, 육의(공망), 귀인공망(낮), 인귀생성(관인상생), 오양, 탈상봉탈(밤), 탈상봉공, 양귀수극, 강색귀호, 살몰, 고진과수.

□ **핵심** : 간상에는 공망과 탈기가 임하고 지상에는 역마와 정신이 임한다. 귀인이 오니 관운이 드러나고 복신이 도우니 재운이 좋다.

□ **분석** : ❶ 공망 된 午가 일간에 임하여 일간을 탈기하니 손실이 끝이 없다.

❷ 지상의 亥는 역마이고 그 위의 둔반은 정마인데 가택 위에 타고 있으니 변동이 하나가 아니다.

❸ 낮 귀인 申이 午에 앉아서 비록 공망에 들지만 왕성한 가택이 앞에 있으니 관성과 덕신이 해를 입지 않는다.

❹ 중전은 재성인 戌이고 말전이 염막귀인이니 앞으로 매우 형통하다.

□ **정단** : ❶ 이 중심과는 순조로운 진간전으로서 청룡이 타고 있는 섭삼연이다. 모든 일이 순조롭지 못하여서 아랫사람에게 권한이 있고 웃어른에게는 액이 있다.

❷ 발용이 공망되었으니 모든 일은 헛소리가 되고 부실하다. 흉이 변하여 길로 변화하고 나중에 늦게 이루지만, 억눌려서 손실이 있다. 꿋꿋하게 분수를 지키고 고요하게 호기를 기다려야 한다.

○ **날씨** : 강우와 맑은 날씨 모두 갑신순을 벗어나야 한다.
  ➔ 초전의 申이 수모(水母)이지만 공망되었다. 다음 순에는 공망을 벗어나니 다음 순에는 비가 온다. 그리고 중전의 戌토는 흐린 날씨, 말전의 子는 강우를 뜻한다. 다음 순에는 삼전을 벗어나니 날씨가 맑다.

○ **가정** : 이사한다.
  ➔ 일간은 사람이고 일지는 집이다. 지상에 역마와 정마가 임하니 이사한다. 일간은 탈상봉공이다. 즉 간상의 午에서 일간 乙을 탈기하니 손실이 많은데 간상이 공망되었으니 손실이 더욱 크다. 지상의 亥에서 일지 酉를 탈기하니 가정에 손실이 발생한다. 낮에는 현무가 타니 도난을 방지해야 하고, 밤에는 등사가 타니 손실로 인해 놀라는 일을 방지해야 한다.

○ **혼인** : 아직은 이루지 못한다.
  ➔ 공망된 간상의 午와 초전의 지반이 풀리면 가능하다. ● 기궁과 일지는 상합하지만 지상의 亥에서 간상의 午화를 극하니 궁합이 좋지 않다. ● 낮에는 지상에 현무가 타니 바르지 못한 상대이고, 밤에는 지상에 등사가 타니 간악한 상대이다. ● 일간 乙은 간상의 午로 탈기되고 일지 酉는 지상의 亥로 탈기되니 남녀 모두에게 손실이 발생한다. ● 중심과이니 혼인을 심사숙고해야 한다.

○ **임신·출산** : 태신이 공망과 묘지에 앉아 있으니 부실(不實)을 막아야 한다.
  ➔ 태신은 태아이다. 태신인 酉가 공망된 지반 未에 앉아 있고 이

未가 일간의 묘신이며 일간이 공망되었으니 낙태한다.
○ **구관** : 어려움을 많이 겪지만 결국 얻는다.
→ 귀인은 공무원이고 관성은 관직이다. 초전의 관성이 공망되었으니 공망이 풀리는 시기에 관직을 얻을 수 있다.
○ **구재** : 마음에 들지 않는다.
→ 재성은 재물이다. 중전의 戌이 지반 申으로 설기되어 재성이 약하니 취득하는 재물이 적다. 만약 여름에 정단하면 재성이 왕성해지니 다른 계절 정단에 비해 많은 재물을 얻는다.
○ **알현** : 화합하지 못한다.
→ 비록 기궁 辰과 일지 酉가 육합하지만 지상의 亥에서 간상의 午를 극하니 주객이 화합하지 못한다.
○ **질병** : 급병은 풀리고 구병은 불길하다.
→ 일간이 공망되었으니 급병은 풀리고 구병은 불길하다. 특히 의약신 午가 공망되었으니 구병인 경우에는 병을 고칠 의사나 약이 없으므로 생명이 위험하다. ● 귀수 : 낮에 정단하면 천을귀인 申이 공망되어 귀수로 인한 질병이니 신에게 빌어야 한다. ● 낮에 정단하면 백호가 丑에 타서 오행의 수를 극하니 신장과 방광에 관련된 질병이다. 연명이 卯인 사람이 밤에 정단하면 백호가 巳에 타서 오행의 금을 극하니 폐와 대장에 관련된 질병이다.
○ **유실** : 도둑이 도망쳤으니 찾기 어렵다.
→ 현무는 도둑이다. 지상의 현무가 낮에는 역마와 정마에 타고 있어서 이미 도망쳤으니 찾기 어렵다.
○ **출행** : 수회 움직이지만 장애가 생긴다.
→ 일간은 출행인이다. 일간이 공망되어 출행하기 어렵지만 다음 순에는 공망이 풀리니 출행이 가능하다. 공망이 풀리더라도 삼전이 연못 위의 얼음을 밟는 상이니, 다음 순에도 출행이 순조롭지는 않다.

○ **귀가** : 가까운 거리는 사일(巳日)에 오고, 먼 거리는 자일(子日)이나 진일(辰日)에 온다.

→ 가까운 거리는 초전의 육합일에 오고, 먼 거리는 초전의 삼합일에 온다. 따라서 가까운 거리는 사일(巳日)에 오고, 먼 거리는 자일(子日)이나 진일(辰日)에 온다.

※ 『육임직지』 원문에서는 "인일(寅日)이나 경일(庚日)에 온다."고 하였다.

○ **쟁송** : 판사를 바꿔야 형통하고 이롭다.

→ 귀인은 판사이다. 주야의 귀인이 모두 공망되고 다시 역행하며 모두 지반으로부터 극을 당하니 현재의 판사는 무능하다. 따라서 판사를 바꿔야 이롭다. ● 승패 : 일간은 나이고 일지는 상대이다. 일간은 공망되고 일지는 튼실하니 나는 패소하고 상대방은 승소한다. ● 중심과이니 소송서류를 완비하여 장기전으로 쟁송에 임해야 한다.

○ **전투** : 아군이 불리하다.

→ 일간은 공허하고 일지는 튼실하니 아군이 불리하다. 『대육임직지』 원문에서는 "낮에는 길하고 밤에는 흉하다."고 하였다.

□ 『**필법부**』 : 〈제16법〉 공망 위에 공망이 타면 모든 일을 이룰 수 없다. 〈제49법〉 양 귀인이 극을 받으면 귀인에게 아뢰는 일에서 뜻을 성취하기 어렵다. 귀인에게 부탁하는 모든 일은 절대로 성취되지 않는다. 그 이유는 두 귀인이 스스로 극제를 받기 때문이다.

〈제35법〉 사람과 가택이 실탈당하니 두 곳 모두 도적을 초래한다. 타인에 의한 속임수로 손실을 입게 되고, 가택은 반드시 도적에게 재물을 도난당한다.

→ 이 과전에서는 간상의 午가 일간 乙을 탈기하고 지상의 亥가 일

지 酉를 탈기한다.

□ 『과경』: 입춘일에 월장 子를 점시 戌에 가한 뒤에 정단한다. 사립일에 어제의 간지가 오늘의 간지에 임하여 발용이 된 申은 일간의 절지이고 다시 겨울이 끝나는 십이지이다. 간상은 공망과 탈기이고, 주야의 양 귀인이 모두 노하니 90일 안에 재앙이 발생한다. 『육임심경』에서 말하기를 이것을 만나면 '천화격(天禍格)'이라고 하여 하늘이 사람에게 내리는 재앙이 40일에서 50일 안에 발생한다. 만약 백호가 타면 사망하고 현무가 타면 도둑을 맞고, 관직을 쫓으면 주작과 구진으로 인해 관재와 탄핵이 발생하며, 천공이 타면 남을 속이는 일이 많다. 이 법을 자세하게 추리하면 미심쩍은 것이 사라진다.

乙酉일 제 12 국

공망 : 午·未 ○
낮 : 왼쪽 천장, 밤 : 오른쪽 천장

丁	戊	己
玄亥后	常子貴	白丑蛇
戌	亥	子

癸	○	丙	丁
合巳青	朱午空	陰戌陰	玄亥后
乙辰	巳	酉	戌

	○朱午巳	○蛇未午	甲貴申未	乙后酉申 玄
	癸巳辰 合青			丙戌酉 陰 陰
	壬辰卯 勾勾			丁亥戌 玄 后
	辛卯寅 青 合	庚寅丑 空 朱	己丑子 白 蛇	戊子亥 常 貴

- □ **과체** : 중심, 진여, 용잠(龍潛) // 침해, 연주삼기, 복덕, 맥월, 신장·귀등천문(낮).
- □ **핵심** : 바로 앞에서 도난을 당한다. 나중에는 도달할 수 있는데 그 이유는 가서 생을 만나기 때문이다. 공허해지고 손실당하는 것을 면한다.
- □ **분석** : ❶ 巳가 일간 위에 임하여 나의 기운을 뺏는 것은 마치 나의 앞에서 물건을 훔치는 것과 같다. 그래서 도난당하는 것을 막을 수 없으니, 이것을 버리고 삼전을 취하는 것이 낫다.
  ❷ 정마가 타고 있는 초전으로 가면 장생이고, 중전의 子수는 나를 생하며, 더욱이 말전으로 가서 일간의 재성을 만나니 손실을 입히는 巳에 비해 훨씬 낫다.
- □ **정단** : ❶ 이 중심과는 순조로운 연여로서 순리를 따르면 형통하고 순리를 어기면 그물에 걸린다.
  ❷ 자손을 숨어 있는 귀인이 보살펴준다.
  ❸ 그리고 처음에는 손실이 있고 나중에는 이익이 있으며, 흉이 길로 변한다. 옛일은 새롭게 되고, 잃은 것은 다시 얻으니, 기회를 엿

봐서 움직여야 한다. 그래서 기다리고 있는 것만이 이롭지는 않다.

○ **날씨** : 비가 많이 와서 발이 젖을 정도이다.
→ 오행의 수는 강우이다. 삼전이 수국이니 비가 많이 와서 발이 젖을 정도이다.

○ **가정** : 식구는 많고 집은 좁다. 늙은 여인이 집을 지키고 있다. 노비가 주인을 해치는 것을 방지해야 한다.
→ 삼전의 수국이 일지를 설기하여 일간을 생하니 식구는 많고 집은 좁다. 주야 모두 지상에 태음이 戌에 타고 있으니 늙은 여인이 집에 있다. 그리고 노비를 뜻하는 戌이 지반 酉와 육해이니 노비로부터의 해를 입는 것을 방지해야 한다. ● 간상이 일간의 전1위이고 지상이 일지의 전1위이니 천라지망이다. 천라지망은 가정에 장애가 발생한다. ● 중심과는 가정의 예법이 문란하다. 특히 여름에 점단하면 초전의 지반이 왕성하고 그 천반은 쇠약하니, 아내는 남편에게 드세고 자식은 부모에게 불효한다.

○ **혼인** : 혼사에서 지출이 많다. 며칠 뒤에 화합한다.
→ 일간은 남자이고 일지는 여자이다. 간상의 巳가 일간 乙을 탈기하니 지출이 많다. 그러나 간상의 巳가 지상의 戌을 생하고 삼전의 수국인 亥子丑이 일간을 생하며 다시 연주삼기이니 며칠 뒤에 화합한다. ● 성정 : 지상이 괴강인 戌이니 상대의 성정이 드센데 주야 모두 戌에 흉장인 태음이 타고 있으니 불길하다. ● 궁합 : 일간(기궁)은 나이고 일지는 상대이다. 기궁 辰과 일지 酉가 상합하고 간상의 巳가 지상의 戌을 생하니 궁합이 좋은 편이다.

○ **임신·출산** : 태아는 건강하다. 딸이다.
→ 일간은 태아이고 일지는 임신부이다. 간상과 지상이 상생하고 삼전이 연주삼기이니 태아가 건강하다. 중심과이며 일간의 천지반

이 모두 음이니 딸이다. ● 기린아 : 삼전이 연주삼기이니 귀한 자식
을 낳는다.
○ **구관** : 외출하지 않고 가만히 있으면 타인의 도움을 받는다.
→ 중심과이며 사과가 천라지망이니 가만히 있어야 한다. 삼전이
연주삼기이니 가만히 있으면 타인의 도움을 받아 나중에 승진한다.
특히 연명이 亥인 사람이 밤에 정단하면 귀인이 천문에 오르니 관
직에 더욱 길해서 발탁이나 승진수가 있다.
○ **구재** : 처음에는 지출이 있지만 나중에는 충분히 보상을 받는다.
→ 간상에서 일간을 설기하니 지출이 생기지만 지상과 말전에 재성
이 임하니 보상을 받는다.
○ **질병** : 무방하다.
→ 일간은 환자이다. 간상이 일간을 설기하니 체력이 손상되었지만
삼전의 亥子丑 수국이 일지 酉의 기운을 빼서 일간을 생하니 무방하
다. ● 낮에 정단하면 백호승신 丑이 오행의 수를 극하니 수의 장부
인 신장에 병이 난다.
○ **알현** : 화평하고 사이가 좋으며 이익을 얻는다.
→ 일간은 나이고 일지는 상대이다. 간상의 巳에서 지상의 戌을 생
하니 사이가 좋다. 말전에 재성이 임하니 방문한 소득이 있다.
○ **유실** : 다시 얻는다.
→ 비록 간상에서 일간을 탈기하니 물건을 잃지만 말전에 재성이
임하니 얻는다.
○ **출행** : 길하고 이롭다.
→ 초전은 근행이고 말전은 원행이다. 삼전이 연주삼기여서 길하니
근행과 원행 모두 길하고 이롭다.
○ **귀가** : 즉시 귀가한다.
→ 삼전이 연주삼기이니 즉시 온다.
○ **쟁송** : 화해하는 것이 좋다.

→ 일간은 나이고 일지는 상대이다. 간지의 상신이 상생하니 합의가 가능하고 삼전이 연주삼기이니 쟁송이 풀린다. ● 승패 : 삼전의 수국이 일지 酉의 기운을 설기하여 일간 乙을 생하니 내가 승소한다.

○ **전투** : 군영이 불안하다.

→ 일지는 군영이다. 일지와 그 상신이 육해이니 군 내부에서 기만사가 생기니 군영이 불안하다.

□ 『**필법부**』 : 〈제55법〉 천라지망을 만나면 모망사가 보잘 것이 없게 된다. 간상에 간전일진이 타고 지상에 지전일진이 타면 '천라지망'이다. 대개 이것을 얻으면 그물로 몸과 가택을 옭아매니, 모든 정단에서 어찌 형통할 수 있겠는가?

〈제29법〉 식구는 많고 거주하는 집은 좁다. 삼전에서 일간을 생하지만 오히려 지진을 탈기한다. 식구는 반드시 많지만 거주하는 집은 협소하다.

〈제42법〉 삼전 내에서 삼기를 만나면 존숭해진다. 군자가 정단하면 일품의 높고 귀한 벼슬아치가 되고 의정부에 들어간다. 만약 이 외의 사람이 정단하면 비록 길하고 태평한 조짐은 없지만 재앙은 사라진다.

□ 『**과경**』 : 亥子丑은 그 이름이 '윤하격'이다. 일간을 생하고 일지를 탈기하면 식구는 많고 집은 좁다. 그렇더라도 넓은 집으로 이사하면 안 되며, 만약 이사하면 오히려 재앙과 허물이 생긴다. 이것은 진리이니 이를 어기면 안 된다.

□ 『**지장부**』 : 만약 순연여에서 월장이 亥이고 순행하여 亥子丑이면 용이 물에 잠겨 있다는 뜻의 '용잠(龍潛)'이다. 용잠은 햇빛이 아래에 있는 상으로서 거짓으로 보물을 몸에 감추고서는 나타내려고 하지

않는다. 『신장론』에서 말하기를 청룡에는 재물의 뜻이 있으니 매우 형통하며, 청룡이 巳에 타고 하늘을 나니 군자가 움직이려고 한다. 그리고 태음이 戌에 타면 비단 옷을 입고 혼인한다고 하였다.

병술일

丙戌日의 길신(구보)과 흉살(팔살)			
일덕	巳	형	
일록	巳	충	
역마	申	파	
장생	寅	해	
제왕	午	귀살	亥子
순기	子	묘신	戌
육의	甲申	패신	卯
귀인	주 酉	공망	午未
	야 亥	탈(脫)	辰戌丑未
합(合)		사(死)	酉
태(胎)	子	절(絶)	亥

丙戌일 제 1 국

공망 : 午·未 ○
낮 : 왼쪽 천장, 밤 : 오른쪽 천장

	癸	甲	庚
	勾巳空	蛇申玄	白寅合
	巳	申	寅
癸	癸	丙	丙
勾巳空	勾巳空	后戌后	后戌后
丙巳	巳	戌	戌

			○		○		甲	
勾	癸巳巳	空合	午午	白朱	未未	常蛇	申申	玄
青	壬辰辰	青				貴	乙酉酉	陰
空	辛卯卯	勾				后	丙戌戌	后
白	庚寅寅	合常	己丑丑	朱玄	戊子子	蛇陰	丁亥亥	貴

□ **과체** : 복음, 자임, 참관, 원태 // 덕경, 육의, 여덕(낮), 복덕, 신임정마, 주객형상, 일록폐구, 나거취재, 구재대획격, 신장·귀등천문(밤).

□ **핵심** : 재성과 일록과 장생을 삼전에서 모두 갖추었다. 거주하는 집은 어둡다. 폐구되었으니 불안하다.

□ **분석** : ❶ 간상과 초전의 巳는 일록이고 중전의 申은 재성이며 말전의 寅은 장생이다. 이들이 모두 삼전 안에 있으니, 밖에서 구하지 않더라도 앉아서 누린다.
❷ 丙의 묘신인 戌이 일지에 임했으니 집이 어둡다.
❸ 갑신순의 꼬리에 해당하는 巳의 둔간이 癸이니 폐구이다. 폐구가 된 일록이니 어찌 편안하고 무사하겠는가?
❹ 폐구가 일간에 임하니 언행을 삼가야 비로소 안전하고 길하다. 일록이 폐구되었으니 질병 정단에서 순미가 순수에 가하지 않더라도 이롭지 않다.

□ **정단** : ❶ 복음과의 자임격은 천지가 닫히고 막혀서 사방에 잠복해 있는 기운이 아직 발현되지 않은 상이다.
❷ 그리고 참관이다. 비록 정마는 없지만 조용한 가운데에서 움직이

는 기미가 있다. 丙일의 복음은 모두 길한데, 이는 삼전이 모두 희신이기 때문이다. 다만 巳화가 申을 극하고 申금이 寅목을 극하여 체극하는 과가 되었으니, 많은 사람들로부터 멸시당하는 것을 면하기는 어렵다.

→ 일록은 관록이니 희신이고, 재성은 재물이니 희신이며, 장생은 생업과 생기이니 희신이다. 초전의 巳는 일록이고, 중전의 申은 일간의 재성이며, 말전의 寅은 일간의 장생이니 삼전이 모두 희신이다.

○ **날씨** : 비가 오지 않는다.
→ 비록 중전이 수모(水母)인 申이지만 말전이 寅이니 바람만 불고 비가 오지 않는다.
○ **가정** : 조상 대대로 내려오는 가업이 매우 좋으니 가업을 꿋꿋하게 지켜야 한다. 만약 무리하게 움직이면 나쁘다.
→ 일록이 일간에 임하니 직업을 유지하는 것이 좋다. 만약 다른 일을 하면 삼전이 삼형이니 나쁘다. ● 일간이 지상으로 설기되니 가정으로의 지출이 많은데, 주야 모두 지상에 천후가 타니 부인에 의한 지출이 많다. ● 지상이 일간의 묘신이니 가정이 암울하다. 만약 오월(午月)과 미월(未月)에 정단하면 지상의 戌이 묘신이니 매우 흉해서 집안에 환자가 발생하거나 상사(喪事)가 발생한다.
○ **혼인** : 천후가 가택에 임하니 부엌일을 잘하며 성정이 온화하니 혼인해도 된다. 그리고 첩과 하녀가 많다.
→ 일간은 남자이고 일지는 여자이다. 주야 모두 천후가 지상에 임하니 성정이 온화한 여자이다. ● 다만 지상의 戌이 일간의 묘신이니 상대방은 운이 막혀 있는 여자이다. ● 만약 혼인하면 삼전이 삼형이고 여기에 흉장이 타니 일평생 송사와 질병과 사고로 인해 고

생한다. 그리고 일지음신에 천후가 타니 첩이 있다.
○ 임신·출산 : 여아를 임신한다. 다만 일지가 일간의 묘신이니 난산이다.
→ 삼전이 1음2양이니 다시 딸이다. 일간은 태아이고 일지는 임신부이다. 일지 戌이 일간 丙의 묘신이니 난산이 우려되며 삼전이 삼형이니 인공분만이 우려된다.
○ 구관 : 삼전이 체극하니 지방으로 부임을 가며 상부로부터 탄핵을 당할 우려가 있다. 수도에 근무하는 공무원은 언행으로 인해 탄핵을 당할 우려가 있다.
→ 초전의 巳가 중전 申을 극하고 중전이 말전 寅을 극하여서 체극이니 탄핵을 당하거나 좌천당할 우려가 있다.
○ 구재 : 많은 이익을 얻는다. 다만 헛된 지출로 인해 놀랄 일이 생긴다.
→ 초전이 중전을 극하고 중전이 말전을 극하는 '구재대획격'이니 많은 재물을 얻는다. 다만 삼전이 삼형이니 사고를 방지해야 한다.
○ 알현 : 낮 정단은 좋고 밤 정단은 나쁘다.
→ 일간은 나이고 일지는 상대이다. 낮 귀인은 재성인 酉에 타고 있으니 그로부터의 소득이 있고, 밤 귀인은 귀살에 타고 있으니 그로부터의 해를 입는다.
※ 『육임직지』 원문에서는 "주야 모두 나쁘다."고 하였다.
○ 질병 : 구병은 불길하다. 액을 쫓는 기도를 해야 한다.
→ ● 복음과는 천반이 지반에 엎드려 있는 부동의 상이니 병이 오래가고 삼전이 삼형이니 구병은 길하지 않다. 낮에는 귀인이 酉에 임하여 여덕이니 액을 쫓는 기도를 해야 하고, 밤에는 귀인이 귀살 亥에 타서 일간을 극하니 신에 기도해야 한다.
○ 유실 : 폐구이니 도움을 주는 말을 해주는 사람이 없다.
→ 일록은 재물이다. 초전의 둔반에 癸가 임하니 폐구이다. 유실물

을 본 사람이 도움을 주는 말을 해주는 사람이 없다.
- ○ 출행 : 정마가 움직이지 않으니 길을 가지 못한다.
  → 복음과는 부동의 상이다. 더욱이 정마가 과전에 없으니 길을 가지 못한다. 그리고 삼전이 삼형이고 다시 체극하니 사고 날 우려가 있다.
- ○ 귀가 : 가까운 곳으로 출행한 사람은 즉시 온다.
  → 복음과는 근행한 사람은 즉시 오고, 원행한 사람은 아직 오지 않는다.
- ○ 전투 : 적군이 승전한다.
  → 일간은 아군이고 일지는 적군이다. 일간이 일지로 탈기되고 간상이 지상으로 탈기되니 적군이 승전한다.
- ○ 분묘 : 긴밀한 곳에 지기가 모여 있으므로 마땅히 중앙에서 약간 우측으로 이동하여 혈(穴)을 정해야 한다.
  → 제3과는 묘이고 제4과는 혈이다. 풍수지리설에 의하면 기운이 응결된 곳에서 약간 이동해서 혈을 정해야 한다고 한다.
- ↑ 쟁송 : 상대방이 승소한다.
  → 일간은 나이고 일지는 상대이다. 일간이 일지로 탈기되고 간상이 지상으로 탈기되니 상대방이 승소한다. 관재를 점단하면 삼전이 삼형이어서 형을 받는 상이지만 초전의 巳가 일덕귀인이고 말전의 寅이 일간의 장생이니 죄에 비해 형이 가벼워진다.

□ 『필법부』 : 〈제32법〉 삼전이 차례로 나를 극하면 대중이 나를 기만한다. 반드시 교대로 나를 극해하는 사람이 있거나 혹은 많은 사람들이 이구동성으로 나를 기만한다.
  → 이 과전에서는 초전의 巳에서 중전의 申을 극하고 중전에서 말전의 寅을 극하니 체극(遞剋)으로 논했다.

〈제75법〉 손님과 주인이 다투니 형벌을 받는다. 교섭사에서 반드시 각각에게 다른 마음이 있다.

→ 삼형에는 쟁투의 뜻이 있다. 이 과전에서는 삼전의 巳申寅이 삼형이니 혼인, 대외 교섭, 동업 등의 일에서 서로 다툰다.

□ 『옥성가』 : 복음과로 거동을 정단하면 뜻대로 되지 않지만 출행한 사람은 곧 귀가한다. 천공이 발용이 되면 실체가 없고, 구진이 타면 올가미에 걸린다.

→ 복음과로 원행한 사람의 귀가를 정단하면 흉하다. 그러나 근행한 사람은 가까운 곳이나 지인에게로 출행한 경우로서 빨리 귀가한다.

丙戌일 제 2 국

공망 : 午·未 ○
낮 : 왼쪽 천장, 밤 : 오른쪽 천장

辛	庚	己
空 卯 勾	白 寅 合	常 丑 朱
辰	卯	寅
壬	辛	乙　甲
青 辰 青	空 卯 勾	貴 酉 陰　蛇 申 玄
丙 巳	辰	戌　酉

青 辰 巳	青 巳 午	勾 空	合 午 未	白 未 ○	朱 申 常
空 卯 辰 辛	勾			甲 申 蛇 酉 玄
白 寅 卯 庚	合			貴 酉 戌 陰
常 寅 己	朱 丑	玄 子 蛇	陰 亥 子 貴	后 戌 亥 后

□ **과체** : 원수, 퇴여, 참관 // 침해, 덕경, 복덕, 착륜, 구탈(俱脫), 살몰.

□ **핵심** : 물러나면 살만한 곳이고 전진하면 좋다. 일간 위에 壬辰이 임하니 가만히 지키고 있으면 재앙이 닥친다.

□ **분석** : ❶ 퇴연여가 물러나는 상이지만 만약 물러나면 子와 亥로 들어가서 모든 목을 생하므로, 오히려 巳와 午로 들어가면 일간 丙의 왕기이니 좋다.

❷ 간상의 辰은 일간을 탈기하고 둔간 壬은 귀살이다. 비록 청룡이 타고 있어서 길하지만 탈기와 귀살이 있는 곳에서 머물면 재앙이 닥친다. 따라서 한발 나아가서 일덕 巳와 일록 巳로 가서 왕성한 기운을 취하는 것이 안전하고 탈이 없다.

□ **정단** : ❶ 원수과이다. 삼전의 이름이 퇴여여서 후퇴는 쉽고 전진은 어렵지만 실제로는 전진은 많고 후퇴는 적다.

❷ 그리고 간지가 모두 그의 상신을 생하니 모든 일에서 헛된 지출로 인해 손실이 매우 많으며 재물을 도난당하여 손재와 우환이 있다. 다행한 것은 간지상의 辰酉가 합이니 타인에게 부탁하면 반드시 도움을 받는다.

○ 날씨 : 비가 오고 바람이 분다. 비온 뒤에 즉시 갠다.
→ 일간은 하늘이다. 간상에 비의 천장인 청룡이 타고 있으니 비가 온다. 그리고 초전이 卯이니 천둥과 번개가 치고, 중전이 寅이니 바람이 불며, 말전이 丑이니 갠다.

○ 가정 : 가족은 평온하다. 다만 가정 내외에 손실이 많다.
→ 일간은 가장이고 일지는 식솔이다. 간지의 상신인 辰酉가 육합하니 가족이 화목하고 평온하다. 다만 간상의 辰이 일간 丙을 설기하고 지상의 酉가 일지 戌을 탈기하니 가정 내외에 손실이 많다. ● 일지는 가정이다. 일지음양이 모두 재성인 酉와 申이니 가정에 재물이 많다. ● 일간은 가장이고 청룡은 재물이다. 간상의 辰에 청룡이 타서 일간을 설기하니 가장에게 재물손실이 많고, 간상의 둔간 壬이 일간을 극하니 가장이 암해를 받는다. ● 가상 : 일간은 사람이고 일지는 가택과 가정이다. 비록 삼전의 목국이 일간을 생하니 사람에게는 길하지만 삼전의 목국이 일지를 극하니 가택이 부서지고 가정이 무너지는 상이니 이사해야 한다.

○ 혼인 : 보통이다.
→ 일간은 남자이고 일지는 여자이다. 일간과 일지의 상신이 육합하니 길하지만 일지 戌에서 간상신 辰을 충하니 보통의 궁합이다. ● 낮에는 지상에 귀인이 타고 있으니 귀한 여자이고, 밤에는 지상에 태음이 타고 있으니 음란한 여자이다. ● 지상신이 일간의 재성이니 재물이 있는 여자이다. ● 일간 丙은 간상의 辰으로 탈기되고 일지 戌은 지상의 酉로 탈기되니 남녀 모두에게 손실이 발생한다.

○ 임신·출산 : 아들이다. 키우기 어렵다.
→ 일간의 상하가 모두 양이니 아들이고, 삼전이 1양2음이니 다시 아들이다. 그러나 태신인 酉가 지반과 육해이니 키우기 어렵다. ●

일간은 태아이고 일지는 임신부이다. 간상의 辰과 지상의 酉가 상합하니 임신정단은 좋고 출산정단은 난산이니 나쁘다.

○ **구관** : 공명이 원대하다. 만약 태세이거나 월건이거나 일지이면 더욱 좋다.

→ 비록 간상의 辰이 관성의 묘신이지만 戌에서 이를 충을 하고, 둔간의 壬이 투출하니 공명이 원대하고 다시 일간 위의 둔반에 관성이 출현하니 공명을 누린다. 만약 壬辰년이나 壬辰월이나 壬辰일에 정단하면 더욱 좋다. 낮에 정단하면 초전의 착륜격에 천공이 타고 있으니 공무원의 관로가 원대하지 못하고 고시생은 흉하다.

○ **구재** : 얻기 어렵다.

→ 재성은 재물이다. 지상이 재성인 酉이지만 일간음신 卯가 충을 하니 득한 뒤에 다시 나가는 재물이다.

○ **질병** : 비·위와 폐의 병이다. 사람과 병이 상합하니 병사가 몸에서 나가기 어렵다. 다만 오월(午月)에는 무방하다

→ 낮에는 백호가 寅목에 타서 오행의 토를 극하니 비·위에 병이 들고, 밤에는 백호가 午화에 타서 오행의 금을 극하니 폐에 병이 든다. 일간은 환자이고 일지는 질병이다. 간지의 상신 辰酉가 육합하니 병이 쉽게 나가지 않는다. 다만 여름에 정단하면 일간이 왕성하니 병을 이겨낼 수 있다. 주야 모두 간상에 청룡이 타니 주색에서 온 병이다.

○ **방문** : 만날 수 있다.

→ 일간은 나이고 일지는 상대이다. 간지의 상신이 육합하니 사람을 만날 수 있다. ● 알현 : 낮에 정단하면 귀인승신 酉가 일지 戌에 임하므로 입옥으로 논하지 않으며 오히려 간상과 상합하니 만날 수 있다. 그러나 밤에 정단하면 귀인승신 亥가 일간을 극하니 귀인을 만나서 뜻을 이루기 어렵다.

○ **모망** : 이룬다.

→ 일간은 나이고 일지는 목적사이다. 간지의 상신이 상합하니 목적을 이룬다.
O **출행** : 무난하다.
→ 일간은 출행인이고 일지는 출행지이다. 간상의 辰과 지상의 酉가 상합하니 출행이 무난하다. 다만 일간의 둔반에 귀살이 임하니 육로행에서 암해를 방지해야 한다. 『육임직지』에서는 "수로와 육로 모두 순탄하다."고 하였다.
O **귀가** : 온다.
→ 말전 丑 ⋯ 중전 寅 ⋯ 초전 卯 ⋯ 간상 辰으로 이어지니 온다.
O **전투** : 아군의 군영을 습격당하는 일이 발생한다. 휴전하는 것이 상책이다.
→ 丙일의 유도인 寅과 백호가 중전에 임하니 적군이 군영을 습격한다. 일간은 아군이고 일지는 적군이다. 간지의 상신이 육합하니 휴전을 합의하는 것이 상책이다.
→ 유도(游都)는 甲己일 丑, 乙庚일 子, 丙辛일 寅, 丁壬일 巳, 戊癸일 申이다.
O **분묘** : 재물이 생기는 땅이다.
→ 제3과는 묘이고 제4과는 혈이다. 일지의 음양에 재성이 임하니 재물이 생기는 땅이다.
↑ **쟁송** : 화해하는 것이 좋다.
→ 간상과 지상이 상합하니 화해하는 것이 좋다. 삼전의 목국이 일간은 생하고 일지는 극하니 내가 유리하다.

□ 『**필법부**』 : 〈제30법〉 너무 넓은 집은 사람을 쇠하게 한다.
→ 이 과전에서는 삼전의 목이 일간 丙을 생하고 일지 戌을 극하니 사람은 왕성하지만 가택이 무너지는 상이니 이사해야 한다.

- □ 『지장부』: 卯寅丑으로 연결되어 있어서 나쁘지만 나쁜 것이 극점에 이르면 좋게 변한다.
- □ 『찬의』: 육해는 무정하니 모든 일에서 편안하지 않다. 모든 일은 음덕에 달려 있다.
  - → 초전이 卯이고 간상이 辰이니 일간이 해를 입는다.
- □ 『비요』: 구진이 卯에 타면 공적인 일에서 해를 막아야 한다.
  - → 밤 정단 제2과상신 卯에 구진이 타고 있다. 구진에는 쟁투와 관재의 뜻이 있고 구진의 오행은 戊辰이다. 구진이 卯에 타는 경우 구진의 오행인 辰이 구진승신 卯와 육해이니 공적인 일에서 방해를 방지해야 한다.

| 갑신순 | 병술일 | 3국 |

丙戌일 제 3 국

공망 : 午·未
낮 : 왼쪽 천장, 밤 : 오른쪽 천장

己	丁	乙	
勾 丑 朱	朱 亥 貴	貴 酉 陰	
卯	丑	亥	
辛	己	甲	○
空 卯 勾	勾 丑 朱	后 申 玄	玄 午 白
丙 巳	卯	戌	申

辛卯 空巳	勾	壬辰 白午	青	癸巳 常未	空	玄	○午 申	白
青	庚寅辰 合					陰	○未酉	常
勾	己丑卯 朱					后	甲申戌	玄
合	丁亥丑 蛇		丙戌子 后	貴	乙酉亥	陰

- □ **과체** : 중심, 퇴간전 ∥ 복덕, 극음, 귀인상가, 교차육합, 오음, 신장·귀 등천문(낮).
- □ **핵심** : 간지가 교차육합을 한다. 나는 풍족하고 상대는 곤궁하다. 양 귀인이 서로 만난다. 폐업 우려가 있다.
- □ **분석** : ❶ 간상의 卯는 일지 戌과 육합하고 지상의 申은 기궁 巳와 육합한다. 일간 丙은 간상 卯의 생을 받고 일지 戌은 지상 申으로 탈기를 당한다. 교차로 합을 한 뒤에 나는 반드시 풍족하고 상대는 곤궁하다.

  ❷ 밤 귀인 亥수에게 酉가 와서 삼전으로 가니 관귀가 태왕하여 나를 제극하는 힘이 강하니 사업은 부진하지만 만약 관직자가 정단하면 오히려 길하다.

- □ **정단** : ❶ 중심과는 모든 일이 안에서 발생하고 재앙은 여자에게서 발생하며, 삼전이 사이를 띄어 이어지니 전진에 막힘이 있는 상이다.

  ❷ 좋은 것은 간상신에서 일간을 생하는 것으로서, 모든 꾀하는 일에서 당연히 걱정하지 않더라도 얻는다. 다만 방해하는 사람이 있

어서 마음먹은 대로 이루지는 못한다.

◦ **날씨** : 청룡이 나타나지 않았으니 맑다.
→ 청룡은 비를 뿌리는 천장이다. 삼전에 청룡이 나타나지 않았으니 비가 오지 않고 맑다.
◦ **가정** : 사람은 많고 집은 좁다. 돈을 벌 수 있고, 귀인이 가정을 이끌어준다.
→ 일간은 사람이고 일지는 집이다. 간상의 卯가 일간 丙을 생하니 식구는 많고, 지상의 申이 일지 戌을 탈기하니 집은 좁다. 그리고 지상의 申이 재성이니 집에 재물이 쌓이고, 중전의 亥와 말전의 酉 두 귀인이 일지 戌을 인종하니 공무원의 승진과 일반인의 관청사에 모두 이롭다.
◦ **혼인** : 성사된다. 여자가 남편을 왕성하게 내조한다.
→ 일간은 남자이고 일지는 여자이다. 간지가 교차육합하니 혼인이 성사되며, 지상의 申이 중전의 관성을 생하니 남편을 왕성하게 내조한다. ● 궁합 : 비록 간지가 교차상합하지만 지상의 申이 간상의 卯를 극하니 보통의 궁합이다. ● 성정 : 낮에는 지상에 길장인 천후가 타니 성정이 좋은 여자이고, 밤에는 지상에 흉장인 현무가 타니 성정이 불량한 여자이다. ● 지상이 재성이고 다시 육의이니 대체로 좋은 신부감이다.
◦ **임신·출산** : 딸이다. 난산이다.
→ 중심과이니 딸이다. 만약 겨울이나 봄에 정단하면 하적상하는 지반이 득령하니 반드시 딸이다. 일간은 태아이고 일지는 임신부이다. 간지가 교차육합하는 것은 태아가 어머니의 자궁을 연모하여 자궁을 나오지 않는 상이므로 난산이다. ● 연명이 寅인 사람은 일간의 태신인 子가 생기가 되는 인월에 정단하면 임신된다.

○ **구관** : 염막귀인이 나타났으니 반드시 시험에 붙는다.

→ 낮에는 중전의 亥가 염막귀인이고 밤에는 말전의 酉가 염막귀인이니 반드시 시험에 붙는다. 특히 낮 정단에서 연명이 丑이면 그 상신이 염막귀인이니 더욱 좋고, 밤 정단에서 연명이 亥이면 그 상신이 염막귀인이니 더욱 좋다. ● 퇴임 : 연명이 丑인 공직자를 낮에 정단하면 염막귀인이 연명상에 임하니 퇴임 우려가 있고, 연명이 亥인 공직자를 밤에 정단하면 염막귀인이 연명상에 임하니 퇴임 우려가 있다.

○ **구재** : 재물을 반드시 얻는다. 다만 신경을 많이 써야 한다.

→ 재성인 지상의 申이 기궁 巳와 합을 하니 노력하면 반드시 재물을 얻는다. 다만 巳와 申이 삼형이니 신경을 많이 써야 한다. 그러나 밤에 정단하면 재성에 현무가 타고 있으니 무재이다.

○ **알현** : 낮 정단에서는 서로 화합하고, 밤 정단에서는 서로 화합하지 않는다.

→ 간지가 교차육합하니 주야 모두 화합하는 상이지만 지상에 낮에는 길장인 천후가 타고 있으니 좋고, 밤에는 흉장인 현무가 타고 있으니 나쁘다. 그리고 말전에서 두 귀인이 서로 가하니 귀인에게 부탁하면 뜻을 성취한다.

○ **질병** : 심장경락의 병이다. 동방에 있는 의사를 구하여 치료하면 반드시 낫는다.

→ 심장을 뜻하는 제4과의 午가 공망되었으니 심장경락의 병이다. 의약신 丑이 卯에 임하니 동방에서 의약을 구하여 치료하면 반드시 낫는다.

○ **모망** : 간상신이 일간을 생하니 꾀하는 모든 일이 길하다.

→ 일간은 나이고 일지는 목적사이다. 간상신 卯가 일간 丙을 생하고 간지의 상신이 교차육합하니 꾀하는 모든 일이 길하다.

○ **도망** : 서두르면 잡는다.

→ 재성은 재물이고 현무는 도둑이다. 밤에 점단하면 지상의 재성인 申에 현무가 타고 있어서 도둑이 집안에 있으니 서두르면 잡는다.

O 출행 : 출행에 장애가 생긴다.
→ 삼전이 역간전이니 출행에 장애가 생긴다.

O 귀가 : 즉시 온다.
→ 일간은 사람이고 일지는 여행지이다. 초전이 사계이니 즉시 온다. 중전의 귀살 亥를 초전의 丑이 제극하고 다시 간상의 卯가 귀살을 살인상생하니 관재의 나중은 길하다.

O 전투 : 서로 대치하고 있으니 승전하지 못한다.
→ 일간은 아군이고 일지는 적군이다. 지상의 申이 간상의 卯를 극하고 간상의 둔반 辛이 지상의 둔반 甲을 극한다. 따라서 아군과 적군이 대치하여 일진일퇴하니 승전하지 못한다.

↑ 쟁송 : 합의하는 것이 이롭다.
→ 일간은 나이고 일지는 상대이다. 일간의 기궁인 巳와 지상의 申이 상합하고 일지 戌과 간상의 卯가 상합하니 합의가 가능하다. 만약 합의하지 않을 경우 지상의 申이 간상의 卯를 극하고 일간 丙이 일지 戌로 탈기되니 내가 불리하다. ● 중심과이니 여러 법원을 거치는 장기전에 대비해야 한다. ● 중심과이니 부모와 자녀의 쟁송에서는 자녀에게 유리하고, 남편과 아내의 쟁송에서는 아내에게 유리하다.

□ 『필법부』: 〈제45법〉 주야귀인이 서로 가하는 경우에는 양 귀인에게서 구하면 된다. 그러나 서민이 귀인을 만나는 점단을 하면 반드시 귀인을 만나지 못한다.
→ 이 과전에서는 주야귀인 酉와 亥가 말전에서 서로 가한다.

〈제6법〉 육음이 이어지면 혼미해진다. 무릇 음모와 사적인 일은 이롭지만 공적인 일은 불리하여 오히려 혼미해진다.

→ 이 과전에서는 지상신이 申이니 오음이다. 만약 연명상에 음이 하나 보이면 육음이 된다.

□ 『관월경』: 丑토에 주작이 타면 타인이 나를 천거한다.

→ 이 과전에서는 밤 정단에서 초전의 丑토에 주작이 타고 있다.

□ 『찬의』: 丙일에 주작과 귀인과 구진이 삼전에 임하면 귀인이 내 곁에 머물면서 이끄는 뜻이 있다. 그러나 일반인이 정단하면 그렇지 않다.

→ 이 과전에서 낮에는 구진과 주작과 귀인이 초전과 중전과 말전에 나란히 타고 있다.

□ 『지장부』: 丑亥酉의 격명은 극음(極陰)이다. 마치 서산에 달이 숨는 것과 같다.

丙戌일 제 4 국

공망 : 午·未 ○
낮 : 왼쪽 천장, 밤 : 오른쪽 천장

丁	甲	癸
朱 亥 貴	后 申 玄	常 巳 空
寅	亥	申
庚	丁	○	壬
青 寅 合	朱 亥 貴	陰 未 常	白 辰 青
丙 巳	寅	戌	未 ○

庚 青 寅 巳	辛 合 空 卯 午 ○	壬 勾 白 辰 未 ○	癸 常 空 巳 申
勾 朱 己 丑 辰			玄 白 ○ 午 酉
合 蛇 戌 子 卯			陰 常 ○ 未 戌
朱 貴 丁 亥 寅	蛇 后 丙 戌 丑	后 貴 陰 乙 酉 子	后 玄 甲 申 亥

□ **과체** : 요극, 호시, 원태(병태) ∥ 침해, 육의, 복덕, 일록폐구.
□ **핵심** : 밤 정단에서는 귀인이 나에게 화살을 쏘니 그에게 부탁하면 안 된다. 나에게는 생기가 임하지만 가정은 파괴된다.
□ **분석** : ❶ 밤 정단에서는 귀인이 타고 있는 亥가 寅에 가한 뒤에 지반으로 탈기를 당하였고 다시 호시가 발용이 되었다. 따라서 귀인에게 부탁하면 맥이 빠지고 무력하니 귀인에게 부탁하면 안 된다.
❷ 밤에 정단하면 寅목이 일간에 임하여 丙화를 생하니 식구가 는다.
❸ 애석하게도 일지인 戌과 지상의 未가 서로 형이니 어찌 가정이 파손되는 우환이 없겠는가?
❹ 일간의 장생인 寅이 일간에 임하고 관성과 일록과 역마가 모두 움직이니 관직자에게 크게 이롭다.
□ **정단** : ❶ 호시격은 원래 화와 복이 모두 가볍지만 申금을 얻었으니 해로우며 구설수가 서남방에서 오는 것을 방지해야 한다.
❷ 원태는 숨어 지내는 상으로서 모든 일이 요원하고 많이 어두우며 늘 근심이 있다. 비록 옛것을 버리고 새것을 창조하더라도 옛것

을 지키는 것이 좋다.
→ 원태에 대해 『육임직지』 원문에서는 ❷와 같이 기술하였다. 원태여서 이러한 뜻이 있는 것이 아니라 병현태여서 이러한 뜻이 있는 것이다. 참고로 현태에는 삼전의 사맹이 모두 장생지에 임하는 '생원태', 삼전의 사맹이 모두 병지에 임하는 '병원태', 삼전의 사맹이 모두 절지에 임하는 '절원태'가 있다. 병술일 제4국의 삼전은 병현태에 해당한다.

○ 날씨 : 비가 온다. 만약 겨울에 정단하면 반드시 눈이 온다.
  → 초전이 亥수이고 중전이 수모(水母)인 申금이며 말전의 둔반이 癸수이니 비가 온다. 만약 겨울에 정단하면 눈이 온다.
○ 가상(양택) : 사람은 흥하고 왕성하다. 그러나 가택이 파손되었으니 개조하고 수리하는 것이 길하다.
  → 일간은 사람이고 일지는 집이다. 간상의 장생에서 일간을 생하니 사람은 흥하고 왕성해진다. 그러나 지상이 공망되고 일지의 상하가 삼형이며 다시 파이어서 가택이 파손되었으니 가택을 개조하고 수리해야 한다. ● 가정 : 일지의 상하인 未와 戌이 파를 하고 다시 형을 하니 가정이 화목하지 않고 또다시 간상의 寅이 지상의 未를 극하니 더욱 더 가정이 화목하지 않다. 그리고 지상이 일간을 탈기하니 가정에 지출이 많다.
○ 혼인 : 불성한다.
  → 일간은 나이고 일지는 상대이다. 지상의 未가 공망되었으니 혼인이 불성한다. ● 궁합 : 간상의 寅이 지상의 未를 극하니 궁합이 좋지 않고, 지상의 未가 일간 丙을 설기하니 나에게 손실을 입히는 사람이다. ● 혼담 : 삼전이 병태이니 혼담이나 연애가 시들해지고 요극과이니 불성의 상이다. ● 성정 : 낮에는 지상에 태음이 타고 있으니

성정이 음란하고, 밤에는 태상이 타고 있으니 성정이 좋다.

※ 『육임직지』 원문에서는 "寅과 亥가 육합하고 寅과 巳가 육합하여 남녀에게 화기가 도니 반드시 성사된다."고 하였다.

○ **임신·출산** : 아들이다. 키우기 어렵다.

→ 일간의 상하가 모두 양이니 아들이고 삼전이 1양2음이니 다시 아들이다. 삼전이 병태이고 일간의 태신인 子가 지반의 卯와 형(刑)을 하며 다시 사지에 임하니 자식을 키우기 어렵다.

○ **구관** : 관직이 원대한 상이다. 낮 정단은 더욱 묘하다.

→ 관성은 관직, 주작은 문장, 寅은 천리(天吏), 申은 천성(天城), 일록은 관록, 역마는 승진의 신이다. 관성과 주작이 모두 왕성하고 천리와 천성이 모두 보이며 일록과 역마가 모두 임하니 관직이 원대한 상이다. 특히 낮 정단에서는 길장이 삼전에 타고 있으니 더욱 묘하다. ● 퇴임 : 낮에 정단하면 염막귀인이 초전에 임하니 퇴임의 우려가 있다. ● 고시 : 낮에 정단하면 염막귀인 亥가 일간을 극하니 낙방한다.

○ **모망** : 간상신이 일간을 생하니 모든 일을 이룬다.

→ 장생인 간상의 寅이 일간 丙을 생하니 모든 일을 이룬다.

○ **구재** : 먼 곳에서 오는 재물로서 음친(陰親)과 외척의 자본이다. 밤 정단에서는 불필요하게 낭비한다.

→ 중전의 申이 재성 겸 역마이니 먼 곳의 재물이다. 그리고 재성이 처를 뜻하니 처가의 재물로 분석할 수 있다.

○ **알현** : 화합하며 뜻을 이룬다.

→ 낮 정단에서는 귀인승신 酉가 일간의 재성이니 귀인으로부터 재물을 얻고, 밤 정단에서는 귀인승신 亥가 간상의 寅과 육합하니 화합하며 뜻을 이룬다.

○ **질병** : 옛 병이 재발하며 외출하면 재앙을 입는다. 만약 연명에 丑이 임하면 치료하여 즉시 낫는다.

→ 귀살은 병이다. 초전의 귀살 亥가 중전의 재성 申으로부터 생을 받으니 옛 병이 재발한다. 연명이 丑과 辰이면 그 상신이 의약신인 戌과 丑이니 병이 낫는다. ● 삼전이 병태이니 점차 몸이 병든다. ● 밤 정단에서는 귀인승신 亥가 일간을 극하니 귀수(鬼祟)의 해가 있다.

○ **출행** : 정마와 역마가 모두 움직이고 청룡이 삼전에 있으니 육로로 만리를 간다.

→ 정마와 역마는 교통수단이다. 초전이 정마이고 중전이 역마이니 차를 타고 만리를 갈 수 있다.

○ **귀가** : 곧 온다.

→ 말전은 출발지, 중전은 경유지, 초전은 도착지이다. 교통수단을 뜻하는 역마와 정마가 중전과 초전에 있으니 곧 온다.

※ 『육임직지』 원문에서는 "중도에 있다."고 하였다.

○ **쟁송** : 나의 이치가 옳다. 관청에 의뢰하면 구제를 받아 형상(刑傷)을 걱정하지 않아도 된다.

→ 주야 모두 귀인이 순행하니 나의 옳은 이치와 주장이 받아들여진다. 또다시 밤 정단에서는 귀인승신 亥가 간상의 寅을 생하고 이 寅이 다시 일간을 생하니 더욱 길해져서 형(刑)을 받지 않는다. 또한 호랑이의 위세를 빌린 여우의 상인 요극과이니 걱정하지 않아도 된다. ● 승패 : 일간은 나이고 일지는 상대이다. 일간은 튼실하고 일지는 공허하니 내가 유리하다.

○ **전투** : 적군의 복병에 의한 불시의 기습을 방지해야 한다.

→ 일간은 아군이고 유도는 적군이다. 간상이 유도이니 적의 기습을 방지해야 한다.

※ 유도(游都) : 甲己일 丑, 乙庚일 子, 丙辛일 寅, 丁壬일 巳, 戊癸일 申이다.

□ 『**필법부**』: 〈제48법〉 귀살에 천을귀인이 타면 곧 하늘 귀신과 땅 귀신의 해가 있다.
□ 『**과경**』: 巳가 申에 가하니 일록이 폐구되었다. 질병 정단에서 발성 장애를 당하는 우환이 생기거나 혹은 가래로 인해 음식을 삼키지 못하거나 혹은 목이 부어서 음식을 삼키지 못한다. 식록 정단에서도 이를 꺼린다.
□ 『**비요**』: 寅이 巳에 가한 곳에 낮 정단에서 청룡이 타서 생기를 만나니 미래에 반드시 발복한다.

갑신순 | 병술일 | 5국

丙戌일 제 5 국

공망 : 午·未 ○
낮 : 왼쪽 천장, 밤 : 오른쪽 천장

乙	癸	己	
貴酉陰	常巳空	勾丑朱	
丑	酉	巳	
己	乙	○	庚
勾丑朱	貴酉陰	玄午白	青寅合
丙巳	丑	戌	午○

己丑 勾巳	庚寅 朱午 ○	辛 合卯 青未 ○	壬辰 空申
戊子 合辰 蛇			癸巳 白酉
			○
丁亥 朱卯 貴			常午 玄戌
丙戌 蛇寅	乙酉 后丑 貴	甲申 陰子 后	空 陰未 白亥 常

□ **과체** : 요극, 탄사, 종혁 // 침해, 화미, 전국, 천장생재(낮), 복덕, 오음, 일록폐구, 살몰.

□ **핵심** : 삼전의 천장 오행이 사업을 돕지만 얻기도 하고 잃기도 한다. 귀가하여 취하더라도 마치 끓는 물을 눈에 붓는 듯하다.

□ **분석** : ❶ 낮에는 삼전의 귀인(기축토)과 태상(기미토)과 구진(무진토)이 모두 삼전의 금을 생하니 이익되지 않을 수 없다. 비록 丙이 삼전의 금국을 득했지만 일간이 토의 천장으로 탈기를 당했으니 득도 있고 실도 있다.

❷ 재물을 지니고 집에 가니 寅午戌이 지상에 모여 화국을 이루니 재물이 사라진다. 그리고 가택 위의 午가 양인인데 이곳에 낮에는 현무가 타고 밤에는 백호가 타니, 손실과 지출이 마치 끓는 물을 눈에 붓는 듯하다. 이른바 왼손으로 들어온 재물이 오른손으로 나간다.

□ **정단** : ❶ 요극의 탄사격은 토를 득해야 총알이 있다. 비록 타인을 공격할 수 있지만 화와 복이 매우 적다.

❷ 일간의 음양이 금국을 이루고 일지의 음양이 화국을 이룬 것은

불로 금을 녹이는 뜻이 되니 가택은 왕성하지만 사람이 쇠퇴해지는 것을 면하지 못한다.

❸ 좋은 것은 지상의 午가 갑신순의 공망이지만 주야에 현무와 백호가 타지만 아직 소멸되지 않은 재물이 나의 주머니로 들어온다.

❹ 격명이 종혁이니 모든 일에서 헌것이 새것이 되는 것을 방지해야 한다.

○ 날씨 : 비바람이 오래가지 않는다. 구름이 흩어진 뒤에 햇빛이 난다.
→ 삼전이 비를 만드는 금국이지만 낮 정단에서는 삼전에 토의 천장들이 타니 바람과 비가 그치고 구름이 흩어지며 햇빛이 보인다.
○ 가정 : 겁재가 많으니 헛된 지출이 매우 많다. 취득하는 것이 잃는 것을 감당하지 못한다.
→ 일지의 음양이신이 상하로 삼합하여 겁재국을 만드니 가정에 지출이 많다. 그리고 삼전의 재국이 부모를 뜻하는 인성을 극하니 부모에게 좋지 않다. ● 일간은 정단하는 사람이다. 낮에는 간상에 구진이 타서 일간을 탈기하니 쟁투와 관재로 인한 손실이 발생하고, 밤에는 간상에 주작이 타서 일간을 탈기하니 구설수로 인한 손실이 발생한다. ● 화목 : 간상의 丑과 지상의 午가 육해이니 부모와 자식, 남편과 아내가 화목하지 않다. 삼전이 종혁이니 가정을 혁신해야 한다.
○ 혼인 : 청룡과 천후가 나타나지 않았으니 혼인은 불성한다.
→ 일간과 청룡은 남자이고 일지와 천후는 여자이다. 청룡과 천후가 과전에 나타나지 않았을 뿐만 아니라, 일지의 음양이 모두 공망되었으니 혼인은 불성한다. ● 궁합 : 간상의 丑과 지상의 午가 육해이니 궁합이 나쁘다. ● 성정 : 낮에는 지상에 현무가 타고 있으니 바르지 못한 여자이고, 밤에는 지상에 백호가 타고 있으니 질병이

있고 드센 여자이다. ● 이혼 : 만약 혼인하면 삼전이 종혁이니 반드시 이혼한다.

○ **임신·출산** : 딸이고 난산이다.

→ 오행의 목·화는 양과 아들이고 금·수는 음이고 여자이다. 삼전이 금국이니 딸이다. 그리고 일간과 일지와 삼전이 삼합하니 난산이다.

○ **구관** : 얻기 어렵다.

→ 요극과이니 얻기 어렵고, 요극과의 삼전에 관성이 없으니 얻기 어려우며, 일록이 폐구 되었으니 다시 얻기 어렵다. 특히 낮 정단에서는 삼전의 천반에 토의 천장들이 국을 이뤄서 관성을 극하니 더욱 더 얻기 어렵다.

○ **구재** : 재성이 재국을 만들지만 집에서 재물이 소멸된다.

→ 삼전의 재성은 재물이다. 봄과 여름에 정단하면 일간이 왕성하고 재성이 왕성하니 큰돈을 벌고 오행의 화에 해당하는 남방으로 가서 사업하면 재운이 좋아진다. 그러나 일지의 음양이 겁재에 해당하니 사업장에서의 지출이 많은데, 만약 가을과 겨울에 정단하면 신약재왕하니 재물을 얻지 못한다. ● 낮에 정단하면 '천장생재격'에 해당하여, 삼전 천장의 오행인 토가 삼전의 재성인 금을 생하니 재성이 더욱 왕성해지며, 삼전의 천장이 토이니 부동산에 투자하여 돈을 버는 상이다.

○ **질병** : 폐경의 병이다. 일의(日醫)가 일간에 임하니 치료하면 낫는다. 복시로부터의 재앙은 기도하면 된다.

→ 삼전이 삼합하여 금이 지나치게 강하니 폐경의 병이다. 그리고 기궁 전3위의 12지인 未는 천의이고 그 대궁인 丑은 지의이다. 지의인 丑이 일간에 임하니 질병이 낫는다. 중전에서 일록 巳가 폐구되었으니 음식을 먹지 못하고 사망할 우려가 있다.

※ 『육임직지』 원문에서는 복시로부터의 재앙이 있다고 하였다. 그러나 밤에 정단하여 지상에서 백호가 일간의 묘신인 戌이나 일지의

묘신인 辰에 타고 있지 않으므로 복시의 해가 없다.
- ○ 출행 : 육로로 가는 것이 좋다. 출행하여 이익이 있다.
    → 일간은 육로이고 일지는 수로이다. 일지의 음양이 공망되었으니 수로행은 나쁘고 육로행은 좋다. 재성이 삼전에 보이니 출행하여 경제적인 이익이 있다.
- ○ 귀가 : 아직 돌아오지 않는다.
    → 삼전은 귀가하는 경로이다. 삼전이 삼합하는 것은 여행지에서 교섭하고 있다는 뜻이 되니 아직 귀가하지 않는다.
- ○ 전투 : 군영을 단단하게 지키면서 기다려야 하며 보물과 재물을 탐내면 안 된다.
    → 일간은 장수이고 일지는 군영이다. 일지의 음양이 모두 공망되어 군영이 비어 있는 상이니 군영을 잘 지켜야 한다. 그리고 일간은 쇠약하고 삼전의 재국은 지나치게 왕성하니 금은보화와 재물을 탐내면 안 된다.
- ↑ 쟁송 : 내가 유리하다.
    → 일간은 나이고 일지는 상대이다. 일간은 튼실하고 일지는 공허하니 내가 유리하다. 또한 삼전의 금국이 일지 戌土를 설기하여 일간을 생하니 다시 내가 유리하다. ● 관재 : 요극과여서 관재가 가벼운 상이지만 삼전이 재국이고 중전의 둔간이 귀살이어서 재생귀(財生鬼)를 하니 결코 흉이 가볍지 않다.

- □ 『필법부』 : 〈제14법〉 삼전의 재물이 태왕하면 오히려 재물이 훼손된다.
    → 이 과전에서는 일간이 왕성해지는 여름과 봄에 정단하면 일간이 왕성해지니 삼전의 재물을 얻을 수 있다. 그러나 나머지 계절에 정단하면 재물을 얻지 못한다.

□ 『통신집』: 일록이 폐구되었으니 질병정단을 하면 불리해서 구태여 순미가 순수에 가하는 것을 논하지 않아도 된다.

→ 일록은 음식이다. 이 과전에서는 중전의 일록 巳가 폐구되었으니 절식사하는 상이다.

□ 『지장부』: 巳酉丑이 모여 있지만 이미 받을 시간이 지났으니 어찌 잃지 않겠는가?

→ 일간이 왕성해지는 여름과 봄에 정단하면 일간이 왕성해지니 삼전의 재물을 얻을 수 있다.

丙戌日 제 6 국

공망 : 午·未 ○
낮 : 왼쪽 천장, 밤 : 오른쪽 천장

戊	○	庚
合 子 蛇	陰 未 常	青 寅 合
巳	子	未 ○
戌	○	癸	戊
合 子 蛇	陰 未 常	常 巳 空	合 子 蛇
丙 巳	子	戌	巳

戊合子巳蛇	己丑午勾朱	庚寅未青合	辛卯申空勾
丁亥辰朱貴			壬辰酉白青
丙戌卯蛇后			癸巳戌常空
貴酉寅陰	后申丑玄	陰未子常	玄午亥白

□ **과체** : 지일, 사절(四絶), 불비∥덕경, 삼기, 권섭부정, 역허, 복덕(공망), 가귀, 인귀생성(불성), 무음(불비), 유도액, 불행전, 일록폐구, 태수극절, 삼전체극.

□ **핵심** : 계속하여 일간을 극하여 오니 어두워지는 것을 감수해야 한다. 일록이 이미 폐구되었으니 병으로 인해 음식을 먹지 못한다.

□ **분석** : ❶ 子수가 일간에 임한 뒤에 발용이 되어 일간을 극한다.
❷ 丙이 일간의 묘신인 戌로 가니 내가 어두워지는 것을 달게 받아들여야 한다.
❸ 일록 巳의 둔간이 癸이니 폐구이고 그 위에 태상이 타니 만약 질병정단을 하면 반드시 음식을 탐하여 과식으로 인해 생긴 병으로서 자리에서 일어나지 못하게 된다.
❹ 간상과 초전의 子수는 丙화를 극하는 귀살이다. 중전의 未가 이를 제극하여 구신이 되니, 未토를 탈기로 보아서는 안 된다.
❺ 말전의 寅은 丙화의 장생으로서 이른바 귀살을 인도하여 일간을 생한다. 그러나 말전의 寅목이 未토에 임하여 낮에는 청룡이 타고 밤에는 육합이 타서 천장과 12신이 모두 묘신인 未에 든다. 비록 寅

이 일간의 생기이지만 쓸모가 없으니 질병정단에서 매우 나쁘다.
□ 정단 : ❶ 지일과에서 양은 子 하나이고 음은 未와 巳 둘이므로 양이 갖춰지지 않았다. 모든 일은 동류에게서 일어나고, 근심꺼리는 은혜에서 생기며, 모든 일에서 의심이 많아 결정하지 못한다.
❷ 오행이 묘신에 들면 옛일을 끝맺는 일에 좋다.

○ 날씨 : 맑다.
→ 비록 초전이 子수이지만 자가 절지에 임하고 다시 말전이 공망되었으니 맑다.
○ 가정 : 삼전이 체극하여 일간을 상하게 하니 지체되어 이르지 못하여서 매사 마음먹은 대로 되지 않는다.
→ 일간은 사람이고 일지는 집이다. 삼전이 일간을 체극하여 모든 일에서 장애가 생기니 마음먹은 대로 되지 않는다. 그리고 기궁이 지상으로 가서 묘지에 임하니 가정이 어둡고, 지상이 록폐구 되었으니 생업이 막막하다.
○ 혼인 : 불길하다.
→ 일간은 남자이고 일지는 여자이다. 기궁이 지상으로 가서 묘신에 임하니 여자에게 장가든 뒤에 인생이 어두워져서 불길하고 또한 삼전이 일간을 체극하여 오니 다시 불길하다. ● 궁합 : 기궁이 지상으로 가서 묘신에 임하므로 궁합이 나쁘다. 만약 여가(女家)로 장가를 들지 않을 경우에는 간상의 子가 지상의 巳를 극하니 또한 궁합이 나쁘다. ● 음란사 : 제1과와 제4과의 천반 子가 동일한 글자이니 무음격이다. 혼사에서 음란이 발생하고 만약 혼인하면 가정에 음란사가 발생하니 불길하다. ● 만약 여자가 물으면 관성인 子가 절지인 巳에 임하니 남자와 절연된다.
○ 임신·출산 : 아들이다. 태아에게 병이 많고 난산이다.

→ 일간의 천지반이 모두 양이니 아들이고, 상극하가 발용이 되었으니 다시 아들이다. 일간은 태아이고 일지는 임신부이다. 일간이 지상으로 가서 묘지에 임하니 태아에게 병이 많고 건강이 나쁘다. 그리고 태신인 子가 子의 절신에 임하니 낙태될 위험이 있다.

○ **구관** : 관성과 문장이 힘을 얻지 못했으니 노력하더라도 공(功)이 없다.

→ 관성은 관직이고 주작은 각종 문장이다. 관성 子가 未토로부터 극을 받아 상하고 다시 관성 子가 절지 巳에 임하니 관성이 무력하다. 그리고 문장을 뜻하는 주작이 과전에 들지 않아 문장이 무력하니 공을 이루지 못한다. ● 시험 : 삼전이 일간을 체극하고 다시 낮에는 주작승신이 일간을 극하고 밤에는 주작승신이 공망되었으니 낙방한다.

○ **구재** : 얻지 못한다.

→ 재성은 재물이다. 과전의 천반에 재성이 없으니 얻지 못한다. 다만 말전의 둔반에 재성이 임하니 작은 재물은 얻을 수 있다.

○ **알현** : 오히려 귀인으로부터 속임을 당할 우려가 있다.

→ 묘신에는 속임의 뜻이 있다. 기궁이 지상으로 가서 묘신에 임하니 귀인으로부터 속임을 당한다.

○ **질병** : 먼저에는 흉하지만 나중에는 병이 낫고 건강이 회복된다. 그러나 구병은 두렵다.

→ 삼전에서 일간을 체극하니 흉하지만 귀살인 子가 절지에 임하니 병이 끊겨서 낫는다. 그러나 기궁이 지상으로 가서 묘지에 드니 구병 환자는 두렵다. ● 부모 : 장생이 공망되었으니 부모의 질병을 정단하면 부모의 생명이 위험하다. ● 자식 : 子는 자식이다. 子가 子의 절지인 巳에 임하니 생명이 위험하다.

○ **유실** : 획득한다.

→ 지일과는 재물이 집안이나 집 근처에 있으니 획득한다.

○ 출행 : 꾀하는 일을 완수하지 못해서 집을 떠나지 못한다.
  → 일간은 나이고 일지는 가정이다. 기궁이 지상으로 가니 오히려 집으로 간다.
○ 귀가 : 가까운 시일 안에 귀가한다.
  → 일간은 나이고 일지는 가정이다. 기궁이 지상으로 가니 가까운 시일 안에 귀가한다.
○ 전투 : 진퇴 모두 어렵다. 기묘한 계략을 써야만 승전한다.
  → 일간은 아군이고 일지는 적군이다. 기궁이 지상으로 가서 묘지에 들며 다시 삼전이 일간을 체극하여 오니 기묘한 계략을 써야 승전한다.
○ 분묘 : 청룡이 매우 왕성하여 길지이니 매장해도 된다.
  → 청룡은 좌청룡이다. 밤 정단에서는 청룡이 辰에 타서 지반의 酉와 육합하여 좌청룡이 좋으니 길지이다.
↑ 쟁송 : 불리하다.
  → 일간(기궁)은 나이고 일지는 상대이다. 일간(기궁) 巳가 지상으로 가서 일간의 묘신인 戌에 임하니 불리하고, 일간이 간상의 子로부터 극을 당하니 다시 불리하며, 말전이 일간을 차례로 극하여 오니 다시 불리하다.
● 관재 : 삼전이 일간을 체극하니 관재에서 불리하다.

□ 『필법부』: 〈제8법〉 일록이 일지에 임하면 임시직으로서 정당한 자리가 아니며 또한 먼 곳으로 발령이 난다.
  〈제82법〉 삼전이 막힌 불행전은 초전을 살펴야 한다.
□ 『점험』: 壬午년 午월에 월장 申을 점시 丑에 가하였다. ❶ 여자의 질병을 정단했다. 태신 겸 귀살이 발용이고 혈기가 일지에 가하니 반드시 임신과 출산으로 인하여 생긴 병이다. 사과가 불비이니 맥 뛰

는 것이 허약한데, 겨울에 정단하면 보호받기 어렵다.

❷ 본 고장의 안부를 물었다. 적부(賊符)가 간지에 가하니 반드시 병영이다. 다행히 일간이 일지를 생하니 성(城)이 파괴될 우려는 없다.

❸ 고시를 물었다. 향시에서 반드시 합격하지만 성(省)에서 주관하는 고시에서는 낙방한다. 나중에 모두 적중했다.

※ 적부(賊符) : 巳·申·子·卯가 적부이다.

※ 혈기(血氣)

월건 \ 신살	寅	卯	辰	巳	午	未	申	酉	戌	亥	子	丑
혈기	丑	未	寅	申	卯	酉	辰	戌	巳	亥	午	子

| 갑신순 | 병술일 | 7국 |

丙戌일　제 7 국

공망 : 午·未 ○
낮 : 왼쪽 천장, 밤 : 오른쪽 천장

癸	丁	癸
常巳空	朱亥貴	常巳空
亥	巳	亥

丁	癸	壬	丙
朱亥貴	常巳空	白辰白	蛇戌蛇
丙巳	亥	戌	辰

朱丁亥貴巳	合戊子午○	勾己丑未陰	青庚寅申玄
蛇丙戌辰 蛇貴乙酉卯朱			空辛卯酉常 白壬辰戌白
后甲申寅	陰未丑○	玄午子○青	常癸巳亥空

□ **과체** : 반음, 원태(절태), 참관 // 덕경, 덕입천문, 여덕(낮), 복덕, 회환, 오음, 일록폐구, 명암이귀, 간지봉절, 염막귀인(낮).

□ **핵심** : 삼전이 폐구되고 백호가 壬에 타서 달리니 진퇴 모두 어렵다. 사람은 상하고 집은 쇠해진다.

□ **분석** : ❶ 巳는 丙의 일록이고 갑신순의 순미이다. 순미 巳가 발용이 되고 일록 巳가 폐구되었다.

❷ 지상의 辰은 식신(食神)인데 이곳에 주야에 백호가 타고 있으며 둔반의 천간은 壬이다. 丙의 귀살인 壬이 가택 위에 임했으니 사람은 상하고 집은 쇠해진다.

❸ 전진해서 삼전으로 날아가니 巳가 이미 폐구되었다. 이러하므로 물러나서 가택으로 되돌아가면 壬辰이 이미 백호귀살이니 진퇴 모두 어렵다. 백호가 천강인 辰에 타서 戌에 임했으니 가택 정단에서 집의 서쪽에 부서진 가마(窯)가 있다.

❹ 주작이 일간의 귀살에 타서 일간에 가했으니 공무원은 탄핵으로 인하여 파면되는 것을 방지해야 한다.

□ **정단** : ❶ 반음과는 늘 의지할 곳이 없다. 여기에 원태와 참관이 보태

졌으니 움직이고 다시 움직여서 먼 곳과 가까운 곳을 마음에 두고 있는 상이다.

❷ 간상의 亥는 일간을 극하고 지상의 辰은 일지의 묘신이다.

❸ 그리고 간지의 상신인 亥와 辰이 모두 자형을 만나니 귀인에게 부탁해서 옛일을 끝맺어야 한다. 이른바 간상이 일간의 절신이니 일을 매듭지어야 하는 것에 해당한다.

○ **날씨** : 바람과 비가 오락가락하고 번개와 우레가 오락가락한다.

→ 巳는 무지개이고 亥는 비이다. 삼전에 巳와 亥가 교대하니 무지개와 비가 교대하여 나타난다.

○ **가정** : 가정이 적막하다. 질병과 소송이 이어지며 상을 당하는 일로 인해 눈물 흘릴 일이 생긴다.

→ 일간은 사람이고 일지는 가정이다. 지상에서 백호가 일지의 묘신에 타고 있으니 병에 걸리거나 상을 당하여 가정이 적막하다. 만약 자월(子月)에 정단하면 사기와 효복에 해당하고 축월(丑月)에 정단하면 사신에 해당하니 상을 당할 우려가 있다.

○ **혼인** : 반드시 불성한다.

→ 일간은 남자이고 일지는 여자이다. 간지의 상하가 상충하니 혼인이 깨진다. ● 궁합 : 간지의 상하가 상충하고, 지상의 辰이 간상의 亥를 극하며, 삼전이 상충하니 궁합이 나쁘다. ● 성정 : 지상의 辰이 괴강이니 상대의 성정은 온순하지 못하다. 특히 낮에 정단하면 괴강에 백호가 타고 있으니 더욱 더 온순하지 못하다. 게다가 지상의 둔귀 壬이 일간 丙을 극하니 상대로부터 암해를 방지해야 한다. ● 주야 모두 지상에 백호가 타고 있으니 몸에 병이 있는 사람이다.

○ **임신·출산** : 아들을 낳는다. 가정을 꾸리는 아들이 아니다.

→ 일간의 음양이신이 1양2음이니 아들이고 태신인 子가 아들을 뜻

하니 다시 아들이다. 과전의 모든 곳이 상충하니 가정을 꾸리는 자식이 아니다. ● 임신정단을 하면 천지반이 상충하니 낙태될 우려가 있고, 출산정단을 하면 신속하게 출산한다.

○ **구관** : 주작에서 폐구된 일록을 극하니 관직이 오래가지 못할 우려가 있다.

→ 일록은 관록이다. 낮 정단에서 주작승신 亥가 일록 巳를 극하고 다시 일록이 폐구되었으며 특히 낮에 정단하면 염막귀인이 일간에 임하니 오랫동안 근무하지 못할 우려가 있다.

○ **구재** : 빈손으로 재물을 구해야 하며 많이 얻지는 못한다.

→ 재성은 재물이다. 재성이 과전에 없으므로 얻지 못한다. 연명이 寅이나 卯인 사람은 그 상신이 재성인 申과 酉이니 득대한다.

○ **알현** : 귀인의 뜻을 얻지 못할 우려가 있다.

→ 양 귀인이 귀인이 임한 지반과 충을 하니 귀인의 도움을 받지 못한다.

○ **질병** : 신장의 수기가 손상되었으니 음식을 먹지 못한다. 구병은 치료하기 어렵고, 신병은 약을 먹고 신에게 기도해야 한다.

→ 오행의 수는 신장이다. 중전의 亥수가 초전과 말전의 巳화로부터 겹으로 충을 받아 신장의 수기가 손상되었다. 그리고 음식을 뜻하는 일록이 폐구되고 다시 절지에 임하니 음식을 먹지 못하고 사망할 우려가 있다. 그리고 밤에 정단하면 귀인승신이 일간을 극하니 귀수에 의한 질병이니 법사의 도움을 받아 치료해야 한다.

○ **출행** : 호주머니에 돈이 없다. 귀인이 협력하면 갈 수 있다.

→ 돈을 뜻하는 재성이 과전에 없으니 호주머니에 돈이 없다. 정마를 타고 있는 간상의 천을귀인이 협력하면 갈 수 있다. 다만 연명이 寅과 卯인 사람은 그 위에 재성인 申酉가 임하니 갈 수 있다.

○ **귀가** : 이미 집으로 출발했지만 즉시 도착하지는 못한다.

→ 말전은 출발지, 중전은 경유지, 초전은 도착지이다. 정마가 중전

에 임하여서 오는 중이니 즉시 도착하지는 못한다.
○ 전투 : 오랫동안 대치하다 보니 군량미가 우려된다.
→ 과전에 재성이 없으니 군량미가 우려된다.
○ 분묘 : 백호가 중첩되어 있으니 묘지가 불안해지는 것을 방지해야 한다.
→ 제3과는 묘이다. 주야 지상애 백호가 중첩되어 있으니 묘지가 불안하다.
↑ 관재 : 나의 뜻을 관청에서 동의하지 않는다.
→ 귀인이 관성인 亥에 타서 일간 丙을 극하는 것은 관청에서 동의하지 않으니 불리하다. ● 관재정단에서의 귀살은 관재이다. 귀살이 절지에 임하니 관재가 곧 끝난다. 특히 낮에 정단하면 귀살인 주작승신이 절지에 임하니 더욱 확실하다. ● 승패 : 일간은 나이고 일지는 상대이다. 간상의 亥가 지상의 辰으로부터 극을 당하고 다시 간상의 주작승신 亥가 일간 丙을 극하니 내가 패소할 우려가 있다.

─────────────

□ 『필법부』 : 〈제48법〉 귀살에 천을귀인이 타면 곧 하늘 귀신과 땅 귀신의 해가 있다. 질병 정단을 하면 반드시 하늘 신과 땅 신의 해코지가 있다. (만약 가택 위에 임하면 반드시 가정 내 사당의 신상에게 엄숙하지 못해서 병환이 온 것이다.) 따라서 공을 닦고 덕을 베풀어서 가택신을 편안하게 위로하면 거의 모든 재앙이 사라진다.
→ 이 과전의 밤 정단에서 간상의 亥에 귀인이 타고 있다.
〈제69법〉 백호가 둔반의 귀살에 타면 재앙이 얕지 않다. 설령 공망되더라도 재앙을 구할 수 없다.
→ 이 과전에서는 지상의 둔반은 귀살이고 천반에는 백호가 타고 있다.
□ 『비요』 : 亥와 子가 巳와 午에 가한 뒤에 일간을 극하면 질병 정단에

서 반드시 한열이 왕래하거나 혹은 폐결핵 증상이다.

→ 오행의 수와 화가 서로 가하는 것은 한열이 서로 가하는 것이니 한열이 왕래하는 증상이다.

☐ 『**조담비결**』 : 하늘이 서북방으로 기울었으니 해와 달이 그를 따르고, 땅이 동남방으로 꺼졌으니 강물과 바다가 그곳으로 간다. 巳와 亥의 중간에 늘 흠이 있으니 신중하게 구하되 가볍게 얻을 것은 군자에게 부탁하면 된다.

丙戌일 제 8 국

공망 : 午·未 ○
낮 : 왼쪽 천장, 밤 : 오른쪽 천장

甲	己	○
后 申 合	勾 丑 陰	玄 午 靑
卯	申	丑
丙	辛	辛	甲
蛇 戌 蛇	空 卯 常	空 卯 常	后 申 合
丙 巳	戌	戌	卯

丙 蛇 戌 巳	丁 朱 亥 午	戊 合 子 未	己 陰 丑 申
乙 貴 酉 辰 朱			庚 寅 酉 玄 靑
甲 后 申 卯 合			辛 空 卯 戌 常
○ 陰 未 寅	○ 勾 玄 午 丑 靑	癸 常 巳 子 空	壬 白 辰 亥 白

- **과체** : 지일, 참관, 불비(무음) ∥ 육의, 귀총(歸寵), 복덕, 유도액, 맥월, 묘신부일, 양사협묘, 재신전묘, 간지상회, 살몰.
- **핵심** : 두 마리의 뱀이 묘지 위에 있다. 申이 卯에 가했으니 돌을 안고서 강을 건너 칡뿌리를 찾는다.
- **분석** : ❶ 간상의 戌은 일간의 묘신으로서 일간을 덮고 있다. 묘지에 두 마리의 뱀이 기어가고 있으니 재난을 면하기 어려운데, 이것은 戌이 일지로부터 와서 일간의 묘지가 되었기 때문이다.

 ❷ 巳가 子에 임했으니 마치 돌을 안고 강을 건너가는 것과 같아서 화(禍)가 더욱 심하다.

 ❸ 그리고 칡을 찾아 칡뿌리를 캔다는 것은 申금이 卯목에 가하고 卯가 戌에 가하기 때문이다. 그리고 巳가 巳의 묘신인 戌에 매장되었고 다시 巳가 子에 임하니 나쁘다.

- **정단** : ❶ 지일과는 은혜 속에 원한이 생기는 과이다.

 ❷ 재성인 申이 삼전에서 묘지인 丑으로 들어가니 취하지 못할 뿐만 아니라 취하려고 하면 해가 적지 않다.

 ❸ 巳가 子에 가한 곳에 밤 정단에서 천공이 타니 솥과 부뚜막이 이

유도 없이 저절로 부서진다. 사과가 불비이면 모든 일에서 완벽하지 못하다.

→ 사과는 사상을 본떴다. 제1과 상신이 戌, 제2과와 제3과 상신이 卯, 제4과 상신이 申이어서 하나가 모자라서 사상이 결여되어 있으니 사과가 불비이다.

○ 날씨 : 수는 올라가고 화는 내려간다. 수신이 나타나지 않았으니 비가 오지 않는다.
→ 오행의 수는 비이다. 삼전에 오행의 수가 나타나지 않았으니 비가 오지 않는다.
○ 가정 : 모든 일이 어둡고 화합 속에 다른 마음이 있다. 다행히 재성의 기운이 있으니 조금은 취득하는 뜻이 있다.
→ 일간은 사람이고 일지는 집이다. 간상에 묘신이 임하니 모든 일이 어둡다. 비록 간지의 상신이 육합하지만 일지가 간상으로 와서 일간의 묘신이니 화합 속에 속이는 마음이 있고, 다시 戌이 일간을 설기하니 여자로 인한 손실이 발생한다. 그리고 초전이 처재효인 申이니 처를 얻는 뜻이 있다.
○ 혼인 : 불길하다.
→ 일간은 남자이고 일지는 여자이다. 일지가 간상으로 와서 일간의 묘신이 되니 혼인이 불길한데 다시 두 마리의 뱀이 묘지를 타고 있으니 더욱 불길하다. 또한 이 戌이 일간의 기운을 설기하니 상대로 인해 손실이 발생한다. ● 궁합 : 여자를 뜻하는 일지 戌이 간상으로 와서 비록 일간 丙과 생하는 관계이지만 이 戌이 일간의 묘신이니 궁합이 좋지 않다. ● 성정 : 사과가 1음2양이니 정숙하지 않은 여자이다. ● 만약 혼처를 구할 경우, 지일과이니 가까운 사람이나 장소에서 구하면 된다.

○ **임신·출산** : 딸이다. 출산시에 괜히 놀란다.
  ➔ 삼전이 1음2양이니 딸이다. 간상에 등사가 타니 헛되이 놀란다.
○ **구관** : 희망할 수 없다.
  ➔ 묘신이 일간에 임하니 희망할 수 없다.
○ **구재** : 신중하게 취해야 한다.
  ➔ 재성은 재물이다. 초전의 재성인 申이 중전에서 申의 묘신인 丑으로 들어가서 쓸 수 없는 재물이니 신중하게 취해야 한다.
○ **질병** : 막혀서 불통하니 음식을 절제하면서 질병을 치료해야 한다.
  ➔ 재성은 음식이다. 초전의 재성이 중전과 말전에서 묘신에 들어 음식으로 인해 막혔으니 음식을 절제해야 한다. 그리고 등사가 묘신에 타서 일간에 임하니 암일 가능성이 있으며, 연명이 亥인 사람은 그 상신 辰이 묘신을 충하여 깨트리니 구사일생한다. ● 진월에 정단하면 초전의 申이 사기이고 다시 申의 지반이 관을 뜻하는 卯이니 사망할 우려가 있다.
○ **유실** : 근처에 숨겨져 있고 먼 곳으로 가지 못했으니 잡을 수 있다.
  ➔ 지일과는 유실물과 가져간 사람이 근처에 있으니 잡을 수 있다.
○ **출행** : 申이 초전에 임하고 '진참관'이니 앞날이 순조롭다.
  ➔ 역마는 교통수단이다. 초전의 申이 역마이니 출행이 순조롭다. 더군다나 간상이 戌이고 지상에서 이를 극하여 참관이니 출행이 더욱 순조롭다.
○ **귀가** : 수일 안에 도착한다.
  ➔ 말전은 출발지, 중전은 경유지, 초전은 도착지이다. 초전이 역마이니 차를 타고 수일 안에 귀가한다.
○ **모망** : 모든 일이 뜻대로 되지 않는다.
  ➔ 간상에 묘신이 임하니 모든 일이 뜻대로 되지 않는다. 더군다나 초전의 申이 중전과 말전에서 묘지로 드니 더욱 더 어둡다.
○ **전투** : 주(主)가 객(客)을 충분히 이긴다. 다만 객에게 구원병이 있으

니 그를 추격하면 안 된다.

→ 일지가 간상으로 온 것은 객에게 구원병이 온 것이니 그를 추격하면 안 된다. 일간은 객이고 일지는 주이다. 지상의 卯가 간상의 戌을 극하니 주가 이긴다.

↑ 쟁송 : 합의가 가능하다.

→ 지일과이니 합의가 가능하다. 일간은 나이고 일지는 상대이다. 간상의 戌과 지상의 卯가 상합하니 다시 합의가 가능하다. ● 승패 : 만약 합의하지 않을 경우 나를 뜻하는 일간에 묘신이 임하고 다시 간상이 양사협묘이니 패소할 우려가 있다. 만약 장유가 쟁송할 경우 세 곳의 천반이 세 곳의 지반을 극하니 존장이 승소한다. ● 관재 : 나를 뜻하는 간상에 묘신 戌이 임하여서 내가 교도소에 수감되는 상이니 대흉하다.

□ 『필법부』 : 〈제53법〉 두 등사가 묘신을 끼면 흉을 면하기 어렵다. 만약 질병정단을 하면 반드시 배 속에 적괴(癌)가 있어서 질병이 낫지 않는다.

→ 이 과전에서는 간상이 일간의 묘신인 戌이고 이곳에 주야 모두 등사가 타고 있다.

□ 『고감』 : 乙丑년에 출생한 사람이 申년의 정월에 월장 子를 점시 未에 가한 뒤에 평생 정단을 했다. 일지인 戌이 간상으로 와서 일간의 묘신이 되었고, 이곳에 두 마리의 뱀이 묘지에 타고 있으니 나아갈 수도 없고 물러날 수도 없다. 봄에는 卯가 '천지가 바뀌는 살(天地轉殺)'이며 태세가 卯를 위협하지만 卯가 가택에 들어 가택을 극한다. 卯가 丙의 어머니이니 6월에 어머니가 죽는다. 그리고 申은 丙의 처이다. 申이 卯에 가하니 '전살(轉殺)'이고 그 위에 육합이 타니 처 역시 임신한 뒤에 죽는다. 午는 과부이다. 양인이 본명에 가하고 丑 위의 왕

신인 午가 공망되었으니 丑년에는 본인이 죽는다. 나중에 모두 적중했다.

→ 부모효 卯는 부모이다. 卯가 축년의 상문살이니 부모가 사망했다.

| 갑신순 | 병술일 | 9국 |

丙戌일 제 9 국

공망 : 午·未 ○
낮 : 왼쪽 천장, 밤 : 오른쪽 천장

乙 귀 酉 朱	己 상 丑 陰	癸 구 巳 空
巳	酉	丑
乙 귀 酉 朱	己 상 丑 陰	庚 백 寅 현	○ 합 午 청
丙 巳	酉	戌	寅

乙 귀 酉 巳 朱	丙 후 戌 午 ○ 사	丁 음 亥 未 ○ 귀	戊 현 子 申 후
蛇 甲 합 申 辰 ○ 朱 未 卯 ○ 합 午 寅			常 己 丑 酉 陰 백 庚 寅 戌 현
	癸 구 巳 空 丑	壬 청 辰 백 子	辛 공 卯 상 亥

□ **과체** : 중심, 종혁 // 교차육해, 화미, 전국, 함중범살, 천장생재(낮), 복덕, 오음, 합중범살, 양귀수극.

□ **핵심** : 낮에는 낮의 천장들이 재성을 생하니 손위의 어른에게 재앙이 생긴다. 백호와 현무가 부모효인 寅에 타고 있으니 재물이 모두 사라진다.

□ **분석** : ❶ 삼전에서 낮의 모든 천장오행인 토가 삼전의 巳酉丑의 금국을 생하니 삼전은 모두 일간의 재성이다. 재성이 왕성하면 부모를 극하니 부모에게 닥칠 재난이 걱정된다.

❷ 지상의 寅에는 백호와 현무가 타고 있고 午戌과 합을 하여 화국을 이루어서 삼전의 재물을 뺏고 다시 지상의 부모가 재물을 소모시키니 부모의 재난을 예측할 수 있다.

□ **정단** : ❶ 중심과는 하에서 상을 범한다.

❷ 격명이 종혁이니 옛것을 버리고 새로운 것을 꾀한다.

❸ 초전의 酉와 일지음신의 午가 모두 자형이고 지상의 寅과 말전의 巳는 형이며 중전의 丑과 일지 戌은 삼형이다. 이와 같으니 꿀 속의 비소이다.

○ 날씨 : 바람은 많이 불고 비는 적게 온다.

→ 원래 종혁격은 비가 온다. 그러나 토의 천장오행이 수를 극하니 적은 비가 온다.

○ 가정 : 재효가 국을 이루지만 손실이 많다. 삼전이 체생하니 타인의 도움을 받는다.

→ 삼전이 비록 재국이지만 일지의 상하가 삼합하여 형제국이니 손실이 많다. 그리고 말전 巳 ⋯▸ 중전 丑 ⋯▸ 초전 酉이어서 삼전이 체생하니 타인의 도움을 받는다. ● 장생은 부모이다. 낮에는 장생인 寅에 백호가 타고 있으니 부모에게 질환이 발생하는 것을 방지해야 한다. 만약 술월이나 해월에 정단하면 각각 사기와 사신에 해당하니 위험하다.

○ 혼인 : 재성이 나를 따르니 취할 수 있다.

→ 재성은 여자이다. 재성이 간상에 임하니 처를 취할 수 있다. 다만 삼전이 종혁이니 혼인한 뒤에 이혼할 우려가 있다. ● 궁합 : 기궁 巳와 지상의 寅이 육해이고 일지 戌과 간상의 酉가 육해이니 궁합이 나쁘다. ● 성정 : 일간은 나이고 일지는 상대이다. 지상에 주야 모두 흉장이 타고 있으니 상대의 성정이 좋지 않다. ● 하가 상을 극하여 발용이 되었으니 드센 여자이고, 중심과이니 심사숙고해서 혼인을 결정해야 한다.

○ 임신·출산 : 딸을 임신한다. 출산할 때에 불청객이 온다.

→ 삼전이 금의 오행인 종혁이니 딸이고, 하적상 발용이니 다시 딸이다. 출산을 정단하면 일간의 음양이 삼합하고, 다시 일지의 음양이 삼합하며, 또다시 삼전이 삼합하여 태아가 어머니의 자궁을 떠나지 않는 상이니 난산이다.

○ 구관 : 관성이 나타나지 않았다. 재효가 국을 이루니 돈을 바쳐서 관직을 부탁하는 상이다.

→ 관성은 곧 관직이다. 과전에 관성인 亥子가 나타나지 않았으니

관직을 얻지 못하는 상이다. 다만 연명이 未 혹은 申인 사람은 그 상신이 관성인 亥와 子이니 길하다. 그리고 삼전이 재국이니 돈으로 관직을 구하는 상이다.

○ **구재** : 문장과 관청에 있는 공무원의 재물을 얻는다.

→ 재성은 곧 재물이다. 간상과 초전의 재성에 낮에는 귀인이 타고 있으니 주로 관청과 공무원의 재물이고, 밤에는 주작이 타고 있으니 문장에 의한 재물이다. 특히 여름과 봄의 낮에 정단하면 초전과 중전과 말전의 천장이 각각 귀인(丑土), 태상(未土), 구진(辰土)이니 토가 뜻하는 부동산이나 토목건축업에 투자하면 대재를 얻는다.

○ **알현** : 뜻을 이루지 못한다.

→ 낮 귀인 酉금은 지반의 巳화로부터 극을 받고, 밤 귀인 亥수는 지반의 未토로부터 극을 받아서 양 귀인이 모두 상했으니 귀인에게 부탁하는 일은 뜻을 이루지 못한다.

※ 『육임직지』 원문에서는 "귀인의 마음을 얻고 귀인의 도움을 얻는다."고 하였다.

○ **질병** : 비장 계통에 병이 나거나 혹은 과식으로 인해 발병했다. 의사의 처방을 서방으로 가서 받으면 된다.

→ 재성은 곧 재물이다. 삼전이 재국이니 음식을 지나치게 섭취해서 온 소화기 계통에 병이다. 의약신 丑이 酉에 임하니 서방으로 가서 의약을 구하면 된다. ● 낮 정단에서는 백호가 장생에 타고 있으니 부모에게 병이 발생하며, 만약 술월에 정단하면 寅이 사기이니 위독하다.

○ **출행** : 길이 평안하다. 서둘러서 빨리 가는 것이 좋다.

→ 삼전은 여정이다. 삼전이 삼합하고 체생하니 여정이 편안하다. 그리고 삼전이 상합하면 여러 사람들과의 화합사로 지체될 수 있으니 서둘러서 가는 것이 좋다.

○ **귀가** : 객지가 매우 좋아서 아직은 돌아오지 않는다.

➔ 삼전이 삼합한다. 객지에서 사람들과 어울려서 모임을 즐기는 상이니 아직은 돌아오지 않는다.
○ **유실** : 가족이 도둑이다.
➔ 밤 정단에서 지상의 寅에 현무가 타니 가족이 도둑이다.
○ **전투** : 승전할 수 없다.
➔ 일간은 아군이고 귀살은 적군이다. 제3과와 제4과의 형제국은 불성하고 삼전의 재국이 귀살을 생하니 아군이 승전할 수 없다.
○ **쟁송** : 합의가 쉽지 않다.
➔ 육해에는 상해의 뜻이 있다. 비록 일간과 일지와 삼전이 삼합하지만 일간과 일지가 교차육해하니 합의가 쉽지 않다. ● 처세 : 중심과이니 법원을 바꿔가면서 장기전을 해야 승산이 있다. ● 승패 : 일간은 나이고 일지는 상대이다. 간상의 酉가 지상의 寅을 극하니 내가 유리하다. 다만 말전에 둔귀인 癸가 임하니 상대의 암해를 방지해야 한다.

□ 『**필법부**』 : 〈제49법〉 양 귀인이 극을 받으면 귀인에게 아뢰는 일에서 뜻을 성취하기 어렵다.
➔ 낮 귀인 酉금은 지반의 巳화로부터 극을 당하고, 밤 귀인 亥수는 지반의 未토로부터 극을 당하여서 양 귀인이 모두 극을 받으니 뜻을 성취하기 어렵다.
〈제84법〉 합 속에 살을 범하면 꿀 속에 비상이 있다.
➔ 이 과전에서는 초전의 酉와 간상의 酉가 자형이니 꿀 속에 비상이 있다.
□ 『**점험**』 : 월장 子를 점시 辰에 가한 뒤에 가택 정단을 했다. 일간과 일지가 육해이니 소와 말이 모두 상한다. 초전의 주작 오행이 午이다. 주작이 부인 및 『주역』의 리괘이니 눈인데 중전에서 묘신인 丑

에 드니 부인이 실명한다. 酉는 하녀(여종업원)이다. 말전의 巳가 초전의 酉를 극한다. 밤에 정단하면 천공이 巳에 타고 있으니 하인이 거짓말을 해서 하녀를 험담한다. 태음은 늙은 여자이고 酉는 혈광(血光)인데 巳가 酉의 묘신에 매몰되었으니, 늙은 여자의 몸에 피가 막혀서 폐병이 생긴다. 丑은 산이며 밭이다. 丑 아래의 酉에 밤에 주작이 타니 산지(山地)를 산 일로 인해 다툰다. 子는 연못이다. 辰이 子에 가하여 묘신에 들었으니 연못으로 인해 다투게 된다. 나중에 모두 적중했다.

丙戌일   제 10 국

공망 : 午·未 ○
낮 : 왼쪽 천장, 밤 : 오른쪽 천장

甲	丁	庚
蛇申合 陰亥貴 白寅玄		
巳	申	亥
甲	丁	己	壬
---	---	---	---
蛇申合	陰亥貴	常丑陰	青辰白
丙巳	申	戌	丑

甲蛇申巳	乙合酉午 ○	丙貴戌未 ○	丁后亥申
朱勾未辰 ○			陰玄子酉
合青午卯 ○			常陰丑戌
勾癸巳寅	空青辰丑	白空卯子	常白寅亥 玄

□ **과체** : 중심, 원태(생태) // 초전협극(낮), 육의, 체생, 복덕, 인귀생성, 호입상여, 절신가생, 교차탈기, 귀인공망.

□ **핵심** : 관귀효인 亥수가 재성에 임하니 재성으로 인해 오히려 해를 입는다. 그러나 삼전이 체생하여 일간을 생해 오고, 역마와 정마는 모두 삼전에 자리잡고 있다.

□ **분석** : ❶ 초전의 申이 일간의 재성인데 亥수가 申의 생을 받는다. 일간이 재물을 취하려고 하면 亥가 일간을 극하니 재물로 인해 해를 입는다.

❷ 申금이 亥수를 생하고, 亥수는 寅목을 생하며, 寅목은 丙을 생하여서 계속하여 일간을 생해 오니, 이른바 삼전이 차례로 일간을 생하면 타인이 나를 천거한다는 '삼전체생인거천'에 해당한다. 중전의 둔간은 정신(丁神)이고 초전의 申은 역마이다. 정마와 역마가 교대로 달리니, 움직이는 것이 뜻대로 되어서 관직자가 정단하면 한 해에 아홉 번 승진하는 길한 조짐이다.

□ **정단** : ❶ 중심과는 아랫사람이 윗사람에게 간언하며 땅이 하늘을 받

드는 상이다.
  ❷ 원태가 발용이 되면 새롭게 일이 시작된다. 대체로 먼저 흉하면 나중이 길하고, 먼저 어려우면 나중은 쉽다.

○ **날씨** : 처음에는 비가 오고 나중에는 바람이 분다.
  → 수모(水母)인 초전의 申에서 중전의 亥수를 생하니 처음에는 비가 오고 말전이 寅이니 나중에는 바람이 분다.
○ **가정** : 외관은 매우 좋지만 안으로는 집안을 지탱해서 나갈 사람이 없다. 명예와 이익 모두 좋고 날이 갈수록 왕성해지는 상이다.
  → 일간은 외사문이고 일지는 내사문이다. 초전 申 …› 중전 亥 …› 말전 寅 …› 일간 丙이다. 삼전에서 일간을 차례로 생해오니 외관이 좋아 보이지만 집안을 뜻하는 일지의 음양에서는 일간을 설기하니 집안을 지탱하는 사람이 없다. 그리고 삼전에서 일간을 체생하니 관직을 구하는 일과 재물을 구하는 일 모두 좋다.
○ **혼인** : 중길하다.
  → 일간은 남자이고 일지는 여자이다. 일간이 지상으로 탈기되고 일지가 간상으로 탈기되어 흉하지만 삼전이 일간을 차례로 생을 하니 중길하다. ● 지상의 丑에 낮에는 길장인 태상이 타고 있으니 길하고, 지상의 丑에 밤에는 흉장인 태음이 타고 있으니 흉하다. 간지가 교차탈기되니 남녀 모두에게 손실이 많다. ● 성정 : 지상의 丑이 일간 丙을 설기하니 남자에게 손실을 입히는 여자이다. 비록 지상의 丑이 간상 申의 부모효이지만 丑이 申의 묘신이니 오히려 남자를 어둡게 만드는 여자이다.
○ **임신·출산** : 딸이다. 키우기 어렵다.
  → 삼전이 1음2양이니 딸이고, 하적상이 발용이 되었으니 다시 딸이다. 출산정단을 하면 일간의 태신인 子가 子의 패신인 酉에 임하

니 자식을 키우기 어렵다.
○ **구관** : 재성과 관성이 모두 좋다. 천리(天吏)인 寅과 천성(天城)인 申을 모두 갖췄으며 정마와 역마가 모두 움직이니 전정이 만리이다.
→ 중전의 관성인 亥는 관직을 뜻하니 길신, 초전의 재성인 申은 관성을 생하니 길신, 천리(寅)와 천성(申)은 관직정단에서 공무원을 뜻하니 길신, 역마와 정마는 승진을 뜻하니 다시 길신이다. 따라서 관로가 만리이다. ● 더욱이 초전이 육의인 甲申이고 삼전이 원태격의 생태격이니 더욱 길하다.
○ **구재** : 많거나 적고 혹은 크거나 작은 재물을 모두 뜻대로 얻는다.
→ 재성은 재물이다. 지상의 자손효에서 초전의 재성을 생하고 또한 삼전이 체생하니 뜻대로 된다.
○ **질병** : 처음에는 놀라지만 나중에는 무방하다.
→ 申이 巳에 가하면 백호가 상차로 든다는 뜻의 '호입상여'이니 흉하지만 삼전에서 일간을 체생하고 다시 지상이 의약신이니 병이 낫는다. 호입상여는 몸이 상여로 들어가는 상이니 '신입상여(身入喪輿)'라고도 할 수 있다.
○ **유실** : 찾으면 얻을 수 있다
→ 재성은 재물이다. 재성이 일간에 임하고 다시 초전에 보이니 얻는다.
○ **출행** : 정마와 역마가 초전에 있으니 만리가 순탄하다.
→ 초전에는 역마인 申이 있고 중전에는 정마가 있으니 만리가 순탄하다.
○ **귀가** : 역마가 초전에 있으니 즉시 온다.
→ 역마는 교통수단이다. 초전의 申이 역마이니 즉시 온다.
○ **도망** : 스스로 돌아온다.
→ 삼전이 일간을 체생하니 스스로 돌아온다.
○ **전투** : 아군이 적군을 먼저 공격해서 기선을 제압하는 계책이 좋다.

→ 삼전이 일간을 체생하여 오니 아군이 승전한다.
O **쟁송** : 이롭다.
→ 삼전의 申亥寅이 일간 丙을 차례로 생하여 오니 쟁송과 관재 모두 이롭다. ● 중심과이니 장기전을 해야 이롭다. ● 승패 : 중심과이니 만약 부자간의 쟁송이면 자녀에게 유리하고, 부부간의 쟁송이면 처에게 유리하다. ● 관재 : 삼전이 일간을 체생하여 오니 점차 풀린다.

□ 『**필법부**』 : 〈제31법〉 삼전이 차례로 일간을 생해 오면 타인의 추천을 받는다. 반드시 여러 번 타인에 의해 높은 직위로 추천을 받는다.
→ 초전 申 ⋯➤ 중전 亥 ⋯➤ 말전 寅 ⋯➤ 일간 丙이다. 삼전에서 일간을 차례로 생해오고 있다.

□ 『**정온**』 : 4월에 월장 申을 점시 巳에 가한 뒤에 전정(前程)을 정단했다. 초전의 申은 상기로서 일간의 재성이며 여기에 육합이 타서 발용이 되었다. 중전의 亥는 관귀효로서 천문(天門)에 오르니 재물로 관직을 얻으며 경직(京職)을 발령받는다. 말전의 부모효에는 현무가 타니 돈도 벌고 명예도 좋아진다. 삼전의 申亥寅이 차례로 일간 丙을 체생하니 반드시 윗사람의 도움을 받고, 자식의 관직을 구하기 위해 재물을 쓰면 귀한 관직자가 된다. 그리고 지상의 丑이 천희이니 처가 임신한다.
→ 초전의 申이 상기이라면 곡우 2일~3일 전부터 입하 사이에 정단했을 것으로 추정된다. 그리고 4월 여름에 정단했으므로 천희는 겨울의 끝 월건인 丑이다.
※ 경직(京職) : 수도에서 근무하는 관직.
※ 천희(天喜) : 봄 : 戌, 여름 : 丑, 가을 : 辰, 겨울 : 未.

丙戌일 제 11 국

공망 : 午·未
낮 : 왼쪽 천장, 밤 : 오른쪽 천장

戊	庚	壬
玄 子 后	白 寅 玄	青 辰 白
戌	子	寅

○	乙	戊	庚
朱 未 勾	貴 酉 朱	玄 子 后	白 寅 玄
丙巳	未○	戌	子

	甲	乙	丙
朱 未 勾 巳	蛇 申 合 午 ○	貴 酉 朱 未	后 戌 蛇 申
合 午 辰 勾 癸 巳 卯	青 空		陰 丁 亥 貴 玄 戌 子 后 戌
青 壬 辰 寅	白 辛 空 卯 丑	庚 常 白 寅 玄 子	常 己 丑 陰 亥

- □ **과체** : 중심, 진간전 // 침해, 삼기, 복덕, 인귀생성, 향삼양, 오양, 강색 귀호, 살몰.
- □ **핵심** : 공망과 탈기가 일간에 임하고 지상에 귀살이 임하니 식구가 원수이다. 백호를 질병으로 보는데 백호가 壬辰을 타고 있다.
- □ **분석** : ❶ 간상의 未가 일간을 탈기하고 다시 공망되었으니 반드시 손실이 많이 발생한다.

  ❷ 귀적(鬼賊)이 발용이 되었다. 가택 위가 子이니 가족이 원수이다.

  ❸ 일지인 戌은 丙의 묘신이다. 귀살인 子가 이 묘지에 앉아 있으니 환자가 발생하고 액을 부른다.

  ❹ 말전 壬辰에서의 둔반은 귀살이고 천반에는 백호가 타고 있으며 다시 辰에서 일간을 탈기하니 그 해가 더욱 심하다.

  ❺ 간지상의 未와 子가 서로 육해이고 일지인 戌과 간상신 未가 서로 형을 한다. 그러나 이미 未가 공망되었으니 해(害)가 생기지 않고 형(刑)도 생기지 않는다. 그러나 모든 일은 도중에 황폐해질 우려가 있다.

→ 육해를 하는 글자 중의 하나가 공망되면 육해가 되지 못한다.
□ 정단 : ❶ 중심과이다. 그리고 삼전이 간전이어서 사이를 띄어서 전해져서 앞으로 나아가니 모든 일에서 장애가 생기며 부인에 의해 발생하는 경우가 많다. 만약 부인과 무관한 일이라면 반드시 음란한 일이 발생한다. 이것은 천후가 신후인 子에 타서 발용이 되었기 때문이다.
❷ 중전의 寅이 장생이고 그 위의 둔반이 재성인 庚이니 귀살이 재물로 변한다. 그러나 애석하게도 현무와 백호가 타니 놀라는 일과 손실이 뒤따른다.

───────────────

○ 날씨 : 계속해서 비가 오고 바람이 불 조짐이다.
→ 초전이 子이니 비가 오고 중전이 寅이니 바람이 분다.
○ 가정 : 귀살인 子가 발용이 되었다. 아래의 戌에서 극을 당하며 위의 戌에서 극을 당하니 비록 관청의 시비는 있지만 무방하다.
→ 지상의 귀살이 발용이 되어 일간을 극한다. 그러나 子가 임하고 있는 지반의 戌토에서 귀살을 제압하고 그 위의 戌토에서 귀살을 제압하니 귀살의 해가 풀린다. 子에 낮에는 현무가 타니 도난을 당하고, 子에 밤에는 천후가 타니 부인으로 인해 해를 입지만 귀살이 제압을 당했으니 해가 풀린다.
○ 혼인 : 불길하다.
→ 일간은 나이고 일지는 상대이다. 간지의 상신인 未와 子가 육해이고, 간상의 未와 일지인 戌이 삼형이며, 지상의 子가 일간을 극하니 혼인이 불길하다. ● 궁합 : 나쁘다. ● 성정 : 낮에는 지상에 현무가 타고 있으니 성정이 나쁘고, 밤에는 지상에 천후가 타고 있으니 성정이 좋은 편이다. 그러나 지상의 子가 일간 丙을 극하니 나에게 해를 입히는 사람이다.

○ **임신·출산** : 아들이다. 순산한다.
  ➔ 일간의 음양이신이 1양2음이니 아들이고 삼전이 향삼양이니 아들이다.
○ **구관** : 매우 이롭지 않다.
  ➔ 일간은 관직자 혹은 고시생이고 관성은 관직이다. 일간이 공망되었으니 공허한 상이며, 다시 초전의 관성 子가 지반 戌과 둔반 戌 그리고 말전의 辰토로부터 극을 받아 손상 되었으니 이롭지 않다.
○ **구재** : 비록 재물은 있지만 빼앗기는 우환을 방지해야 한다.
  ➔ 재성은 재물이다. 제2과 위의 재성 酉가 공망되었고 다시 간상의 未에서 일간 丙을 탈기하니 손재수를 방지해야 한다.
○ **알현** : 본인은 나태하고 귀인은 무력하다.
  ➔ 일간이 공망되었으니 방문하려는 뜻이 약하고 낮 귀인 酉가 공망되었으니 귀인이 나를 도우려는 뜻이 없다.
○ **질병** : 약을 복용하면 효력이 있고 신에게 빌면 효력이 있다.
  ➔ 의약신 토는 환약이나 가루약을 뜻한다. 말전의 의약신이 辰토이니 환약이나 가루약을 먹으면 낫는다. 낮 정단에서는 귀인이 공망되어 귀수(鬼祟)가 있으니 신에게 빌어야 하고, 밤 정단에서는 귀인 승신 亥에서 일간을 극하여 귀수(鬼祟)가 있으니 역시 신에게 빌어야 한다. ● 만약 구병을 정단하면 일간이 공망되었으니 사망할 우려가 있다.
○ **출행** : 간상이 공망되어 장애가 발생할 우려가 있으니 이를 방지해야 한다.
  ➔ 일간은 출행인이다. 일간이 공망되면 출발하지 못하거나 출발하더라도 도중에 허탕친다.
○ **귀가** : 귀가하고 싶은 뜻은 있지만 아직은 귀가하지 못한다.
  ➔ 삼전이 사이를 띄어서 배열이 되었으니 귀가가 순조롭지 못하다. 따라서 장애가 발생하여 아직은 귀가하지 못한다.

| 갑신순 | 병술일 | 11국 |

○ **유실** : 가족이 도둑이다. 찾으면 얻는다.
→ 낮 정단에서 현무가 지상의 子에 타니 가족이 도둑이다. '子'에는 자식의 뜻이 있으니 자식이 도둑일 가능성이 있다. 제4과의 둔반에 재성이 임하니 찾으면 유실물을 얻는다.

○ **관송** : 불리하다.
→ 일간은 나이고 일지는 상대이다. 일간은 공허하고 일지는 튼실하니 내가 불리하다. ● 중심과이니 심사숙고해서 쟁송에 임해야 하며 장기전을 해야 이롭다. ● 관재 : 관재정단에서의 귀살은 관재이다. 비록 초전의 子가 귀살이어서 흉하지만 중전의 戌이 귀살을 설기하여 일간을 생하니 처음은 흉하지만 나중은 길하다.

○ **전투** : 주(主)가 객(客)을 이긴다. 적군이 도망치는 것을 막아야 한다.
→ 주(主)는 수성하는 군대를 가리키고 중심과는 주가 승전한다. 그리고 적군을 뜻하는 현무가 발용이 되어 진간전이니 적군이 도망치는 것을 막아야 한다.

□ **『필법부』** : 〈제76법〉서로 시기하여 모두에게 화가 미친다.
→ 간지의 상신인 未와 子가 육해를 만드니 주객이 서로 시기한다. 〈제69법〉 백호가 둔간귀살에 타면 재앙이 얕지 않다.
→ 말전의 둔반은 일간의 귀살인 壬이고 밤에는 천반에 백호가 타고 있다.

□ **『옥성가』** : 일간의 귀살이 일지의 두 과에 임하면 반드시 공무원이 집으로 온다.
→ 관성은 관직과 공무원이고 일지는 가정이다. 이 과전에서는 관성인 子가 지상에 임하니 공무원이 집에 온다.

□ **『주후경』** : 초전이 말전으로 가서 말전을 극하면 흉이 여전히 심하다. 초전이 말전으로부터 극을 당하면 화가 저절로 사라진다.

→ 이 과전에서는 초전의 귀살인 子수가 말전의 辰토로부터 극을 당했으니 화가 저절로 사라진다. 고시와 관직정단을 하면 관성이 말전으로부터 극을 당하여 손상을 입었으니 나쁘다고 분석한다.

| 丙戌일 | 제 12 국 |

공망 : 午·未 ○
낮 : 왼쪽 천장, 밤 : 오른쪽 천장

丁	戊	己	
陰亥貴	玄子后	常丑陰	
戌	亥	子	
○	○	丁	戊
合午靑	朱未勾	陰亥貴	玄子后
丙巳	午○	戊	亥

○合午靑	○朱未勾	甲申蛇	乙酉朱
巳	午○	未○	申
勾癸巳辰	空		后丙戌酉蛇
靑壬辰卯	白		陰丁亥戌貴
空辛卯寅	常庚寅丑白	玄己丑子陰	后戊子亥

□ **과체** : 중심, 연주삼기, 진여∥복덕, 가귀, 천라지망, 복태, 록폐구.
□ **핵심** : 밤 정단에서는 귀인이 집으로 온다. 흉사와 역(逆)이 끝난다. 왕성한 기운이 일간에 임하지만 가만히 생각해보니 아무런 이익도 되지 않는다.
□ **분석** : ❶ 밤 귀인 亥가 지상에 임했고 일지 戌은 일간의 묘신이다. 묘신은 만물의 끝이니 흉과 역(逆)이 끝났다.
  ❷ 간상의 午가 일간의 왕기이니 앉아서 지키고 있으면 잃지 않는다. 비록 午가 왕기이지만 갑신순의 공망되었으니 어찌 이익이 있겠는가?
  ❸ 삼전이 亥子丑이니 연주삼기이다. 귀인이 亥에 타서 일지에 임하는 것을 『필법부』에서는 "귀인이 귀살에 타면 천신과 지신의 해가 있다."고 했다.
□ **정단** : ❶ 삼전이 계속 앞으로 나아가고 있고 중심과이니 아래에서 위를 범하는 상이다.
  ❷ 午와 未가 이미 공망되었으니 귀살 水를 제극하지 못하고, 말전의 丑이 일지 戌과 형을 하니 완전한 길이 되지 않는다. 그리고 양인

이 공망되었으니 처의 재난은 걱정하지 않아도 된다.

○ 날씨 : 흐린 날씨가 계속 이어진다.
→ 삼전이 수국이어서 비가 와야 하지만 초전의 亥는 지반 戌토로부터 극을 당하고, 중전의 子는 둔반 戌토로부터 극을 당하며, 말전 丑은 오행이 토이니 비가 오지 않는다.

○ 가정 : 송사가 없고 귀인이 집에 온다.
→ 일지의 음양이 귀살이지만 연주삼기이니 송재가 사라진다. 그리고 밤 정단에서 귀인이 지상에 타고 있으니 귀인이 집에 온다. ● 낮에는 태음이 지상의 귀살에 타고 있으니 음인으로 인한 화를 방지해야 하고, 밤에는 귀인이 지상의 귀살에 타고 있으니 귀수(鬼祟)로 인한 화를 방지해야 한다.

○ 혼인 : 좋지 않다.
→ 일간은 남자이고 일지는 여자이다. 지상의 亥가 일간을 극하여서 남자에게 해를 입히는 여자이니 좋지 않다. ● 궁합 : 지상의 亥가 간상의 午를 극하니 궁합이 나쁘다. ● 성정 : 지상의 亥에 낮에는 태음이 타고 있으니 성정이 바르지 못한 여자이고, 밤에는 귀인이 타고 있으니 귀한 여자이다. 만약 여름에 정단하면 초전의 지반은 왕성하고 초전의 천반은 쇠약하니 드센 여자이다.

○ 임신·출산 : 아들을 낳는 기쁨이 있다. 오일(午日)에 낳는다.
→ 삼전이 연주삼기이니 아들이고, 태신이 子이니 아들이다. 子는 중남으로써 아들을 뜻한다. 공망 된 간상의 午가 풀리는 오일(午日)에 낳는다.

○ 구관 : 반드시 오년(午年) 혹은 오월(午月)에 관직을 얻는다. 귀살이 변화되어 일간을 생해야 얻는다.
→ 오년이나 오월이나 오월장(대서~처서)에 정단하면 공망된 午가

풀리고 다시 연주삼기를 갖추니 승진되거나 발탁된다.

※『육임직지』원문에서는 "반드시 사년(巳年)이나 오년(午年) 혹은 사월(巳月)이나 오월(午月)에 관직을 얻는다. 귀살을 변화시켜서 일간을 생해야 얻는다."고 하였다.

○ **구재** : 빈손으로 재물을 구하면 얻는다.
→ 일간은 나이다. 일간이 공망되었으니 빈손으로 재물을 구하는 상이다. 과전에 재성이 없으니 투자하지 않고 재물을 구하면 얻는다. 만약 연명이 未나 申이면 그 상신이 재성이니 재물을 얻는다.

○ **질병** : 병은 한 가지의 증상이 아니고 약은 한 가지 처방이 아니다. 9월이나 10월에 일어나지 못할 우려가 있다.
→ 귀살은 병재이다. 일지의 음양과 삼전에 귀살이 중중하여 하나의 병이 아니니 처방도 하나가 아니다. 귀살이 왕성해지는 가을에 정단하면 병이 위중하다.

○ **알현** : 귀살을 끌어들이니 가정이 깨진다.
→ 일지의 음양에 두 귀살이 임하니 가정이 깨진다.

○ **출행** : 亥子丑은 삼하(三河)이다. 수로행을 삼가야 한다.
→ 삼전의 수국에서 일간을 극하니 수로행을 하면 수액을 당할 위험이 있다.

○ **귀가** : 발용이 일간의 묘고인 戌에 임하니 반드시 온다.
→ 말전은 출발지, 중전은 경유지, 초전은 도착지이다. 묘신에는 여정이 끝난다는 뜻이 있다. 묘신이 초전에 임하니 곧 온다.

○ **도망** : 잡기 어렵다.
→ 귀살은 도적이다. 귀살이 삼전에서 무리를 짓고 있다. 도둑이 무리를 짓고 있지만 이를 제압하는 오행인 未가 공망되어 있으니 잡지 못한다.

○ **전투** : 주(主)가 객(客)을 이긴다. 진영을 견고하게 지키는 것이 좋다.
→ 중심과는 주가 승전하며 진영을 견고하게 지키는 것이 좋다. 주

는 수성하는 군대이다.
○ **분묘** : 묘지의 왼편이 매우 공허하지만 명예가 드러난다.
→ 일간의 음양이 공망되어 묘지의 왼편이 공허하지만 삼전이 연주삼기이니 명예가 드러난다.
○ **쟁송** : 불리하다.
→ 일간은 나이고 일지는 상대이다. 일간은 공망되고 일지는 튼실하니 내가 불리하다. 또한 지상의 亥와 삼전의 亥子丑이 일간 丙을 극하니 다시 내가 불리하다. ● 관재 : 비록 삼전이 귀살국이어서 흉해 보이지만 삼전이 연주삼기이니 관재가 사라진다.

□ 『**필법부**』 : 〈제55법〉 천라지망을 만나면 모망사에서 졸렬함이 많다. 간상에 간전일진이 타고 지상에 지전일진이 타면 '천라지망'이다. 대개 이것을 얻으면 그물로 몸과 가택을 옭아매니 모든 정단에서 어찌 형통할 수 있겠는가?
→ 이 과전에서는 일간이 공망되었으니 우환이 발생하지 않는다. 〈제70법〉 귀살이 제3·4과에 임하면 소송에 의한 재앙이 뒤따른다. 일간의 귀살이 3·4과에 모두 임하면 관사와 병환이 끊임없이 계속된다.
→ 제3과에는 귀살인 亥가 임하고 제4과에는 子가 임한다.

□ 『**점험**』 : 4월에 월장 申을 점시 未에 가한 뒤에 전정을 정단했다. 간상의 午에 청룡이 타고 있고 다시 양인이어서 스스로 형(刑)을 짓고 있으니 이른바 물러난다는 뜻의 '퇴린(退鱗)'이라고 하여 부임하지 못한다. 관성인 亥가 戌에 가하면 亥수는 강이고 戌이 서방이니 강서(江西)를 보충해야 한다. 말전의 丑에 밤 정단에서 태음이 타고 丑이 토이니 관직의 하나인 태수(太守)인데, 병년(丙年)에 근무를 마친다. 나중에 적중했다.

정해일

丁亥日의 길신(구보)과 흉살(팔살)			
일덕	亥	형	
일록	午	충	
역마	巳	파	
장생	寅	해	
제왕	午	귀살	亥子
순기	子	묘신	戌
육의	甲申	패신	卯
귀인	주	亥	공망	午未
	야	酉	탈(脫)	辰戌丑未
합(合)		사(死)	酉
태(胎)	子	절(絶)	亥

| 갑신순 | 정해일 | 1국 |

丁亥일 제 1 국

공망 : 午·未 ○
낮 : 왼쪽 천장, 밤 : 오른쪽 천장

丁	○	己
貴亥陰	常未朱	朱丑常
亥	未 ○	丑
○	○	丁	丁
常未朱	常未朱	貴亥陰	貴亥陰
○ 丁未	未 ○	亥	亥

癸巳 空巳	○ 勾午 白午午	○ 合午 常未朱 未○	甲申 玄申 蛇
壬辰 青辰 青			乙酉 陰酉 貴
辛卯 勾卯 空			丙戌 后戌 后
庚寅 合寅 寅 白	己丑 朱丑 常 丑	戊子 蛇子 玄 子	丁亥 貴亥 陰 亥

정해일 1국

□ **과체** : 복음(자신), 두전∥형상, 일덕, 덕입천문(낮), 여덕(밤), 복덕, 가귀, 맥월, 육음, 신임정마, 신장·귀등천문(낮).

□ **핵심** : 일상과 지상이 모두 정마이니 잠시도 멈출 수 없다. 차례로 서로 삼키니 놀람과 괴이한 일이 교대로 나타난다.

□ **분석** : ❶ 일간이 丁이고 가정의 亥의 둔간이 丁이니 나와 가정이 모두 丁이다. 丁은 동신(動神)이다. 사과삼전이 모두 정마이니 변동이 매우 심하다.

❷ 토는 수를 극하고 수는 다시 화를 극하여 계속하여 삼키니 놀람과 공포와 괴이한 일이 하나가 아니다.

❸ 음일의 복음에서 지상이 발용이 되었고 亥가 자형인데 다시 일지로 되돌아간다.

❹ 간상의 未가 말전의 丑과 형과 충을 하니 전혀 조용하지 못하다. 복음과는 주로 조용하지만 이 과는 전적으로 움직이는 상이다. 다만 중전의 未가 공망되었으니 허리가 부러진다는 뜻의 '절요(折腰)'라 하여 모든 일은 반드시 멈춰진다.

□ **정단** : ❶ 복음과의 자신격이니 유순하다. 그러나 삼전이 막혔으니

반드시 중도에 변경된다.

❷ 일반인이 미년(未年)이나 미월(未月)이나 未월장 기간에 정단하면 열 가지 중에서 네다섯 가지는 희망할 수 있다.

○ **날씨** : 맑은 날씨를 원하면 맑고, 비를 원하면 비가 온다.

→ 초전이 亥이니 비가 오고, 중전과 말전이 토이니 비가 그치고 맑다.

○ **가정** : 모든 일이 편안하지 않다. 다만 집에서 옛것을 유지하는 것이 좋다.

→ 일간은 사람이고 일지는 집이다. 일간이 간상으로 탈기되고 다시 공망되었으니 사람이 하는 일에서 손실이 많고 공허해진다. 낮에는 간상에 태상이 타고 있으니 음식비와 의복비로 공허해지고 밤에는 간상에 주작이 타고 있으니 문서로 인한 손실이나 구설수로 공허해진다. 따라서 사람이 꾀하는 모든 일이 편안하지 않다.

● 일지의 음양에 정마가 임하니 이동수가 있다. 낮에는 지상에 일덕귀인 겸 관성에 천을귀인이 타고 있으니 만약 가정에 공무원이 있을 경우에는 고시에 합격하거나 승진하고, 관직자가 없을 경우에는 가정이 원만하다. 밤에는 지상에 태음이 타고 있으니 음일사를 예방해야 한다.

○ **혼인** : 집안이 엇비슷하고 양측 모두 예의가 깍듯하다. 그러나 혼인한 뒤에 말로 인한 상처를 받는다.

→ 일간은 남자이고 일지는 여자이다. 일간이 丁이고 지상도 丁이니 남녀의 집안이 엇비슷하다. 일간의 음양에 밤 정단에서 주작이 타고 있으니 말로 인해 상처를 받는다. ● 궁합 : 비록 간상의 未와 지상의 亥가 상합하여 화합하는 기운이 있지만 간상의 未가 공망되었고 다시 초전은 자형이고 중전과 말전의 未丑은 삼형과 상충이니 대

체로 궁합이 나쁜 편이다. ● 성정 : 지상의 亥가 일덕귀인이니 여자의 성정이 좋고 특히 낮에는 천을귀인이 타고 있으니 고귀한 성정의 소유자이다. ● 혼인 시기 : 공망된 간상의 未가 풀리는 미년, 미월, 미월장 기간이다.

○ **임신·출산** : 딸이다. 미월(未月)의 미일(未日)에 낳는다.
→ 일간과 자손효는 태아이고 공망된 자손효 未가 풀리는 미월(未月), 미일(未日)에 낳는다.

○ **구관** : 정신과 형제효가 너무 강하니 희망이 없다.
→ 일지의 음신에 두 정마가 있고 초전에 다시 정마가 있어서 정마와 형제효가 지나치게 강하니 희망이 없다. 승진과 발탁을 정단하면 지상과 발용에서 귀인이 천문에 오르니 승진하고 발탁된다.

○ **구재** : 많은 것 중에서 재물이 하나도 보이지 않는다.
→ 일간의 재성인 申·酉가 전혀 보이지 않으니 구재하지 못한다. 다만 연명이 申이나 酉이면 그 상신이 재성이니 재물을 얻는다.

○ **알현** : 무익하다.
→ 일간은 나이고 일지는 상대이다. 지상의 亥에서 일간을 극하니 나에게 해를 입힌다.

○ **질병** : 수가 화를 극하니 심장과 소장에 병이 든다. 일의(日醫)가 나타났으니 인근에서 의사를 찾아 치료하는 것이 길하다.
→ 일간은 환자이고 일지는 질병이다. 지상의 亥수에서 일간 丁을 극하니 심장과 소장에 병이 든다. 그리고 복음과이니 의사나 약을 인근에서 구하면 된다.

○ **모망** : 뜻대로 되지 않는다.
→ 일간이 공망되었고 삼전이 불순하니 모망사를 이루기 어렵다.

○ **도망** : 근처에 있으니 근처에서 찾으면 된다.
→ 복음과는 가출한 사람이나 잃어버린 물건이 근처에 있으니 근처에서 찾으면 된다.

○ 출행 : 여행을 떠날 수 없다. 떠나더라도 중도에 되돌아올 우려가 있다.
　➜ 복음과이고 다시 일간이 공망되었으니 떠날 수 없고 중전이 공망되었으니 출행 도중에 되돌아올 우려가 있다.
○ 귀가 : 아직 도착하지 않는다.
　➜ 말전은 출발지, 중전은 경유지, 초전은 도착지이다. 중전이 공망되었으니 아직 도착하지 못한다.
○ 전투 : 서로 버티고 있고 왕래하면서 서로가 상한다.
　➜ 복음과는 산을 뜻하는 간괘에 해당하니 전쟁에서 양측이 서로 버티고 있는 상이다. 그리고 일간이 정마이고 지상이 정마이니 서로 왕래한다. 중전과 말전이 상형이니 서로 상한다.
↑ 쟁송 : 불리하다.
　➜ 일간은 나이고 일지는 상대이다. 일간은 공허하고 일지는 튼실하니 내가 불리하다. 복음과이니 쟁송이 오래갈 우려가 있다. ● 관재 : 초전이 일덕귀인이고 다시 중전과 말전이 공망되었으니 관재가 점차 풀린다.

□ 『필법부』 : 〈제48법〉 귀살에 천을귀인이 타면 곧 하늘 귀신과 땅 귀신의 해가 있다. 질병 정단을 하면 반드시 하늘 신과 땅 신의 해코지가 있다. 만약 가택 위에 임하면 반드시 가정 내 사당의 신상에 엄숙하지 못해서 병환이 온 것이다. 따라서 공을 닦고 덕을 베풀어서 가택신을 편안하게 위로하면 거의 모든 재앙이 사라진다.

□ 『삼거일람』 : 丁亥일의 복음과는 모두 정마이다. 귀가 정단을 하면 반드시 중도에 장애가 생기는데 이는 중전이 공망되어 말전에 이르지 못하기 때문이며 이로 인해 진퇴양난이다. 나머지 정단에서는 반드시 처음에는 좋지만 나중에는 실익이 없다.

→ 중전은 모든 일에서의 중간을 뜻한다. 출행정단에서는 출행의 중간에 장애가 생기고, 귀가 정단에서는 귀가의 중간에 장애가 생기고, 연애 정단에서는 연애의 중간에 장애가 생기고, 사업 정단에서는 사업의 중간에 장애가 생기고, 관로(官路) 정단에서는 관로의 중간에 장애가 생긴다고 분석한다.

丁亥일 제 2 국

공망 : 午·未 ○
낮 : 왼쪽 천장, 밤 : 오른쪽 천장

丙	乙	甲
后戌后	陰酉貴	玄申蛇
亥	戌	酉

○	癸	丙	乙
白午合	空巳勾	后戌后	陰酉貴
○丁未	午○	亥	戌

壬青辰巳	癸青巳午	○勾午未	○常未申
辛勾卯辰	空		甲玄申酉 蛇
庚合寅卯 白			乙陰酉戌 貴
己朱丑寅	戊常子丑 蛇	丁貴亥子 陰	丙后戌亥 后

□ **과체** : 원수, 퇴여, 참관∥육의, 왕록임신, 록현탈격, 복덕, 괴도천문, 나거취재, 살몰.

□ **핵심** : 낮에는 백호가 일록에 타고 있으니 이 재물을 포기하고 다른 재물을 득해야 한다. 초전과 가정에는 묘신이 임하고 중전과 말전이 12운성의 사와 병이니 액이 있다.

□ **분석** : ❶ 간상의 午는 일록이고 이 곳에 낮 정단에서 백호가 타고 있어서 그로 인한 액이 있으니 일록을 바라보고 있을 수만은 없다.
❷ 지상의 戌은 일간의 묘신이다. 이 곳에 천후가 타서 일지를 덮고 있으니 어두워서 거주할 수 없다.
❸ 戌이 그 아래를 극한 뒤에 발용이 되어 초전이 되었다. 이것을 포기하고 중전과 말전의 재물을 찾으니 酉와 申이 있지만 모두 내가 쓸 수 있는 재물이 아니다. 일간 丁의 병이 申이고 사가 酉이어서 그 화가 戌과 동급이니 재액이 닥치는 것을 면할 수 없다.
❹ 왕록이 일간에 임하니 어려운 가운데에서 나아간다. 그러나 午가 갑신순의 공망이니 이 왕록을 기대할 수 없고 삼전이 다시 12운성의 병과 사와 묘로 들어가니 모든 정단에서 불길하다. 오로지 오년

(午年)과 오월(午月)에는 공망이 메워지니 복록이 있다.

→ 공망은 태세와 월건 외에 월장에 해당되어도 메워진다. 따라서 오년과 오월과 오월장 기간에 정단하면 공망이 메워진다.
□ 정단 : 천귀(天鬼)가 亥에 임하면 '관격(關格)'이라고 하여 출입하여 장애가 많은 상이다.

→ 이 과전에서는 戌을 천귀로 보았다. 이 외에도 월건 기준의 천귀가 있다.

○ 날씨 : 처음에는 흐리고 나중에는 비가 온다.

→ 초전이 토이니 처음에는 흐리고, 중전과 말전이 금이니 나중에는 비가 온다. 특히 중전과 말전에 낮 정단에서는 금의 천장인 태음과 수의 천장인 현무가 타니 많은 비가 온다.
○ 가정 : 일록은 공망되고 재성은 끊겼으니 전혀 기세가 없다.

→ 일간은 사람이고 일지는 집이다. 간상의 일록이 공망되었으니 직업운이 나쁘고, 중전과 말전의 재성이 12운성의 병과 사이니 쓸 수 없는 재물이다. 지상이 일간의 묘신이니 가정이 어둡고 지상이 천라지망이니 가정에 장애가 많다.
○ 혼인 : 비록 아름다운 여자이지만 성정이 사나우니 성사되지 않는 것이 좋다.

→ 일간은 남자이고 일지는 여자이다. 비록 지상에 주야 모두에 길장인 천후가 타고 있어서 미인이지만 지상의 戌이 괴강이어서 성정이 사나우니 성사되지 않는 것이 좋다. 또한 지상의 戌이 일간의 묘신이니 미래가 어두운 여자이다. ● 궁합 : 기궁 未와 일지 亥가 삼합하고 간상의 午와 지상의 戌이 삼합하니 궁합은 좋은 편이다. ● 초전이 괴도천문이니 혼인에 풍파가 생기고 다시 삼전이 퇴여이니 혼사가 지체된다. ● 간상의 午가 공망되었으니 직업이 없거나 실직

우려가 있는 남자이어서 혼인하기 어려운 상황에 놓여 있다.
○ **임신·출산** : 임신되기 어렵고 난산이다.
→ 일간은 태아이고 일지는 임신부이다. 일간이 공망되었으니 임신되기 어렵고 지상신이 그물을 뜻하는 천라지망이니 난산이다.
○ **구관** : 불리하다.
→ 관록을 뜻하는 일록이 간상에서 공망되었으니 관운이 나쁘고 다시 삼전이 12운성의 병과 사와 묘로 이어지니 관운이 나쁘다. 다만 오년, 오월, 오월장(대서~처서) 기간에는 수가 풀리니 관운이 좋다.
○ **구재** : 어렵게 재물을 얻지만 결국은 왕성하지 못하다.
→ 중전과 말전의 酉와 申이 재성이지만 12운성의 병과 사이니 죽은 재물이다.
○ **알현** : 만나지 못하며 무력하다.
→ 일간이 공망되어 출발할 수 없으니 만나지 못한다.
○ **질병** : 비·위의 병이다. 병이 오래 가고 낫지 않을 우려가 있다.
→ 삼전이 재국이면 소화기 계통의 질환이다. 삼전이 병, 사, 묘로 이어지니 몸이 낫지 않고 병이 오래간다.
○ **출행** : 질병을 예방해야 한다. 출행하기 어렵다.
→ 삼전은 곧 여정이다. 삼전이 12운성의 묘, 사, 병으로 이어지니 질환을 방지해야 하며 출행하기 어렵다.
○ **귀가** : 마음은 귀가하고 싶지만 재물을 구하기 위해 다른 곳으로 간다.
→ 삼전이 퇴여이니 귀가하고 싶지만 삼전에 재성이 많아 구재하고 있으니 귀가하지 못한다.
○ **전투** : 적군의 병사에게 식량이 없다. 아군이 속전하면 이롭지 않으니 가만히 기다리면 된다.
→ 일간의 재성이 삼전에 많으니 아군에게는 식량이 많고, 일지의 재성이 일간의 음양에서 공망되었으니 적군에게는 식량이 없다. 따

라서 가만히 기다리면 승전한다.

○ **분묘** : 혈(穴) 속에 물이 있는 것을 방지해야 하고 여자를 매장하는 것이 좋다.

→ 일지의 음양은 묘지이고 혈(穴)이다. 일간의 묘신인 지상의 戌 아래에 亥수가 있으니 묘지 속에 물이 차 있다. 그리고 酉는 『주역』의 태괘로서 여자를 뜻한다. 일지음신에 酉가 임하니 여자의 시신을 매장하는 것이 좋다.

↑ **쟁송** : 상대가 나를 속이는 것을 방지해야 한다.

→ 일간은 나이고 일지는 상대이다. 일지 亥가 일간 丁을 극하고 다시 지상의 戌이 일간의 묘신이니 상대가 나를 속이는 것을 방지해야 한다. ● 승패 : 일간은 공허하고 일지는 튼실하니 나는 불리하고 상대는 유리하다. ● 관재 : 삼전이 퇴여이니 관재가 사라진다. 다만 중죄를 지은 경우에는 초전이 묘신이니 수감될 우려가 있고 다시 일간이 공망되어 교도소에 수감되는 상이니 흉하다.

□ 『**필법부**』 : 제65법 : 일간의 묘신이 관신을 아우르면 사람과 가택이 황폐해지는 허물이 있다. 만약 일간의 양 과에서 발용이 되면 사람이 쇠패해지고 지진의 양과에서 발용이 되면 가운이 닫힌다. 관신은 봄에는 丑, 여름에는 辰, 가을에는 未, 겨울에는 戌이다.

→ 이 과전에서는 지상의 戌이 발용이 되었으니 가운이 막힌다.

□ 『**고감**』 : 월장 戌을 점시 亥에 가한 뒤에 출산점단을 했다. 점시와 일간이 동일한 음이고 용신의 천반이 지반을 극하니 아들을 낳는다. 그리고 亥가 머리이고 戌이 발이니 아기를 거꾸로 낳는 상이다. 말전의 등사승신 申이 卯를 극하고 卯 위의 寅에 백호가 타서 혈기이니 토끼날에 아기를 낳는다. 나중에 과연 적중했다.

→ 월장이 戌이면 절기상으로 춘분~곡우에 해당하며 혈기가 寅이니

진월건(辰月建)에 해당한다.

※ 혈기(血氣)

월건 신살	寅	卯	辰	巳	午	未	申	酉	戌	亥	子	丑
혈기	丑	未	寅	申	卯	酉	辰	戌	巳	亥	午	子

丁亥일 　제 3 국			
乙	○	癸	
陰酉貴	常未陰	空巳常	
亥	酉	未 ○	
癸	辛	乙	○
空巳常	勾卯空	陰酉貴	常未陰
○丁未	巳	亥	酉

공망 : 午·未 ○
낮 : 왼쪽 천장, 밤 : 오른쪽 천장

辛勾卯巳	壬青辰午 ○	癸空巳未 ○	○白午申玄
合庚寅辰青			常○未酉陰
朱己丑卯勾			玄甲申戌后
蛇戊子寅	合丁亥丑貴朱	后丙戌子蛇	陰乙酉亥貴

- □ **과체** : 요극, 탄사, 퇴간전∥회환, 조간, 무음, 여명(勵明), 육음, 나거 취재, 신장·귀등천문(밤).
- □ **핵심** : 일간은 발용을 요극하고 중전과 말전은 공망되었다. 일지에서 일간으로 돌아온다. 파쇄가 일지에 임하니 돈과 재물이 불완전하다.
- □ **분석** : ❶ 일간이 발용의 酉를 요극하여 탄사이니 무력하다. 하물며 중전의 未는 갑신순의 공망이고 말전의 巳는 공망에 앉으니 어디에서 이익을 구하겠는가?

❷ 酉는 사맹일의 파쇄로서 금살이 와서 가택에 임하니 돈과 재물이 손실되고 흩어지는 것을 이루말로 다할 수 없다.

❸ 삼전에서 巳酉丑의 금국 중의 丑이 빠져 있다. 이것을 비어 있는 하나를 기다렸다가 쓴다는 뜻의 '허일대용(虛一待用)'이라고 한다. 만약 연명상신이 丑이거나 혹은 태세나 월건이 丑이면 未를 충해서 금국이 형성되니 나의 재물로 쓸 수 있다.

❹ 그리고 巳화는 未토를 생하고 未토는 酉금을 생하여 삼전이 차례로 생하니 재운이 결코 왕성하지 못하고 다시 파쇄가 일지에 임하여 나

쁘지만 가을에 정단하면 길하다.
- □ 정단 : ❶ 탄사격이어서 이미 그 힘이 무력한데 삼전이 사이를 띄어서 전하면서 물러나니 산은 아득하고 물은 먼 상이다.
  ❷ 지상이 간상으로 전해져서 돌아오면 '조원(朝元)'이라고 하여 모든 일에서 타인이 나에게 부탁한다.

○ 날씨 : 맑다.
  → 초전이 酉이니 처음에는 흐리고 중전과 말전이 비었으니 나중에는 맑다.
○ 가정 : 사람과 집에 이익이 있다. 재물을 얻기도 하고 잃기도 한다.
  → 일간은 사람이고 일지는 집이다. 지상신이 재성이니 재물을 얻고 간상신이 비겁이니 재물을 잃는다. ● 일간 丁이 지상의 酉를 극하고 일지 亥가 간상의 巳를 극하니 부부가 화목하지 않고, 심한 경우 부부가 음란하여 각기 사통하는 일이 있다. 더군다나 과전이 육음이니 음란이 뜻이 강해진다.
○ 혼인 : 깨질 우려가 있다.
  → 일간은 남자이고 일지는 여자이다. 비록 기궁 未와 일지 亥가 삼합하고 간상신 巳와 지상신 酉가 삼합하지만, 일간 丁이 지상신 酉를 극하고 일지 亥가 간상신 巳를 극하니 혼인이 깨질 우려가 있다. ● 궁합 : 보통이다. ● 성정 : 낮에 정단하면 지상에 흉장인 태음이 타고 있으니 음란한 부정한 사람이고, 밤에 정단하면 지상에 길장인 귀인이 타고 있으니 귀한 사람이다.
  ※ 『육임직지』 원문에서는 "혼인이 성사된다."고 하였다.
○ 임신·출산 : 딸을 임신한다. 순산한다. 출산할 때에 서남방에서 여자가 온다.
  → 일간은 태아이다. 일간의 천지반이 모두 음이니 딸을 임신한다.

일간과 일지와 삼전이 모두 삼합하지만 일지에서는 제4과가 공망되고 삼전에서는 중전과 말전이 공망되었으니 순산한다. 그리고 출산할 때에 요극과의 지상이 酉이니 여자가 온다.

○ **구관** : 직위와 명예가 드러나지 않는다.
→ 관성은 관직이고 일록은 관록이며 역마는 승진의 신이다. 과전에 관성 亥子와 일록 午가 없고 역마 巳는 말전에서 공망되었으니 공명이 드러나지 않는다.

○ **구재** : 귀인의 재물이다. 구하면 얻을 수 있다.
→ 재성은 재물이다. 지상의 酉에 귀인이 타고 있으니 귀인의 재물을 얻을 수 있다. 다만 지상의 酉가 일지 亥의 파쇄이니 득재한 뒤에 지출된다. 그리고 여기에서의 귀인은 관공서의 재물이나 귀인의 재물이다. ● 간지가 교차재성이니 만약 동업이나 거래를 점단하면 양측 모두에게 경제적인 이익이 있다. 기궁과 일지가 삼합하고 간상과 지상이 삼합하니 동업이 이뤄진다.

○ **알현** : 밤 점단에서는 귀인의 도움을 받는다.
→ 천을귀인은 귀인이다. 낮 점단에서는 일간이 귀인승신 亥로부터 극을 당하니 귀인으로부터 해를 입고, 밤 점단에서는 귀인이 재성에 타고 있으니 귀인으로부터 경제적인 도움을 받는다.

○ **질병** : 가벼운 병이다. 쉽게 치료된다.
→ 요극과의 질병 점단은 가벼운 병이니 쉽게 치료된다. 병의 초기는 초전, 중기는 중전, 말기는 말전이다. 중전과 말전이 공망되었으니 더욱 쉽게 치료된다.

○ **모망** : 모든 일이 성사된다.
→ 일간은 나이고 일지는 목적사이다. 간지와 그 상신이 육합하니 모든 일이 성사된다.

○ **출행** : 반드시 떠난다.
→ 역마는 교통수단이다. 간상에 일지의 역마인 巳가 임하고 일지가

역마를 충(沖)하니 반드시 떠난다. 충에는 이동의 뜻이 있다.
- ○ **귀가** : 역마가 말전에 임했으니 수일이 지나지 않아 곧 도착한다. 다만 도착한 뒤에 다른 곳으로 간다.
  → 지상의 酉가 발용이 되었고 말전의 巳가 간상으로 되돌아오니 귀가한다. 그러나 간상과 말전의 巳에 쌍(双)의 뜻이 있으니 귀가한 뒤에 다시 출행한다.
- ○ **전투** : 내가 가서 타인을 생하지만 타인이 다시 나에게 온다. 아군과 적군이 신용을 유지하면서 화목하게 지내는 것이 상책이다.
  → 지상의 酉가 발용이 되었고 말전의 巳가 간상으로 되돌아오니 적군이 아군에게 머리를 조아리는 상이다. 그리고 간지와 그 상신이 삼합하니 휴전을 합의하는 것이 좋다.
- ↑ **쟁송** : 화해가 가능하다.
  → 간상의 巳와 지상의 酉가 상합하니 화해가 가능하다. 지상이 발용이 된 뒤에 말전이 간상으로 오니 내가 유리하다. ● **관재** : 요극과이니 우환이 점차 작아지고 중전과 말전이 공망되었으니 우환이 사라진다.

- □ 『**필법부**』: 〈제64법〉 부부가 음란하여 각기 사통하는 일이 있다.
  → 일간인 丁이 지상신 酉를 극하고 일지인 亥가 간상신 巳를 극하니, 부부가 음란하여 각기 사통하는 일이 있다.
  〈제82법〉 삼전이 나아가지 못하는 불행전은 초전을 살펴야 한다.
  → 이 과전에서는 중전과 말전이 공망되었다.
- □ 『**지장부**』: 未가 酉에 가하면 계모이다.
- □ 『**중황경**』: 역마인 巳나 亥가 보이면 길에 있다.
- □ 『**지규**』: 삼전 酉未巳는 '여명(勵明)'이다. 편히 출입하면 된다.

| 갑신순 | 정해일 | 4국 |

丁亥일 제 4 국

공망 : 午·未 ○
낮 : 왼쪽 천장, 밤 : 오른쪽 천장

癸	庚	丁	
空 巳 常	合 寅 靑	貴 亥 朱	
申	巳	寅	
壬	己	甲	癸
靑 辰 白	朱 丑 勾	玄 申 后	空 巳 常
○丁未	辰	亥	申

庚寅巳合靑	辛卯午勾空	壬辰未靑白	癸巳申空常
己丑辰朱勾			○午酉白玄
戊子卯蛇合			○未戌常陰
丁亥寅貴朱	丙戌丑后蛇	乙酉子陰貴	甲申亥玄后

□ **과체** : 원수, 원태(병태), 참관∥충파, 침해, 덕경, 복덕, 인귀생성, 맥월, 폐구.

□ **핵심** : 낮 정단에서는 참관이고, 간상은 천강(辰)이며, 폐구가 돌출하니 도망에 매우 이롭다.

□ **분석** : ❶ 천강인 辰이 일간에 가하고 낮 정단에서는 청룡이 임하니 '진참관'이다.

❷ 巳가 폐구가 되었는데 이 巳가 역마이며 말전에 다시 정마가 타니 옮겨 다녀야 한다.

❸ 만약 겨울과 봄에 정단하면 관성과 문장이 모두 왕성하니, 시험을 치면 반드시 합격하고 관직자는 반드시 높이 오른다. 다만 일간은 간상의 辰에 의해 탈기를 당하고 청룡이 타니 즐거운 가운데에서 재물이 새어나간다.

→ 밤 정단 말전의 주작승신이 亥수이니 가을에는 상기이고 겨울에는 왕기이니 만약 가을과 겨울에 정단하면 문장이 우수하다.

□ **정단** : 원수과에 귀인과 역마와 관성이 교대로 움직인다. 만약 태세와 월건에 길장이 타면 복이 끝없이 이어진다.

➔ 초전의 巳는 역마이고 말전의 亥는 관성이다. 귀인은 간상에 낮에 타고 있는 청룡으로 예측된다.

○ 날씨 : 바람과 비가 교대로 나타난다.
➔ 중전이 寅이니 바람이 불고 말전이 亥이니 비가 온다.
○ 가정 : 모든 가족과 친근하다. 사업을 하면 삼전이 체생하니 타인의 존경을 받는다.
➔ 일간은 나이고 일지는 가족이다. 간지와 그 상신이 삼합하니 나와 가족이 친근하다. 그리고 지상에 재성인 申이 임하니 사업하면 돈을 번다. 다만 낮 정단에서는 지상의 재성에 현무가 타고 있으니 손재수를 방지해야 한다. 그리고 말전의 亥에서 중전의 寅을 생하고 중전의 寅에서 초전의 巳를 생하니 타인의 도움을 받는다.
○ 혼인 : 부정한 여자이다.
➔ 일간은 남자이고 일지는 여자이다. 낮 정단에서 지상에 현무가 타고 있으니 양심이 바르지 못한 부정한 여자이다. ● 궁합 : 기궁 未와 일지 亥가 삼합하고 간상의 辰과 지상의 申이 삼합하며 다시 간상의 辰이 지상의 申을 생하니 궁합이 좋다. ● 육합과 삼합에는 화합의 뜻이 있다. 기궁과 일지가 삼합하고 간상과 지상이 삼합하니 혼인이 가능하다. 만약 토왕절에 정단하면 간상의 辰과 지상의 申이 모두 왕성하니 왕성하게 혼인을 추진할 수 있다.
○ 임신·출산 : 귀한 아들을 임신한다. 출산할 때에 순산한다.
➔ 일간은 태아이다. 일간의 음양이신이 1양2음이니 아들이고 삼전이 1양2음이니 다시 아들이다. 낮 정단에서는 간상에 청룡이 타고 있으니 귀한 아들이다. 삼전이 체생하니 임신·출산 모두 순조롭다.
○ 모망 : 모든 일을 이룰 수 있다.
➔ 일간은 나이고 일지는 목적사이다. 간지와 그 상신이 삼합하니

모든 일을 이룰 수 있다.
○ **구관** : 巳 위의 둔반이 癸이어서 관성이 폐구 되었으니 많은 일에서 나쁘다. 중전과 말전으로 가서 대발한다.

→ 초전이 폐구 되었으니 처음에는 관운이 막힌다. 그러나 중전은 장생이고 말전은 관성 겸 일덕귀인이니 나중에는 관운이 대발한다.
○ **구재** : 재성이 지상에 임하지만 그것을 취하기 어렵다.

→ 지상의 申은 재물이다. 낮에는 지상의 재성에 현무가 타고 있으니 득재하기 어렵고, 밤에는 지상의 재성에 천후가 타고 있으니 재물을 얻는다.
○ **알현** : 귀인의 환심을 산다.

→ 천을귀인은 귀인이다. 낮에는 귀인이 귀살에 타서 일간을 극하니 귀인의 도움을 받지 못하고, 밤에는 귀인이 재성에 타고 있으니 귀인의 도움을 받는다.
○ **질병** : 폐병이다. 의사의 치료를 받으면 나을 수 있다.

→ 일간은 환자이고 일지는 질병이다. 말전과 중전으로부터 차례로 생을 받은 초전의 巳가 오행의 금을 극하니 폐병이다. 간상에 의약신 辰이 임하니 치료하면 낫는다. 그리고 낮 정단에서는 천을귀인이 귀살에 타고 있으니 반드시 하늘 신과 땅 신의 해코지가 있으니 신에게 기도해야 한다.
○ **출행** : 낮 정단에서는 육로가 좋고, 밤 정단에서는 수로가 좋다.

→ 일간은 육로이고 일지는 수로이다. 낮 정단에서는 간상에 길장인 청룡이 타니 육로가 좋고, 밤 정단에서는 지상에 길장인 천후가 타니 수로가 좋다.
○ **귀가** : 역마가 생을 연연해하니 몸을 움직일 수 없다.

→ 역마는 곧 교통수단이다. 초전의 巳가 巳의 장생이면서 육합하는 지반에 앉아 있으니 움직일 수 없다.
○ **도망** : 잡지 못한다.

➜ 도망친 사람이 초전에 있는 역마와 말전에 있는 정마를 타고 먼 곳으로 도망쳤으니 잡을 수 없다.

O **쟁송** : 무사하다.

➜ 일간은 나이고 일지는 상대이다. 간지와 그 상신이 상합하니 합의가 가능하여 무사하고, 다시 귀살인 말전의 亥수가 중전의 寅목을 생하고 중전이 다시 일간 丁화를 생하니 무사하다. ● 관재 : 비록 말전의 亥가 일간의 귀살이지만 또한 일덕귀인이니 무방하다.

O **전투** : 전투복을 벗고 전쟁을 멈추는 상이다.

➜ 일간은 아군이고 일지는 적군이다. 간지와 그 상신이 서로 육합하니 휴전하는 상이다.

□ 『**필법부**』 : 〈제48법〉 귀살에 천을귀인이 타면 곧 하늘 귀신과 땅 귀신의 해가 있다. 질병 정단을 하면 반드시 하늘 신과 땅 신의 해코지가 있다. 만약 가택 위에 임하면 반드시 가정 내 사당의 신상에게 엄숙하지 못해서 병환이 온 것이다. 따라서 공을 닦고 덕을 베풀어서 가택신을 편안하게 위로하면 거의 모든 재앙이 사라진다.

➜ 이 과전에서는 말전의 亥에 천을귀인이 타고 있다.

□ 『**육임지남**』 : 壬午년 9월에 월장 辰을 점시 未에 가한 뒤에 본명이 午인 사람의 공명을 정단했다. 귀인과 일덕과 관성이 행년에 임하고 월장과 청룡이 일간에 머문다. 그리고 양과 용이 서로 가하니 미년(未年)에 갑의 성적으로 시험에 붙는다. 태세가 일간의 뒤에 머물고 일간이 청룡을 생하니 처음에는 수도에서 부임하고 나중에는 지방에서 부임한다. 다만 일록인 午가 득지(得地)하지 못했으니 임금이 진노하여 국가가 그의 관직을 보호해 주지 않을 우려가 있다.

➜ 동양천문학 28수에서의 辰은 각(角)이고 未는 양(羊)이다. 辰과 未가 서로 가하면 양두(羊頭)에 뿔이 난 상이니 벼슬한다는 뜻이 성립된다.

| 丁亥일　　제 5 국 |

공망 : 午·未 ○
낮 : 왼쪽 천장, 밤 : 오른쪽 천장

○	辛	丁
常 未 陰	勾 卯 空	貴 亥 朱
亥	未 ○	卯

辛	丁	○	辛
勾 卯 空	貴 亥 朱	常 未 陰	勾 卯 空
○ 丁 未	卯	亥	未 ○

己朱 丑巳	庚勾 寅午 合 ○	辛空 卯未 青 ○	壬青 辰申 白
蛇 戊子辰 合			空 癸巳酉 常
貴 丁亥卯 朱			白 ○午戌 玄
后 丙戌寅 蛇	陰 乙酉丑 貴	玄 甲申子 后	常 ○未亥 陰

□ **과체** : 섭해, 곡직, 불비 // 췌서, 화미, 전국, 여덕(낮), 귀덕(貴德), 회환, 육음, 과수, 사묘加장생, 살몰, 고진과수.

□ **핵심** : 삼전은 일간을 생하고, 삼전의 천장오행은 가택을 극한다. 화를 자초하니 반길반흉하다.

□ **분석** : ❶ 삼전의 목국이 일간을 생하니 사람은 도움을 받지만 삼전의 목국이 일지를 탈기하니 집은 피폐해진다. 삼전 낮의 모든 천장오행 토에서 일지 亥를 극하고 다시 未가 일지에 임해서 일지를 극하니 집이 피폐해진다. 이러한 집의 재앙은 丁이 스스로 취한 것이다. 丁의 기궁인 未가 지상으로 가서 일지를 극하고 일지는 다시 卯로 가서 목국을 형성하여 사람을 생하고 가택을 탈기한다. 이러한 생(生)의 길(吉)과 탈(脫)의 액이 서로 반반이니 길흉도 반반이다.

❷ 이 과전은 되돌아온다는 뜻의 '회환격'으로서 삼전이 모두 사과에 있고 다시 일간과 일지가 서로 만나니 불비격이 아니다. 회환격은 흉사 정단을 하면 흉하고 길사 정단을 하면 길하다.

❸ 未와 卯가 모두 천반에서 지반을 극하니 섭해법으로 발용을 취하는데, 未와 卯는 모두 네 번의 극을 한다. 이중에서 未는 맹상신이고

다시 먼저 보이니 이 과는 未가 발용이 된다.
- □ **정단** : 섭해과는 극이 가장 깊은 곳이 발용이 되어 목국을 형성하니 모든 일이 어렵고 복잡하다. 그리고 회환격이다. 거동을 멈추고 옛 것을 유지하면 길하고 경거망동하면 안 된다.

- ○ **날씨** : 목국이니 바람이 분다.
  - → 오행의 목은 바람을 뜻한다. 과전이 모두 목국이니 바람이 분다.
- ○ **가정** : 식구는 많고 집은 좁다. 증축하고 수리하여 집을 넓혀야 한다.
  - → 일간은 사람이고 일지는 집이다. 삼전의 목국에서 일지 亥를 탈기하여 일간 丁을 생하여 식구는 많고 집은 좁으니 집을 증축해야 한다. 그리고 이 집을 버리고 이사하면 안 된다.
- ○ **혼인** : 천후와 재성이 나타나지 않았으니 불성한다.
  - → 천후와 재성은 모두 여자이다. 이들이 과전에 나타나지 않았고, 또한 일지가 공망되었으며, 다시 초전이 과수이니 혼인이 불성한다. 지상에 낮에는 길장이 타니 좋은 상대이고, 밤에는 흉장인 태음이 타니 좋지 않은 상대이다. ● 궁합 : 기궁 未와 일지 亥가 상합하고 간상의 卯와 지상의 未가 상합하며 다시 일간과 일지가 교차상합하니 궁합이 좋다. ● 데릴사위 : 데릴사위가 되어 처가로 들어가면 혼인이 성사된다.
- ○ **임신·출산** : 태아는 딸이며 튼튼하다. 난산이다.
  - → 일간은 태아이고 일지는 임신부이다. 일간의 천지반이 모두 음이니 딸이다. 간지와 그 상신이 삼합하여 태아가 임신부의 배를 떠나지 않는 상이니 난산이다.
- ○ **구관** : 관직·고시 모두 좋다. 다만 辰戌丑未 연·월·시에는 이롭지 않다.
  - → 인성국에서 일간을 생하니 관직자의 승진과 수험생의 고시에 모두 이롭다. 다만 辰戌丑未 연·월·시에는 관성을 극하여 손상시키니

나쁘다.
○ **구재** : 卯 위에 재성인 辛이 임한다. 순을 벗어나면 얻을 수 있다.
→ 재성은 재물이다. 중전의 둔반 辛이 비록 재성이지만 지반이 공망되었으니 이번 순에는 얻지 못하지만 다음 순에는 풀리니 얻을 수 있다.
○ **알현** : 밤 정단에서는 귀인의 도움을 받는다.
→ 밤 정단에서는 천을귀인이 재성인 酉에 타고 있으니 귀인의 도움을 받는다.
※『육임직지』 원문에서는 "낮 정단에서 귀인의 도움을 받는다."고 하였다.
○ **질병** : 중풍이다. 경락을 뚫고 몸을 맑게 해야 중풍이 치료된다.
→ 오행의 목은 풍(風)이고 과전이 목국이니 중풍이다. 과전이 삼합해서 엉켜있으니 이것을 풀어야 낫는다. ● 또한 과전에서 오행의 목이 지나치게 왕성하니 목의 극을 받는 토의 장부인 비·위에 병이 든다. 그리고 과전에서 인성이 지나치게 왕성하니 이의 극을 받는 자손의 질병을 정단하면 낫기 어렵다.
○ **모망** : 모든 일을 이룰 수 있다.
→ 일간은 나이고 일지는 목적사이다. 일지의 음양이 삼합하여 인성국을 만들어서 일간을 생하니 모든 목적사를 이룰 수 있다.
○ **출행** : 가족을 사랑하니 반드시 출행하지 못한다.
→ 일간은 나이고 일지는 나의 가정이다. 기궁이 지상으로 갔으므로 출행하려는 뜻이 없다.
○ **유실** : 먼 곳에 있지 않다.
→ 일간과 일지의 상하 및 삼전이 삼합하니 가출한 사람이나 물건이 가까운 곳에 있다.
○ **전투** : 서로 교통하고 우호적이다. 매우 침착하고 태연하다.
→ 일간은 아군이고 일지는 적군이다. 일간과 일지의 상하 및 삼전

이 삼합하니 아군과 적군이 우호적이고 태연하다.
- ○ **분묘** : 일지가 일간을 생하니 매장이 매우 길하다.
  - → 일간은 후손이고 일지는 묘지이다. 일지의 상하가 삼합해서 일간을 생하니 후손에게 이로운 묘지이다.
- ↑ **쟁송** : 화해하는 것이 좋다.
  - → 일간의 음양과 일지의 음양과 삼전이 각각 삼합하니 화해가 가능하다. 만약 화해하지 않으면 섭해과이니 쟁송이 오래간다. ● 승패 : 일간은 나이고 일지는 상대이다. 삼전의 목국이 일지 亥를 설기하여 일간 丁을 생하니 내가 유리하다. ● 관재 : 섭해과이니 관재가 오래 간다. 그러나 초전과 중전이 공망되고 말전이 일덕귀인이니 죄에 비해 죄가 가벼워진다.

- □ 『**필법부**』 : 〈제29법〉 식구는 많고 거주하는 집은 좁다. 삼전에서 일간을 생하지만 오히려 지진을 탈기한다. 여기에 해당하면 식구는 반드시 많지만 거주하는 집은 협소하다. 넓고 큰 가옥으로 옮겨서는 절대로 안 된다.
  - → 삼전의 목국에서 일지인 亥를 설기하여 일간 丁을 생하니 집은 좁고 식구는 많다. 이 가택은 사람이 잘 되는 가택이다. 집이 좁을지라도 이사하면 안 된다.
- □ 『**지장부**』 : 태상과 귀인이 함께 관성으로 들어가니 조정에서 집권한다.
  - → 태상은 무관이고 귀인은 공무원이다. 낮 점단에서 초전의 태상은 말전의 관성으로 들어가고, 천을귀인은 말전의 관성에 타고 있으니 관성에 들어있다.
- □ 『**심인부**』 : 未卯亥는 '정양(正陽)'이다. 발생의 뜻을 좇는다.
  - → 未卯亥 목국이 계절로는 봄에 해당하니 양이다. 더욱이 목국에서 일간인 丁화를 생하고 있으니 발생의 뜻을 좇는다.

| 丁亥일 　제 6 국 |

공망 : 午·未 ○
낮 : 왼쪽 천장, 밤 : 오른쪽 천장

	○		己		甲
白	午	玄 朱	丑	勾 玄	申 后
	亥		午 ○		丑
庚		乙		○		己
合 寅	青	陰 酉	貴	白 午 玄	朱 丑 勾
○ 丁 未		寅		亥		午 ○

戊子巳 蛇	己丑午 合 朱	庚寅未 合 青	辛卯申 勾 空
丁亥辰 貴 朱			壬辰酉 青 白
丙戌卯 后 蛇			癸巳戌 空 常
乙酉寅 陰 貴	甲申丑 玄	○未子 常 陰	○午亥 白 玄

□ **과체** : 중심, 사절(四絶) // 육의, 록현탈, 일록공망, 권섭부정, 교차육합, 고진과수.

□ **핵심** : 교섭사는 지체되고 처와 재운은 나쁘다. 일록이 공망되었으니 그것을 지키더라도 이익이 없다.

□ **분석** : ❶ 지상의 午와 기궁 未가 합을 하고 간상의 寅과 일지 亥가 합을 하니 교섭에서 서로 좋다. 그러나 寅 위의 둔간 庚은 일간의 처재이지만 공망되었으니 무용지물이다.

❷ 지상의 일록 午가 공망되었으니 이것을 지키더라도 이익이 없다.

❸ 중전의 丑이 일간을 탈기하고 말전의 申이 일간의 12운성의 병(病)이니 어디로도 갈 곳이 없다. 말전의 申이 丁의 재성이지만 초전으로부터 극을 당하고 다시 묘지에 앉으니 무기력한 상이고, 간상 寅의 둔간 庚이 재성이지만 공망되었으니 구재(求財)에서 불리하다.

❹ 백호가 타고 있는 午가 발용이 되어 내전이 되었으니 질환을 예방해야 한다.

→ 『육임직지』 원문에서는 "화재를 예방해야 한다."고 되어 있지만 백호가 귀살에 타고 있으니 병을 예방해야 한다.

□ **정단** : ❶ 사절(四絶)은 구사(舊事)를 끝맺는 일에서 가장 좋다.
❷ 그리고 일록이 공망에 앉아 있으니 비록 명망이 높은 직위에 앉아 있더라도 우환을 면하기 어렵다. 다만 태세와 월건과 월장이 공망을 메우면 우환을 면할 수 있다.
→ 사절(四絶)은 네 중신(子午卯酉)이 각각의 절신(巳亥申寅)에 임하여 중신이 끊어지는 것을 말한다.

○ **날씨** : 낮 정단에서는 바람이 불고, 밤 정단에서는 비가 온다.
→ 백호는 바람을 주관하고 현무는 비를 주관한다. 낮 정단에서는 초전에 백호가 타니 바람이 불고, 밤 정단에서는 초전에 현무가 타니 비가 온다. 그러나 나중에는 수모(水母)인 말전의 申에 현무와 천후가 타니 주야 모두 비가 온다.

○ **가정** : 사람과 집이 비록 편안하지만 헛된 이름이고 헛된 재물이다.
→ 일간은 사람이고 일지는 집이다. 간지와 그 상신이 상합하니 가족이 화목한 편이지만 지상에서 일록이 공망되었으니 식록이 없다.
● 일지음신 丑에 낮에는 주작이 타니 문서로 인한 손실이 발생하고, 밤에는 구진이 타니 쟁투나 쟁송 혹은 부동산으로 인한 손실이 발생한다.

○ **혼인** : 여자가 남자를 정단하면 길한 남자이고, 남자가 여자를 정단하면 불길한 여자이다.
→ 일간은 남자이고 일지는 여자이다. 간상의 寅이 길신인 장생이고 다시 주야에 길장인 육합과 청룡이 타고 있으니 길한 남자이다. 지상이 공망되고 다시 주야에 흉장인 백호와 현무가 타고 있으니 불길한 여자이다. ● 성부 : 비록 기궁과 일지가 상합하고 간상과 지상이 상합하며 간지 교차상합하지만 일지의 음양이 공망되고 초전이 과수이니 혼인이 불성한다. ● 성사시기 : 혼인이 성사되는 시기를

정단하면 공망된 午가 풀리는 오년(午年), 오월(午月), 오월장(午月將, 대서~처서) 기간이다.
- ○ **임신·출산** : 딸을 임신한다. 출산이 순조롭지 못하다.
  → 중심과는 땅을 뜻하는 곤괘이고 일간은 태아이다. 중심과이니 딸이고 삼전이 1음2양이니 다시 딸이다. 간지와 그 상신이 삼합하니 난산이다.
- ○ **구관** : 갑신순을 벗어나서 공망이 메워지면 희망이 있다.
  → 지상의 일록 午는 관직자의 관록이다. 이러한 午가 공망되었으니 지금은 관록이 없지만 다음 순에는 공망이 메워지니 관록이 있다.
- ○ **구재** : 재운이 지극히 미미하다.
  → 재성은 재물이다. 말전의 申이 丁의 재성이지만 초전으로부터는 극을 당하고 다시 묘지에 앉으니 무기력한 상이고, 간상 寅의 둔간 庚이 재성이지만 공망되었으니 구재(求財)에서 불리하다.
- ○ **질병** : 백호가 내전 되었으니 병이 심해질 우려가 있다. 신속하게 의사를 구해서 치료해야 한다.
  → 백호는 병이다. 낮 정단에서 지상 및 초전의 午에 금의 오행인 백호가 타고 있어서 내전되니 나쁘다. 의약신 辰이 임한 유방(酉方)이나 戌이 임한 묘방(卯方)으로 가서 약을 구하여 치료하면 낫는다.
- ○ **출행** : 간지가 교차육합하니 출행하지 못할 우려가 있다.
  → 일간은 나이고 일지는 가정이다. 일간과 일지의 상하가 삼합하여 가정이 화목하니 출행하려는 뜻이 없다.
- ○ **귀가** : 스스로 온다.
  → 말전은 출발지, 중전은 경유지, 초전은 도착지이다. 초전의 일록이 절지에 앉으니 곧 귀가한다. 일록이 절지에 앉으면 여비가 떨어진 상이니 곧 귀가한다.
- ○ **전투** : 사전에 약속하지 않은 상태로 휴전을 요청하는 것은 계략이 있기 때문이니 계략에 속지 않아야 한다.

→ 일간은 아군이고 일지는 적군이다. 간지와 그 상신이 삼합하니 휴전하는 상이다. 다만 적군을 뜻하는 일지가 공망되었으니 휴전을 가장하는 것이니 속지 않아야 한다.

○ 쟁송 : 나에게 유리하다.

→ 일간은 나이고 일지는 상대이다. 일간은 튼실하고 일지는 공허하니 나에게 유리하고, 다시 간상의 장생이 일간을 생하니 나에게 유리하다. ● 비록 공망은 되었지만 일간과 일지가 교차육합하니 화해가 가능하다. ● 관재 : 초전과 중전이 공망되었으니 점차 관재가 사라진다.

□ 『필법부』 : 〈제8법〉 일록이 일지에 임하면 임시직으로서 정당한 직위가 아니다. 임시직을 맡은 것으로서 정당한 자리가 아니며 먼 곳으로 직록이 주어진다.

→ 이 과전에서는 일록인 午가 지상으로 가서 공망되었으니 더욱 나쁘다.

〈제1법〉 앞과 뒤에서 이끌고 따르면 승진에 길하다.

→ 두 가지의 인종이 있다. 첫째, 초전 午와 말전 申에서 기궁 未를 전후에서 인종한다. 둘째, 만약 본명이나 행년이 子이면 그 상신이 未이다. 초전 午와 말전 申에서 연명상신 未를 인종하니 승진에 더욱 길하다.

〈제86법〉 내전을 만나면 도모하는 일에서 장차 재앙이 생긴다.

→ 낮 정단에서 초전의 午화에서 午를 타고 있는 백호의 오행인 庚申금을 극하니 내전이 되었다.

□ 『정온』 : 초전의 午는 일간의 뒤에 머물고 말전의 申은 일간의 앞에 머무니 전후에서 일간 기궁을 인종한다. 주로 승진의 상이다.

→ 위의 〈제1법〉 해설 참조.

丁亥일 제 7국

공망 : 午·未 ○
낮 : 왼쪽 천장, 밤 : 오른쪽 천장

癸	丁	癸
空 巳 常	貴 亥 朱	空 巳 常
亥	巳	亥
己	癸	丁
陰 丑 勾	勾 未 陰	空 巳 常 / 貴 亥 朱
○ 丁 未	丑	亥	巳

丁亥巳 貴	戊子午 后 合 ○	己丑未 陰 勾 ○	庚寅申 玄 青
丙戌辰 蛇 蛇			辛卯酉 常 空
乙酉卯 朱 貴			壬辰戌 白 白
甲申寅 合 后	○ 勾 未 丑 陰	○ 青 午 子 玄	癸巳亥 空 常

□ **과체** : 반음∥복덕, 원태(절태), 회환, 육음, 축미상가(丑未相加).

□ **핵심** : 거듭하여 바뀌고 정마와 역마가 모두 펼쳐진다. 소송은 뜻대로 풀리지 않으니 입을 닫는 것이 좋다.

□ **분석** : ❶ 지상의 巳는 쌍녀(雙女)이고 일지 亥는 쌍어(雙魚)이니 모든 일에서 중첩되고, 巳는 역마이고 亥는 정마인데 삼전에서 왕래하니 모든 일에서 변동이 생기며 화와 복은 모두 하나로 나타나지 않는다.

❷ 낮 정단에서 귀인이 귀살로 변해서 일간을 극하여 오니 소송에서 내 주장을 펴기 어렵다.

❸ 발용이 폐구이니 내뱉는 말을 조심해야 한다. 화와 우환이 멀지 않으니 말로 다 할 수 있겠는가?

❹ 간상의 丑에 낮 정단에서는 태음이 타고 있다. 일간이 그 상신을 생하고 상신이 다시 천장을 생하니, 이것을 탈 위에 탈이 있다는 뜻의 탈상봉탈(脫上逢脫)이라고 하여 거짓이 많고 부실하다.

□ **정단** : 반음과는 거듭 변경되니 모든 일이 정해져 있지 않다. 巳와 亥가 서로 가하니 신중하게 구하고 가볍게 얻어야 하는 상이다.

○ **날씨** : 맑다.
  → 화는 맑은 날씨이고 수는 비 오는 날씨이다. 초전이 巳이니 맑고, 중전이 亥이니 비가 오며, 말전이 巳이니 다시 맑다.
○ **가정** : 비겁이 많으니 재물을 모으기 어렵다.
  → 과전에 형제효는 세 곳에 있고 재성은 하나도 없으니 재물을 모으기 어렵다. ● 일간은 부모이고 일지는 자녀, 일간은 남편이고 일지는 아내이다. 기궁과 일지가 상합하고 간상과 지상이 상합하니 가족이 화목한 편이지만 일간과 일지의 상하가 상충하니 좋은 기운이 감소했다. ● 일간은 나이다. 낮에는 간상의 丑에 태음이 타서 일간을 설기하니 음인에 의한 손실이 발생하고, 밤에는 간상의 丑에 구진이 타서 일간을 설기하니 부동산이나 쟁투로 인한 손실이 발생한다.
○ **혼인** : 낮 정단에서는 여자가 뚱뚱하며 추녀이다. 밤 정단에서는 술을 잘 마신다.
  → 일간은 남자이고 일지는 여자이다. 지상의 낮에는 천공이 타고 있으니 추녀이고, 밤에는 태상이 타고 있으니 음식을 잘하는 여자이다. ● 궁합 : 비록 기궁 未와 일지 亥가 상합하고 간상의 丑과 지상의 巳이 상합하니 궁합이 좋은 편이지만, 일간과 일지의 상하가 서로 상충하니 궁합에서 부족한 점이 있다. 만약 혼인하면 백년해로하지 못할 우려가 있다.
○ **임신·출산** : 딸을 임신한다. 부실하다.
  → 일간의 상하가 모두 음이니 딸이다. 태신인 子가 이 子와 충이 되는 지반 午에 앉아 있으니 낙태되는 상이다.
○ **구관** : 일덕이 곧 관성인데 이 곳에 귀인과 주작이 타고 있다. 주작이 정신에 타고 있으니 며칠 안에 승진한다.

→ 관성은 관직이고 일덕과 천을귀인은 모두 관직자이다. 발령장을 뜻하는 주작이 관성 겸 일덕에 타고 있으니 며칠 안에 승진한다. 그리고 일간에서 丑과 未가 서로 가하면 수장을 뜻하는 '괴(魁)'가 되니 관직에 더욱 길하다.
○ **구재** : 얻지 못한다.
→ 재성은 재물이다. 과전에 재성이 없고 형제효만 많으니 재물을 얻지 못한다.
○ **알현** : 반드시 두세 번 가야 사람을 만난다.
→ 초전의 巳와 중전의 亥에는 두 번의 뜻이 있으므로 두세 번 가야만 사람을 만난다.
○ **질병** : 머리와 눈 질환이거나 혹은 춥고 열이 나며 전신이 무기력한 병이다. 오행의 화를 보충해야 한다.
→ 삼전의 亥와 巳는 머리와 발을 뜻하기도 하고 한열을 뜻하기도 하니, 두통과 얼굴 질환이 발생하기도 하고 한열이 왕래하기도 하여 전신이 무기력하다. 일간 丁화가 그 상신으로 거듭하여 탈기를 당하니 화의 오행을 보충해야 한다.
○ **출행** : 가려는 뜻이 있으면 반드시 수로로 가야 한다.
→ 일간은 육로이고 일지는 수로이다. 간상에서 일간을 탈기하고 그 천장 오행에서 다시 일간을 탈기하니 육로는 나쁘다. 이에 비해 지상의 巳는 일간과 비화하고 특히 밤에는 길장인 태상이 타서 수로가 길하니 수로로 가야 한다.
○ **귀가** : 원근과 무관하게 머지않아서 곧 귀가한다.
→ 삼전에 역마와 정마가 임하니 머지않아 곧 귀가한다.
○ **도망** : 잡기 어렵다.
→ 삼전에 역마와 정마가 있으니 벌써 차를 타고 도망쳤다. 따라서 잡기 어렵다.
○ **전투** : 주(主)가 객(客)에게 승전하고 천리의 땅을 개척한다.

→ 아래의 땅에서 위의 하늘을 극하여 발용이 되었으니 주가 승전한다. 여기에서의 주는 수비하는 군대를 가리킨다.
↑ 쟁송 : 화해가 가능하다.
→ 일간은 나이고 일지는 상대이다. 기궁과 일지가 상합하고 간상과 지상이 상합하니 화해가 가능하다. ● 관재 : 천반의 모든 신이 절지에 임하니 관재가 곧 끝난다.

□ 『필법부』 : 〈제48법〉 귀살에 천을귀인이 타면 곧 하늘 귀신과 땅 귀신의 해가 있다. 질병 정단을 하면 반드시 하늘 신과 땅 신의 해코지가 있다. 만약 가택 위에 임하면 반드시 가정 내 사당의 신상에게 엄숙하지 못해서 병환이 온 것이다. 따라서 공을 닦고 덕을 베풀어서 가택신을 편안하게 위로하면 거의 모든 재앙이 사라진다.

□ 『육임지남』 : 월장 寅을 점시 申에 가한 뒤에 임금에게 올린 상소에 대한 답신을 기다리는 정단했다. 용신이 지반으로부터 극을 당하고 과가 반음이니 임기를 채우기 어렵다. 巳는 역마이고 위에 황조(皇詔)가 타니 첫 번째 임기가 끝나지 않았는데 두 번째 임기가 주어지면서 관직자의 직급이 하향 조정된다.

※ 황조(皇詔) : '황서(皇書)'라고도 한다. 봄에는 寅, 여름에는 巳, 가을에는 申, 겨울에는 亥가 황조이다. 월장이 寅인 기간에 정단 했으므로 겨울이고 겨울의 황조는 亥이다.

□ 『정온』 : 비가 오기를 원하는 정단했다. 丑은 우사(雨師)이고 未는 풍백(風伯)이지만 밤 정단에서 중전과 말전에 주작과 태상이 타니 비가 오지 않는다. 그러나 삼전에서 수와 화가 왕래하니, 흐리고 맑은 날씨가 일정하지 않은 상이다. 화는 남방이고 『주역』의 리괘, 수는 북방이고 『주역』의 감괘이다. 〈결(訣)〉에서 말하기를 감리가 교대하여 변하면 일출이 물에 젖어 흥건하다고 하였다.

| 丁亥일 　제 8 국 |

공망 : 午·未 ○
낮 : 왼쪽 천장, 밤 : 오른쪽 천장

癸	丙	辛
空巳常	蛇戌蛇	常卯空
子	巳	戌
戌	癸	壬	乙
后子合	空巳常	白辰白	朱酉貴
○丁未	子	亥	辰

丙蛇戌巳	丁貴亥午○	戊后子未○	己陰丑申
乙朱酉辰			庚玄寅酉
甲合申卯			辛常卯戌
○勾未寅	陰午丑	癸玄巳子	壬白辰亥
青	空常	

□ **과체** : 중심, 주인, 참관 ∥ 침해, 복덕, 인종지신, 명암이귀, 양사협묘 (연명 : 巳), 간지구극, 살몰.

□ **핵심** : 일간의 천반은 명귀인 子이고 일지의 둔반은 암귀인 壬이니 간지에 두 귀살이 임하고 있다. 인종은 하지만 백호묘신이 노려보고 있다.

□ **분석** : ❶ 일간의 천반은 子수이고 일지의 둔반은 壬수이다. 두 수에서 일간을 극하니 丁화는 소멸되어 사라질 지경이다.

❷ 초전의 巳와 말전의 卯가 지상의 辰을 인종하니 집을 이사하거나 수리하는 기쁨이 있다.

❸ 辰토가 亥에 임하니 가택이 묘지에 들어갔다. 흉장인 백호가 辰토에 타니 자세하게 살펴봐야 하며 가볍게 움직이면 안 된다. 다행히 등사가 타고 있는 중전의 戌에서 지상의 백호승신 辰을 충하니 해가 되지 않는다. 정단하는 사람의 연명 위에 戌이 있으면 묘지를 깨고 백호를 깬다. 혹은 巳 위의 두 戌이 辰을 충하면 모든 흉이 모두 흩어진다.

□ **정단** : ❶ 주인격은 관직을 구하기 위해 귀인을 만나는 일에서 크게

좋아서 군자가 정단하면 길하다.

❷ 子수가 丁화를 극하고 辰토가 亥수를 극하니, 만약 관송을 정단하면 반드시 양측이 패소하고 양측 모두 다친다. 이른바 이것을 피차 모두 상한다는 뜻의 '피차전상(彼此全傷)'이라고 한다.

○ 날씨 : 바람이 많이 불지만 비는 오지 않는다.
  → 주인격은 대장간에서 쇠를 녹이는 상이므로 비가 오지 않는다.
○ 가정 : 사람과 가택이 모두 상하지만 오로지 귀인의 집은 길하다. 상(喪) 당하는 일을 방지해야 한다.
  → 일간은 사람이고 일지는 집이다. 간상의 子에서 일간 丁을 극하니 사람이 상하고, 지상의 辰에서 일지 亥를 극하니 가택이 상한다. 주야 모두 백호가 지상의 묘신 辰에 타서 일지를 극하니 상(喪)을 당하거나 병자가 생기는 것을 예방해야 한다. ● 만약 자월(子月)이나 축월(丑月)에 정단하면 지상의 辰이 사기와 사신이니 상(喪)을 당할 우려가 있다.
○ 혼인 : 매우 사나운 여자이다. 성사되면 불길하다.
  → 일간은 남자이고 일지는 여자이다. 지상이 괴강의 하나인 辰이니 매우 사나운 여자이고, 또한 일지 둔반의 귀살이 일간을 극하니 나에게 암해를 입히는 여자이다. 따라서 혼인이 성사되면 불길하다. ● 지상에 백호가 타고 있으니 병이 있는 여자인데, 지상의 辰이 일지 亥의 묘신이니 건강이 매우 나쁜 여자이다. ● 궁합 : 기궁 未와 일지 亥가 상합하고 간상의 子와 지상의 辰이 상합하니 궁합이 좋은 편이다. 다만 지상의 辰이 일간 丁을 설기하니 여자로 인해 손실이 발생한다.
○ 임신·출산 : 귀한 아들을 얻는다.
  → 주인격은 공무원의 상이니 귀한 아들을 얻는다. 다만 임신의 길

흉을 물으면 낙태 위험이 있다.
○ **구관** : 대길하다.
→ 주인격은 관직에 대길하다. 다만 여름의 丙丁일과 巳午일에는 화가 태과하니 대길하지 않다.
○ **구재** : 얻을 수 있다. 지나치게 급히 취하려고 하면 안 된다.
→ 재성은 재물이다. 둔재가 말전에 있으니 나중에 얻을 수 있다.
○ **알현** : 반드시 만나지 못한다.
→ 낮에는 귀인이 亥에 타서 공망된 지반 午에 임하니 만나지 못하고, 밤에는 귀인이 酉에 타서 辰에 임하여 입옥이 되었으니 만나지 못한다.
○ **질병** : 신장의 수기가 크게 부족하니 불치 우려가 있다.
→ 지상의 辰토에서 오행의 수를 극하니 신수가 부족하고, 백호가 지상의 묘신에 타고 있으니 병을 고치기 어려울 우려가 있다. 지상의 辰이 자월(子月)에는 사기가 되고 축월(丑月)에는 사신이 되니 이 두 달에 정단하면 사망할 우려가 있다.
○ **출행** : 묘신이 역마를 덮으니 몸을 움직이지 못한다.
→ 역마는 교통수단이다. 중전의 역마 巳에 묘신 戌이 임하여 자동차가 묘지에 갇힌 상이니 몸을 움직이지 못한다.
○ **귀가** : 즉시 귀가한다.
→ 말전은 출발지, 중전은 경유지, 초전은 도착지이며 역마는 교통수단이다. 초전이 역마이니 곧 귀가한다.
○ **유실** : 찾을 수 있다.
→ 재성은 재물이다. 재성이 말전의 둔반에 임하니 찾을 수 있다.
○ **출병** : 주(主)가 객(客)을 이긴다. 만리 영토의 제후로 봉해지는 상이다.
→ 지반에서 천반을 극하여 발용이 되었으니 주가 이기며 삼전이 주인격이니 제후 임명장을 받는 상이다. 여기에서의 주(主)는 수성

하는 군대를 가리킨다.
↑ **쟁송** : 나와 상대 모두 불리하니 화해하는 것이 이롭다.
→ 일간은 나이고 일지는 상대이다. 일간은 간상으로부터 극을 당하고 일지는 지상으로부터 극을 당하니 원고와 피고 모두 불리하다. 따라서 간상의 子와 지상의 辰이 상합하니 화해하는 것이 이롭다. ● 관재 : 삼전이 주인격이니 대흉하다. 연명이 巳인 사람은 양사협묘이니 더욱 더 대흉하다.

□ 『**필법부**』 : 〈제62법〉 묘신백호가 일지에 임하면 엎드린 시신인 복시가 있다. 주택 정단을 하면 반드시 엎드려 있는 시신인 복시귀에 의한 화가 있거나, 형체와 소리의 여운인 형향(形響)이 있다. 만약 다시 가택을 극하면 화는 더욱 강하다.
〈제63법〉 피차 모두 상하니 양쪽 모두 방비해야 한다. 송사 정단에서 반드시 양가 모두 죄로 인하여 처벌을 당한다. 모든 정단에서 반드시 양쪽 모두 탄식한다. 신상에 관한 정단에서는 상하고, 가택 정단에서는 가택이 무너지고 훼손된다.
〈제68법〉 귀살을 제압하는 자리가 곧 훌륭한 의사가 있는 곳이다. 그리고 만약 巳·午가 백호귀살을 만들면 뜸은 부적합하고, 申·酉가 백호귀살을 만들면 침은 부적합하다.
□ 『**점험**』 : 9월에 월장 辰을 점시 亥에 가한 뒤에 질병 정단을 했다. 주인격이니 질병 정단에서 불길하다. 두 마리 뱀은 묘지를 끼고 있고 백호는 가택에 뛰어든다. 일지의 묘신이 일지에 임해서 일지를 극하면 3일 안에 사망한다.
→ 자월과 축월에 정단하면 辰이 사기와 사신이니 더욱 흉하다.
□ 『**과경**』 : 未년 2월에 월장 戌을 점시 巳에 가한 뒤에 본명이 亥인 사람의 공명을 정단했다. 연·월·일·본명의 역마가 모두 巳인데 이것이

발용이 되었고 천괴인 戌과 태상을 중전과 말전에서 만나니 '관작격(官爵格)'이다. 관직이 없는 사람은 관직을 얻고 관직이 있는 사람은 승진한다.

→ 관작격을 통상 '주인격'이라고 부른다. 초전이 사로역마이고 중전과 말전이 戌과 태상이면 '관작격'이고, 삼전이 巳戌卯이면 주인격이다. 지금은 두 격에 해당한다.

丁亥일 제 9 국

공망 : 午·未 ○
낮 : 왼쪽 천장, 밤 : 오른쪽 천장

○	丁	辛
勾未朱	貴亥陰	常卯空
卯	未 ○	亥
丁	辛	辛	○
貴亥陰	常卯空	常卯空	勾未朱
○丁未	亥	亥	卯

乙朱酉巳 貴	丙蛇戌午	丁貴亥未○ 后	戊后子申 玄
甲合申辰 蛇			己陰丑酉 常
○勾未卯 朱			庚玄寅戌 白
○青午寅 合	癸空巳丑 勾	壬白辰子 青	辛常卯亥 空

□ **과체** : 중심, 곡직, 불비, 회환 ∥ 상문난수, 덕경(멸덕), 화미, 무음, 맥월, 육음, 양귀수극, 복덕, 인귀생성, 귀덕, 고진과수.

□ **핵심** : 식구는 많고 집은 좁다. 나중에 할 곳을 잃게 된다. 삼전은 모두 공망되었고, 낮 천장은 일간을 설기한다.

□ **분석** : ❶ 일지가 와서 일간을 극하니 윗사람이 난을 당한다는 뜻의 '상문난수(上門亂首)'이다. 亥卯未가 모여 목국이 되어 일간을 생하고 가택을 탈기하니 식구는 많고 집은 좁다. 다만 未와 亥가 모두 공망되었다. 그리고 亥가 낮 귀인이지만 공망된 지반에 임하니 의지할 곳을 반드시 잃는다.

❷ 낮 천장은 모두 토이다. 그들이 일간을 탈기하는데, 삼전의 생을 가장하여 보이지 않게 제멋대로 일간을 속이니 거간꾼이 틀림없다.

❸ 태상이 일간의 부모효인 卯에 타고서 일지에 임했으니 가정에 반드시 혼인의 기쁨이 있거나 혹은 면직물과 견직물 혹은 술과 음식을 파는 가게를 개업하면 나중에 크게 성공한다.

❹ 회환격은 삼전이 사과를 떠나지 않는 격으로서 모든 희망하는 일이 성사되지만 우환과 의혹을 해소하는 일에는 불리하다.

❺ 그리고 낮 귀인 亥가 未에 가하고 밤 귀인 酉가 巳에 가하여서 양 귀인이 극을 받으니 귀인에게 부탁하기 어렵다.
□ **정단** : 삼전의 곡직이 모두 공망을 만나니 재목은 크지만 제대로 되지 못하는 상이다. 만사가 안에서 일어나고 화(禍)는 여자로부터 생기니 멈추고 옛것을 지키는 것은 좋지만 움직여서 도모하면 나쁘다.

○ **날씨** : 우레만 치고 비는 오지 않는다.
→ 卯는 우레이고 오행의 수는 강우이다. 말전이 우레를 뜻하는 卯이니 우레가 치고, 삼전에 수의 오행인 亥가 있지만 공망되었으니 비가 오지 않는다.
○ **가정** : 평소에 옛것을 지키는 것이 좋다.
→ 일간은 사람이고 일지는 집이다. 일간과 일지가 삼합하여 일간을 생하니 가정이 편안하다. 현재의 상태를 유지하는 것이 좋고 또한 삼전의 목국에서 일지인 亥수를 탈기하여 일간 丁화를 생하니 이 집에 계속하여 거주하면 가정이 번창한다. ● 다만 과전이 인성국이니 자손에게 이롭지 않은 가상이다.
○ **혼인** : 시가에 유익한 여자이다. 옛 친척이니 성사되면 길하다.
→ 일간은 남자이고 일지는 여자이다. 일지의 음양이신이 삼합해서 일간을 생하니 시가에 도움을 주는 여자이다. 그리고 일간의 음양인 亥卯未와 일지의 음양인 卯未亥가 동일한 오행이니 예로부터 친척일 가능성이 있다. ● 궁합 : 일간과 일지가 상합하고 다시 간상과 지상이 상합하니 궁합이 좋다. ● 성정 : 낮에는 지상에 태상이 타고 있으니 음식을 잘하는 여자이고, 밤에는 지상에 천공이 타고 있으니 성정이 바르지 못한 여자이다.
○ **임신·출산** : 여아를 임신했다. 그러나 여아를 키우지 못한다.
→ 일간은 태아이다. 일간의 상하가 모두 음이니 여아이고 땅에서

하늘을 극하여 발용이 되었으니 다시 여아이다. 일간이 공망되었으니 유산될 가능성이 있다.

○ 구관 : 문장만 있고 관성이 없다. 겨울에 정단하면 길하다.

→ 인성은 왕성하지만 관성이 없으므로 이롭지 않다. 겨울에 정단하면 관성이 조금이나마 왕성해지니 길하다. ● 승진시기를 정단하면 인성국에서 공망된 未가 풀리는 미년, 미월, 미월장(하지~대서) 기간이다.

○ 구재 : 卯의 둔간은 재성인 辛이다. 이것을 취하면 얻는다.

→ 말전 둔반의 辛은 재성이다. 나중에 이 재물을 얻는다.

○ 알현 : 양 귀인이 극을 받으니 부탁하기 어렵다.

→ 낮 귀인 亥는 지반의 未로부터 극을 받고 밤 귀인 酉는 지반의 巳로부터 극을 받아 양 귀인이 어려운 상황에 놓여 있으니 귀인에게 부탁하여 뜻을 이루지 못한다.

○ 질병 : 간병이다. 기도해야 한다.

→ 오행의 목은 간에 배속된다. 목국이 공망되었으니 간병이다. 낮 정단에서 일간인 丁이 귀인승신 亥로부터 극을 받아 '귀수(鬼祟)'가 있으니 신불에 기도해야 한다. '귀수'란 귀신이 내리는 재앙으로 인해 생기는 병이다.

○ 모망 : 문서와 존장사 모두 길하다.

→ 일간은 나이고 일지는 목적사이다. 지상의 인성에서 일간을 생하니 문서와 존장사 모두 길하다.

○ 출행 : 반드시 뜻을 이루지 못한다.

→ 일간은 여행객이고 일지는 여행지이다. 기궁인 未가 공망되고 다시 일지의 음신인 未가 공망되었으니 반드시 뜻을 이루지 못한다.

○ 귀가 : 卯는 문호이다. 卯가 말전에 임하니 출행인이 문에 도착한다.

→ 卯는 문호이고 집이다. 말전의 卯가 지상의 卯로 이어지니 출행인이 집에 도착한다.

○ 출병 : 중지하는 상이다.
→ 일간은 아군이고 일지는 적군이다. 일간의 음양과 일지의 음양이 삼합하니 휴전하는 상이다.

○ 쟁송 : 불리하다.
→ 일간은 나이고 일지는 상대이다. 일지 亥가 간상으로 와서 일간 丁을 극하니 내가 불리하다. 중심과이니 장기전이 유리하다. ● 관재 : 간상에 일덕귀인이 임하고 초전과 중전이 공망되었으니 죄에 비해 관재가 가벼워진다.

□ 『필법부』: 〈제48법〉 귀살에 천을귀인이 타면 곧 하늘 귀신과 땅 귀신의 해가 있다. 질병 정단을 하면 반드시 하늘 신과 땅 신의 해코지가 있다. 만약 가택 위에 임하면 반드시 가정 내 사당의 신상에게 엄숙하지 못해서 병환이 온 것이다. 따라서 공을 닦고 덕을 베풀어서 가택신을 편안하게 위로하면 거의 모든 재앙이 사라진다.
〈제49법〉 양 귀인이 극을 받으면 귀인에게 부탁하여 귀인의 도움을 받기 어렵다.
→ 이 과전에서는 낮 귀인 亥는 지반의 未로부터 극을 받고 밤 귀인 酉는 지반의 巳로부터 극을 받고 있다.
〈제29법〉 식구는 많고 거주하는 집은 좁다. 삼전에서 일간을 생하지만 오히려 지진을 탈기한다. 여기에 해당하면 식구는 반드시 많지만 거주하는 집은 좁다.
→ 이 과전에서는 일지인 亥수를 삼전의 수국에서 탈기하여 일간 丁화를 생하고 있다. 풍수지리에서 집이 좁고 사람이 많이 거주하는 집을 좋은 가상으로 보고 있다.

□ 『지장부』: 未亥卯는 '종길(從吉)'로서 때를 기다렸다가 움직여야 한다. 대길(丑)과 소길(未)에 구진이 타면 논이나 땅으로 인해 다툰다.

丁亥일   제 10 국

공망 : 午·未 ○
낮 : 왼쪽 천장, 밤 : 오른쪽 천장

○	丙	庚
青 午 合	蛇 戌 后	玄 寅 白
卯	未 ○	亥
丙	己	庚	癸
蛇 戌 后	陰 丑 常	玄 寅 白	空 巳 勾
○丁未	戌	亥	寅

甲 合 申 蛇 巳	乙 朱 酉 貴 午 ○	丙 蛇 戌 后 未 ○	丁 貴 亥 陰 申
勾 未 朱 辰			戌 后 子 玄 酉
○ 青 午 合 卯			陰 丑 常 戌
空 癸 巳 勾 寅	白 壬 辰 青 丑	常 辛 卯 空 子	玄 庚 寅 白 亥

- □ **과체** : 묘성, 참관, 염상∥전국, 복덕, 절신가생, 묘신부일, 구탈(俱脫), 고진과수.
- □ **핵심** : 네 마리의 호랑이가 와서 무늬 기술업에 종사하는 것이 좋다. 화국이 목에 임하므로 목을 받아서 사용하니 궁핍하지 않다.
- □ **분석** : ❶ 두 寅에 호랑이가 타니 모두 네 마리의 호랑이가 있다. 이러하니 모든 정단에서 지극히 위험하고 지극히 위태롭다.

  ❷ 등사와 천후가 묘신인 戌에 타고서 일간에 임하니 흉해서 지킬 수 없다.

  ❸ 초전의 일록 午가 비록 갑신순의 공망되어 었지만 목의 천장인 청룡과 육합에서 일간을 생하니 술업(術業)을 지켜야 한다.

  ❹ 삼전의 화국이 목의 위에 임하여 화의 생을 받으니 스스로는 할 수 없다. 그리고 화는 능히 간상의 戌토를 생하고 토는 다시 寅의 둔간인 庚금을 생하여 일지 기준의 재성이니 곤궁하지 않다.

- □ **정단** : ❶ 묘성과의 동사엄목격이다. 발용이 무력하니 모든 일에서 흡족하지 않다.

  ❷ 화개가 일간을 덮고 있고 일간이 그 상신을 생하니 헛된 지출이

매우 많아서 어둡고 즐겁지 않다.
❸ 발용이 고진과수이니 이별한다.

○ 날씨 : 맑다.
  → 비록 삼전이 공망은 되었지만 삼전이 화국이니 맑다.
○ 가정 : 묘성과에 등사와 백호가 타니 반드시 괴이한 일과 헛된 놀람이 많다.
  → 등사와 백호는 질병과 사고를 뜻하고 묘성과에도 이러한 뜻이 있다. 흉과에 흉장이 타니 사고와 질병과 관재가 우려된다.
○ 혼인 : 여자가 음란하고 다시 악(惡)하니 성사되면 안 된다.
  → 일간은 남자이고 일지는 여자이다. 동사엄목격이니 음란한 여자이다. 낮 정단에서는 지상에 현무가 타고 있으니 더욱 음란한 여자이고, 밤 정단에서는 지상에 백호가 타고 있으니 몸에 병이 있거나 드센 여자이다. 따라서 혼인이 성사되면 안 된다. ● 궁합 : 기궁 未와 일지 亥가 상합하고 간상의 戌과 지상의 寅이 상합하니 궁합이 좋다. 다만 초전이 과수이니 혼인이 불성한다.
○ 임신·출산 : 아들을 임신했다. 출산 때 놀라는 액이 있다.
  → 일간은 태아이다. 일간의 음양이신이 1양2음이니 아들이고, 삼전이 화국이니 아들이며, 묘성과의 음일이니 다시 아들이다. 그리고 묘성과의 출산정단에서는 놀라는 액이 있다.
○ 구관 : 용이 뱀으로 변화하는 상이며 날이 갈수록 점차 적막해진다.
  → 묘성과는 고시와 관직에 이로운 과이지만 삼전에 공망이 많으니 관직이 어둡고, 간상에 일간의 묘신인 戌이 임하니 관직이 더욱 어둡다.
○ 구재 : 寅 위의 둔간 庚을 비록 얻을 수는 있지만 놀라고 위험한 재물이다.

➜ 말전 둔반의 庚이 비록 일간의 재성이지만 묘성과의 재성은 위험한 재성이다.
○ 알현 : 뜻을 이루지 못한다.
➜ 일간은 나이고 천을귀인은 내가 만나려고 하는 상대로서 상관 혹은 공무원 혹은 귀인이다. 낮 귀인 亥는 일간을 극하고 밤 귀인 酉는 공망되었으니 귀인을 만나 뜻을 이루지 못한다.
○ 질병 : 연명상신이 辰이면 병자를 구한다. 나머지는 구하기 어렵다.
➜ 일간은 병자이다. 간상이 묘신인 戌이니 낫기 어렵다. 만약 연명이 丑이면 그 상신이 辰이고 이 辰에서 묘신인 戌을 충을 해서 깨트리니 생명을 구한다.
○ 출행 : 일간과 일지가 모두 그 상신으로 탈기되니 유실을 방지해야 한다.
➜ 일간은 여행객이고 일지는 여행지이다. 일간이 간상의 戌로 탈기되니 유실을 조심하고, 묘성과이니 사고를 방지해야 한다.
○ 귀가 : 중전이 공망되었으니 중도에 장애가 생긴다.
➜ 말전은 출발지, 중전은 경유지, 초전은 도착지이다. 중전이 공망되었으니 중도에 장애가 생긴다.
○ 쟁송 : 흉을 흉으로써 제압하니 오히려 복이 된다.
➜ 일간은 나이고 일지는 상대이다. 간상에 묘신이 임하니 어렵지만 만약 본명이나 행년이 丑인 사람이 정단하면 그 상신 辰에서 묘신을 충해서 깨트리니 흉이 사라진다. 나머지의 모든 연명은 쟁송에서 불리하다.
○ 도망 : 중도에 숨었다.
➜ 낮 정단에서는 현무가 말전에 있으니 도둑이 먼 곳으로 이미 도망쳤고, 밤 정단에서는 현무가 과전에 보이지 않으므로 도둑을 잡을 수 없다. 설령 도둑을 잡기 위해 집을 나서더라도 묘성과이니 사고가 날 우려가 있다.

| 갑신순 | 정해일 | 10국 |

↑ **쟁송** : 불리하다.
→ 일간은 나이고 일지는 상대이다. 간상에 일간의 묘신인 戌이 임하니 불리하고, 특히 낮에 정단하면 양사협묘이니 더욱 불리하며, 더군다나 묘성과이니 더욱 불리하다. ● **관재** : 묘성과이고 간상에 묘신이 임하니 대흉하다. 다만 연명이 丑인 사람은 그 상신 辰이 묘신을 깨트리니 흉이 가벼워진다.

○ **출병** : 서로 대치하면 병사에게 화가 계속 이어진다.
→ 묘성과는 전쟁에서 유혈이 낭자한 상이므로 화(禍)가 계속된다.

□ 『**필법부**』 : 〈제9법〉 옛 터전을 버리고 난을 피해 도망가서 산다.
→ 아래의 『비요』를 참조하면 된다.
〈제54법〉 호시과에서 백호를 만나면 힘이 있어도 쓰기 어렵다. 모든 정단에서 지극히 큰 놀람과 액을 면할 수 없다.
〈제59법〉 화개가 일간을 덮으면 사람이 혼미해진다. 모든 정단에서 사람은 많이 어둡고 어리석어서 명백하게 밝히기 어렵다. 원통한 일을 당하면 소송에서 진실을 밝혀서 뜻을 밝히기 어렵다. 행인정단에서는 돌아오지 못하는데, 그 이유는 뜻대로 되지 않아서 그 곳에 있기 때문이다.
→ 화개는 삼합의 끝 글자이다. 寅午戌일에는 戌, 亥卯未일에는 未, 巳酉丑일에는 丑, 申子辰일에는 辰이 화개이다.
□ 『**비요**』 : 간상이 묘신이어서 현 상황을 지키면 안 되니 초전의 일록으로 가지만 다시 갑신순의 공망되어 었다. 따라서 이 일록을 포기하고 다시 중전의 일묘로 가지만 결국 받아들이지 못한다. 다시 말전의 장생으로 가서 백호를 만나니 멈추고 집안을 지키는 것이 좋지만 놀라고 액이 있는 장생이니, 이 난을 피해 도망가서 살아야 한다는 뜻의 '피난도생(避難逃生)'이라고 한다.

丁亥일 제 11 국

공망 : 午·未 ○
낮 : 왼쪽 천장, 밤 : 오른쪽 천장

乙	丁	己	
朱 酉 貴	貴 亥 陰	陰 丑 常	
未 ○	酉	亥	

乙	丁	己	辛
朱 酉 貴	貴 亥 陰	陰 丑 常	常 卯 空
○ 丁 未	酉	亥	丑

勾 未 巳 朱	甲 合 申 午 蛇	乙 朱 酉 未	丙 蛇 申 丁 亥 后
青 午 辰 空 癸 巳 卯	合 勾		貴 亥 酉 陰 后 子 戌 玄
白 辰 寅	辛 常 卯 青 丑 空	庚 玄 寅 白 子	己 陰 丑 常 亥

- □ **과체** : 중심, 진간전, 응음(凝陰) // 형상, 여덕(낮), 복덕, 귀덕(낮), 회환, 조지, 강색귀호, 아괴성, 귀인상가, 귀인만반, 육음, 살몰, 고진과수.

- □ **핵심** : 일간이 발용이 되고 말전이 일지로 가니 내가 타인에게 예를 행해야 한다. 재성은 깨져 가루가 되었고, 처나 여종업원으로 인해 몸이 상한다.

- □ **분석** : ❶ 일간이 일지로 전해져서 내가 타인에게 구해야 하니 부득이하게 타인에게 예를 행해야 한다.

  ❷ 간상이 발용이 되었으니 2개의 酉이고 酉는 처와 여종의 상인데 이곳에 파쇄인 금살(金殺)이 탄다. 다시 12운성으로 일간의 사(死)는 酉이고 절(絶)은 亥이다. 丑이 亥에 가하면 잃게 되는데, 반드시 처와 여종으로 인해 신세를 망친다.

  ❸ 정단하는 사람의 본명과 행년이 申이면 그 상신 戌을 두 귀인이 팔짱끼니 반드시 양 귀인의 도움을 받아 뜻을 이룬다.

  ❹ 간상에 재성이 임하면 처는 불안하고 재물은 모이지 않는다. 그러나 말전이 초전의 재성을 도우니 혼인 정단에서 매우 좋다.

❺ 丑이 亥에 가한 곳에 밤 정단에서 태상이 타면 구하는 일에서 희망이 있어서 반드시 물을 건너고 다리를 건너간다.
□ 정단 : ❶ 중심과에서 귀인에게 차질이 생겼으니 모든 일에서 기쁜 일은 적고 화나는 일은 많다.
❷ 삼전이 지극한 음이라는 뜻의 '극음(極陰)'이고 다시 사이를 띄어서 전해져서 전진 속에 장애가 있으니 하는 일이 매우 밝지 않다. → 낮 귀인 亥는 밤의 12지인 酉에 임하고 밤 귀인 酉는 낮의 12지인 未에 임하니 귀인에게 차질이 생긴다. 주로 관직자의 관직정단에서 나쁘게 쓰인다.

───────────────

○ 날씨 : 맑다.
→ 초전이 酉이지만 공망되었으니 맑고, 중전이 亥수이지만 토와 금의 천장이 타니 맑으며, 말전이 丑토이니 맑다.
○ 가정 : 진간전의 응음(凝陰)이니 어둡고 지체되며 주색을 밝힌다. 만약 연명상에 양명(陽明)의 신이 타면 흉이 변하여 길하게 된다.
→ 응음은 우환이 풀리기 어렵고 간음과 도난을 당하는 상이다. 밝지 못하고 모든 일에서 흉하다. 만약 본명이나 행년이 子·丑·卯·辰이면 그 상신이 寅·卯·巳·午이니 앞날이 점차 밝아진다.
○ 혼인 : 성사된다. 아름답고 현명하여 나중에 가업을 일으킨다.
→ 일간은 남자이고 일지는 여자이다. 기궁 未와 일지 亥가 상합하고 다시 간상의 酉와 지상의 丑이 상합하니 혼인이 성사된다. 그리고 자손효인 지상의 丑토가 재성인 간상의 酉금을 생하여서 남자의 재운을 발달시키니 나중에 가업을 일으킨다. ● 궁합 : 일간과 일지가 상합하고 간상과 지상이 상합하니 궁합이 좋다.
○ 임신·출산 : 딸을 임신한다. 순산한다.
→ 일간은 태아이다. 일간의 천지반이 모두 음이니 딸이고, 땅에서

하늘을 극하여 발용이 되었으니 다시 딸이며, 삼전이 음의 기운으로 이어지니 다시 딸이다. 간지와 그 상신이 삼합하니 난산이 우려된다.

○ 모망 : 모든 일을 이룰 수 있다.
→ 일간은 나이고 일지는 목적사이다. 지상에서 간상을 생하고 다시 간지와 그 상신이 삼합하니 모든 일을 이룰 수 있다.

○ 구관 : 공명이 순조롭다. 다만 처음에는 손실이 생긴다.
→ 초전의 재성이 공망되었으니 처음에는 재물이 나가지만 중전이 관성이며 일덕귀인이니 관직이 순조롭다.

○ 구재 : 귀인의 재물을 얻는다. 다만 소모하는 사람이 있다.
→ 재성은 재물이다. 밤 정단에서 간상과 초전의 재성에 귀인이 타니 귀인의 재물이다. 다만 재성이 공망되었으니 이 재물을 소모하게 된다.

○ 알현 : 한 사람에게만 전심전력해야 한다. 두 곳에 부탁하면 손해를 본다.
→ 귀인이 일곱 곳에 있다. 여러 귀인에게 부탁하면 어느 누구도 내 부탁을 들어주지 않는다.

○ 질병 : 설사와 폐결핵 증세이다. 서북방에서 의사를 구하면 길하다.
→ 자손효는 의약신이다. 의약신이 丑이고 丑이 임한 곳이 亥이니 서북방에서 의약을 구하면 된다. ● 낮에는 귀인승신 亥에서 일간을 극하고 밤에는 귀인승신이 공망되었으니 귀수(鬼祟)가 있다. 따라서 제사를 잘 모시고 사람들에게 적덕하고 적선해야 한다.

○ 출행 : 수로와 육로 모두 순탄하다. 출행에 장애가 없다.
→ 일간은 육로이고 일지는 수로이다. 간상의 酉가 일간의 재성이니 순탄하고, 지상의 丑이 귀살과 묘신과 패신이 아니니 순탄하다.

○ 귀가 : 즉시 귀가한다.
→ 간상신이 발용이 되고 말전이 지상으로 오니 즉시 귀가한다.

○ **도망** : 스스로 귀가한다.

→ 간상신이 발용이 되고 말전이 지상으로 오니 스스로 귀가한다.

○ **전투** : 싸우려는 뜻이 없다. 결국 화의하게 된다.

→ 일간은 아군이고 일지는 적군이다. 간지와 그 상신이 삼합하고 다시 지상의 丑에서 간상의 酉를 생하니 결국 화의한다.

↑ **쟁송** : 화해가 가능하다.

→ 일간은 나이고 일지는 상대이다. 간상의 酉와 지상의 丑이 상합하니 화해가 가능하다. ● 중심과이니 장기전을 해야 내가 유리하다. ● 관재 : 천강(辰)이 귀호인 寅에 가했으니 관재가 불발하는 상이고, 초전이 공망되었으니 관재가 사라진다.

□ 『**필법부**』 : 〈제45법〉 주야귀인이 서로 가하면 양 귀인에게서 구하면 된다. 그러나 귀인을 알현하는 정단에서는 반드시 귀인을 만나지 못한다.

〈제24법〉 내가 타인에게 부탁한다. 모든 일에서 강제로 타인에게 고개를 숙여서 구함을 면치 못하고, 또한 타인의 압력으로 스스로 굴신하기는 어렵다. 그러나 시령으로 왕상하면 오히려 길하고 만약 사수이면 불안하다.

〈제48법〉 귀살에 천을귀인이 타면 곧 하늘 귀신과 땅 귀신의 해가 있다. 질병 정단을 하면 반드시 하늘 신과 땅 신의 해코지가 있다. 만약 가택 위에 임하면 반드시 가정 내 사당의 신상에게 엄숙하지 못해서 병환이 온 것이다. 따라서 공을 닦고 덕을 베풀어서 가택신을 편안하게 위로하면 거의 모든 재앙이 사라진다.

□ 『**고감**』 : 해년(亥年)에 출생한 사람이 5월에 월장 申을 점시 午에 가한 뒤에 전정을 정단했다. 파쇄가 일간에 가했으니 반드시 재물을 써서 관직을 얻는다. 구추가 가택에 임하니 음란사가 있고 본명에

구추가 있으니 색(色)을 탐한다. 다시 말전의 丑에 태음이 타고서 丑이 관성에 임했다. 태음에는 음란의 뜻이 있으니 색으로 인해 죽는다.

※ 파쇄(破碎) : 일지 기준의 파쇄와 월건 기준의 파쇄가 있다. 여기에서는 월건 기준의 파쇄가 적용되었다.

甲	乙	丙
合申蛇	朱酉貴	蛇戌后
未 ○	申	酉
甲	乙	戊	己
---	---	---	---
合申蛇	朱酉貴	后子玄	陰丑常
○丁未	申	亥	子

공망 : 午·未 ○
낮 : 왼쪽 천장, 밤 : 오른쪽 천장

	○	○	甲	乙
	青午合 巳	勾未朱 午○	合申蛇 未○	朱酉貴 申
	空癸 巳 辰	勾		蛇丙 戌 酉 后
	白壬 辰 卯	青		貴丁 亥 戌 陰
	常辛 卯 寅	庚 玄寅 寅 白	己 陰丑常 丑	后戊 子 亥 玄

□ **과체** : 중심, 연여 ∥ 교차육해, 육의, 복덕, 천라지망, 복태(연명 : 子), 고진과수.

□ **핵심** : 삼전이 재국이어서 기쁘지만 가택에 들어 귀살로 변한다. 삼전을 자세하게 살펴보니 12운성의 병과 사와 묘이다.

□ **분석** : ❶ 삼전의 申酉戌은 모두 서방의 금기로서 일간의 재성이니 기쁘다. 다만 가택의 亥수와 子수를 생하여 귀살로 변화되어 일간을 극하니 좋은 것만은 아니다.

❷ 하물며 丁의 병은 申에 있고, 사는 酉에 있으며, 묘는 戌에 있으니, 재물의 위험과 액이 이 보다 더할 수가 없다.

❸ 관성이 일지에 임하니 귀인에게 재물을 상납하고 부탁하면 관직을 얻고 승진에도 길하다.

❹ 순연여인 申酉戌을 '유금(流金)'이라고도 하여, 마치 서리가 내린 다리를 말을 타고 건너는 것과 같아서, 조심하고 삼가야 한다.

□ **정단** : ❶ 중심과이지만 연여(連茹)이니 계속하여 전진하기는 쉽고 후퇴하기는 어려운 상이다.

❷ 모든 일이 재발하는 것을 방지해야 하고 질병 또한 재발하는 것

을 방지해야 한다. 지상신이 귀살이면 우환이 생기는데 반드시 집안에서 발생한다.

○ **날씨** : 맑다.
→ 삼전이 일간의 극을 받아 재성국이니 맑다.
○ **가정** : 왕성한 재성에서 관성을 생하니 곡식을 바쳐 관직을 얻는다.
→ 재성은 재물이고 관성은 관직이다. 삼전의 왕성한 재물인 申酉戌로 지상의 관성 子를 생하므로 재물로써 관직을 얻는 기쁨이 있다.
● 낮에는 육합이 간상에 타고 천후가 지상에 타서 교동격이니 남자의 음란을 방지해야 한다. ● 낮에는 지상에 천후가 타서 일간을 극하니 부인으로부터의 해를 방지해야 하고, 밤에는 지상에 현무가 타서 일간을 극하니 도난이나 기만을 방지해야 한다.
○ **혼인** : 낮 정단에서는 대길하다.
→ 일간은 남자이고 일지는 여자이다. 낮 정단에서는 지상에 천후가 타고 있어서 온순한 여자이니 대길하고, 밤 정단에서는 지상에 현무가 타고 있어서 양심이 바르지 못한 여자이니 대흉하다. ● 연애혼인 : 낮 정단에서는 육합이 간상에 타고 천후가 지상에 타서 교동격이니 남자가 연애혼인을 한다. ● 궁합 : 기궁과 일지가 상합하고 간상과 지상이 상합하니 궁합이 좋고 혼인한다.
○ **임신·출산** : 여아이다. 난산이 우려된다.
→ 중심과이니 여아이고, 삼전이 금국이니 다시 여아이다. 출산정단을 하면 간지와 그 상신이 삼합하니 난산이 우려된다.
○ **구관** : 공명과 재물을 모두 누린다. 구하면 반드시 얻는다.
→ 재성은 재물이고 관성은 관직이다. 일간의 음양과 삼전이 재국이니 재물을 누리고, 삼전의 재국에서 지상의 관성을 생하니 공명을 누린다.

○ **구재** : 봄과 여름에 정단하면 반드시 얻는다.
  → 삼전의 재국이 지나치게 왕성하다. 봄과 여름에 정단하면 일간이 왕성하고 삼전의 재국도 왕성하여 신왕재왕하니 재물을 얻는다.
○ **질병** : 간지가 삼전을 끼고 있으니 더부룩하고 막혀 있는 증상이다. 가을과 겨울에 정단하면 더욱 이롭지 않다.
  → 삼전이 재국이니 소화기 질환이 발생하여 속이 더부룩하고 막혀 있다. 일간과 일지가 삼전을 끼고 있으니 병을 벗어나기 어렵다. 다만 연명이 子이면 그 상신이 丑이니 병을 벗어날 수 있다.
○ **모사** : 모두 길하다.
  → 일간은 나이고 일지는 목적사이다. 간지와 그 상신이 삼합하니 모든 모망사는 길하다.
○ **알현** : 밤에 정단하면 귀인의 도움을 받는다.
  → 밤에는 귀인이 재성인 酉에 타고 있으니 귀인의 도움을 받아 재물을 얻는다. 다만 酉가 일지 亥의 파쇄이니 득재한 뒤에 지출된다.
○ **출행** : 육로로 갈 수 있다. 수로로 가면 풍랑을 만날 위험이 있다.
  → 일간은 육로이고 일지는 수로이다. 간상에 재성이 임하니 육로로 가는 것이 좋다. 그러나 일지의 상하가 수국이니 수로로 가면 풍랑을 만날 우려가 있다.
○ **귀가** : 먼저 온다는 소식이 오고 가까운 시일 안에 온다.
  → 신신(信神)이 발용이 되면 소식이 먼저 온다. 이 과전에서는 발용이 申이니 인월(寅月)에 정단하면 소식이 먼저 온다. 삼전이 간지에 끼어 있으니 가까운 시일 안에 소식이 온다.

월건\신살	寅	卯	辰	巳	午	未	申	酉	戌	亥	子	丑
신신(信神)	申	戌	寅	丑	亥	辰	巳	未	巳	未	申	戌

○ **도망** : 멀리 가지 못했으니 서둘러서 도둑을 잡는 것이 좋다.
  → 삼전이 일간과 일지에 끼어 있으니 먼 곳으로 도망치지 못했다.

따라서 서두르면 잡는다.
- ○ **전투** : 객(客)이 와서 주(主)를 생하니 적군의 식량을 얻을 수 있다.
  - → 객은 공격하는 군대이고 주는 수성하는 군대이다. 중심과이니 수성해야 한다. 그리고 삼전이 재국이니 적군의 식량을 취득한다.
- ↑ **쟁송** : 내가 불리하다.
  - → 일간은 나이고 일지는 상대이다. 일지 亥가 일간 丁을 극하고 다시 일지의 음양이 귀살국을 이뤄서 일간을 극하니 다시 내가 불리하다. ● 관재 : 과전이 천라지망이니 관재를 벗어나기 어렵고, 삼전이 12운성의 병과 사와 묘로 이어지니 관재가 흉하다.

- □ 『**필법부**』: 〈제40법〉 천후와 육합은 혼인 정단에서 중매인을 쓰지 않아도 된다.
  - → 낮 정단에서 간상에는 육합이 타고 있고 지상에는 천후가 타고 있다. 먼저 간통한 뒤에 나중에 장가를 드는 뜻이 있다.

  〈제55법〉 천라지망을 만나면 모망사에서 졸렬함이 많다. 이것을 얻으면 그물로 몸과 가택을 옭아매니, 모든 정단에서 형통할 수 없다.

  〈제68-2법〉 병든 몸으로는 짐을 짊어지기 어렵다
  - → 삼전의 申酉戌이 재국이 이 재물을 짊어지기 어렵다.
- □ 『**육임지남**』: 7월에 월장 巳를 점시 辰에 가한 뒤에 죄인을 체포하여 심문 정단을 했다. 발용의 황조(皇詔)가 공망에 앉고 등사와 백호가 두 묘신에 타서 卯酉에 임하여 묘지의 문이 열리니 사상사가 겹친다. 삼전의 천장이 겁살이고 일간인 丁火의 병·사·묘·절이 모두 보이는데 구하는 것이 전혀 없다. 후에 모두 장형(杖刑)으로 죽었다.
  - ※ 황조(皇詔) : '황서(皇書)'라고도 한다. 봄에는 寅, 여름에는 巳, 가을에는 申, 겨울에는 亥가 황조이다. 월장이 巳인 기간에 정단 했으므로 가을이고 가을의 황조인 申이 초전에 임한다.

무자일

戊子日의 길신(구보)과 흉살(팔살)				
일덕	巳		형	
일록	巳		충	
역마	寅		파	
장생	寅		해	
제왕	午		귀살	寅卯
순기	子		묘신	戌
육의	甲申		패신	卯
귀인	주	丑	공망	午未
	야	未	탈(脫)	申酉
합(合)			사(死)	酉
태(胎)	子		절(絶)	亥

| 갑신순 | 무자일 | 1국 |

戊子일 제 1 국

공망 : 午·未 ○
낮 : 왼쪽 천장, 밤 : 오른쪽 천장

癸	甲	庚
勾 巳 朱	白 申 后	蛇 寅 青
巳	申	寅
癸	癸	戊	戊
勾 巳 朱	勾 巳 朱	后 子 白	后 子 白
戊 巳	巳	子	子

癸巳 勾巳	○午 青午	○未 蛇未	空	甲申 貴	白申 后
壬辰 合辰 合				乙酉 常酉 陰
辛卯 朱卯 勾				丙戌 玄戌 玄
庚寅 蛇寅 青	己丑 貴丑 空	戊子 后子 白	丁亥 陰亥 常

□ **과체** : 복음, 원태 // 체극, 덕경, 육의, 양면도격, 인귀생성, 신임정마, 일록폐구, 형상, 말조초혜.

□ **핵심** : 낮에는 백호가 甲申에 타고 있고, 밤에는 청룡이 역마인 寅에 타고 있다. 삼전이 계속하여 일간을 제압하니, 입을 다물어야 어려움을 면하게 된다.

□ **분석** : ❶ 일덕과 일록이 발용이 되었지만 폐구가 되었으니 이것을 지킬 수 없다. 만약 움직이면 낮 정단에서는 중전에서 백호를 만나고, 말전이 귀살인 寅이니 매우 놀라고 위험하다. 하물며 초전이 중전을 극하고 중전이 말전을 극하며 말전이 일간을 계속하여 극하여 오니 많은 사람으로부터 기만을 당한다. 서민은 반드시 음사(陰私)와 비난을 당하는 것을 방지해야 하고, 국가공무원은 사법부로부터 탄핵당하는 것을 방지해야 한다. 만약 스스로를 단속하고 근신하면 발용이 폐구가 되었으니 스스로 온전하다.

❷ 巳는 일덕과 일록이니 길한 신이다. 만약 움직이면 귀살인 寅으로 빨려 들어간 뒤에 극으로 변해서 양면의 칼이 된다. 그러나 말전의 寅이 초전의 巳화를 도와 일간을 생하니 반드시 타인이 남몰래

나를 도와 점차 형통해지고 좋아진다. 소위 이것이 바로 고진감래이다.

□ **정단** : ❶ 복음과에서 관성·일록·일덕·역마가 모두 움직이니 관직을 구하는 정단에서 가장 이롭다.

❷ 그리고 구진이 관인을 받쳐 들고 등사에는 뿔이 났으니 관직자의 관로에서 이로움이 있다.

❸ 말전이 초전을 도와 일간을 생하니 추천하는 사람이 있다. 다만 연명상신에서 寅목을 제극하면 나쁘다.

→ 초전의 인성 巳를 생하는 말전의 寅을 제극하는 연명은 申과 酉이다. 따라서 본명이나 행년이 申이나 酉인 사람은 관직정단에서 나쁘다.

○ **날씨** : 바람은 산들산들하고 햇볕은 따사롭다.

→ 초전이 巳화이니 날씨가 따뜻하고 말전이 寅목이니 바람이 산들산들하다.

○ **가정** : 태신이 지상에 임하니 태아를 임신한다. 신월(申月)에 정단하면 낙태되고 아내상(喪)을 당한다.

→ 일지는 가정이다. 지상에 태신이 임하니 집에 있는 아내가 임신했다. 만약 신월(申月)에 정단하면 태신인 子가 사기이니 태아가 사망하고 일지가 처궁이니 처도 사망한다. 그러나 인월(寅月)에 정단하면 태아와 임신부 모두 건강하다.

○ **혼인** : 겨우 성사된다.

→ 일간은 남자이고 일지는 여자이다. 비록 일간 戊가 일지 子를 극하고 지상의 子가 간상의 巳를 극하며 다시 간지가 교차상극하니 혼인 불성의 상이다. 그러나 간상 둔반의 戊와 지상 둔반의 癸가 간합하니 겨우 성사된다. ● **궁합** : 지상이 간상을 극하니 궁합이 나쁜

데, 다시 삼전이 삼형이니 더욱 나쁘다. 만약 혼인하면 조석으로 평생 싸운다.
○ **임신·출산** : 아들이고 쌍둥이다. 순산한다.
→ 일간은 태아이다. 일간의 음양이신이 1양2음이니 아들이고 태신이 중남을 뜻하는 감괘이니 다시 아들이다. 태궁인 간상이 쌍의 뜻이 있는 巳이니 쌍둥이다. 삼전이 삼형이니 인공분만 할 수도 있다.
○ **구관** : 언행을 삼가면 허물을 면한다.
→ 초전이 폐구되었고 삼전에서 일간을 체극하여 오니 언행을 삼가지 않으면 탄핵을 당한다.
○ **구재** : 간상의 둔간 癸와 일간인 戊가 간합을 하니 재물을 추구하면 재물을 얻을 수 있다.
→ 재성은 재물이다. 일간의 음양이신 및 초전의 둔반에 일간의 처재효인 癸가 일간과 간합하니 이 재물을 얻을 수 있다.
○ **알현** : 만나지 못한다.
→ 삼전이 삼형이어서 출행하지 못하는 상이니 만나지 못한다.
○ **모망** : 뜻을 이루지 못한다.
→ 일간은 나이고 일지는 목적사이다. 지상에서 간상을 극하고 다시 삼전이 삼형이니 뜻을 이루지 못한다.
○ **질병** : 감기로 인해 먹지 못하고 이질로 인해 말을 하지 못한다. 의약신이 힘을 얻었으니 치료할 수 있다.
→ 초전이 폐구 되었으니 음식을 먹지 못하고 말을 하지 못한다. 중전에 의약신이 임하니 병을 치료할 수 있다.
○ **출행** : 길을 나서지 못한다.
→ 일간은 여행객이고 일지는 목적지이다. 일간이 폐구되어 말하지 못하고 먹지 못하니 길을 나서지 못한다. 또한 삼전이 삼형이니 사고가 우려된다.
○ **귀가** : 아직 귀가하지 않는다.

→ 말전은 출발지, 중전은 경유지, 초전은 도착지이다. 삼전이 삼형이니 장애로 인해 아직 귀가하지 않는다.

○ **전투** : 아군과 적군이 서로의 경계를 지키고 있다. 주(主)가 객(客)을 이긴다.

→ 복음과는 자국에 머무는 상이니 각자의 경계를 지키고 있다. 복음과는 가만히 있는 쪽이 이긴다.

↑ **쟁송** : 패소한다.

→ 일간은 나이고 일지는 상대이다. 지상의 子가 간상의 巳을 극하니 내가 불리하고, 삼전이 삼형이니 지은 죄에 비해 중형을 선고받을 우려가 있다. ● 관재 : 지상의 子가 간상의 巳를 극하고 삼전이 상형이니 대흉해서 죄에 상응하는 선고를 받는다.

□ 『**필법부**』: 〈제69법〉 백호가 둔간귀살에 타면 재앙이 얕지 않다. 설령 공망되어 더라도 재앙을 구할 수 없다.

→ 낮 정단에서 중전의 천반에는 백호가 타고 있고 그 둔반에는 귀살인 甲이 임하고 있다.

〈제75법〉 손님과 주인이 다투니 형벌을 받는다. 모든 정단에서 서로 형을 하는 뜻을 면하지 못한다. 도모하는 교섭사에서 반드시 각각에게 다른 마음이 있다.

→ 이 과전에서는 삼전이 寅巳申이다.

□ 『**삼거일람**』: 낮 정단에서는 백호가 장생에 타고 있으니 불행 중 다행이고, 밤 정단에서는 청룡이 일간의 귀살이니 다행 중 불행이다.

→ 낮 정단에서 백호가 장생에 탄 것을 수토동궁을 적용하면 申이 일간의 장생이 된다. 백호는 흉장이므로 장생에 타면 흉한 작용이 적어지니 흉한 가운데에서의 다행이고, 청룡은 길신이므로 관귀효에 타면 길한 작용이 감소하니 길한 가운데에서의 불행이다.

戊子일 제 2 국

공망 : 午·未 ○
낮 : 왼쪽 천장, 밤 : 오른쪽 천장

丙	乙	甲	
玄 戌 玄	常 酉 陰	白 申 后	
亥	戌	酉	
壬	辛	丁	丙
合 辰 合	朱 卯 勾	陰 亥 常	玄 戌 玄
戊 巳	辰	子	亥

壬辰巳 合	癸巳午 勾 朱 ○	午未 青 蛇 ○	未申 空 貴 ○
辛卯辰 朱 勾			甲申酉 白 后
庚寅卯 蛇 青			乙酉戌 常 陰
己丑寅 貴 空	戊子丑 后 白	丁亥子 陰 常	丙戌亥 玄 玄

□ **과체** : 지일, 연여, 참관 // 육의, 복덕, 맥월, 괴도천문, 살몰.
□ **핵심** : 간상에는 묘신이 일간을 덮치고 지상에는 정마가 가택에 임한다. 현무가 발용이 되었으니 나중에 도적이 설친다.
□ **분석** : ❶ 간상의 辰이 일간의 묘신이 되어 일간을 덮쳤으니 나 자신은 어둡고 지체되며, 지상 亥의 둔반에 丁이 임했으니 가택에는 변경이 생긴다.
❷ 도둑의 천장인 현무가 발용이 되었으니 도둑이 엿보고 있다. 도둑이 나중에 행동하는 것은 사과에 있는 戌이 발용이 되었기 때문이다.
❸ 삼전이 묘신에서 장생으로 전해지니 처음에는 혼미하고 나중에는 정신이 깨어난다.
❹ 백호가 타고 있는 申의 둔간 甲이 귀살이니 매우 두렵다. 이른바 백호가 타고 있는 둔귀에는 이러한 뜻이 있다. 하물며 백호가 申에 임하여 칼을 품고 있으니 그 화가 매우 강렬하다.
❺ 비록 현무가 戌에 타고는 있지만 辰의 묘고를 충해서 열 수 있다.
⑥ 그리고 酉와 申이 비록 일간의 기운을 설기하지만 능히 귀살을

제어할 수 있으니 흉을 변하여 길이 된다.
→ 수토동궁을 적용하면 간상의 辰은 일간의 묘신이며 이 辰은 일지의 묘신이기도 하다.
□ 정단 : 지일과는 진퇴를 결정하지 못하며 망설이니 반드시 처음에는 머뭇거리지만 나중에는 전진한다. 비록 늦더라도 재앙이 없고 하는 일에서 장애가 있으니 손실을 방지해야 한다. 밤 정단에서는 간음이 겹치는 것을 면할 수 없다.

○ 날씨 : 흐리지만 비는 오지 않는다.
→ 낮 정단에서는 초전이 戌이니 처음에는 비가 오지 않는다. 비록 중전이 酉이고 말전이 수모(水母)인 申이지만 수의 천장이 타지 않으니 비가 오지 않는다. 밤 정단에서는 말전이 수모인 申이고 여기에 수의 천장인 천후가 타니 나중에는 비가 온다.
○ 가정 : 유실을 방지해야 하며 가택이 변경된다. 그리고 은혜를 베푸는 가운데에서 원한을 부르는 상이다.
→ 일지는 가정이다. 일지의 음신에는 형제효인 戌이 임하니 가정에 지출이 많고, 지상에는 정마가 타니 이사하는 상이다. 그리고 지일과는 은혜를 베풀고 나서 원한을 부르는 상이다.
○ 혼인 : 이롭지 않다.
→ 일지의 묘신인 辰이 일간에 임한다. 따라서 상대로 인해 어두워지니 이롭지 않다. 그러나 지상이 일간의 재성인 亥이니 재물이 있는 여자이다. ● 궁합 : 간상의 辰과 지상의 亥가 각각 자형이니 궁합이 나쁘고, 다시 간상의 辰이 지상의 亥를 극하니 궁합이 나쁘다. ● 성정 : 낮에는 지상에 흉장인 태음이 타고 있으니 좋지 않고, 밤에는 지상에 길장인 태상이 타고 있으니 좋다. ● 초전이 괴도천문이니 혼인에서 풍파가 일어난다. ● 혼처를 구할 경우 지일과이니 가까운

사람이나 장소에서 구하면 된다.
- ○ **임신·출산** : 딸이고 난산이다.
  - → 일간은 태아이고 일지는 임신부이다. 삼전이 1음2양이니 딸이다. 그리고 간상에 그물을 뜻하는 천라지망이 임하니 난산이다.
- ○ **구관** : 뜻을 이루지 못한다.
  - → 초전이 괴도천문이니 혼인에 장애가 생기고 뜻을 이루지 못한다.
- ○ **구재** : 비록 재물은 있지만 취하려는 뜻이 없다.
  - → 지상의 亥는 재물이다. 간상에 형제효가 임하면 게을러서 재물을 취하려고 하지 않는다.
- ○ **알현** : 도움을 받지 못한다.
  - → 낮 귀인 丑이 일간 戊를 생하지 않으니 귀인의 도움을 받지 못하고, 밤 귀인 未는 공망되었으니 귀인의 도움을 받지 못한다.
- ○ **질병** : 재물의 기쁨과 음식으로 인해 병을 얻었다. 辰과 戌이 서로 충을 해서 묘지를 여니 자손이 나타나서 의사나 약을 구한다.
  - → 재성은 재물이고 태상은 음식이다. 지상에 재성이 임하니 재물로 인해 병을 얻고 지상에 태상이 타니 음식으로 인해 병을 얻었다. 간상에 묘신인 辰이 임하니 생명이 위험하지만 일지음신의 戌에서 이를 충하여 깨트리니 가족의 도움으로 의사를 구한다.
- ○ **모망** : 모든 일이 막혀서 통하지 못한다.
  - → 일간은 나이고 일지는 목적사이다. 일간에 천라지망이 임하니 모든 일이 막혀서 통하지 못한다.
- ○ **출행** : 묘신이 일간을 덮고 하괴가 천문에 앉아 있으니 밖으로 나갈 수 없다.
  - → 간상의 辰은 묘신이면서 천라지망이니 출행할 수 없고 또한 초전이 괴도천문이니 출행할 수 없다.
- ○ **귀가** : 곧 온다.

→ 말전은 출발지, 중전은 경유지, 초전은 도착지이다. 초전이 사계이니 곧 온다.

○ 도망 : 잡으려고 하다가 잡지 못하고 오히려 당할 우려가 있다.

→ 辰과 戌이 과전에 임하고 육합이 제2과에 임하니 참관격이다. 참관격은 도둑이 도망치는 데에 좋으니 잡지 못한다.

○ 전투 : 가만히 기다리는 것이 좋다.

→ 초전이 괴도천문이어서 움직일 수 없으니 가만히 있어야 한다.

○ 분묘 : 乙庚 좌향(坐向)으로 묘를 쓰면 사람이 발달한다.

→ 일지 子와 지상 亥가 일간의 재성이니 재운이 좋아진다.

↑ 쟁송 : 나에게 유리하다.

→ 일간은 나이고 일지는 상대이다. 간상의 辰이 지상의 亥를 극하니 나에게 유리하다. ● 관재 : 초전이 묘신이니 흉하다. 다행히 간상의 辰이 묘신 戌을 충하니 흉화위길하고 다시 중전과 말전이 구제신 申이니 점차 흉이 사라진다.

□ 『필법부』 : 〈제51법〉 하괴가 천문을 건너면 관문이 막힌다. 戌은 천괴이고 亥는 천문이다. 무릇 戌이 亥에 가하여 발용이 되면 모망사는 모두 막히고 불통하다. 壬癸일 주야 정단 모두에 백호가 타니, 질병정단을 하면 기운이 크게 막혀 있거나, 또는 음식이 뭉쳐서 막혀있거나, 또는 신을 잘 모시지 못해서 생긴 재앙이다. 약을 복용하여 내려 보내는 것이 좋다. 만약 도적 정단이라면 잡기 어렵고, 타인 방문 정단이라면 만나지 못한다.

〈제69법〉 백호가 둔간귀살에 타면 재앙이 얕지 않다. 설령 공망되더라도 재앙을 구할 수 없다.

→ 낮 정단에서 말전의 천반에는 백호가 타고 있고 그 둔반에는 귀살인 甲이 임하고 있다.

□ 『지장부』 : 戌酉申은 반가(反駕)로서 주로 숙살(肅殺)을 행한다.
□ 『조담비결』 : 일간의 음신에서 일간을 극하고 묘신이 일간을 덮는다. 따라서 어둡고 굼뜨며 억눌러지고 막히며 의견이 맞지 않는 것이 많다.
□ 『찬요』 : 재성인 亥의 둔반에 丁이 타서 일지에 가했으니 반드시 처와 재물로 인해 움직인다.

戊子일 제3국

공망 : 午·未 ○
낮 : 왼쪽 천장, 밤 : 오른쪽 천장

己	丁	乙
貴 丑 空	陰 亥 常	常 酉 陰
卯	丑	亥
辛	己	丙	甲
朱 卯 勾	貴 丑 空	玄 戌 玄	白 申 后
戌 巳	卯	子	戌

辛朱卯巳	壬勾合辰午○	癸合勾巳未○	○青午申 蛇
庚蛇寅辰 青			○空未酉 貴
己貴丑卯 空			甲白申戌 后
戊后子寅	丁白陰亥丑 常	丙陰戌玄子	乙常酉亥 陰

- □ **과체** : 중심, 여덕, 간전, 극음(極陰) // 구추, 간지상신6합.
- □ **핵심** : 나와 상대 모두 고통이 두렵고, 늘 가정의 우환을 방지해야 한다. : 무원은 가문을 영예롭게 한다.
- □ **분석** : ❶ 일간인 戊는 卯로부터 극을 당하고 일지인 子는 戌로부터 극을 받으니 나와 상대 모두 재앙을 당하는 상이다. 그리고 간상의 卯는 문이다. 卯가 일지인 子와 서로 형이니 가정이 불안한 상이다.
❷ 丑이 卯에 앉아 있고 귀인이 丑에 임하여 일간의 관성이니 공을 세워 이름을 떨치고 가문을 빛내는 조짐이다.
❸ 주작귀살이 일간에 가하면 조정에 있는 사람은 탄핵을 당할 우려가 있으니 조정에 보고하는 말과 글은 나쁘다.
❹ 辰은 신(新)이고 戌은 구(舊)이다. 卯와 戌이 합을 하고 木이 土를 극하니 모든 일은 옛것을 버리고 새로운 것을 도모하는 것이 좋다.
❺ 중전과 말전이 亥酉이니 주색을 경계해야 한다.
- □ **정단** : ❶ 하에서 상을 극하여 발용이 되면 모든 일에서 장애가 있는 상이다. 삼전이 극음(極陰)이니 다시 장애가 있으며 음인으로 인해 재난이 생기는 것을 방지해야 한다.

❷ 고위직 공무원은 승진하고, 하위직 공무원은 해임되는 것을 방지해야 한다.

○ **날씨** : 맑다.
  → 초전이 丑토이니 맑다. 중전은 비록 亥수이지만 지반으로부터 극을 받아 수가 약해졌으니 비가 오지 않는다. 말전은 酉금이니 비가 오지 않는다.
○ **가정** : 간지의 상신이 서로 합을 하니 사람과 집이 편안하고 화목하다. 다만 주색을 멀리해야 한다.
  → 일간은 사람이고 일지는 가정이다. 간상의 卯와 지상의 戌이 상합하니 부부와 부자가 서로 화목하다. 다만 삼전의 丑亥酉에 주색의 뜻이 있으니 주색을 멀리해야 한다.
○ **혼인** : 불길하다.
  → 지상의 戌이 묘신이어서 운이 막힌 사람이니 불길하고 다시 삼전이 극음이니 불길하며 또다시 구추격이니 불길하다. ● 궁합 : 일간은 남자이고 일지는 여자이다. 간지상의 卯와 戌이 상합하니 좋은 편이다. ● 성정 : 지상이 괴강인 戌이니 드세고 다시 주야 모두 흉장인 현무가 타고 있으니 바르지 못한 성정의 소유자이다. ● 중심과이니 혼인을 심사숙고해야 한다.
○ **임신·출산** : 태아가 유산되며 자식을 키우기 어렵다.
  → 일간의 태신은 태아이다. 태신인 子가 12운성의 병(病)에 임하니 태아가 유산하며 키우기 어렵다.
○ **구관** : 귀인과 관성이 서로 가하니 관로에 이롭다.
  → 귀인에는 공무원의 뜻이 있고 관성에는 관직의 뜻이 있다. 제2과에서 귀인이 관성인 卯에 임하니 관로에 이롭다.
○ **구재** : 본래의 분수에 맞는 재물을 얻을 수 있다.

→ 중전의 亥가 재성이니 재물을 얻을 수 있다.
O **알현** : 낮 정단에서는 귀인이 와서 나를 도와준다.
→ 낮 귀인 丑이 卯에 임하여 여덕격이니 관직자가 정단하면 좋다.
O **질병** : 구설과 시비로 인해 발생했고 쌓이고 막혀서 질병이 되었다. 의약으로 치료하면 효력이 있으며 민간신앙에 감사해야 한다.
→ 일간은 환자이다. 낮 정단에서는 간상에 주작이 타니 구설로 인해 질병이 발생했고, 밤 정단에서는 간상에 구진이 타니 싸움으로 인해 질병이 발생했다. 삼전이 극음이니 음기가 쌓여서 병이 되었다. 주야 정단 모두 여덕이니 민간신앙을 믿고 기도해야 한다.
O **모망** : 일이 뜻대로 되지 않는다.
→ 일간은 사람이고 일지는 목적사이다. 지상이 일간의 묘신이니 모든 일이 어두워지니 뜻대로 되지 않는다.
O **출행** : 육로로 갈 수 있다.
→ 일간은 육로이고 일지는 수로이다. 간상에 귀살인 卯가 임하니 육로가 나쁘고, 지상의 戌이 묘신이니 수로 또한 나쁘다. 말전의 酉에서 간상의 귀살 卯를 극하여 제압하니 육로가 수로에 비해 좋다.
O **귀가** : 차차 집에 도착한다.
→ 말전은 출발지, 중전은 경유지, 초전은 도착지이다. 삼전이 퇴간전이니 귀가하는 상인데 초전이 사계인 丑이니 곧 도착한다.
O **도망** : 시일이 오래 지나면 저절로 밝혀진다.
→ 일지는 가정이다. 지상에 현무가 타니 가족이 도둑이다. 시일이 지나면 누가 도둑인지가 저절로 밝혀진다.
O **전투** : 구진이 현무를 제압하니 먼저 움직이면 승전한다.
→ 구진은 아군이고 현무는 적군이다. 밤 정단에서는 구진승신 卯목이 현무승신 戌토를 제압하니 아군이 승전한다.
↑ **쟁송** : 화해가 가능하다.
→ 일간은 나이고 일지는 상대이다. 간상의 卯와 지상의 戌이 상합

하니 화해가 가능하다. 화해하지 않을 경우 중심과이니 다시 심리하여야 쟁송이 길다. 그리고 일간 戊가 간상의 卯로부터 극을 받고 일지 子는 지상의 戌로부터 극을 받으니 양쪽 모두 패소할 우려가 있다. ↑ 관재 : 일간 戊는 간상의 卯로부터 극을 당하니 관재를 입을 우려가 있다. 다행한 것은 말전의 酉가 귀살 卯를 극제하니 죄에 비해 흉이 가벼워진다.

□ 『필법부』: 〈제63법〉 나와 상대가 모두 상하니 양쪽 모두 화를 방비해야 한다. 송사 정단을 하면 반드시 양가 모두 죄로 인하여 처벌을 받는다. 모든 정단에서 반드시 양쪽 모두에게 탄식이 생긴다. 신상에 관한 정단을 하면 몸이 상하고, 가택 정단을 하면 가택이 무너지고 훼손된다.

→ 일간 戊토는 간상의 卯목으로부터 극을 당하고, 일지 子수는 지상의 戌토로부터 극을 당한다. 따라서 나와 상대, 나와 가족이 모두 화를 입는다.

□ 『과경』: 천을귀인이 卯나 酉에 임하면 여덕격이다. 卯와 酉는 음양이 바뀌는 자리이니 천을귀인이 이곳에서 바뀐다. 만약 일진의 음양이 천을귀인의 후에 임하면 고위직 공무원이 남의 눈을 피하기 위해 입는 수수한 옷차림이라는 뜻의 '미복격(微服格)'이라고 하여 고위직 공무원은 승진하고 하위직 공무원은 퇴직한다. 만약 일진의 음양이 천을귀인의 전에 임하면 일을 이루지 못하고 나이가 많아졌다는 뜻의 '차타격(蹉跎格)'이라고 하여 하위직 공무원은 직위가 오르고 고위직 공무원은 자리를 물러난다.

→ 낮 정단에서는 간상이 귀인의 전이고 지상이 귀인의 후이니 미복격과 차타격이 성립되지 않는다. 밤 정단 또한 간상이 귀인의 전이고 지상이 귀인의 후이니 미복격과 차타격이 성립되지 않는다.

戊子일 제 4 국

공망 : 午·未 ○
낮 : 왼쪽 천장, 밤 : 오른쪽 천장

庚	丁	甲
蛇 寅 青	陰 亥 常	白 申 后
巳	寅	亥
庚	丁	乙 ○
蛇 寅 青	陰 亥 常	常 酉 陰 青 午 蛇
戊 巳	寅	子 酉

庚寅 蛇巳	辛卯 青 朱午 ○	壬辰 勾 合未	癸巳 合 勾申 朱
己丑 貴辰	空		○ 青 午 蛇 酉
戊子 后卯	白		○ 空 未 貴 戌
丁亥 陰寅	丙戌 常丑 玄	乙酉 玄子 常	甲申 陰亥 白 后

□ **과체** : 섭해, 원태(병태) ∥ 육의, 복덕, 명암이귀, 교차탈기.

□ **핵심** : 간상과 초전의 모든 귀살이 일간을 노려보고 있다. 申과 酉를 믿으면 안 된다. 그 위에 귀살인 甲乙이 있기 때문이다.

□ **분석** : ❶ 일간에 임하고 있는 寅이 발용이 되어 일간의 귀살이 되었다. 지상의 酉와 말전의 申에 의지하여 귀살의 화를 물리칠 수 있다. 다만 申과 酉의 둔간이 甲乙이어서 오히려 귀살의 힘을 보태니 미미한 申酉의 힘에 의지해야 한다.

❷ 삼전의 寅과 申이 서로 충을 하고 말전이 초전을 극한다. 그러나 말전의 申금은 중전의 亥수를 생하고 亥수는 초전의 寅목을 아래에서 위로 차례로 생하니 더욱 힘이 있다. 관직자가 이것을 얻었으니 반드시 몰래 그를 추천하는 사람이 있다. 밤 정단에서는 청룡이 寅에 타니 앞날이 더욱 원대하다.

□ **정단** : ❶ 섭해과는 일이 흐트러져서 여러 가닥이다. 그리고 원태이니 일상적인 일에서 혁신하는 상이다.

❷ 간상신 寅은 일간의 보이는 귀살이고 지상의 둔간 乙은 일간의 숨어서 보이지 않는 귀살이다. 서민이 정단하면 반드시 관송이 계

속 이어지니 절대로 급히 매듭을 지을 수 없다.

○ 날씨 : 낮에 정단하면 맑고, 밤에 정단하면 비가 온다.
→ 초전에 낮에는 화의 천장인 등사가 타니 맑고, 초전에 밤에는 비의 천장인 청룡이 타니 비가 온다.
○ 가정 : 관직자는 길하고 서민은 흉하다. 여자종업원이나 첩이 화를 일으키는 것을 방지해야 한다.
→ 관직자가 있는 가정은 관성이 간상과 초전에 있으니 길하다. 그러나 관직자가 없는 가정에서는 귀살이 간상과 초전에 있으니 흉하다. 지상의 酉는 여자종업원이나 첩을 뜻한다. 그 위에 귀살인 乙이 임하니 이들로 인해 화가 미치는 것을 방지해야 한다.
○ 혼인 : 재성과 관성을 모두 갖췄으니 혼인이 성사된다.
→ 재성은 여자이고 관성은 남자이다. 재성인 亥는 제2과와 중전에 있고 관성인 寅은 간상과 초전에 있으니, 남자는 처를 얻고 여자는 남편을 얻는 상이니 혼인이 성사된다. 그리고 일간은 남자이고 일지는 여자이다. 일간의 둔간 庚과 일지의 둔간 乙이 간합하니 혼인이 성사된다. ● 지상의 酉가 일간 戊를 탈기하고 간상 寅이 일지 子를 탈기하니 혼사로 인한 손실이 많다. ● 섭해과이니 혼인에 장애가 많고 또한 오래 걸린다. ● 궁합 : 지상의 酉가 간상의 寅을 극하고 다시 일간과 일지가 교차탈기되니 나쁘다.
○ 임신·출산 : 딸을 임신한다. 태아가 상하는 것을 방지해야 한다.
→ 삼전은 태아의 형성과정이다. 삼전이 1음2양이니 딸을 임신한다. 다만 태아를 뜻하는 태신 子가 卯에 임하여서 12운성의 사(死)에 임하니 태아가 상할 우려가 있다.
○ 모망 : 작은 이익을 찾을 수 있다.
→ 일간은 나이고 일지는 목적사이다. 일지가 재성이니 재물을 취

할 수 있다.
- ○ 구관 : 관성이 일간에 임한 뒤에 발용이 되었으니 관로에 이롭다.
  - ➜ 관성은 곧 관직이다. 일간의 관성인 寅이 발용이 되었으니 관직에 이롭다. 특히 말전의 申금에서 중전의 亥수를 생하고 중전에서 초전의 寅을 생하니 더욱 길하다. 만약 겨울이나 봄에 정단하면 관성인 寅이 왕상하니 더욱 길하다.
- ○ 구재 : 재성이 생을 받으니 희망이 있다.
  - ➜ 재성은 곧 재물이다. 중전의 재성 亥수가 말전 申금의 생을 받으니 희망이 있다.
- ○ 알현 : 나쁘다.
  - ➜ 낮 귀인은 辰에 임하여 입옥이 되었고 밤 귀인은 戌에 임하여 입옥이 되었다. 따라서 귀인을 만나더라도 귀인의 도움을 받기 어려우니 나쁘다.
- ○ 질병 : 귀살인 寅이 일간에 임하고 백호가 암귀인 甲에 타서 말전에 임하니, 한 가지 병이 난 뒤에 다른 병이 생긴다.
  - ➜ 귀살은 곧 질병이다. 귀살이 간상 및 말전에 임하니 하나의 병이 나으면 다른 병이 생긴다. 지상의 酉에서 이들을 제압하니 酉가 임하고 있는 자방(子方) 곧 정북방에서 의약을 구해서 치료하면 낫는다.
- ○ 출행 : 청룡이 역마에 타니 모든 곳을 무사히 갈 수 있다.
  - ➜ 청룡은 만리를 나는 날개이고 역마는 교통수단이다. 청룡이 역마에 타고 있으니 모든 곳을 무사히 갈 수 있다.
- ○ 귀가 : 즉시 온다.
  - ➜ 말전은 출발지, 중전은 경유지, 초전은 도착지이다. 초전에 역마가 임하니 곧 도착한다.
- ○ 체포 : 잡기 어렵다.
  - ➜ 초전에는 역마가 있고 중전에는 정마가 있으니 먼 곳으로 도망

쳤다. 따라서 잡기 어렵다.
- ○ **출병** : 간지가 교차탈기하니 재물과 군사력이 다 빠지고 없다.
  → 일간은 아군이고 일지는 적군이다. 지상의 酉는 일간을 탈기하고 간상의 寅은 일지를 탈기한다. 따라서 아군과 적군 모두 상대로 인해 탈진된 상태이다.
- ↑ **쟁송** : 불리하다. 오래간다.
  → 일간은 나이고 일지는 상대이다. 지상의 酉가 간상의 寅을 극하니 내가 불리하고, 섭해과이니 쟁송이 오래간다. 그리고 간지가 교차탈기되니 양측 모두 손실이 크다. ↑ **관재** : 섭해과이니 관재가 오래간다. 초전의 귀살 寅을 말전의 申이 제극하고 다시 충을 하니 관재가 가벼워진다.

- □ 『**필법부**』: 〈제69법〉 백호가 둔간귀살에 타면 재앙이 얕지 않다. 설령 공망되어 더라도 재앙을 구할 수 없다.
  → 낮 정단에서 말전의 천반에는 백호가 타고 있고 그 둔반에는 귀살인 甲이 임하고 있다.
- □ 『**고감**』: 월장 子를 점시 卯에 가한 뒤에 승진 정단을 했다. 戊의 기궁은 巳이고 청룡이 午에 타고 있다. 이러하니 일간에서 청룡까지 한 자리를 간 셈이니 내년에 승진한다. 그리고 일지인 子가 午에 이르기까지의 거리가 일곱 자리이니 12월에서 午에 이르기까지는 곧 내년 6월에 이른다. 그리고 청룡승신 午화는 寅으로부터 생을 받는데 寅의 위에 亥가 보이고 亥의 안에 壬이 있으니 壬寅일에 승진된다. 문관은 청룡을 보고 무관은 태상을 보고서 이와 같이 정단하면 된다.

戊子일 제 5 국

공망 : 午·未 ○
낮 : 왼쪽 천장, 밤 : 오른쪽 천장

癸	甲	己
常巳陰 青申蛇	貴丑空	
酉	子	巳
己	乙	甲	壬
貴丑空	勾酉朱	青申蛇	玄辰玄
戊巳	丑	子	申

己貴丑巳	庚空寅午 ○	辛后卯未	壬白辰申
蛇戊子辰 青			陰癸巳酉 玄
朱丁亥卯 勾			常○午戌 白
合丙戌寅	乙勾酉丑	甲朱申子	○未亥 貴
	青	蛇	空

- □ **과체** : 묘성, 용전 // 호시(虎視), 덕경, 육의, 복덕, 일록폐구, 수혼신 (연명 : 申), 교차육합, 신장·살몰·귀등천문(밤)

- □ **핵심** : 낮에는 청룡의 둔간이 甲이지만 귀인이 그 해를 막고 있다. 때에 따라 입을 닫아야 한다. 백호가 우리에 갇혀 있다.

- □ **분석** : ❶ 申은 백호의 본래 자리이다.

    ❷ 청룡과 등사가 둔갑(遁甲)에 타고서 일간을 극하니 지극히 나쁘다.

    ❸ 낮 귀인이 丑에 타서 일간에 임하고 다시 丑이 申의 묘지이니 둔갑의 기세를 눌러서 굴복시킬 수 있고, 발용의 巳화가 다시 申을 극할 수 있다. 이와 같은 이유로 인해 백호의 기세가 우리 안에서 잠잠하게 저절로 사라지니 사나운 짐승의 성질을 드러내지 못한다.

    ❹ 과전에서 子와 丑이 합을 하고 巳와 申이 합을 한다. 그리고 발용의 巳와 申이 합을 하고 말전의 丑과 子가 합을 하며, 간지의 음신인 辰과 酉도 또한 합을 한다. 이와 같이 상하가 삼합과 육합을 하여 기쁘니, 모든 일에서 화합하고 모든 일이 성사된다.

- □ **정단** : ❶ 묘성이 발용이 되었다. 호랑이가 노려본다는 뜻이 있는 '호

시격(虎視格)'이니 호랑이의 꼬리를 밟아 호랑이에게 물릴 우려가 있다.

❷ 그리고 용전(龍戰)이다. 항상 아침부터 저녁까지 부지런히 힘써 일하는 상이다.

❸ 일록 巳와 복덕신 申이 모두 있고 간지와 삼전에 화사한 기운이 서려있으니, 길사 정단에서는 이루는 경우가 많고 흉사 정단에서는 화를 면할 수 있다.

○ 날씨 : 비가 오지 않는다.
→ 중전에 낮 정단에서는 청룡이 수모(水母)인 申에 타니 나중에 많은 비가 온다. 밤 정단에서는 비가 오지 않는다.
○ 가정 : 사람과 집이 서로 화합하며 거동하면 모든 일이 순조롭다. 낮 정단은 더욱 길하다.
→ 일간은 부모이고 일지는 자식, 일간은 남편이고 일지는 아내이다. 기궁과 지상이 육합하고 일지와 간상이 육합하니 부모와 자식이 화목하고 남편과 아내가 화목하다. 다시 간지의 둔간인 己와 甲이 간합하니 더욱 화목하다. 특히 낮 정단에서는 간지상에 길장인 귀인과 청룡이 타니 더욱 좋다.
○ 혼인 : 이뤄진다.
→ 일간은 남자이고 일지는 여자이다. 합에는 화합(和合)의 뜻이 있다. 기궁 巳와 지상의 申이 육합하고 일지 子와 간상의 丑이 상합하니 혼인이 이뤄진다. ● 궁합 : 좋다. ● 지상의 둔반에 귀살 甲이 임하여 육의이니 품격이 있는 여자이다. ● 성정 : 낮 정단에서는 지상에 청룡이 타고 있으니 성정이 좋은 여자이고, 밤에는 지상에 등사가 타니 성정이 나쁜 여자이다.
○ 임신·출산 : 아들이다. 일간과 일지를 충하는 일월에 출산해야 출산

이 순조롭다.

→ 일간은 태아이고 삼전은 태아가 형성되는 과정이다. 일간의 음양이신이 1양2음이니 아들이고, 삼전이 다시 1양2음이니 아들이다. 충에는 이별의 뜻이 있다. 일간이나 일지를 충을 한다는 것은 곧 출산을 뜻한다. 따라서 간지를 충을 하는 일월에 출산해야 출산이 순조롭다.

○ 모망 : 모든 일이 성사된다.

→ 일간은 나이고 일지는 목적사이다. 간지가 교차육합하니 모든 일이 성사된다.

○ 구관 : 명예가 드러나지 않는다.

→ 관성은 관직이고 일록은 녹봉이다. 관성인 寅과 卯가 과전에 없고 일록인 巳가 폐구가 되었으니 명예가 드러나지 않는다.

○ 구재 : 재성인 子가 지상에 있는 申의 생을 받아 귀인과 서로 합을 하니 재물을 구하면 얻을 수 있다.

→ 일지인 子는 곧 재물이다. 子가 지상에 있는 申금으로부터 생을 받으니 재물을 구하면 얻을 수 있다. 그리고 子가 간상의 귀인승신 丑과 육합을 하니 귀인과 화합한다.

○ 알현 : 낮 정단에서는 귀인의 도움을 받는다.

→ 낮 정단에서는 귀인이 나를 뜻하는 간상으로 와서 일간과 비화되니 귀인이 나를 돕는다. 그러나 밤 귀인은 공망되었으니 귀인의 도움을 받지 못한다.

○ 질병 : 가벼운 병세이니 무방하다.

→ 백호는 질병이고 귀살은 병재이다. 이들이 과전에 보이지 않아서 가벼운 병세이니 걱정하지 않아도 된다. 다만 연명이 申인 사람이 정단하면 현무가 일지의 묘신인 辰에 타고 있어서 저승사자가 혼을 거두어가니 사망할 우려가 있다.

○ 출행 : 머뭇거리면서 아직은 출행을 결정하지 못한다.

→ 일간은 나이고 일지는 가정이다. 간지가 교차육합하니 머뭇거리면서 가정을 떠나 출행하고 싶지 않다.

○ **귀가** : 아직은 바로 오지 못한다.

→ 말전은 출발지, 중전은 경유지, 초전은 도착지이다. 삼전에 역마와 정마가 없으니 바로 오지 못한다.

○ **유실** : 찾으면 서방에서 얻을 수 있다.

→ 현무는 도둑이다. 주야 모두 현무가 辰에 타서 申에 임하니 서방에 유실물이 있다. 따라서 서방에서 유실물을 찾을 수 있다.

○ **도망** : 스스로 귀가한다.

→ 초전에 일덕이 임하니 스스로 귀가한다.

○ **전투** : 낮 정단은 길하고 밤 정단은 흉하다.

→ 일간은 아군이다. 간상에 낮에는 길장이 타니 낮에는 길하고 밤에는 흉장이 타니 흉하다.

○ **분묘** : 흰 개미가 시신을 갉아먹는다.

→ 장생은 곧 부모이다. 밤 정단에서 일간의 장생인 寅에 백호가 타고 있으니 흰 개미가 부모의 시신을 갉아먹는다는 이론이다. 『대육임필법부』 95-8법에 의하면, 백호가 장생에 타되 장생이 장생의 묘신에 가한 경우에 이와 같이 분석한다.

○ **쟁송** : 흉하다.

→ 묘성과로 쟁송을 정단하면 흉하다. ● 관재 : 밤에 정단하면 간상에 천공이 타고 있으니 중형을 선고받아 수감될 위험이 있다.

□ 『**필법부**』 : 〈제21법〉 교차상합은 왕래에 이롭다.

→ 간지가 교차상합하면 혼인, 중개, 교역, 동업, 거래 등 모든 사회활동의 왕래에서 이롭다.

□ 『**과경**』 : 밤 귀인 未가 亥에 임하여 천을귀인이 천문에 오르고, 여섯

흉장이 숨으며, 네 살(殺)이 사라졌으니, 모든 꾀하는 일이 순조롭고 이익이 있다. 만약 寅巳申亥 월에 정단하면 더욱 좋은데, 이는 사유(四維, 寅巳申亥)가 월장이 되기 때문이다.

□ **『지장부』**: 천공이 丑에 타면 난쟁이이고 申에 타면 승려이다.

| 갑신순 | 무자일 | 6국 |

戊子일 제6국

공망 : 午·未 ○
낮 : 왼쪽 천장, 밤 : 오른쪽 천장

戊 蛇子 青	○ 空 未 貴	庚 后 寅 白
巳	子	未 ○
戊 蛇子 青	○ 空 未 貴	○ 空 未 貴	庚 后 寅 白
戊 巳	子	子	未 ○

戊蛇巳	己貴丑午 ○	庚后寅未	辛陰卯申
朱丁亥辰	勾		玄壬辰酉
合丙戌卯	合		陰癸巳戌
勾乙酉寅	朱甲申丑	蛇○空未貴子	白午亥 ○ 后

□ **과체** : 중심, 회권(迴圈), 췌서, 불비∥침해, 삼기, 사절(四絶), 회환, 무음, 불행전, 수혼신(연명 : 酉).

□ **핵심** : 끝없이 순환하며 멈추지 않는다. 백호귀살이 역마를 타고 있다. 재물이 스스로 찾아 온다. 나아가기도 어렵고 물러나기도 어렵다.

□ **분석** : ❶ 삼전이 사과를 떠나가지 못하여 격명이 '회권(迴圈)'이니 길흉 모두 불성한다. 따라서 옛것을 지키는 것이 좋고 움직이는 것은 나쁘다.

❷ 子수의 위에 청룡과 등사가 타서 일간에 임한 뒤에 발용이 되었으니 재물이 스스로 하늘에서 온다. 따라서 재물 구하지 않더라도 저절로 구해진다.

❸ 다만 말전의 역마 寅에 백호가 타고서 귀살이니 서민은 질병과 관송을 방지해야 한다.

❹ 만약 나아가서 재물을 취하면 공망된 지반으로 들어가고, 물러나 있으면 백호귀살로 전해지니, 나아가거나 물러나는 것 사이에서 하나를 결정하기가 정말 어렵다.

❺ 일지 子가 일간에 임하여 戊로부터 극을 당하니 여자가 시가로 시집오거나 남자가 처가로 장가든다는 뜻이 있는 췌서격(贅婿格)이다. 이는 자신을 버리고 타인을 따르니, 몸이 자유롭지 못하고 모든 일이 즐겁지 않다.

□ 정단 : ❶ 중심과이다. 불비격이니 정단하는 사람에게 반드시 온전하지 못한 것이 있어서 시작은 하지만 결과가 없는 상이다. 만약 자신의 뜻을 굽히고 타인과 유유상종하며 타인을 뜻을 따르면 어려운 가운데에서 발전이 있다.

○ 날씨 : 밤에 정단하면 비가 온다.
  → 청룡은 비(雨)의 류신이다. 밤 정단에서 초전의 子에 청룡이 타니 비가 온다. 그러나 낮 정단에서는 子에 등사가 타니 비가 오지 않는다.
○ 가정 : 재운이 매우 좋다. 근면하게 일하여 재물을 얻지만 소비가 재물을 얻는 것에 미치지 못할 우려가 있다.
  → 일간은 사람이고 일지는 집이다. 간상에 재성인 子가 임하니 수입이 있다. 그러나 지상에 형제효 未가 임하니 소비하는 사람이 많고, 다시 일지음신 寅으로 탈기되니 소비가 많다.
○ 혼인 : 처재효가 튼실하니 혼인이 성사된다.
  → 일간은 남자이고 일지와 재성은 여자이다. 재성에 해당하는 일지 子가 간상으로 온 것은 여자가 남자에게 시집오는 상이니 혼인이 성사된다. ● 궁합 : 극에는 살기의 뜻이 있고 육해에는 상해의 뜻이 있다. 비록 지상은 공망되었지만 지상의 未가 간상의 子를 극하니 궁합이 나쁘고, 다시 간상의 子와 지상의 未가 육해이니 궁합이 나쁘다. ● 성정 : 낮에는 지상에 천공이 타고 있으니 공허한 성정이고, 밤에는 지상에 천을귀인이 타고 있으니 귀한 성정이다.

○ **임신·출산** : 과전에 세 태신이 보이니 반드시 거듭하여 임신한다.
→ 간상과 초전의 子는 태신이다. 이와 같이 태신이 겹쳐있으니 반드시 거듭하여 임신한다.

○ **구관** : 빈 명예만 있고 실속은 없다.
→ 관성은 곧 관직이고 일록은 곧 봉록이다. 일간의 관성인 寅이 공망되었고 다시 일록인 巳가 묘지인 戌에 임하니 실속이 없다.

○ **구재** : 반드시 얻는다.
→ 재성은 곧 재물이다. 간상의 재성이 발용이 되었으니 반드시 재물을 얻는다.

○ **알현** : 도움을 받지 못하여 허전해진다.
→ 귀인은 곧 귀인이다. 낮 귀인은 지반이 공망되었고, 밤 귀인은 천반이 공망되었으니 귀인의 도움을 받지 못한다.

○ **질병** : 비장의 병이지만 간의 기운을 다스려야 한다.
→ 오행의 토는 비(脾)이고 목은 간(肝)이다. 비장을 뜻하는 지상과 중전의 未토가 말전의 寅목으로부터 극을 받아 비장에 병이 들었으니 비장을 극하는 간을 다스려야 한다. 만약 연명이 酉인 사람을 점단하면 그 상신이 혼을 거두어들이는 뜻이 있는 수혼신이니 사망한다.

○ **모망** : 모든 일에서 빨리 희망하는 것을 구하는 것이 좋고, 지체하면 불성할 우려가 있다.
→ 일간은 나이고 일지는 목적사이다. 지상이 공망되었으니 빨리 구하면 구할 수 있지만 지체하면 놓친다.

○ **출행** : 여비가 매우 넉넉하지만 역마와 백호가 공망되었으니 출행하지 못한다.
→ 재성은 곧 여행경비이다. 재성이 간상에 있으니 여비가 넉넉하다. 그러나 교통수단을 뜻하는 역마 寅이 말전에서 공망되었으니 출행하지 못한다. 다만 다음 순에는 공망이 메워지니 갈 수 있다.

○ **귀가** : 아직 오지 않는다.
  ➔ 말전은 출발지, 중전은 경유지, 초전은 도착지이다. 교통수단을 뜻하는 역마 寅이 말전에서 공망되었으니 귀가하지 못한다.
○ **유실** : 집안에 있으니 찾으면 얻을 수 있다.
  ➔ 재성은 유실물이고 일지는 가택이다. 일지가 재성인 子이니 집안에 유실물이 있다.
○ **전투** : 천리 밖에서 식량을 운반해오니 병사의 얼굴에 혈색이 없는 누르스름한 얼굴빛이다.
  ➔ 역마는 운반수단이다. 병사가 굶고 있지만 역마가 말전에 있으니 식량을 옮겨 오는 데에 많은 시일이 걸린다.
↑ **쟁송** : 유리하다.
  ➔ 일간은 나이고 일지는 상대이다. 일간은 튼실하고 일지는 공허하니 내가 유리하다. 중심과이니 나중에 대응하는 것이 이롭고 또한 장기전이 유리하다. ↑ **관재** : 삼전은 관재의 진행과정이다. 중전과 말전이 공망되었으니 죄에 비해서 관재가 점차 약해진다.

□ 『**필법부**』 : 〈제76법〉 서로 시기하여 모두에게 화가 미친다. 서로 시기하여 주객이 서로 교제를 돌아보지 않게 되므로, 양쪽이 서로 도모해 보지만 모두에게 어긋나는 해가 있다.
  ➔ 이 과전에서는 간상의 子와 지상의 未가 육해이다.
  〈제82법〉 삼전이 나아가지 못하는 불행전은 초전을 살펴야 한다.
□ 『**찬요**』 : 寅이 未에 가한 곳에 백호귀살이 역마를 타고 있으니 흉한 화가 더욱 빨리 닥친다. 소송 정단을 하면 반드시 먼 곳에서 옥살이를 한다.
□ 『**정와**』 : 戊子일에 子가 戊에 임한 것은 여자에게 질병이 있는 것이고 남의 재물을 취하는 일이다.

→ 여자에게 질병이 있다고 한 것은 여자를 뜻하는 처재효 子수가 지반의 戊토로부터 극을 받아 상했기 때문이다. 그리고 일간은 나이고 일지는 남이다. 일간의 재성인 일지가 간상으로 왔으니 남의 재물을 취하는 것이다.

□ 『육임심경』: 음양이 갖춰지지 않았으니 음란하다. 상에서 하를 극하니 남편에게 허물이 있고, 그 반대이면 부인이 인자하지 못하다.

→ 제2·3과가 동일하니 음불비이다. 천반은 남자의 상이고 지반은 여자의 상이다. 제2·3과의 천반에서 지반을 극하니 남편이 음란하다.

戊子일   제 7 국

공망 : 午·未 ○
낮 : 왼쪽 천장, 밤 : 오른쪽 천장

	○	戊	○
	白午后	蛇子青	白午后
	子	午 ○	子
丁	癸	○	戊
朱亥勾	常巳陰	白午后	蛇子青
戊巳	亥	子	午 ○

丁亥朱巳	戊子蛇午○	己丑青貴未○	庚寅空后申
丙戌合辰	合		辛卯陰酉 常
乙酉勾卯	朱		壬辰玄戌 玄
甲申青寅	蛇 ○未丑空貴	○午子白后	癸巳常亥 陰

□ **과체** : 반음∥초전협극(밤), 삼기(공망), 회환, 장도액, 수혼신(연명 : 戊), 일록폐구, 삼전개공, 고진과수.

□ **핵심** : 재성과 정마가 일간에 임하지만 움직이면 헛수고를 한다. 가나오나 모두 공망뿐이니 길흉이 평범하다.

□ **분석** : ❶ 재성인 亥가 간상에 가하고 다시 정마가 임하니 반드시 움직인다. 설령 움직이더라도 헛수고만 하고 얻지 못한다. 그 이유는 午가 갑신순의 공망이고 다시 子가 午에 임하기 때문으로 가나오나 공망일 뿐이니 길과 흉 모두 발자국이 없고 움직이더라도 하나의 이익도 없다.

❷ 巳는 일덕과 일록이며 문서인데, 亥에 임하여 일덕과 일록이 천문에 오르니, 고시에서 합격하지 않을 수 없다.

❸ 삼전의 子午가 상충하니 도로를 달리는데, 공망이 충을 만나니 보이지 않게 움직인다. 이와 같이 공망을 충하면 공망이 메워져서 실해진다. 지금 子는 일지이고 공망이 아니다. 그러나 子에서 午를 충하니 午는 충으로 인해 공망이 메워져서 실(實)해진다. 이것이 바로 공망이되 공망되지 않는 이론이다.

□ **정단** : 반음과는 높은 언덕이 골짜기가 되고 깊은 골짜기가 언덕이 되는 상이다. 모든 일에서 의지할 곳이 없으니 오랫동안 생각하면서 가만히 있어야 한다. 만약 삼전이 모두 공망되면 동(動)으로 논하지 않는다.

○ **날씨** : 밤에 정단하면 비가 온다.
  → 밤에 정단하면 중전의 子에 청룡이 타니 나중에 비가 온다.
○ **가정** : 과전에 비록 충이 있지만 명리(名利)가 가능하다. 다만 午는 양인이고 낮 정단에서는 백호가 이곳에 타니 형상을 당하는 일이 생긴다.
  → 과전에 관직을 뜻하는 관성이 없고 봉록을 뜻하는 일록이 없으니 명리를 얻지 못한다. 오히려 지상과 초전에 양인인 午가 임하니 형상을 당할 우려가 있다.
○ **혼인** : 밤 정단에서는 청룡과 천후가 삼전에 들었다. 꺼리는 것은 공망된 것이다.
  → 일간은 남자이고 일지는 여자, 청룡은 남자이고 천후는 여자이다. 밤 정단에서 비록 청룡과 천후가 사과와 삼전에 들었지만 이들이 공망되었으니 혼인이 불성하고, 다시 초전의 천반이 공망되어 과수이니 주야 모두 혼인이 불성한다. 설령 혼인을 하더라도 반음과이니 혼인초기에 이혼하게 된다. ● **궁합** : 일간이 일지를 극하고 간상이 지상을 극하니 궁합이 나쁘다. ● **성정** : 낮에는 지상에 백호가 타고 있으니 드세며 몸에 병이 있고, 밤에는 지상에 천후가 타고 있으니 온순한 여성이다.
○ **임신·출산** : 아들을 임신했고 그 아들은 튼튼하다.
  → 태신은 곧 태아이다. 태신인 子가 충지에 앉아 있어서 낙태되는 상이니 튼튼하지 않다. 다만 출산을 정단하면 천반과 지반이 상충

하니 출산이 순조롭다.
- ○ **구관** : 서울에 근무하는 관직에는 이롭고, 지방에 근무하는 관직에는 불리하다.
    → 삼전이 모두 공망되었으니 움직이지 못하는 상이다. 따라서 서울에 근무하는 관직에는 이롭고, 지방에 근무하는 관직에는 불리하다. 이 과전에서는 일덕과 일록인 巳가 충지에 앉아 있으므로 모든 관직에 불리하다.
- ○ **구재** : 재성이 일간에 임하니 옛것을 유지하면 재물을 얻는다.
    → 사과는 정(靜)이고 삼전은 동(動)이다. 재성이 간상에 임하니 옛것을 유지하면 재물을 얻는다. 그러나 삼전으로 이동하면 삼전이 모두 공망되었으니 재물을 얻지 못한다.
- ○ **알현** : 주야 정단 모두 귀인에게 부탁하는 일은 세월만 허비한다.
    → 주야 귀인이 모두 공망되었으니 귀인에게 부탁하는 일은 뜻을 얻지 못한다.
- ○ **질병** : 오한과 열이 반복되는 증상이다. 만약 생기를 만나서 충극(沖剋)하면 병을 고친다.
    → 과전에 수화의 오행인 子午가 임하니 한열이 반복되는 증상이다. 만약 인월(寅月)에 정단하면 생기인 子에서 사기인 午를 충극하니 병이 낫는다. 다만 연명이 戌인 병자를 정단하면 그 상신이 수혼신이니 사망할 우려가 있다.
- ○ **모망** : 모든 일에서 절반만을 얻는다.
    → 천반의 길신이 지반으로부터 충을 당하니 절반만을 얻는다.
- ○ **출행** : 길신이 일간에 있으니 육로로 가면 뜻을 이룬다.
    → 일간은 육로이고 일지는 수로이다. 간상에 길신인 재성이 임하니 육로로 가면 뜻을 이룬다. 그러나 일지가 공망되고 다시 양인이 임하니 수로로 가면 뜻을 이루지 못한다.
- ○ **전투** : 객(客)이 주(主)를 이긴다. 먼저 움직여서 적을 제압해야 한다.

→ 일간은 객이고 일지는 주이다. 간상의 子에서 지상의 午를 극하니 객이 주를 이긴다.
↑ **쟁송** : 유리하다.
→ 일간은 나이고 일지는 상대이다. 일간은 튼실하고 일지는 공허하니 내가 유리하고 다시 간상의 亥가 지상의 午를 극하니 내가 유리하다. ↑ 관재 : 주작승신과 구진승신이 절지에 임하니 관재가 곧 끝나고 다시 삼전이 모두 공망되었으니 관재가 끝난다.

□ 『**필법부**』: 〈제90법〉 오고 감이 모두 공망이니 어찌 동하는 것이 옳겠는가! 반음과를 얻으면 매사에서 왕래하여 움직이고 이동하라고 말해서는 안 된다. 반음과에서 삼전이 모두 공망되면, 비록 움직이려는 뜻은 있지만 실제로는 절대로 움직이지 못한다.
□ 『**지요**』: 반음과는 움직이면 좋고 가만히 있으면 어지럽다. 그리고 반음과는 두 가지의 일로서 과전이 왕상하면 좋아서 모든 일이 신속하다.
□ 『**과경**』: 양일의 반음과는 일덕이 상을 당하고 일록이 끊긴다.
→ 여기에 해당하면 특히 고시와 관직정단에서 최흉하다. 일덕이 곧 공무원이고 일록이 곧 봉록인데, 이러한 길한 작용이 끊기기 때문이다.
□ 『**비요**』: 삼전이 午子午이니 삼교(三交)와 고개(高蓋)이다. 문서는 부실하며 존장의 액이 우려된다. 정월에 정단하면 午가 사기이니 부모의 질병을 방지해야 한다.
→ 『육임대전』의 〈삼교과〉와 〈원수과〉에서는 삼전에 午卯子를 모두 갖춰야만 고개라고 한다.

戊子일 제8국

공망 : 午·未 ○
낮 : 왼쪽 천장, 밤 : 오른쪽 천장

	癸		丙		辛	
常	巳	陰	合	戌	合	陰	卯	常
	子		巳		戌	

	丙		辛		癸		丙	
合	戌	合	陰	卯	常	常	巳	陰	合	戌	合
	戌		戌		子		巳	

丙合戌巳	丁朱亥午○	戊蛇子未○	己貴丑申 空
乙勾酉辰			庚后寅酉 白
甲青申卯 蛇			辛陰卯戌 常
○空未寅	○白午丑 后	癸常巳子 陰	壬玄辰亥 玄

□ **과체** : 중심, 주인, 참관∥자취난수, 덕경, 권섭부정, 회환, 무음, 묘신부일, 일록폐구, 덕록전묘, 살몰.

□ **핵심** : 사과와 삼전이 순환하고, 기궁이 지상으로 가서 재성에 임하니, 일록이 매우 길하고, 귀살이 일간을 생하는 것을 도와준다.

□ **분석** : ❶ 삼전의 巳戌卯가 사과를 떠나지 않으니 사과와 삼전이 순환한다.

❷ 일록인 巳는 일간의 원래 자리로서 지상에 임했고, 일지의 재성인 子를 취하기 위해 재물로 가지 않을 수 없다. 일록인 巳가 발용이 되었으니 만약 길사를 정단하면 당연히 성사된다.

❸ 말전의 卯가 비록 일간의 귀살이지만 오히려 일간을 생하여 온다.

❹ 子가 戌의 재성이니 재물을 취할 수 있다. 戌 속에 숨겨진 巳가 子로부터 극을 받으니 수(首)가 난을 당한다는 뜻이 있는 '난수(亂首)'로 변한다. 따라서 모든 재물 쟁탈이 이곳에서 일어나니 취하고 버릴 때에 신중해야 한다.

❺ 일덕과 일록과 생기가 삼전에 들고 말전에서 초전을 생하니 관

직자에게 가장 좋다.
- □ **정단** : 주인격과 승헌격이며 다시 덕경격이다. 巳가 일덕인데 子에 가해서 발용이 되었으니 덕경격이다. 선(善)은 덕(德)에 비해 대단하지 않다. 덕은 재물로 사람을 구제하고 화를 복으로 변화시킨다.

- ○ **날씨** : 맑은 날씨를 원하는 정단을 하면 맑고, 비가 오기를 원하는 정단을 하면 비가 온다. 겨울에 정단하면 눈이 온다.
  → 삼전의 주인격은 화로가 있는 대장간 상이니 날씨가 맑다.
- ○ **가정** : 모든 일에서 서로 뜻이 맞는다. 가정에 온화한 기운이 있다.
  → 일간은 사람이고 일지는 가정이다. 지상의 巳가 간상의 戌을 생하니 가족의 뜻이 서로 맞고 가정이 온화하다. 다만 초전의 지반 子가 왕성해지는 가을과 겨울에 정단하면 가장이 자녀로부터 기만당하는 것과 남자가 여자로부터 기만당하는 것을 방지해야 한다. ● **생계** : 지상의 일록 巳가 폐구되었으니 생계에 문제가 생기는 것을 방지해야 한다. ● **가장** : 일간에 일간의 묘신인 戌이 임하니 가장에게 어려움이 닥치는 것을 방지해야 한다.
- ○ **혼인** : 양불비이니 혼인이 나쁘다.
  → 사과가 1양2음의 양불비여서 음란하니 혼인이 나쁘고, 다시 간상이 일간의 묘신이니 혼인이 나쁘다. ● **궁합** : 나쁘다. 일간이 지상으로 가서 일지로부터 극을 받으니 궁합이 나쁘다. ● **데릴사위** : 만약 데릴사위로 가면 기궁인 巳가 지상으로 가서 일지 子수로부터 극을 당하여 여자로부터 능욕을 받으니 혼인이 나쁘다. ● **성정** : 낮에는 지상에 태상이 타고 있으니 좋고, 밤에는 지상에 태음이 타고 있으니 좋지 않다.
- ○ **임신·출산** : 귀한 아들을 낳는다.
  → 일간은 태아이다. 일간의 상하가 모두 양이니 아들이고 다시 삼

전이 1양2음이니 아들이다. 그리고 삼전이 주인격이니 귀한 아들을 낳는다.

○ **모망** : 모든 일에서 길하다.

→ 일간은 나이고 일지는 목적사이다. 지상에 일록이 임하고 다시 여기에서 일간을 생하니 모든 일에서 길하다.

○ **구관** : 대길하다.

→ 삼전의 주인격은 관직에 대길해서 관직자는 높이 승진한다. 만약 봄과 여름의 巳午 일시에 정단하여 화가 왕성하거나, 戌이 공망 되거나, 진월(辰月)에 월파 되거나, 일진이 모두 무기하면 도장이 깨지고 거푸집이 손상되는 상이니 나쁘다. 그리고 관직자의 전정을 정단하면 초전의 일록이 중전과 말전에서 묘신으로 드니 원대하지 못하다. 만약 발령을 정단하면 일록이 지상으로 갔으므로 지방으로 발령 난다.

○ **구재** : 뜻대로 된다.

→ 관직자는 뜻대로 되지만 서민이 정단하면 과전에 재성이 없으므로 나쁘다.

○ **질병** : 밤 정단에서는 비장병이다. 신병이면 무방하고 구병이면 난치이다.

→ 간상에 묘신인 戌토가 임하니 비장병이다. 주인격의 구병은 낫기 어렵다.

○ **출행** : 만리의 여정일지라도 뜻대로 유람한다.

→ 戌은 그물이며 관문이다. 간상과 중전에 戌이 임하고 말전의 卯에서 戌을 극한 참관격이니 만리의 여정일지라도 길하다.

○ **귀가** : 기궁이 지상에 임하니 반드시 집에 도착한다.

→ 기궁은 출행인이고 일지는 집이다. 기궁이 지상으로 왔으니 출행인이 집에 도착한다.

○ **유실** : 먼 곳에 있지 않다.

→ 일간은 나이고 일지는 상대이다. 삼전이 사과로 돌아오는 회환 격이니 먼 곳에 있지 않고 또한 되돌아온다.

○ **전투** : 승전한 뒤에 개선가를 울리면서 돌아온다.

→ 주인격은 승전한 뒤에 관인을 받는 상이다. 따라서 개선가를 울리면서 돌아온다.

↑ **쟁송** : 화해하는 것이 좋다.

→ 일간은 나이다. 간상에 묘신 戌이 임하여 내가 불리하니 화해하는 것이 좋다. ↑ **관재** : 묘신이 임하여 수감되는 상이니 대흉하고 다시 삼전이 주인격이니 더욱 더 대흉하다. 다만 연명이 亥인 사람은 그 위의 辰이 묘신 戌을 충하여 깨트리니 죄에 비해 죄가 가벼워진다.

□ 『**필법부**』: 〈제8법〉 일록이 일지에 임하면 임시직으로 정당한 자리가 아니다. 모든 정단에서 스스로 존대해지지 못하고 타인에 의하여 굴복과 꺾임을 당하게 된다.

□ 『**점험**』: 卯년 2월에 월장 亥를 점시 午에 가한 뒤에, 여러 곳으로 돌아다니며 각 방면에 걸쳐 조사하는 직무인 '순안직(巡按職)' 및 '이서직(吏書職)'에 대해 정단했다. 삼전이 주인과 승헌이고 일록이 일지에 임했으며 말전의 태세가 관성이니, 파견을 가서 임금을 대신하여 나라 안을 두루 순찰하게 된다. 그리고 네 묘신이 장생에 가하니 황폐해진 것을 부흥시키는 상이다. 나중에 그가 '이서직'으로 되돌아가지 못하는 것은 사과가 불완전하기 때문으로, 둘을 정단하여 하나를 얻는다.

→ 사맹은 생기이고 사계는 사기이다. 사계인 辰未戌丑이 사맹인 亥寅巳申에 가하고 있으니 사기가 되살아나는 상이다. 따라서 황폐해진 것을 부흥시키는 뜻이 있다.

戊子일   제 9 국

공망 : 午·未
낮 : 왼쪽 천장, 밤 : 오른쪽 천장

壬	甲	戊	
玄 辰 玄	青 申 蛇	蛇 子 青	
子	辰	申	
乙	己	壬	甲
勾 酉 朱	貴 丑 空	玄 辰 玄	青 申 蛇
戊 巳	酉	子	辰

乙勾酉巳	丙朱戌午○	丁朱亥未○	戊蛇子申 青
甲青申辰			己貴丑酉 空
○ 空未卯 貴			庚后寅戌 白
○ 白午寅	癸常巳丑 陰	壬陰辰子 玄	辛陰卯亥 常

- **과체** : 원수, 윤하∥화미, 전국, 삼기, 육의, 삼전재효태왕, 여덕, 복덕, 오양, 수혼신(연명 : 子), 태신좌생, 참관.
- **핵심** : 밤에는 주작이 종괴인 酉에 타고 있다. 酉에서 재물을 만드니 투자하면 많이 얻는다. 가택을 정단하면 재앙이 생긴다.
- **분석** : ❶ 酉는 종괴(從魁)인데 이곳에 밤 정단에서 주작승신 酉가 子를 생하고 있으니 가금류로 재물을 만든다. 만약 크게 투자하면 많이 얻는다.
  ❷ 가택이 묘신인 辰으로부터 극을 당하니 재앙과 화가 일어난다.
  ❸ 일간의 巳酉丑이 모여 금국을 이루고 일지의 申子辰이 모여 수국을 이룬다. 금국에서 수국을 생하니 사람이 집을 생한다.
  ❹ 금이 戊의 기운을 빼서 일지를 생하니 반드시 집과 방 개조로 인하여 지출이 많아지니 고생하게 된다.
  ❺ 삼전의 재성이 비록 왕성하지만 수입이 충분하지 못해 지출에 비해 수입이 매우 적을 우려가 있다.
- **정단** : ❶ 삼합하여 수국이 되어 재물이 많으니 기쁘고 일상의 모든 일에서 화사한 기운이 있다. 다만 재물이 지나치게 많으니 좋지 않

을 우려가 있다.

❷ 그리고 지상에 辰이 보이고 간상에 酉가 보이니 모두 자형이다. 이것이 이른바 합을 하는 가운데에서 살을 범하니 비소가 들어있는 것이다.

○ **날씨** : 흐린 날씨와 맑은 날씨가 각각 반반이다.
→ 삼전이 수국이니 원래는 비가 오지만 삼전이 일간의 극을 받으니 오히려 흐리다.
○ **가정** : 처와 첩은 불화하고 하녀와 하인에게는 구설이 생긴다.
→ 간상의 酉는 첩이고 지상의 辰은 처이다. 酉와 辰이 자형이니 처와 첩이 불화한다. 그리고 지상에 현무가 타니 집에서 도난당하는 것을 방지해야 한다.
○ **혼인** : 불길하다.
→ 일간은 남자이고 일지는 여자이다. 지상의 辰이 괴강이고 다시 일지의 묘신이니 혼인이 불길하고, 삼전의 재국이 인성을 극하여 부모의 수명이 줄고 생계가 나빠지니 다시 불길하다. ● **궁합** : 일간은 나이고 일지는 상대이다. 간상의 酉와 지상의 辰이 상합하니 궁합이 좋다. 또한 원수과이니 대체로 궁합이 좋고, 일간의 음양과 일지의 음양과 삼전이 모두 삼합하니 궁합이 좋다. ● **성정** : 지상이 괴강인 辰이니 드센 여자이고, 다시 지상에 현무가 타고 있으니 성정이 바르지 못하다.
○ **임신·출산** : 딸을 임신했다. 순산한다.
→ 삼전이 수국이니 딸이다. 일간과 일지와 삼전이 모두 삼합하니 출산이 늦어진다.
○ **모망** : 이익을 취할 수 있다.
→ 일간은 나이고 일지는 상대이다. 일지가 일간의 수국이니 재물

을 취할 수 있다.
○ 구관 : 둔간인 甲乙이 申酉의 위에 있으니 금에서 수를 충분히 제극한다. 비록 재성이 왕성할지라도 관성을 생하지 못한다.
→ 삼전의 수국(申子辰)에서 관성(甲乙)을 생하고 싶지만 중전과 간상의 申酉금에서 관성을 극하니 재성에서 관성을 생하지 못한다. 따라서 관직이 길하지 못하다.
○ 구재 : 의(義)가 이익 위에 있어야 하는 것을 명확하게 해야 한다.
→ 삼전이 일간의 재국이니 지나치게 재물을 탐하지 말아야 한다. 만약 여름에 점단하면 삼전의 재물을 온전하게 얻을 수 있다.
○ 알현 : 귀인을 만나 재물을 얻을 수 있다.
→ 낮 귀인은 일간과 비화되니 도움을 받고, 밤 귀인은 공망되었으니 귀인으로부터 도움을 받지 못한다.
○ 질병 : 약을 좋아하지 않아야 한다. 음식으로 인해 후회할 일이 생긴다.
→ 재성은 곧 음식이다. 삼전이 재국이니 음식으로 인해 탈이 났다. 따라서 약으로 나을 병이 아니다.
○ 출행 : 수로로 가면 잃는 것을 방지해야 한다.
→ 재성은 곧 재물이다. 수로를 뜻하는 지상의 재국(辰申子)에 현무가 타니 도난을 당하거나 잃을 가능성이 있다. 따라서 잃는 것을 방지해야 한다.
○ 귀가 : 마음은 비록 귀가하기 싫지만 몸은 이미 집에 왔다.
→ 삼전은 여정이고 삼합은 화목이다. 삼전이 삼합하니 여정에서 사람들과 어울리는 것을 좋아하니 귀가하고 싶지 않다. 그러나 삼전이 일지로 돌아왔으니 귀가한다.
○ 도난 : 도둑을 잡을 수 있다.
→ 현무는 도둑이다. 현무승신 辰이 낮 시간에 해당하니 잡힌다.
○ 전투 : 겉으로는 화의를 하지만 결국은 침략을 받는다.

→ 현무는 곧 도둑이다. 일간과 일지와 삼전의 세 곳이 삼합하니 겉으로는 화의를 청하지만 지상과 초전에 현무가 타니 적의 침략을 받는다.
○ **분묘** : 무덤 속에 물이 차는 것을 방지해야 한다.
→ 일지는 묘지이다. 일지가 삼합하여 수국이니 무덤 속에 물이 차거나 혹은 무덤이 물에 떠내려가는 것을 방지해야 한다.
↑ **쟁송** : 화해가 가능하다.
→ 일간은 나이고 일지는 상대이다. 간상의 酉와 지상의 辰이 상합하니 화해가 가능하다. 또한 일간의 음양과 일지의 음양과 삼전이 모두 삼합하니 화해가 가능하다. 원수과이니 먼저 승기를 잡는 것이 이롭다. ● 만약 화해하지 않을 경우에는 일간음양의 금국이 일지 子로 탈기되니 상대는 유리하고 나는 불리하다.
○ **관재** : 일간과 일지와 삼전이 삼합하니 관재가 오래가고, 일간음양이 삼합하여 일간을 설기하니 관재에서 손실이 많다. 삼전이 체생하니 대체로 지은 죄에 비해 관재가 순조롭다.

□ 『**필법부**』 : 〈제65법〉 일간의 묘신이 관신을 아우르면 사람과 가택이 황폐해지는 허물이 생긴다. 만약 일간의 양 과에서 발용이 되면 사람이 쇠패해지고, 지진의 양 과에서 발용이 되면 가운이 닫힌다. 관신은 봄에는 丑, 여름에는 辰, 가을에는 未, 겨울에는 戌이다.
→ 만약 이 과전으로 여름에 정단하면 묘신 겸 관신인 辰이 지진의 양 과에서 발용이 되었으니 가운이 닫힌다.
□ 『**비요**』 : 子의 위에 가한 辰에 주야에 현무가 모두 타고 있으니 부부의 마음이 일심이 아니며 또한 방탕하고 음탕한 것을 방지해야 한다.
→ 辰은 괴강의 하나이다. 도난과 음란의 성질이 있는 현무가 가정

을 뜻하는 지상의 辰에 타니 가정의 부부가 방탕해지고 음탕해진다.
□ 『찬의』: 금국의 월에 정단하면 도망 아니면 손실이 생긴다.
　→ 가을은 금기가 왕성한 계절이다. 만약 가을에 정단하면 일간 戊 토의 기운을 크게 설기하니 도망이나 손실이 생긴다.
□ 『수중금』: 申子辰 수국은 오랫동안 머물고 굴복하며 또한 난잡하다.

| 갑신순 | 무자일 | 10국 |

戊子일   제 10 국

공망 : 午·未 ○
낮 : 왼쪽 천장, 밤 : 오른쪽 천장

辛	○	乙
陰 卯 常	白 午 后	勾 酉 朱
子	卯	午 ○

甲	丁	辛	○
青 申 蛇	朱 亥 勾	陰 卯 常	白 午 后
戊 巳	申	子	卯

甲申 青 巳	乙酉 蛇 勾 午	丙戌 合 未	丁亥 朱 合 申 勾
○空 未 辰 貴			蛇 戊子 酉 青
白 午 卯 后			貴 己丑 戌 ○空
常 癸巳 寅	壬辰 陰 玄 丑	辛卯 陰 子 常	庚寅 后 亥 白

☐ **과체** : 호시, 삼교 // 복덕, 가귀, 근단원소, 착륜, 불행전, 절신가생, 수혼신(연명 : 丑).

☐ **핵심** : 요극으로 초전이 되었고 중전과 말전이 공망되었으니 모든 정단에서 무력하다. 가정에는 손재수가 있고, 귀인에게는 의지할 수 없다.

☐ **분석** : ❶ 호시가 발용이 되었으니 무력하다. 관성이 공망된 午에 임했고 말전이 다시 패신이니 더욱 무력하다.

❷ 卯가 子를 형을 하고 일지를 탈기하니 가정에 손실과 소모가 매우 많다.

❸ 두 귀인이 입옥 되었으니 모든 일에서 그에게 의지할 수 없다.

❹ 사중일에 정단하여 사중이 일지에 가하고 사중이 발용이 되었으며 태음과 육합이 타면 삼교격이다. 이것은 사정(四正)이고 사평(四平)이다. 과전에서 형(刑)을 하고 서로 파(破)를 하지만 숨을 수 있는 사맹(寅申巳亥)이 없고 달아날 사계(辰戌丑未)가 없다.

❺ 육양일은 '교라(交羅)'이고 육음일은 '교록(交祿)'이다. 만약 연명에 임하면 길하고 일간과 발용이 왕상하면 '고개승헌'이라고 하여

대길하여 삼교로 논하지 않는다.
□ **정단** : 호시가 공망을 만났으니 모든 일이 공허하고 집이 요동하거나 혹은 음사로 인해 밝지 못하여 어두운 상이다. 사중월(子午卯酉)에 정단하면 더욱 더 불길하다.

○ **날씨** : 낮 정단에서는 비가 오고 밤 정단에서는 맑다.
→ 초전에서 일간을 극하니 비가 오는 상이다. 낮 정단에서는 금의 오행인 태음이 타니 비가 오고, 밤 정단에서는 토의 천장인 태상이 타니 맑다.
○ **가정** : 간지가 모두 탈기를 당하니 도난이 발생할 우려가 있다.
→ 일간은 사람이고 일지는 집이다. 간상의 申에서 일간 戊를 탈기하고 지상의 卯에서 일지 子를 탈기하니 가정 내외에 도난이 발생한다. 특히 요극과이니 속임수에 의한 도난을 방지해야 한다.
○ **혼인** : 성사되면 안 된다.
→ 일간은 남자이고 일지는 여자이다. 일지의 상하인 卯子가 '도화지형'이고 다시 삼전이 삼교여서 음란하니 혼인이 성사되면 안 된다. 또한 사과의 지반이 그 천반으로 모두 탈기되는 '근단원소'이니 혼인으로 인한 손실이 막대하니 혼인이 성사되면 안 된다. ● 궁합 : 일간은 나이고 일지는 상대이다. 간상의 申이 지상의 卯를 극하니 궁합이 나쁘다. ● 성정 : 일지의 상하가 도화이니 음란한다. 특히 낮에는 지상에 음란의 천장인 태음이 타고 있으니 도화지형이 더욱 강하다.
○ **임신·출산** : 아들이다. 출산이 임박했다.
→ 일간은 태아이다. 일간의 상하가 모두 양이니 아들이고, 삼전이 1양2음이니 다시 아들이다. 일지의 상하가 형을 하니 출산이 임박했다.

○ **모망** : 화기애애하지 않다.

→ 일간은 나이고 일지는 상대이다. 일지의 상하가 형을 하니 화기애애하지 않다.

○ **구관** : 일지의 상하가 서로 형을 하니 실마리가 없다.

→ 일지의 상하가 卯와 子이니 관청에서 불상사가 있다.

○ **구재** : 바라는 것이 헛되지 않다.

→ 재성은 재물이다. 일간음신의 재성 亥가 장생 申에 임하니 이 재물을 얻을 수 있다.

○ **알현** : 귀인이 애쓰지 않는다.

→ 요극과이니 귀인을 기대할 수 없다. 낮 귀인은 입옥되었고 밤 귀인은 공망되었으니 모두 이러하다.

○ **질병** : 병이 안에서 일어났지만 점차 일상의 건강으로 돌아간다.

→ 일지의 상하가 형을 하니 병이 안에서 발생했다. 그러나 요극과이고 다시 중전과 말전이 공망되었으니 병세가 점차 약해져서 일상으로 돌아간다.

○ **출행** : 역마가 나타나지 않았으니 여정이 잡히지 않았다.

→ 역마는 교통수단이다. 일지의 역마인 寅이 과전에 나타나지 않았으니 여정이 잡히지 않았다.

○ **귀가** : 아직 도착하지 못한다.

→ 일지의 역마인 寅이 과전에 나타나지 않았으니 아직 도착하지 못한다.

○ **관송** : 대가리만 있고 꼬리는 없다.

→ 초전이 비록 귀살이지만 중전과 말전이 공망되었으니 관송을 걱정하지 않아도 된다. 일간 戊는 간상의 申으로 탈기되고 일지 子는 지상의 卯로 탈기되니, 양측 모두 쟁송에서 손실이 많다. ↑ **승패** : 간상의 申이 지상의 卯를 극하니 내가 유리하다. ↑ **관재** : 관재정단에서의 귀살은 관재이다. 비록 초전에 귀살 卯가 임하지만 중전과

말전이 공망되었으니 죄에 비해 관재가 점차 가벼워진다.
- ○ **도망**: 먼 곳으로 갔으니 잡기 어렵다.
  → 삼교격은 가정에 간음이 발생한다. 간음을 벌인 뒤에 이미 먼 곳으로 도망쳤으니 잡기 어렵다.
- ○ **전투**: 병사가 서로 의심하고 이간질하는 일이 생긴다.
  → 삼교격은 병영 안에 간교한 사람이 있는 격이다. 이로 인해 서로 의심하고 이간질하는 일이 생긴다.

- □ 『**필법부**』: 〈제82법〉 삼전이 나아가지 못하는 불행전은 초전을 살펴야 한다. 중전과 말전이 공망되면 초전으로만 길흉을 판단하면 된다.
- □ 『**과경**』: 午가 酉에 가하면 '사교(死交)', 酉가 午에 가하면 '파교(破交)', 반음은 '반목교(反目交)'이다. 모두 성합이 되지 않는 상이다. 정록(正祿)이 있으면 '사정(四正)'이고 정록이 없으면 '사산(四散)'인데, 반드시 서너 명이 왕래하며 교제한다. 월장이 卯인 기간의 가을에 정단하여 북두칠성 辰이 丑이나 未에 임하여 丑이나 未를 묶으면 이번격이다.
  → 辰은 그물을 뜻하는 천라지망의 하나이고 丑과 未는 천을귀인의 본가이다. 辰이 丑이나 未에 임하면 귀인의 활동을 하지 못하게 귀인을 묶는 상이니 불길하여 이번격이 된다.
- □ 『**옥성가**』: 삼교의 길흉은 모두 안에서 기인한다.
  → 삼교격은 집안에서 간음이 발생하는 상이다. 낮 정단에서는 卯에 음란의 천장인 태음이 타니 이러한 성향이 더욱 강하다.

戊子일 제 11 국

공망 : 午·未 ○
낮 : 왼쪽 천장, 밤 : 오른쪽 천장

壬	○	甲
合 辰 合	青 午 蛇	白 申 后
寅	辰	午 ○
○	乙	庚	壬
空 未 貴	常 酉 陰	蛇 寅 青	合 辰 合
戊 巳	未 ○	子	寅

○空未巳	甲白申午○	乙常酉未○	丙玄戌申 玄
○青午辰 癸勾巳卯 蛇朱			丁陰亥酉 常 戊后子戌 白 己貴丑亥 空
壬合辰寅 合	辛朱卯丑 勾	庚蛇寅子 青	

□ **과체** : 중심, 교동, 등삼천∥초전협극, 육의, 복덕, 인귀생성, 교차상극(무음), 맥월, 진간전, 오양, 불행전, 신장·살몰·귀등천문(낮), 강색귀호, 위중취재.

□ **핵심** : 삼전이 묘신에서 장생으로 전해진다. 서로 차례로 능멸한다. 낮에는 백호가 둔갑(遁甲)에 타고 있다. 이로움과 해로움이 같이 있다.

□ **분석** : ❶ 辰은 일간의 묘신이고 申은 일간의 장생이다. 묘신에서 장생으로 전해지니 처음에는 혼미하지만 나중에는 깨어난다.

❷ 간상신이 일지를 극하고 지상신이 일간을 극하여 서로를 극해하니, 모든 일에서 이별하여 뿔뿔이 흩어지는 상이다.

❸ 수와 토의 장생은 申이다. 낮에는 백호가 申에 타고 다시 둔간이 甲이니 이로움과 해로움이 병존한다. 백호가 申에 타고 그 둔반이 귀살이니 흉이 매우 심하다. 다만 申이 공망되었고 다시 申을 극하는 午에 앉아 있으니 흉이되 흉이 되지 않는다. 다만 깨어나야 할 사람이 깨어나지 못하는데 이것은 辰이 일간의 묘신이기 때문이다.

□ **정단** : ❶ 중심과는 모든 일에서 세 번은 생각해야 한다.

❷ 간상에서 공망을 만나면 나에게 제대로 충성스럽고 정직한 기운이 없다.
❸ 말전의 둔반이 귀살이니 유령이나 요괴의 기운이 서려있다.
❹ 서로 속이니 진실한 근거가 없다.
❺ 그리고 일지의 귀살과 묘신이 일간에 가하지만 다행히 갑신순의 공망되어 었다. 만약 연월에서 공망을 메우면 화가 반드시 다시 발생한다.

○ 날씨 : 구름이 많이 끼지만 비는 오지 않는다.
  → 삼전은 용이 승천하여 비를 뿌리는 상이지만 중전과 말전이 공망되었으니 구름만 끼고 비가 오지 않는다.
○ 가정 : 사람과 집이 모두 업신여김을 당하니 일평생 부족하다.
  → 일간은 사람이고 일지는 집이다. 간지가 교차상극을 당하니 가정 내외에서 업신여김을 당하고 일평생 부족하다. 그리고 간지가 교차상극을 당하니 부부가 반목한다. 또한 밤 정단에서는 초전에 육합이 타고 말전에 천후가 타니 교동격이 성립되어 남자가 음란하다.
○ 혼인 : 성사되면 안 된다.
  → 일간은 나이고 일지는 상대이다. 지상의 寅은 일간 戌를 극하고 간상의 未는 일지 子를 극하여서 일간과 일지가 교차상극한다. 남녀가 상대를 살상하는 상이니 혼인이 성사되면 안 된다. ● 궁합 : 간지가 교차상극하니 매우 나쁘다. ● 성정 : 낮에는 지상에 흉장인 등사가 타고 있으니 삿된 사람이고, 밤에는 지상에 청룡이 타고 있으니 품위가 있는 사람이다. ● 다만 주야 모두 지상의 寅이 일간 戌를 극하니 나에게 유해한 사람이다. 중심과이니 혼인을 심사숙고해서 결정해야 한다.

○ **임신·출산** : 헛된 기쁨이며 얻지 못한다. 출산을 정단하면 즉시 낳는 다.
　➡ 일간은 곧 태아이다. 일간이 공망되었으니 임신의 유무를 정단 하면 임신이 되지 않았고, 임신 중에 정단하면 낙태될 위험이 있다. 만약 출산을 정단하면 일간이 공망되었으니 즉시 낳는다.

○ **구관** : 성공하지 못한다.
　➡ 등삼천이 공망되어 용이 승천하지 못하니 성공하지 못한다.

○ **구재** : 직분과 무관한 재물을 얻는다.
　➡ 초전 둔반의 壬은 재성으로서 직분과 무관한 재물이다. 그리고 재성인 일지 子를 취하는 것은 위험한데 그 이유는 지상의 寅에서 일간을 극하기 때문이다.

○ **알현** : 도움을 거의 받지 못한다.
　➡ 낮 귀인은 밤의 12지에 임하고 밤 귀인은 낮의 12지에 임하니 귀인차질이다. 귀인에게 차질이 생겼으니 귀인의 도움을 받지 못한 다.

○ **질병** : 간병이다. 바로 낫기 어렵다.
　➡ 백호는 병을 일으키는 원인이고 그의 극을 받는 오행의 장부에 는 병이 든다. 백호가 申금에 타서 목을 극하니 간병이 들고, 삼전이 진간전이니 간병이 확대되는 상이다. 따라서 바로 낫기 어렵다.

○ **모망** : 모든 일이 어둡다.
　➡ 일간은 나이고 일지는 목적사이다. 지상에서 일간을 극하니 모 든 일이 어렵다.

○ **출행** : 순풍을 타고 돛을 올려서 천리를 순식간에 간다. 다만 동행하 는 사람과 마음이 맞지 않을 우려가 있다.
　➡ 공망된 삼전의 등삼천이 풀리는 다음 순에 출행하면 출행이 순 조롭다. 다만 간지가 교차상극하니 동행하는 사람과 마음이 맞지 않는다.

○ **귀가** : 아직은 오지 못한다.
　→ 삼전의 등삼천이 공망되었으니 아직은 오지 못한다.
○ **쟁송** : 처음에는 비록 서로 업신여기지만 나중에는 오히려 뱀의 꼬리가 된다.
　→ 일간은 나이고 일지는 상대이다. 간지가 교차상극하니 서로 업신여기지만 일간과 삼전이 공망되었으니 쟁송이 누그러져서 사라진다. ● 관재 : 중죄를 지은 경우에는 일간이 공망되어 독방에서 기숙하는 상이니 수감될 우려가 있다. 그러나 경죄를 지은 경우에는 중전과 말전이 공망되고 다시 천강(辰)이 귀호인 寅에 임했으니 관재가 점차 수그러든다.
○ **도망** : 근처에 있다. 먼 곳으로 가서 숨지 못한다.
　→ 삼전 辰午申 등삼천은 용이 구름을 타고 승천하는 상이다. 다만 중전과 말전이 공망되었으니 먼 곳으로 가지 못하고 근처에 있다.
○ **유실** : 찾을 수 있다.
　→ 일지가 재성이니 찾을 수 있다.
○ **전쟁** : 병사는 피로하고 군수품은 모자란다. 아군과 적군 모두 지쳤다.
　→ 일간은 아군이고 일지는 적군이다. 간지가 교차상극하니 서로 교전하여 피해가 크며 아군과 적군 모두 지쳤다. 그리고 재성은 군수품이다. 초전의 둔반에만 작은 재물이 있으니 군수품이 모자란다.

□ 『**필법부**』: 〈제16법〉 공망 위에 공망이 타면 일을 이룰 수 없다. 천반에 순 내의 공망이 보이고 천공이 타면 빈 뜻과 빈말이 되고 전혀 실상이 없다.
　〈제52법〉 천강(辰)이 귀신문(寅)을 막으면 임의로 도모할 수 있다. 재난을 피하는 일, 음모, 사적인 기도, 문상, 문병, 약 짓기, 부적 쓰

기에 좋다. 만약 甲·戊·庚일이면 더욱 좋다.

〈제64법〉 부부가 음란하여 각기 사통하는 일이 있다. 일간은 지상신의 극을 당하고 일지는 간상신의 극을 당하면 무음격이다. 〈제69법〉 백호가 둔간귀살에 타면 재앙이 얕지 않다. 설령 공망되어 더라도 재앙을 구할 수 없다.

〈제82법〉 삼전이 나아가지 못하는 불행전은 초전을 살펴야 한다.

□ 『과경』 : 辰은 천강이고 寅은 귀신의 출입문이다. 辰이 寅에 가하면 辰이 귀신의 출입문을 막으니 모든 귀신이 엿보지 못한다. 재앙을 피난하여 도망가는 일에서 매우 좋다.

→ 辰은 천라지망으로서 곧 그물이다. 그물이 귀신의 출입문을 막으니 출행에 매우 좋다. 위의 『대육임필법부』 52법을 참조할 것.

戊子일 제 12 국

공망 : 午·未 ○
낮 : 왼쪽 천장, 밤 : 오른쪽 천장

	庚	辛	壬
	蛇寅青	朱卯勾	合辰合
	丑	寅	卯
	○	○	己	庚
	青午蛇	空未貴	貴丑空	蛇寅青
	戊巳	午○	子	丑

○ 青午 蛇 空未 貴 午	甲申 白 申 后 未 ○	乙酉 常 申 陰
癸巳 勾 辰 朱		丙戌 玄 酉 玄
壬辰 合 卯 合		丁亥 陰 戌 常
辛卯 朱 寅	庚寅 蛇 丑 青	己丑 貴 子 空	戊子 后 亥 白

□ **과체** : 지일, 연여∥구추(낮), 가귀, 맥월, 간지협공삼전, 천라지망.

□ **핵심** : 간상의 午가 비록 일간을 생하지만 공망되었으니 무익하다. 삼전의 모든 곳에서 일간을 극한다. 그리고 낮 귀인은 일지를 극하고 밤에는 청룡이 일간을 극한다.

□ **분석** : ❶ 午가 갑신순의 공망되어 어 일간에 임했으니, 생(生)의 이름만 있고 실제로는 생을 하지 못한다.

❷ 삼전이 寅卯辰이 순수한 동방의 목기이니 일간을 전적으로 극을 한다.

❸ 낮 귀인 丑토는 일지 子를 극하고 밤에는 청룡이 타서 일간을 도적질하여 사람과 집이 모두 상하니, 움직이거나 가만히 있거나 모두 어찌할 도리가 없다.

❹ 간상의 午가 나를 생하는 신이지만 갑순순의 공망되었으니 이른 바 생(生)을 보지만 생을 하지 못한다. 나를 생하는 것이 공망되었으니 삼전의 寅卯辰이 어찌 좋겠는가? 이는 귀살국에서 일간을 손상시키기 때문이다.

❺ 『경(經)』에서 말하기를 지출은 많지만 버는 것은 부족하다고 하

였다. 이 과가 바로 여기에 해당한다.
- □ **정단** : 연여의 과이고 또한 순수한 관성국이다. 관직정단에는 매우 좋고, 서민에게는 재앙과 손실로 인해 많이 불안하다. 다행히 午가 공망되었으니 문자로 인한 공연히 놀랄 뿐이다.

○ **날씨** : 맑지 않다.
　→ 일간이 귀살국으로부터 극을 받으니 맑지 않다.
○ **가정** : 부모효가 공망되었으니 존장에게 재앙이 생긴다.
　→ 부모효는 부모를 비롯한 집안의 어른을 뜻한다. 간상의 午가 공망되었으니 존장이 사망한다. 만약 인월(寅月)에 정단하면 午가 사기이니 사망이 확실하다.
○ **혼인** : 낮 정단에서는 성사된다. 귀한 가문의 딸이다.
　→ 일간은 남자이고 일지는 여자이다. 일지의 상하가 丑과 子이어서 견우와 직녀가 상봉한다는 '우녀상회'이니 혼인하는 상이니 혼인이 성사된다. ● 귀천 : 낮에는 지상에 귀인이 타고 있으니 귀한 가문의 여자이고, 밤에는 지상에 천공이 타고 있으니 허언을 일삼는 여자이다. ● 혼처 : 지일과이니 가까운 곳이나 사람에게서 배우자감을 구하면 된다. ● 일간이 공망되었으니 혼인할 수 없는 상황이거나 혹은 혼인할 의사가 없다.
○ **임신·출산** : 태아가 낙태되는 것을 방지해야 한다. 출산을 정단하면 즉시 낳는다.
　→ 일간은 태아이다. 일간이 공망되었으니 임신을 정단하면 낙태되고, 출산을 정단하면 즉시 출산한다.
○ **모망** : 모든 일이 흡족하게 되지 않는다.
　→ 일간은 나이고 일지는 목적사이다. 일간이 공망되었으니 흡족하게 되지 않는다.

○ **구관** : 관성국을 이루고 있다. 봄에 정단하면 매우 좋다.
　→ 삼전의 寅卯辰이 모여 관성국을 이루고 있으니 좋다. 만약 봄에 정단하면 나무가 왕성하니 더욱 좋다.
○ **구재** : 재성이 극을 받으니 취득하는 것이 적다.
　→ 말전 둔반의 壬은 재물이다. 천반의 辰토로부터 극을 받으니 취득하는 재물이 적다.
○ **알현** : 귀인이 집에 있으니 가면 만날 수 있다.
　→ 일지는 집이다. 낮 정단에서 지상에 귀인이 임하니 그를 찾아 가면 만날 수 있다.
○ **질병** : 비장의 병이다. 가을에 정단하면 병세가 심해지는 것을 방지해야 한다.
　→ 귀살의 극을 받는 오행의 장부에 병이 든다. 귀살이 목이니 목의 극을 받는 비·위에 병이 든다. 가을에는 귀살국이 수사기이니 병세가 심해진다.
○ **도망** : 辰이 말전에 있으니 찾지 않더라도 스스로 귀가한다.
　→ 辰은 동신(動神)이다. 辰이 말전에 있으니 움직여서 귀가한다.
○ **출행** : 간상이 공망되었으니 중도에 발걸음을 돌이킨다.
　→ 일간은 출행인이다. 일간이 공망되었으니 준비가 부족하여 중도에 되돌아온다.
○ **귀가** : 삼전이 앞으로 나아가니 아직 오지 않는다.
　→ 삼전의 寅卯辰이 앞으로 나아가는 상이니 아직 오지 않는다.
○ **관송** : 한 곳 관청에서의 관송이 아니다. 화해하는 것이 좋다.
　→ 삼전이 줄지어져 있어서 관송이 계속 발생하는 상이니 화해하는 것이 좋다. 즉 지상 丑 → 초전 寅 → 중전 卯 → 말전 辰으로 이어지니 관송이 쉽게 끝나지 않는다. ↑ **승패** : 일간은 나이고 일지는 상대이다. 일간은 공허하고 일지는 튼실하니 나는 불리하고 상대는 유리하며, 다시 삼전의 귀살국이 일간을 극하니 내가 불리하다.

○ **전투** : 갑자기 같은 무리의 병사들이 들이닥치니 아군과 적군 모두 그의 재앙을 받는다.
　→ 삼전의 寅卯辰이 동일한 오행이니 하나의 무리이다. 삼전이 귀살국이니 이들의 공격을 받는다.
○ **분묘** : 용혈(龍穴)은 모두 좋다. 물로 인해 묘지가 상한다.
　→ 용(龍)은 묘지로 들어오는 산줄기이고, 혈(穴)은 시신이 묻히는 땅 구멍이다. 삼전이 목국이니 산줄기가 좋고, 일지음신의 낮에 등사가 타니 혈이 좋다. 일지 子가 제4과 사신의 寅과 삼전의 목국을 생하여 일간을 극하니 물로 인해 묘지가 손상된다. 참고로 육임 풍수이론에서 등사에는 혈(穴)의 뜻이 있다.

□ 『**필법부**』 : 〈제55법〉 천라지망을 만나면 모망사에서 졸렬함이 많다. 간상에 간전일진이 타고 지상에 지전일진이 타면 '천라지망'이다. 대개 이 격은 그물로 몸과 가택을 옭아매니, 모든 정단에서 어찌 형통할 수 있겠는가?
　〈제13법〉 귀적이 득령하면 두려울 것도 없고 거리낄 것도 없다.
　〈제57법〉 비용을 많이 들였으나 대가는 부족하다. 소득은 적고 지출은 지나치게 많아서 소득이 지출을 감당하지 못한다.
□ 『**벽옥경**』 : 삼전이 모두 귀살이어서 간상의 午를 불러일으키지만 오히려 양인이니 그 흉을 면하기 어렵다. 다만 본명상신이 亥子이면 흉이 준다.
　→ 본명상신이 亥子이면 간상의 양인 午를 극을 해서 양인을 무력화시키므로 흉이 준다고 하였다.
□ 『**과경**』 : 寅卯辰은 목국이다. 봄에 정단하면 목이 왕성하니 영화를 탐할 뿐이고 토를 극할 뜻은 없다. 여름과 가을에 정단하면 그 화가 발생한다.

→ 관성인 목국이 왕성하면 관운을 좋게 할 뿐이고 일간의 오행인 戊토를 극하지 않는다. 그러나 목이 실령해지는 여름과 가을에 정단하면 관운이 약해지고 일간을 극하여 사람에게 해를 입힌다.

기축일

己丑日의 길신(구보)과 흉살(팔살)				
일덕	寅		형	
일록	午		충	
역마	亥		파	
장생	寅		해	
제왕	午		귀살	寅卯
순기	子		묘신	戌
육의	甲申		패신	卯
귀인	주	子	공망	午未
	야	申	탈(脫)	申酉
합(合)			사(死)	酉
태(胎)	子		절(絶)	亥

| 갑신순 | 기축일 | 1국 |

己丑일 제 1 국

공망 : 午·未 ○
낮 : 왼쪽 천장, 밤 : 오른쪽 천장

己	丙	○
蛇 丑 白	陰 戌 陰	白 未 蛇
丑	戌	未 ○
○	○	己	己
白 未 蛇	白 未 蛇	蛇 丑 白	蛇 丑 白
○ 己 未	未 ○	丑	丑

癸巳巳 青	合	午午 空	朱	未未 白	蛇	甲申申 常	貴
壬辰辰 勾	勾					乙酉酉 玄	后
辛卯卯 合	青					丙戌戌 陰	陰
庚寅寅 朱	空	己丑丑 蛇	白	戊子子 貴	常	丁亥亥 后	玄

□ **과체** : 복음, 자신, 가색 ∥ 형상, 조간, 간지동류, 간지상충.

□ **핵심** : 지상이 발용이 된 뒤에 말전이 간상으로 전해지니 상대가 나에게 와서 부탁한다. 주야의 천장이 모두 흉하니 두렵다.

□ **분석** : ❶ 지상이 초전이 되었고 말전이 간상으로 돌아왔다. 이와 같이 일지가 일간으로 전해지니 반드시 타인이 나에게 와서 부탁하며 길흉 모두 성사된다.

❷ 삼전이 비겁(比劫)이고 일간의 동류이니 처와 재물 손실이 크다. 하물며 주야 천장이 등사와 백호이니 재앙이 생기고 화가 발생한다. 태음이 戌에 타니 조사를 당하여 드러난다는 뜻이 있는 '피찰(被察)'이라고 하여 괴이한 일로 숨는 일과 혹은 소인배로부터 모함을 당하는 일이 두렵다.

□ **정단** : ❶ 이 복음과의 자신격은 엎드려서 일어나지 못하고 굽힌 상태를 펴지 못하는 상이니, 가만히 있으면 안전하고 움직이면 막힌다. 자신격은 여리게 세상과 접촉한다. 몸을 움직이려고 하지만 움직이지 못하고 가정이 조용하기를 바라지만 불안하다.

❷ 하물며 가색격은 본래 어려운데 토일(日)을 만나니 지체되는 것

이 더욱 심하며 모든 일에서 핍박을 받아 자기 뜻대로 되지 않는다. 그리고 말전이 갑신순의 공망이니 모든 일에서 성과가 없다.

○ **날씨** : 비가 오고 안개가 끼며, 습하고 찜통더위이다. 그러나 나중에는 바람이 불고 비가 오며, 춥고 얼어붙는다.
→ 가색격의 오행이 토이니 본래 흐리다. 그러나 가색의 말전이 공망되었으니 나중에는 바람이 분다. 그리고 우기에는 안개가 끼고 습하며 찜통더위가 된다.

○ **가정** : 불안하다. 놀랍고 두려운 일이 많다.
→ 일간은 사람이고 일지는 집이다. 간지와 그 상신이 삼형이고 다시 상충이니 가정이 불안하다. 주야 정단에서 지상에 등사와 백호가 타니 놀라고 두려운 일이 발생한다.

○ **혼인** : 성사되면 안 된다.
→ 일간은 나이고 일지는 상대이다. 간지와 그 상신이 삼형이고 다시 상충이어서 남녀가 싸우고 헤어지는 상이니 혼인이 성사되면 안 된다. ● 궁합 : 매우 나쁘다. 기궁 未와 일지 丑이 상충하고 간상의 未와 지상의 丑이 상충하며 간지가 교차상충하니 궁합이 매우 나쁘다. ● 혼인 : 과전에 비겁만 가득하니 처를 취하기 어렵다. 설령 취하더라도 병약하거나 무력한 여자와 인연이 맺어진다. ● 성정 : 지상에 낮에는 흉장인 등사가 타고 있으니 삿된 사람이고, 밤에는 지상에 백호가 타고 있으니 성정이 드세거나 몸에 질병이 있는 사람이다.

○ **임신·출산** : 벙어리를 출산할 우려가 있다. 출산이 임박한 경우에 정단하면 즉시 낳는다.
→ 복음과로 임신정단을 하면 벙어리이다. 출산을 정단하면 태아를 뜻하는 일간과 임신부를 뜻하는 일지가 상충하니 즉시 낳는다.

○ **구관** : 오랫동안 이룰 수 없다.
→ 비록 삼전이 권력을 뜻하는 삼형이지만 말전이 공망되었으니 삼형이 불성하며, 다시 과전이 형제국이니 경쟁자가 많아서 오랫동안 승진하기 어렵다.

○ **구재** : 오히려 손실이 발생한다.
→ 형제효는 재물을 탐하는 사람이고 재성은 재물이다. 재성은 없고 형제효로만 과전이 구성되어 있으니 오히려 손실이 발생한다.

○ **알현** : 서로 화합하지 않는다.
→ 간지와 그 상신이 삼형이고 다시 상충하니 화합하지 않는다.

○ **질병** : 비장병이다. 구병은 불리하고 급병은 두렵지 않다.
→ 오행의 토는 비·위이다. 과전이 온통 토국이어서 비·위가 부은 상이니 비·위장병이다. 또한 토국의 극을 받는 신장에도 병이 든다. 일간이 공망되면 사람이 없어지는 상이니 구병 환자는 사망한다.

○ **유실** : 멀리가지 않았으니 급히 찾아야 한다. 도망친 사람은 옆집에 숨어 있다.
→ 복음과는 물건이나 사람이 가까운 곳에 있으니 근처에서 찾으면 된다.

○ **출행** : 나갈 수 없다. 나가더라도 되돌아온다.
→ 복음과는 주역의 곤괘에 해당하는 과로서 산이 길을 막고 있는 상이다. 가까운 곳은 갈 수 있지만 먼 곳은 갈 수 없다.

○ **귀가** : 즉시 온다. 즉시 오지 않을 경우에는 있는 곳에서 아직 움직이지 않았다.
→ 복음과는 가까운 곳으로 간 사람은 즉시 오고 먼 곳으로 간 사람은 귀가를 위해 출발하지 않았다.

○ **쟁송** : 부동산으로 인한 쟁송으로서 누군가의 충동질로 인해 발생했다. 나중에 반드시 풀린다.
→ 가색은 부동산이고 삼형은 쟁송이다. 삼전이 가색이고 삼형이니

부동산으로 인한 쟁송이다. 간지와 그 상신이 상충하니 나중에는 쟁송이 풀린다.
- ○ **전투** : 놀라며 두려운 일이 발생한다. 군사들이 의혹스럽게 여기고 두려워하며 불안해한다.

    → 일간은 장수이고 일지는 병영이다. 지상에 등사와 백호가 타니 병영의 군사들이 놀라고 두려워하며 불안해한다.
- ○ **분묘** : 불안하다.

    → 간지와 그 상신이 상충한다. 따라서 오랫동안 보존되지 못하는 묘소의 상이니 불안하다.

- □ 『**필법부**』: 〈제23법〉 일지가 일간으로 전해지면 타인이 나에게 와서 부탁한다. 모든 정단에서 반드시 타인이 주요 모망사를 나에게 위임, 부탁하게 된다.

    〈제75법〉 손님과 주인이 다투니 형벌을 받는다. 교섭사에서 반드시 각각에게 다른 마음이 있다.

    → 이 과전에서는 간지와 그 상신이 삼형이고 삼전 또한 삼형이다.
- □ 『**과경**』: 과전에 정마가 없더라도 연명상에 괴강이나 亥가 임하면 움직일 수 있다.

    → 괴강은 辰과 戌을 가리킨다. 과전이나 연명상에 괴강이 임하면 문을 열고 나가는 뜻이 있는 '참관격'이라고 하여 움직이는 일에서 길하다. 亥에는 巳와 함께 역마의 뜻이 있으니 움직일 수 있다.
- □ 『**지장부**』: 삼전에서 사계인 丑戌未가 역으로 전해지고 있다. 이것을 봄에는 '월고(越庫)'라고 하여 재물이 흩어지니 재운이 좋지 않고, 여름에는 '전괴(轉魁)'라고 하여 타인에게 위임하면 안 되며, 가을에는 '살묘(煞墓)'라고 하여 기세가 장차 흥하고 또한 일어나며, 겨울에는 '복음(伏陰)'이라고 하여 기미가 점차 안으로 들어가서 간직된다.

己丑일 제 2 국

공망 : 午·未 ○
낮 : 왼쪽 천장, 밤 : 오른쪽 천장

戊	丁	丙
貴子常	后亥玄	陰戌陰
丑	子	亥

○	癸	戊	丁
空午朱	青巳合	貴子常	后亥玄
○己未	午○	丑	子

壬勾辰巳	癸勾巳午○	○空午未○	○白未申 蛇
辛合卯辰 青			甲常申酉 貴
庚朱寅卯 空			乙玄酉戌 后
己蛇丑寅 白	戊貴子丑 常	丁后亥子 玄	丙陰戌亥 陰

□ **과체** : 중심, 퇴여, 여덕(낮) // 우녀상회, 초전협극, 삼기, 왕록임신, 일록공망, 호태, 간지구합, 교차육해, 간지동류, 살몰, 간지상충.

□ **핵심** : 귀인으로 인하여 녹을 잃지만 정마가 있다. 문서에 관련 일은 이롭지 않고, 혼사는 매우 빠르다.

□ **분석** : ❶ 귀인이 발용이 되어 일간의 재성이 되어 일록인 午를 충하고 극하니 초전의 귀인이 간상의 일록을 잃게 한다.

❷ 중전의 亥의 둔반이 丁이고 다시 역마이니 먼 곳으로 가서 구재하는 상이다.

❸ 午에 진주작이 타고 있어서 문서이지만 지금 갑신순의 공망되었으니 일록을 잃고 문서에 관련 일에 이롭지 않다.

❹ 子가 丑에 가한 곳에 밤에는 태상이 타서 견우와 직녀가 서로 만나니 혼례가 신속하게 진행된다.

□ **분석** : ❶ 이 중심과는 연여로서 역으로 전해지니 순조롭지 못한 경우가 많다. 후퇴하는 가운데에 전진할 때에 자세하게 살핀 뒤에 행동해야지 함부로 행동하면 안 된다.

❷ 간상신이 일간을 생하면 모든 정단에서 좋다.

❸ 子와 丑이 서로 가하니 반드시 타인과 화합한다.
❹ 아쉽게도 일록이 공망되었고 다시 초전으로부터 극을 당하여 헛된 기쁨과 허황된 소리를 면할 수 없으니 좋은 가운데에서 부족함이 있다.
❺ 오월(午月)에는 도모하는 모든 일에서 뜻을 이룬다.

○ 날씨 : 비를 원하는 정단을 하면 반드시 비가 오고, 맑은 날씨를 원하는 정단을 하면 맑기 어렵다.
→ 초전과 중전의 천반이 모두 수이니 비가 오고 말전이 토이니 나중에는 비가 그치지만 햇살이 나지는 않는다.
○ 가정 : 가정이 화목하며 가정에 경사가 있다. 그러나 문서를 잃는 것을 방지해야 한다.
→ 일간은 사람이고 일지는 가정이다. 일지의 상하가 육합하니 가정이 화목하고 혼인의 경사가 있다. 밤 정단에서는 주작이 타고 있는 간상의 일록이 공망되었으니 재물에 관련된 문서를 잃는 것을 방지해야 한다.
○ 혼인 : 반드시 성사되고 화목하다.
→ 일간은 남자이고 일지는 여자이다. 일지의 상하가 우녀상회이니 혼인이 성사되어 화목한데 밤 정단에서는 태상이 타고 있으니 혼인이 더욱 길하다. 지상의 낮에는 귀인이 타고 있으니 귀한 사람이고, 밤에는 태상이 타고 있으니 음식을 잘하는 사람이다. ● 궁합 : 일간은 나이고 일지는 상대이다. 기궁 未와 일지 丑이 상충하고 다시 간상의 午와 지상의 子가 상충하니 궁합은 매우 나쁘다. 더군다나 기궁과 지상이 육해이고 일지와 간상이 육해이니 더욱 더 궁합이 나쁘다. 육해에는 상해의 뜻이 있다.
○ 임신·출산 : 헛된 기쁨일 우려가 있고, 출산을 정단하면 바로 낳는다.

→ 일간은 태아이고 일지는 임신부이다. 일간이 공망되었으니 임신 되지 않았거나 임신 중이라면 낙태될 우려가 있다. 간지와 그 상신 이 상충하니 출산을 정단하면 바로 낳는다.
○ 구관 : 헛된 명성으로서 실제하지 않는다.
→ 관직자의 녹봉을 뜻하는 일록이 공망되었으니 헛된 명성으로서 퇴직의 상이다.
○ 구재 : 귀인의 도움을 받아 먼 곳으로 가서 재물을 구한다.
→ 낮 정단에서 초전에 귀인이 타고 있고 중전이 일간의 재성이며 그 둔반이 정마이니 귀인의 도움을 받아 원방으로 가서 재물을 구한다. 단지 밤 정단에서는 중전의 재성에 현무가 타고 있으므로 중전의 재물을 구하지 못한다.
○ 질병 : 몸이 허하며 음식을 삼키지 못한다. 천천히 낫는다.
→ 일간은 환자이고 일지는 질병이다. 일간이 공망되었으니 몸이 허하다. 간상의 일록 午가 공망되었으니 음식을 삼키지 못하지만 초전의 子에서 공망된 일록 午를 충하여 푸니 음식을 먹게 되고 천천히 낫는다.
○ 유실 : 찾는다.
→ 재성은 재물이다. 초전과 중전이 재성이니 찾는다.
○ 출행 : 원행하면 재물을 얻는 기쁨이 있다.
→ 중전의 재성에 정마가 임하니 원행하여 재물을 얻는다.
○ 귀가 : 즉시 온다.
→ 말전 戌 ⋯ 중전 亥 ⋯ 초전 子 ⋯ 지상 子로 이어지니 즉시 온다.
○ 쟁송 : 재물로 인한 쟁송으로서 화해하지만 나에게 지출이 많다.
→ 간상이 일록이고 지상이 다시 재성이니 재물로 인한 쟁송이다. 간상의 일록이 공망되었으니 지출이 많다. 일간이 공허하고 지상이 튼실하며 지상의 子가 간상의 午를 극하니 내가 패소한다. 곤괘 중심과이니 치밀하게 쟁송에 대비해야 하고 또한 쟁송이 오래갈 것에

대해서도 대비해야 한다.
○ **전투** : 길하고 이롭다.
  → 초전과 중전이 재성이어서 전리품이 많으니 길하고 이롭다.

□ 『**필법부**』 : 〈제16법〉 공망 위에 공망이 타면 일을 이룰 수 없다.
  → 이 과전에서는 낮 정단에서 간상에 천공이 타고 다시 공망되어 있다.

□ 『**과경**』 : 간지의 상하가 상합하니 화미격이다. 합한 신이 발용이 되었고 정단하는 사람의 연명에 길장이 타면 합환격이 된다. 단지 간지의 상하가 교차육해이니 상호 교류하는 일에는 나쁘다.
  → 일간의 상하 午未가 육합하고 일지의 상하 子丑이 다시 육합한다. 그러나 기궁 未와 지상신 子가 육해이고 일지 丑과 간상신 午가 육해이니 모든 교류에서 나쁜데 가령 매매, 교역, 장사, 거래 정단에서 나쁘다.

□ 『**지장부**』 : 삼전이 子亥戌이니 '중음(重陰)'이다. 도망치는 일에서 안전하니 평생 은둔하여 지내는 일에서 좋다.

□ 『**심인부**』 : 子와 丑이 서로 가하면 일을 반드시 이루고 다시 길장이 타니 더욱 좋다.
  → 지상과 초전에서 子가 丑에 가한 곳에 낮에는 귀인이 타고 밤에는 천공이 타고 있다.

갑신순 | 기축일 | 3국

己丑일 제3국

공망: 午·未 ○
낮: 왼쪽 천장, 밤: 오른쪽 천장

丁	乙	○	
后 亥 玄	玄 酉 后	白 未 蛇	
丑	亥	酉	
癸	辛	丁	乙
青 巳 合	合 卯 青	后 亥 玄	玄 酉 后
○ 己 未	巳	丑	亥

	辛卯 合巳	壬辰 勾午	癸巳 青未	○午 空申	
	朱庚寅辰	空		白未酉	蛇
	己丑卯 蛇	白		甲申戌 常	貴
	戊子寅 貴	丁亥丑 常后	丙戌子 陰 陰	乙酉亥 玄 后	

- □ **과체**: 중심, 역간전, 시둔(時遁) // 육음, 재성정마, 간지상충, 간지동류.

- □ **핵심**: 가택이 발용이 되어 역마와 정마가 타고 있지만 변화하고 옮기는 일이 뜻대로 되지 않는다. 모든 일에서 할 말을 잃게 된다. 과전이 육음이다.

- □ **분석**: ❶ 亥는 정마이며 역마인데 일지에 임한 뒤에 발용이 되었으니 반드시 이사한다.

    ❷ 순미인 간상의 巳가 일간에 임하고 공망되었으니, 모든 일에서 입을 닫고 깊이 은둔하는 것이 좋다.

    ❸ 사과가 巳卯亥酉이고 삼전이 亥酉未이니 모두 다섯 개의 음이 보인다. 만약 사람의 행년과 본명상의 글자가 丑이면 육음으로 이어지니 혼미해진다.

- □ **정단**: ❶ 이 중심과는 역의 퇴간전이다. 모든 일은 안에서 일어나고 부녀자와 관련된 일이 많으며, 존장에게는 기세가 없어서 존장에게 불순한 정황이다.

    ❷ 밤 정단에서 천후와 현무가 삼전에서 동행하니 바르지 못한 상

이다.
❸ 비록 간상에서 일간을 생하지만 아쉽게도 공망되어 었다.
❹ 그리고 과전이 순음이니 모든 일에서 주객이 불화한다. 공허하고 어두워서 어느 곳에도 말할 곳이 없고 가택은 동요하며 불안하다.
⑥ 구재에는 유리하지만 차질이 생겨서 이루기 어렵다.

○ 날씨 : 중음이니 장기간 비가 오고 햇빛을 보기 어렵다.
　→ 사과와 삼전이 모두 음이니 장기간 비가 오고 햇빛을 보기 어렵다.
○ 가정 : 북향의 가택이며 어둡다. 간음을 방지해야 한다.
　→ 일간은 사람이고 일지는 가택이다. 과전이 모두 음이니 북향이며 음사(陰私)와 간음을 방지해야 한다. 그리고 일간은 부모 혹은 남편이고 일지는 자식 혹은 아내인데, 간지와 그 상신이 상충하니 부모와 자식, 남편과 아내가 화목하지 않다. 그리고 삼전이 밤의 12지로 이어지니 가운이 어둡다.
○ 혼인 : 이루기 어렵고 또한 나쁘다.
　→ 일간은 남자이고 일지는 여자이다. 간지와 그 상신이 상충하고 다시 간지의 둔반이 상충하며 또다시 과전이 육음이니 혼인을 이루기 어렵고 또한 나쁘다. ● 성정 : 낮에 정단하면 지상에 천후가 타고 있으니 상대의 성정이 어질고, 밤에 정단하면 지상에 현무가 타고 있으니 상대의 성정이 바르지 못하다. ● 궁합 : 일간은 나이고 일지는 상대이다. 비록 간지가 교차육합하지만 기궁 未와 일지 丑이 상충하고 다시 간상의 巳와 지상의 亥가 상충하니 보통의 궁합이다.
○ 임신·출산 : 태아 정단은 불안하고 출산정단은 좋다.
　→ 태신은 태아이고 일지는 임신부이다. 태신인 子가 子의 병지인 寅에 임하니 임신이 불길하다. 그러나 간지와 그 상신이 상충하니

출산은 길하다.
- **구관**: 스스로 집에서 나와 재물로써 관직을 산다.
  - → 재성은 재물이고 관성은 관직이다. 재성이자 역마와 정마인 초전의 재성에서 일간음신의 관성 卯를 생하니 재물로 관직을 산다.
- **구재**: 처와 재물을 얻기 위해 움직이는 것이 떳떳하지 못하며 불확실한 재물을 얻는다.
  - → 초전의 亥가 재성이며 역마와 정마이니 재물을 얻기 위해 움직이지만 과전이 모두 음이므로 떳떳하지 못하고 불확실한 재물을 얻는다.
- **질병**: 주로 음증으로서 말을 하지 못한다. 거듭하여 치료하지만 낫기 어렵다.
  - → 과전이 모두 음으로 구성되어 있으니 음증이며 낫기 어렵다. 그러나 병자를 뜻하는 일간과 질병을 뜻하는 일지가 상충하니 늦게 낫는다.
- **유실**: 찾는다.
  - → 재성은 재물이다. 초전이 재성이니 찾는다.
- **출행**: 좋다. 그러나 출행을 멈추게 된다.
  - → 초전이 역마와 정마이니 출행하기 좋지만 말전이 공망되었으니 출행을 멈추는 것이 좋다.
- **귀가**: 즉시 온다.
  - → 역마는 교통수단이다. 초전의 역마가 가정을 뜻하는 지상으로 이어지니 즉시 온다.
- **쟁송**: 간음 혹은 처와 재물로 인한 쟁송이다. 상대와 합의하는 것이 좋다.
  - → 과전이 모두 음이니 간음에 관련된 쟁송이거나 혹은 초전이 재성이니 처나 재물로 인한 쟁송이다. 과전이 육음이어서 어두우니 합의하는 것이 좋다. ● **승패**: 지상의 亥가 간상의 巳를 극하니 상대

는 유리하고 나는 불리하다. ● 중심과이니 서류를 완비하여 장기전을 하는 것이 이롭다.
○ 전투 : 이롭지 않다.
→ 과전이 모두 음이니 출병이 이롭지 않다.

─────────────────────────────

□ 『필법부』: 〈제92법〉 청룡이 생기에 타면 길한 작용이 늦게 나타난다.
□ 『과경』: 간상이 巳이다. 낮의 유월에 정단하면 청룡이 일간을 생하는 곳에 타고 있다. 유월 정단에서 유월의 생기에 해당하니 서서히 발복한다.
→ 생기는 월건 기준의 신살이다. 인월(寅月) 子에서 일으켜서 순행 12지로서 유월의 생기는 巳이다.
□ 『정와』: 亥酉未는 시둔격(時遁格)이다. 酉는 태음이며 未 속의 丁이 옥녀(玉女)이니 은둔하여 모습을 감추는 데에 이롭다. 그리고 스스로 亥에서 未로 전해지니 마치 사람이 어두운 곳으로 들어가서 몸을 숨기는 상이다. 군자가 정단하면 길하고 소인이 정단하면 흉하다.

| 갑신순 | 기축일 | 4국 | 311 |

己丑일 제 4 국

공망 : 午·未 ○
낮 : 왼쪽 천장, 밤 : 오른쪽 천장

戊	壬	丙
貴子勾	勾辰常	陰戌朱
卯	未 ○	丑

壬	己	丙	○
勾辰常	蛇丑青	陰戌朱	白未后
○己未	辰	丑	戌

庚寅 朱巳	空	辛卯 合午	白	壬辰 勾未	常	癸巳 青申	玄
己丑 蛇辰	青					○ 空午 酉	陰
戊子 貴卯	勾					○ 白未 戌	后
丁亥 后寅	合	丙戌 陰丑	朱	乙酉 玄子	蛇	甲申 常亥	貴

□ **과체** : 묘성, 동사엄목, 천번(天煩) // 삼기, 여덕(낮), 신장·귀등천문 (밤), 참관, 간지동류, 간지상충, 간지 교차상파.

□ **핵심** : 괴강(戌辰)이 거듭하여 보이니 먼 타향으로 건너간다. 귀인이 타고 있는 재성이 발용이 되었지만 상하가 무례지형이니 무례를 방지해야 한다.

□ **분석** : ❶ 천강과 하괴가 일진에 임했고 다시 중전과 말전에 들었으니 중첩되어 보인다.

❷ 괴강은 변동의 신이다. 간지상신이 괴강이니 반드시 나와 가정이 불안해서 타향으로 건너간다.

❸ 일간의 재성인 子가 발용이 되었고 낮에는 귀인이 타니 반드시 귀인이 재물로써 나를 도와준다. 다만 子가 卯에 가하여서 '여덕'이니 무례한 형을 방지해야 한다.

□ **정단** : ❶ 이 묘성과의 격명은 동사엄목이다. 음의 성정은 땅을 따른다. 그 기운이 아래로 가라앉아 엎드려서 그것을 쳐다보니 숨으면 길하고 조급하게 움직이면 흉하다. 정단하는 사람은 모든 일에서 반드시 순리에 따라야 하고 암매한 것을 제압하는 것이 좋다.

❷ 간지상의 괴강이 상충하니 움직이는 상이지만 묘신이 일간에 엎드려 있으니 어둡다. 그리고 음일의 묘성은 만 가지의 형태로 숨어 있으니 결국 움직이지 못한다.

○ 날씨 : 비가 온다.
→ 낮에 정단하면 초전에 귀인이 수의 오행인 子에 타고 있으니 비가 온다. 그러나 중전과 말전이 토의 오행인 토이니 나중에는 비가 그친다.
○ 가정 : 불안하다. 간음과 구설수를 방지해야 한다.
→ 일간은 사람이고 일지는 집이다. 간지상에 괴강이 임하니 가정의 내외가 불안하며 장애가 많다. 그리고 지상에 낮에는 태음이 타니 간음이 우려되고, 밤에는 주작이 타니 구설수가 우려된다.
○ 혼인 : 길하지 않다.
→ 일간은 남자이고 일지는 여자이며 괴강은 천라지망이다. 간지상에 괴강인 辰戌이 임하여 혼인에 장애가 생기니 길하지 않다. ● 궁합 : 간지와 그 상신이 상충하고 다시 그 둔반이 상충하니 궁합이 나쁘다. 다시 기궁 未와 지상의 戌이 상파하고 일지 丑과 간상의 辰이 상파하니 더욱 나쁘다. ● 성정 : 주야 모두 지상에 흉장인 태음과 주작이 타고 있으니 상대의 성정이 좋지 않다.
○ 임신·출산 : 부실을 방지해야 한다.
→ 일간은 태아이고 일지는 임신부이다. 임신을 정단하면 간지와 그 상신이 상충하니 낙태되어 부실하기 쉽고 출산을 정단하면 쉽게 출산한다.
○ 구관 : 재물로 공명을 얻지만 암해를 방지해야 한다.
→ 재성은 재물이고 귀인은 관직자이다. 낮 정단에서 초전의 子는 재성이다. 여기에 천을귀인이 타고 있으므로 재물로 관직을 사는

○ **구재** : 관직에 있는 사람이나 혹은 부동산으로 인해 얻는다.
→ 재성은 재물이고 귀인은 관직자이다. 낮 정단에서는 귀인이 재성에 타고 있으니 공무원으로 인해 득재하고, 밤 정단에서는 구진이 재성에 타고 있으니 부동산으로 인해 재물을 얻는다.

○ **알현** : 방도가 있으며 이익을 득한 뒤에 돌아온다.
→ 낮 정단에서는 귀인이 재성에 타고 있으니 귀인의 재물을 얻는다.

○ **질병** : 주로 비장 질환이다. 막혀 있어서 고통스럽다.
→ 과전에 토의 오행이 지나치게 강하니 토의 장부인 비장 질환이 발생한다. 그리고 일간은 환자이고 일지는 질병인데, 간지상의 辰戌 나망이 막혀 있는 것을 뜻하니, 음식이나 기혈이 막혀 있어서 고통스럽다.

○ **유실** : 찾는다.
→ 재성은 재물이다. 재성이 초전에 있으니 찾는다.

○ **도망** : 권세가의 집에 숨어있을 우려가 있다.
→ 낮 정단에서 초전에 천을귀인이 임하니 공무원의 집에 숨어 있을 우려가 있다.

○ **출행** : 장애가 많아 움직일 수 없다.
→ 辰과 戌은 천라지망으로서 그물이다. 간지상에 이들이 있으니 출행할 수 없다.

○ **귀가** : 아직 돌아오지 않는다.
→ 말전과 중전이 천라지망이고 다시 간지상이 천라지망이니 장애가 많아서 아직 귀가하지 못한다.

○ **쟁송** : 재물이나 부동산으로 인해 다툰다. 오랫동안 합의하지 못한다.
→ 일간은 나이고 일지는 상대이다. 초전이 재성이니 재물로 인해

다투거나 혹은 간지상신의 오행이 토이니 부동산으로 인해 다툰다. 간지와 간지의 상신이 서로 충을 하고 있으니 오랫동안 합의하지 못한다. 그리고 일간과 일지가 동일한 오행이고 다시 그 상신이 동일한 오행이니 쟁송의 승패가 쉽게 나지 않는다. ● 관재 : 지상의 戌은 일간의 묘신이고 간상의 辰은 일지의 묘신이어서 관재가 흉하지만 간지의 상신이 상충하여 묘신이 깨지니 나중에는 길하다.

○ **전투** : 낮에 정단하며 이익을 얻고, 밤에 정단하면 손상을 방지해야 한다.

→ 묘성과는 주야 정단 모두 출병이 흉하다.

□ 『**필법부**』: 〈제75법〉 손님과 주인이 다투니 형벌을 받는다.
  → 이 과전에서는 기궁 未와 지상의 戌이 삼형이고 다시 일지의 상하가 삼형이다. 따라서 주객이 화목하지 않다.
□ 『**과경**』: 괴강이 일진에 가하면 마치 사람이 흉신을 만난 것과 같다. 거듭된 토가 막고 있더라도 반드시 문을 열고 나가야 한다. 未가 옥녀(玉女)이니 몸을 보호받고, 子가 화개이니 몸의 형상을 감출 수 있다. 태음이 지호(地戶)이니 몸을 숨길 수 있고, 천을 신광(神光)이 내 몸을 보호한다. 다만 일간음신에 등사가 숨고, 중전이 공망되었으니 움직이지 못한다.

己丑일 제 5 국

공망 : 午·未 ○
낮 : 왼쪽 천장, 밤 : 오른쪽 천장

癸	己	乙	
青 巳 玄	蛇 丑 青	玄 酉 蛇	
酉	巳	丑	
辛	丁	乙	癸
合 卯 白	后 亥 合	玄 酉 蛇	青 巳 玄
○己未	卯	丑	酉

己蛇丑巳	青	庚朱寅午○	空	辛合卯未○	白	壬勾辰申	常
戊貴子辰	勾					癸青巳酉	玄
丁后亥卯	合					○空午戌	陰
丙陰戌寅	朱	乙玄酉丑	蛇	甲常申子	貴	○白未亥	后

- **과체** : 섭해, 종혁, 맥월 // 전국, 화미, 합중범살, 간지동류, 간지상충, 살몰.
- **핵심** : 삼전이 가정으로 와서 일간을 탈기하고 속인다. 몸에는 귀살이 타고 있지만 이것에 의지해서 몸을 보호받는다.
- **분석** : ❶ 卯는 일간의 귀살로서 일간에 임했고 밤에는 여기에 백호가 타니 그 흉이 더욱 심하다.

    ❷ 지상에는 酉가 임하고, 삼전이 모여서 금국을 이룬 뒤에 가정으로 돌아가서 여러 금에서 일지 토의 기운을 훔치고 속이는 것이 매우 심해서 말로 다 표현할 수 없다. 그러나 이것에 의지해서 귀살 卯의 악을 제극하고 일간의 재난을 제거하니 오히려 몸이 보호를 받는다. 비록 일간이 탈기를 당하고 속임을 당할지라도 무방하다.

- **정단** : ❶ 이 섭해과는 합을 하여 종혁격을 이룬다.

    ❷ 일은 두 갈래이며 역경과 어려움이 많아서 새싹이 싹을 틔우려고 하지만 장애를 만난다. 가만히 있으면 두렵고 당혹스러우며 움직이면 평탄하지 못하다.

    ❸ 좋은 것은 酉가 일간을 탈기하지만 귀살을 제극한다. 합을 하는

가운데에서 부족함이 있고, 충을 하는 가운데에서 오히려 공로가 있다.

❹ 처음에는 잃지만 나중에는 취득하고, 처음에는 어렵지만 나중에는 쉽다. 묵은 것을 버리고 새 것을 창조하며, 탈기로 인해 복을 받는다.

○ **날씨** : 처음에는 많은 바람으로 인한 근심이 있고, 나중에는 계속 비가 와서 땅이 촉촉하게 젖는다.
  → 일간은 하늘이고 일지는 땅이다. 일간의 음양이신이 목이니 바람이 불고, 일지의 음양이신과 삼전이 금국이니 많은 비가 온다.
○ **가정** : 비록 소비는 많지만 재해는 없다. 가정에 명의가 나온다.
  → 일간은 사람이고 일지는 가정이다. 일지의 음양과 삼전이 일간을 탈기하니 손실이 많지만 간상의 귀살을 여기에서 제압하니 재해가 발생하지 않는다. 지상이 일간의 의약신이니 이 집에서 의료인이 나온다.
○ **혼인** : 꺼린다.
  → 일간은 나이고 일지는 상대이다. 간지와 그 상신은 물론이고 간지의 둔반이 상충하여 궁합이 나쁘니 혼인을 꺼린다. ● 성정 : 지상의 탈기신에 낮에는 현무가 타고 있으니 상대의 성정이 바르지 못하고, 밤에는 등사가 타고 있으니 상대의 성정이 간교하다. ● 섭해과이니 연애나 혼인에 장애가 많이 발생한다. ● 궁합 : 기궁 未와 일지 丑이 상충하고 다시 간상의 卯와 지상의 酉가 상충하니 궁합이 매우 나쁘다.
○ **임신·출산** : 태신이 묘신에 앉아 있으니 부실(不實)을 방지해야 한다.
  → 태신 子는 태아이다. 태아인 子가 子의 묘신인 辰에 임하는 것은 태아가 사망하는 상이니 낙태를 방지해야 한다.

○ **구관** : 관성이 공망과 묘신에 앉아 있고 자손효가 탈기하고 있는 상이다.

→ 관직을 뜻하는 간상의 관성인 卯가 卯의 묘신인 未에 임하고 있으니 관직이 땅에 묻히는 상인데 다시 일지의 음양이신과 삼전의 탈기국에서 일간을 탈기하고 관성을 극상하니 구관이 나쁘다.

○ **구재** : 처음에는 손실을 보지만 나중에는 작은 재물을 얻는다.

→ 자손효는 손실이고 재성은 재물이다. 일지의 음양이신과 삼전이 탈기국이어서 재물의 손실이 많지만 여기에서 일간음신의 亥를 생하니 나중에는 재물을 얻는다.

○ **질병** : 주로 폐 혹은 근골에 질환이다. 비록 허하지만 무방하다. 집에 있는 젊은이가 치료를 잘한다.

→ 오행의 금은 폐이고 근골이다. 일지의 음양이신과 삼전이 금국이니 폐와 근골질환이 있다. 그리고 금국에서 일간을 탈기하니 몸이 쇠약하지만 자택을 뜻하는 지상신이 자손효이자 의약신이니 자손이 치료를 잘 한다. 이 외에도 밤 정단에서 백호귀살이 일간에 임하여 일간을 극하니 비·위질환이 매우 빨리 나타나지만 지상에서 이를 제압하니 질병이 낫는다.

○ **유실** : 찾기 어렵다.

→ 재성은 재물이다. 재성에 정마가 타는 것은 재물이 먼 곳에 있다는 뜻이니 찾기 어렵다.

○ **출행** : 지출이 많고 장애가 생긴다.

→ 일간은 나이고, 일지는 목적지이며, 삼전은 출행 과정이다. 일지와 삼전이 탈기국이니 출행하여 지출이 많고 장애가 많다.

○ **귀가** : 즉시 온다.

→ 삼전이 지상으로 돌아오니 즉시 온다.

○ **쟁송** : 쟁송으로 인한 손재수는 있지만 나중에는 쟁송이 풀린다.

→ 일지와 삼전의 종혁이 간상의 귀살을 제압하니 쟁송이 풀린다.

● 승패 : 일간은 나이고 일지는 상대이다. 지상의 酉가 간상의 卯를 극해서 상대는 유리하고 나는 불리하니 화해하는 것이 이롭다. ● 화해하지 않을 경우 섭해과이니 쟁송이 오래가고 힘들어진다. ● 관재 : 비록 간상의 卯가 일간을 극하지만 지상의 酉가 이를 제압하니 관재가 가벼워진다. 다만 사과는 물론이고 삼전이 삼합국을 하니 관재가 오래가는 흠이 있다.

○ **전투** : 길흉이 절반이다.
　→ 간상에 귀살이 있으니 흉하고, 지상에서 이를 제압하니 길하다.
○ **분묘** : 낮에 정단하면 길한 조짐이다.
　→ 제3과는 묘(墓)이고 제4과는 혈(穴)이다. 두 곳이 합을 하니 좋은 터이다. 특히 낮네는 일지음신에 길장이 타니 더욱 좋다.

□ 『**필법부**』: 〈제91법〉 백호가 일간에 임하면 귀살의 흉이 대단히 빠르다.
　→ 밤 정단에서 백호귀살이 일간에 임하니 귀살의 흉이 매우 빨리 나타난다.
　〈제68법〉 귀살을 제압하는 자리가 곧 훌륭한 의사가 있는 곳이다.
　→ 이 과전에서는 의약신 酉가 丑에 임하니 丑이 뜻하는 동북방에서 의약을 구하면 된다.
□ 『**비요**』 : 관귀효가 보이는 것을 좋아하는 경우가 있다. 그러나 처가 남편에 대해 정단하거나 혹은 관직자에 대해 정단하여 관귀효가 공망되거나 제극 당하면 나쁘다. 나머지의 정단에서는 귀살이 흉하고 다행히 제극하면 길하다.
□ 『**지장부**』 : 巳丑酉은 '반사(反射)'로서 은혜에 보답한다. 일간이 삼전을 생하면 자본금을 반드시 잃는다.

| 갑신순 | 기축일 | 6국 |

己丑일　제 6 국

공망 : 午·未 ○
낮 : 왼쪽 천장, 밤 : 오른쪽 천장

辛	丙	癸
玄 卯 白	朱 戌 朱	白 巳 玄
申	卯	戌

庚	乙	甲	辛
陰 寅 空	合 酉 蛇	勾 申 貴	玄 卯 白
○己未	寅	丑	申

戊貴子巳	己勾丑午○	庚后寅未○	辛陰卯申
蛇丁亥辰	合		空玄卯申
朱丙戌卯			常壬辰酉 常
合乙酉寅	勾甲申丑 貴	青未子 后	白癸巳戌 玄
			空午亥 陰

□ **과체** : 중심, 착륜, 사절, 나망∥덕경, 복덕, 가귀(家鬼), 사절(四絶), 상호나망, 맥월, 간지동류, 간지상충.

□ **핵심** : 寅卯목이 간상과 발용에 임하니 재앙이 겹쳐서 온다. 밤에는 귀인이 가정으로 찾아 와서 재앙을 없애주고 복을 내려준다.

□ **분석** : ❶ 寅이 간상에 임하고 卯가 발용이 되어 초전에 임했다. 이 두 귀살이 동시에 일간을 극하여 오니, 재앙과 화가 동시에 닥쳐서 피할 수가 없다.

❷ 좋은 것은 밤 귀인이 申에 타고서 가정을 뜻하는 丑에 임하여서 일간의 귀살인 寅卯를 제극하고 己토를 도우니 재앙이 사라지고 복이 찾아 온다.

❸ 귀살이 말전을 생하고 말전이 일간을 생하여 오니, 이것을 이른 바 '귀살을 인도하여 생을 하게 하니' 처음에는 흉하고 나중에는 길하다.

❹ 낮 정단에서는 염막귀인이 일지에 임하니 관직자에게 이롭다.

□ **정단** : ❶ 중심과이고 격명이 착륜이다. 처음에는 고난을 겪고 나중에는 성취한다.

❷ 卯는 수레바퀴로서 申에 가하면 도끼로 나무를 찍어서 깎는다. 더욱 좋은 것은 戌에는 관청의 도장, 백호에는 관직을 재촉하는 뜻이 있다.
❸ 토일(土日)에 이것을 얻으면 그 이름이 '유전(流轉)'이다. 관직자에게는 매우 좋고, 이 외의 사람에게는 좋지 않다.

○ 날씨 : 낮에 정단하면 비가 오고, 밤에 정단하면 바람이 분다.
→ 초전의 卯에 낮 정단에서는 현무가 타니 비가 오고, 밤 정단에서는 백호가 타니 바람이 분다.
○ 가정 : 반드시 과거에 합격하여 대문 앞에 깃대를 나열한다.
→ 천을귀인은 공무원이고 일지는 가정이다. 지상에 육의와 천을귀인이 임하니 공무원 시험에 합격한다.
○ 혼인 : 이루지 못한다.
→ 일간은 남자이고 일지는 여자이다. 간지와 그 상신 그리고 간지의 둔반이 상충하니 궁합이 나쁘고 혼인도 불성한다. ● 귀천 : 지상에 육의가 임할 뿐만 아니라 낮에는 염막귀인이 타고 있으니 귀한 가문의 사람이고, 밤에는 귀인이 타니 역시 귀한 가문의 사람이다. ● 간지가 상호나망이니 신랑신부 양측이 서로 속이고 속임을 당하니 혼인이 불길하다. '상호나망'이란 지상이 기궁의 전1위이고, 간상이 일지의 전1위인 것을 말한다.
○ 임신·출산 : 불길하다.
→ 태신은 태아이다. 태신인 子가 子의 절지인 巳에 임하니 낙태될 위험이 있다. 따라서 불길하다.
○ 구관 : 대길하다. 다만 정당하게 공명을 취해야 한다.
→ 지상에 육의가 임하고 주야 모두에 귀인이 타니 대길하다.
○ 구재 : 얻지 못한다.

→ 재성은 재물이다. 과전의 천반에 재성이 임하지 않으므로 얻지 못한다. 다만 말전에 둔재 癸가 임하니 작은 재물을 나중에 얻는다.

○ **알현** : 화합하지 못한다.

→ 간상신과 천을귀인이 타고 있는 지상신이 상충하니 화합하지 못한다.

○ **질병** : 크게 나쁘다. 밤 정단에서는 백호가 귀살인 卯에 타고 있으니 마치 관곽의 상이다.

→ 일간은 환자, 백호는 질병, 귀살은 병재이다. 백호가 귀살인 卯에 타서 일간을 극하여 오니 흉한데, 백호가 卯목에 타고 있어서 시신이 관에 들어가는 상이니 목숨이 위험하다.

○ **유실** : 먼 곳에 가 있다.

→ 재성은 재물이다. 재성이 과전에 없으므로 찾지 못한다.

○ **출행** : 부임이 길하고 이롭다.

→ 일간은 출행인이고 일지는 출행의 목적지이다. 지상신이 육의이고 여기에 천을귀인이 타니 부임에 길하다.

○ **귀가** : 집으로 오는 중이다. 오다가 영구차를 만나거나 혹은 공무원을 만나 동행하고 있다.

→ 초전은 착륜으로서 곧 자동차를 뜻하니 자동차를 타고 귀가하는 중이다. 가을의 밤 정단에서는 백호가 자동차를 뜻하는 卯에 타고 있고 卯가 상여살이니 영구차를 만난다. 그리고 지상에 귀인이 육의에 타고 있으니 귀인을 만나 동행하고 있다.

↑ **쟁송** : 큰 우환이 있다.

→ 쟁송 정단에서의 귀살은 관재를 뜻한다. 간상에는 귀살 寅이 임하고 초전에는 다시 귀살 卯가 임하니 관재로 인한 큰 우환이 있다. 그러나 지상의 복덕신이 귀살을 제극하고 말전의 巳가 귀살의 기운을 설기하여 일간을 생하니 나중에는 길하다. ↑ 중심과이니 서류를 완비하여 장기전에 대비하는 것이 이롭다. ↑ **승패** : 지상의 申이

간상의 寅을 극하니 상대는 유리하고 나는 불리하다. ⬆ 관재 : 지상의 복덕신이 귀살을 제압하니 점차 관재가 사라진다. 다만 중죄를 지은 경우에는 삼전이 주인격이니 대흉하다.

○ **전투** : 근신해야 한다.

→ 귀살은 재앙이다. 귀살이 간상과 초전에 임하니 위험하다.

○ **분묘** : 낮 정단에서는 부모효에 백호가 타고서 묘신에 가했으니 부모의 묘지 속에 흰 개미가 발생했다.

→ 부모효는 부모를 뜻하고, 백호는 흰개미를 뜻하며, 묘신은 묘지를 뜻한다. 백호가 부모효에 타고서 묘지에 임하니 부모의 묘지 속에 흰개미가 발생했다.

□ 『**필법부**』 : 〈제68법〉 귀살을 제압하는 자리가 곧 훌륭한 의사가 있는 곳이다.

→ 이 과전에서는 귀살을 제압하는 글자인 申이 丑에 임하니 丑이 뜻하는 동북방에 명의와 명약이 있다.

〈제99법〉 관직자가 아닌 사람이 정단하면 길한 상을 만나더라도 길하게 작용하지 않는다.

□ 『**육임지남**』 : 庚午년 子월 己丑일 辛未시 寅월장으로 어느 한 현령이 시험에 선발되는지를 정단했다. 전부(별칭 : 吏部)의 사림(별칭 : 翰林院)에 뽑히지 못하지만 풍헌(風敎와 憲章)에서 임금에게 간하는 일을 맡는 공무원인 '언관'이 된다. 그리고 귀한 아들이 있는데, 그는 과거에서 甲으로 한림원에 들어간다.

(전부의 사림에 뽑히지 못하는) 이유는, 일상에서 천리(寅)와 관성과 덕신이 공망과 묘신에 앉고, 그 음신에서 다시 제극하여 반드시 명암으로 거듭 공격하니, 전부(銓部)를 얻지 못한다. 발용의 卯에 현무가 타서 관성이 되고, 중전에는 주작이 보이며, 말전에는 백호가 보

이므로, 황문(궁중에서 임금의 시중을 들거나 숙직 따위의 일을 맡아본 벼슬아치)과 금쇄(열쇠)를 주관하며 공무원을 바르게 다스리는 집행감찰직무인 풍헌의 언관이 되는 것이다.

 과연 나중에 고시를 거쳐서 원중(별칭 : 사관서(些官署))에 들어가고, 산해(만리장성 동쪽 끝 지역)의 순무(각처로 돌아다니면서 백성의 인심을 위로하고 달래는 직무)를 거쳐서 도어사가 된다. 그리고 지상의 자손효에 염정귀인(염막귀인)이 타고 다시 장생학당을 만드니 자식이 고시를 거쳐서 내원에 든다.

己丑일 제 7 국

공망 : 午·未
낮 : 왼쪽 천장, 밤 : 오른쪽 천장

	丁 ○		己
蛇 亥 合	青 未 后	后 丑 青	
巳	丑		未 ○
己	○	○	己
后 丑 青	青 未 后	青 未 后	后 丑 青
○ 己 未	丑	丑	未

丁蛇亥巳	戊貴子午○	己勾丑未○	庚陰寅申
丙朱戌辰			辛玄卯酉
乙合酉卯	蛇		壬常辰戌
甲勾申寅	青未丑○	空午子○	癸白巳亥玄

- **과체** : 반음, 무친, 음일(교동) ∥ 육음, 재성정마, 간지동류, 두괴상가, 사과개공, 나거취재, 간지상충.
- **핵심** : 왕래하면서 서로 만나고 정마가 다시 오니 움직이면 재물을 취할 수 있고, 가만히 있으면 이익이 없다.
- **분석** : ❶ 간지의 상하가 丑未 두 글자를 벗어나지 못하니 왕래하면서 서로 만난다.

  ❷ 亥가 발용이 되어 일간의 재성이고 다시 정마이니, 움직여서 나아가면 재물을 얻을 수 있다.

  ❸ 만약 간지에 머물면 丑未가 내외로 뒤집히니 움직이려고 하지만 움직이지 못하고 행하려고 하지만 행할 수 없으니, 결국은 이익이 없다.
- **정단** : ❶ 이 반음과는 무친격으로서 丑 속의 癸수를 취하고 사궁(巳宮)의 丙화를 요극해서 巳 위의 亥가 발용이 된다.

  ❷ 우물 옆의 난간에 기대어 비스듬히 쏘아 우물 밖을 벗어나지 못하니 상하가 헤어지고 서로에게 우환이 있다.

  ❸ 직접의 방법으로 부탁하면 수용되지 않고, 간접의 방법으로 부탁

하면 쉽게 구할 수 있다.
❹ 몸은 하나인데 일은 두 가지로서 움직이면 좋지만 가만히 있으면 오히려 혼란이 생긴다.
❺ 말전이 공망에 앉아 있으니 시간을 낭비하게 되고 실없이 놀람은 사라진다.

○ **날씨** : 비가 많이 온다. 때때로 비가 그치고 때때로 비가 온다.
→ 초전이 수이니 비가 온다. 중전과 말전에 청룡과 천후가 타니 비가 오는 상이고, 중전과 말전의 未와 丑이 토이니 비가 그치는 상이다.

○ **가정** : 불안하다. 혼인의 경사가 있거나 혹은 남녀에게 간음이 생기는 것을 방지해야 한다.
→ 일간은 사람이고 일지는 가정이다. 일지의 상하가 상충하니 가정이 불안하다. 비록 공망은 되었지만 일지의 음양에 청룡과 천후가 타니 장가를 들거나 시집가는 상이다. 그리고 밤 정단에서 초전에 육합이 타고 중전에 천후가 타니 남자가 음란한 상이다.

○ **혼인** : 남녀가 왕래하면서 화합하지만 정례(正禮)가 아니다.
→ 일간은 남자이고 일지는 여자이다. 기궁 未가 지상으로 가니 남자가 여자에게 장가드는 상이고, 일지 丑이 간상으로 오니 여자가 남자에게 시집오는 상이다. 따라서 혼인 전 통정한 뒤에 혼인하는 상이므로 정상적인 혼인이 아니다. ● 성정 : 낮에는 지상에 길장인 청룡이 타고 있으니 좋고, 밤에는 길장인 천후가 타고 있으니 좋다. ● 궁합 : 일간은 나이고 일지는 상대이다. 기궁 未와 일지 丑이 상충하고 다시 간상의 丑과 지상의 未가 상충하니 궁합이 매우 나쁜데, 과전의 모든 천반이 지반과 상충하니 다시 나쁘다. 천반은 하늘의 상이니 남자이고 지반은 땅의 상이니 여자이다.

○ **구관** : 거듭하여 심신이 힘들며 결국은 이루지 못한다.
　→ 이 과전에는 관직을 뜻하는 관성이 보이지 않을 뿐만 아니라 丑과 未가 서로 가하여 '괴(魁)'를 이루지만 未가 공망되었으니 고시와 공명에서 뜻을 이루지 못한다.

○ **구재** : 마땅히 움직이면 재물을 취한다. 혹은 처와 재물로 인한 움직임이 있다.
　→ 재성은 재물이다. 초전의 亥가 처재효이며 다시 역마이니 움직이면 재물이나 처를 얻는다. 다만 亥가 지반 巳와 충을 하니 득한 후에 잃거나 적은 재물을 얻는다. 그리고 간상에 형제효가 임하니 구재에서 불리하다.

○ **질병** : 재물과 이성으로 인하여 발생한 병으로서 하나가 아니다. 급병은 낫고 구병은 불길하다.
　→ 간상은 병의 원인이다. 간상에 낮에는 천후가 타니 여성으로 인하여 발생한 병이고, 밤에는 청룡이 타니 술로 인하여 발생한 병이다. 그리고 기궁이 공망되면 구병은 사망한다.

○ **유실** : 물건을 찾지도 말고 도망간 사람을 쫓지도 말아야 한다.
　→ 재성과 역마인 亥가 절지 巳에 앉아 있으므로 찾지 못하고 쫓을 수도 없다.

○ **출행** : 방황하면서 결국 가지 못한다.
　→ 역마는 자동차이다. 초전의 역마가 절지에 앉아 있으므로 가지 못한다.

○ **귀가** : 지금은 가까운 곳에 있지만 나중에는 다시 먼 곳으로 간다.
　→ 반음과는 온 사람은 가려하고 간 사람은 오려고 하는 상으로서 왔다가 다시 먼 곳으로 간다.

○ **쟁송** : 쟁송이 반복된다. 나중에는 쟁송이 풀린다.
　→ 초전의 신이 중전의 지반으로 숨었다가 말전에 다시 나타나니 쟁송이 반복되지만 천지반이 상충하니 쟁송이 곧 풀린다. ● **승패** :

일간은 나이고 일지는 상대이다. 일간과 일지가 동일한 오행이고 다시 간지의 상신이 동일한 오행이니 승패가 쉽게 나지 않는다. 다만 일간은 튼실하고 일지는 공허하니 내가 유리하다. ● 관재 : 천반의 모든 신이 절지에 임하고 다시 중전과 말전이 공망되었으니 관재가 곧 풀린다.

○ **전투** : 이롭지 않다.

→ 초전의 재성이 전리품을 뜻하지만 절지에 앉아 있으므로 이를 얻지 못하고, 삼전의 12신이 지반과 상충하니 불안하며, 다시 우레가 치는 반음과이니 출병이 이롭지 않다.

□ 『**필법부**』 : 〈제40법〉 천후와 육합은 혼인 정단에서 중매인을 쓰지 않아도 된다.

→ 이 과전의 밤 정단에서 초전에는 육합이 타고 중전에는 천후가 타니 여자가 연애하여 혼인한다.

〈제90법〉 오고 감이 모두 공망이니 어찌 동하는 것이 옳겠는가?

→ 이 과전에서는 중전과 말전이 모두 공망되었으니 오고 감이 모두 공망되었으니 진행할 수 없다.

□ 『**지요**』 : 정란사로 삼전을 취하면, 정단하여 일을 이루기 어렵고 쉽게 깨지며 비록 길신을 만나더라도 반을 이룰 뿐이다. 다시 말하기를 일이 뒤집혀서 장담하기 어렵다. 병을 정단하면 두 가지 증상으로 나타난다.

□ 『**중황경**』 : 육합은 복이 오게 하니 나중이 좋게 된다. 다만 육합이 巳亥에 타면 아득하게 멀게 된다.

□ 『**신장론**』 : 亥에 육합이 타면 어린이이다. 목의 천장이 亥 위로 와서 생을 받기 때문이다. 亥에 등사가 타면 슬피 곡(哭)을 한다.

| 己丑일 제 8 국 | 공망 : 午·未 |
| 낮 : 왼쪽 천장, 밤 : 오른쪽 천장 |

	癸	丙	辛	
白	巳 玄	朱 戌 朱	玄 卯	白
	子		巳		戌

戊	癸	○	丁
貴 子 勾	白 巳 玄	空 午 陰	蛇 亥 合
○ 己 未	子	丑	午 ○

丙戌 朱	丁亥 蛇	戊子 貴	己丑 后
朱巳	合午	勾未	青申
乙酉 蛇			庚寅 空
合辰			陰酉
甲申 貴			辛卯 白
勾卯			玄戌
青寅	空午 陰	癸巳 玄	壬辰 常
未	丑	白子	常亥

- **과체** : 지일, 주인, 여덕∥침해(피차시기), 권섭부정, 전묘입묘, 말조초혜, 간지동류, 살몰, 간지상충.
- **핵심** : 처음에는 충을 하고 나중에는 극을 한다. 교류한 뒤에 이익이 있다. 말전이 초전을 생하지만 꿀 속의 독과 같다.
- **분석** : ❶ 간상의 子와 지상의 午가 충을 하고 일지 丑과 기궁 未가 충을 하지만 간지가 서로 육합하기도 한다.

  ❷ 일간의 子와 未가 서로 육해이고 일지의 午와 丑이 서로 육해이니, 먼저 충을 하고 나중에는 죽이는 상이다.

  ❸ 지상의 午와 기궁 未가 합을 하여 일간을 생하고, 간상의 子와 일지 丑이 합을 함과 동시에 재성이며 교차하여 상합하니 교제에서 이익이 있다.

  ❹ 말전의 卯에서 초전의 巳를 생하고 다시 일간을 생하니 마치 꿀의 단맛과 같지만 卯가 와서 일간을 극하니 비소의 독과 같다. 생과 극이 이러하니 화와 복이 서로 인연이 되어 일어나고 가라앉는다.

- **정단** : ❶ 이 비용의 지일과는 일이 두 갈래이다. 차이점과 공통점을 살펴서, 먼 것을 버리고 가까운 것을 취하며, 소원한 것을 버리고 친

한 것을 가까이 하는데, 믿는 가운데에서 의심이 생기고 은혜 속에 원한이 생긴다.

❷ 격명이 주인이고 다시 승헌이다. 관직자가 아닌 사람에게는 나쁘다. 관직자가 이것을 보면 대길하지만, 역마와 육합이 공망된 지반에 앉으니 실체가 없다. 그러나 오월(午月)에 정단하면 고시에 합격한다.

○ **날씨** : 子亥가 공망에 앉아 있으니 종종 바람이 불고 비가 쏟아질 기세는 있지만 비는 오지 않는다.

→ 간상의 子와 일지음신의 亥가 오행의 수이니 비를 뜻하지만 공망된 지반에 앉아 있으므로 비가 오지 않는다. 더군다나 삼전이 대장간의 상이니 비가 오지 않는다.

○ **가정** : 관직자가 나온다. 가정은 공허하지만 길하고 이롭다. 서민이 정단하면 재난이 생기는데 처와 재물이 손실되는 것을 방지해야 한다.

→ 일간은 사람이고 일지는 집이다. 주인격이니 관직자가 나온다. 지상이 공망되었으니 가정이 공허하다. 서민이 정단하면 일지의 음양에 일록과 재성이 공망되었으니 직업을 잃고 재산을 잃는다.

○ **혼인** : 이롭지 않다.

→ 일간은 남자이고 일지는 여자이다. 일간 未와 일지 丑이 상충하고 다시 간지의 상신인 子와 午가 상충하니 혼인이 이롭지 않다. ● 일지음양의 일록 午와 재성 亥가 모두 공망되었으니 상대편 집안에는 재물이 없다. ● 성정 : 낮에는 지상에 천공이 타고 밤에는 지상에 현무가 타니, 상대방의 성정이 바르지 못하다. ● 궁합 : 비록 일간과 지상이 서로 합을 하고 일지와 간상이 서로 합을 하지만, 기궁 未와 일지 丑이 서로 충을 하고 다시 간상의 子와 지상의 午가 서로

충을 하니 궁합이 나쁜편이다.
○ **임신·출산** : 태아가 부실하다. 출산을 정단하면 즉시 낳는다.
→ 태신은 태아이다. 태신인 子가 공망된 지반에 앉아 있으므로 낙태될 위험이 있다. 출산을 정단하면 임신부를 뜻하는 일지가 공망되었으니 즉시 출산한다.
○ **구관** : 대길한 조짐이다. 귀인과 일록과 역마가 모두 공망되어 나쁘지만 午월에 정단하면 반드시 좋다.
→ 삼전이 주인격이니 공명에 대길하다. 비록 낮 정단에서 공무원을 뜻하는 천을귀인이 공망되었고, 관록을 뜻하는 일록이 지상에서 공망되어 었지만, 오월(午月)에는 공망을 메워서 일록이 살아나니 좋다.
○ **구재** : 취득하는 재물이 매우 작다.
→ 재성은 재물이다. 간상의 재성이 공망에 앉아 있으므로 작은 재물을 득할 뿐이다. 사업하고 있는 사람이 사업을 물으면 일록이 공망되었으니 폐업하는 것이 좋다.
○ **알현** : 좋은 때에 화를 낸다.
→ 간상의 귀인승신 子가 중전의 주작승신으로부터 극을 받으니 귀인이 화를 낸다.
○ **질병** : 흉하다. 처의 질병을 정단하는 것을 매우 꺼린다.
→ 처재효는 처이다. 처재효인 子와 亥가 공망되었으니 처가 사망하는 상이다. 따라서 처의 질병을 정단하면 흉하다.
○ **유실** : 얻기 어렵다.
→ 재성은 재물이다. 재성인 亥·子가 모두 공망되었으니 얻기 어렵다.
○ **출행** : 공무원이 부임하는 것은 좋고 나머지에서는 이익이 없다.
→ 삼전이 주인격이어서 관인을 받는 상이니 부임에는 길하다.
○ **귀가** : 아직 오지 않는다.

→ 자동차를 뜻하는 역마 亥가 공망되었으니 아직 오지 않는다.
○ **쟁송** : 화해하기 어렵다. 참고 견디는 것이 상책이다.
→ 일간은 나이고 일지는 상대이다. 간지와 그 상신이 상충하니 화해하기 어렵다. ● 지일과이니 가까운 사람으로부터 쟁송이 발생했다. ● 승패 : 일간은 튼실하고 일지는 공허하니 내가 유리하다. ● 관재 : 주인격이니 대흉하여 지은 죄가 가벼워지기 어렵다.
○ **전투** : 불리하다. 먼저는 어렵고 나중은 쉽다.
→ 일록과 재성은 군량미이다. 이들이 공망되어 군량미가 부족하니 출병이 불리하다.

□ 『**필법부**』 : 〈제8법〉 일록이 일지에 임하면 임시직으로 정당한 자리가 아니다.
→ 일록이 지상으로 갔으므로 권섭부정이다. 이 과전에서는 일록이 다시 공망되었으니 더욱 흉하다.
〈제76법〉 서로 시기하여 모두에게 화가 미친다.
→ 이 과전에서는 일간의 상하가 육해이고 다시 일지의 상하가 육해이니 나와 상대가 서로 시기한다.
□ 『**과경**』 : 낮 귀인이 일간에 임하고 주작이 戌에 타서 귀인을 극하면 귀인이 꺼려한다는 뜻의 '귀인기탄격(貴人忌憚格)'이라고 하여 귀인에게 부탁하는 일이 무익하다.
□ 『**수중금**』 : 주인격은 관록이 오르는 상이다. 그러나 태음과 천마가 보이지 않으면 실체가 없다. 서민에게는 오히려 재앙이 생기며 일이 늦어진다.

己丑일 　제 9 국

공망 : 午·未 ○
낮 : 왼쪽 천장, 밤 : 오른쪽 천장

乙	己	癸
合 酉 蛇	后 丑 青	白 巳 玄
巳	酉	丑

丁	辛	癸	乙
蛇 亥 合	玄 卯 白	白 巳 玄	合 酉 蛇
○己未	亥	丑	巳

乙蛇 酉 合 巳	丙朱 戌 午○	丁蛇 亥 合 未○	戊勾 子 貴 申
甲貴 申 勾 辰			己青 丑 后 酉
○未后 卯 青			庚空 寅 陰 戌
○午陰 寅 空	癸玄 巳 白 丑	壬常 辰 常 子	辛白 卯 玄 亥

□ **과체** : 섭해, 종혁∥초전협극, 화미, 전국, 음일(교동), 복덕, 맥월, 재승정마, 간지동류, 환혼채, 간지상충.

□ **핵심** : 재물을 실은 정마를 삼전이 국을 만들어서 생하고 있다. : 입을 열어서 재물을 얻고, 입을 닫아서 재앙이 없게 해야 한다.

□ **분석** : ❶ 亥는 일간의 재성인데 정마가 이 재성을 싣고 일상으로 와서 일간에 가했는데 삼전이 합을 하여 금국을 만들어서 재물을 생한다.

❷ 酉는 입으로서 말을 하니 한번 입을 떼면 재물을 만들어서 이익을 얻을 수 있다.

❸ 말전의 巳는 순미로서 낮에는 백호가 타고 있고 밤에는 현무가 타고 있다. 이것이 지상으로 오니 입을 닫고 말을 삼가야 재앙과 화를 면할 수 있다.

□ **정단** : ❶ 이 섭해과에서 삼전이 합을 하여 종혁국이 형성되었다. 모든 일에서 어려움이 많고 애를 많이 먹는다.

❷ 맹상신이 발용이 되었지만 의심이 많아서 결단을 내리지 못하는 일이 반복된다.

❸ 기가 있으면 변혁하여 전진하고 기가 없으면 변혁하여 후퇴한다.
❹ 酉가 巳에 가하니 근심이 있는 과(課)인데 하필 수의 천장인 천후와 현무가 타고서는 금기를 빼앗는다.
❺ 비록 격명이 종혁이지만 개혁하지 못하고, 초전의 낮에 육합이 타니 움직이려고 하지만 움직일 수 없다.

○ **날씨** : 건조한 바람이 많이 불고 비가 많이 오지 않는다.
→ 종혁격에서 일간을 탈기하니 비가 오지 않는 상이다. 그러나 낮에 정단하면 중전에 천후가 타니 비가 오고, 말전에 백호가 타니 바람이 분다. 밤에 정단하면 중전과 말전에 강우의 류신인 청룡과 현무가 타니 비가 온다.
○ **가정** : 재물을 허비한다. 그리고 흉장과 폐구가 가택에 가하니 재앙과 우환이 있지만 하소연을 할 수 없다.
→ 일간은 사람이고 일지는 가택이다. 일지의 상하가 삼합하여 탈기국을 만들어서 일간을 탈기하니 허비가 많지만 지상에 폐구가 임하니 하소연을 할 수 없다. 낮 정단에서는 부모효에 백호가 타고 있으므로 부모의 질병이 우려되는데, 만약 축월(丑月)에 정단하면 부모의 건강이 매우 우려된다.
○ **혼인** : 혼인하면 안 된다.
→ 일간은 나이고 일지는 상대이다. 일간 未와 일지 丑이 상충하고 다시 간상의 亥와 지상의 巳가 상충하며 또다시 그 둔반의 丁과 癸가 상충하여 이별하는 상이니 혼인하면 안 된다. 그리고 삼전이 배우자를 바꾸는 뜻이 있는 종혁격이니 더욱 나쁘다. ● **성정** : 낮 정단에서는 지상에 백호가 타고 있으니 상대의 몸에 질환이 있고, 밤 정단에서는 현무가 타고 있으니 성정이 바르지 못한 사람이다. ● **궁합** : 매우 나쁘다.

○ **임신·출산** : 태신이 장생에 앉아 있으니 태아는 안전하지만 출산은 흉하다.
→ 태신은 태아이다. 태신인 子가 子의 장생인 申에 임하여서 태아가 생육되는 상이니, 임신정단은 길하지만 출산정단은 나쁘다.

○ **구관** : 불리하다. 개인의 집으로 들어가면 손실이 생기니 들어가면 안 된다.
→ 일간은 나이고 일지는 가정이다. 일지의 상하가 합을 하여 탈기국을 이루고 있으니 집으로 들어가면 손실이 발생하니 들어가면 안 된다.

○ **구재** : 처음에는 지출이 생기고 나중에는 보상을 받는다. 빚을 청구해야 한다.
→ 자손효는 투자이고 재성은 재물이다. 삼전의 탈기국에서 간상의 재성을 생하니 투자하여 돈을 벌며, 또한 빌려간 돈이 있을 경우에는 돈을 갚으라는 독촉해야 한다. 만약 개업을 할 경우 재성이 정마에 타고 있으므로 원방으로 가서 사업하는 것이 좋다.

○ **질병** : 질병이 폐에 있고 근골이 허약하지만 무방하다.
→ 이 과전은 일지의 상하와 삼전이 삼합하여 금국을 형성하니 금의 장부가 실하여서 폐병이나 근골계에 병이 들거나 혹은 금국의 극을 받는 목의 장부인 간·담에 병이 든다.

○ **유실** : 혼례식장에서 물건을 잃었는데 나를 수행하는 여종업원으로 인해 발생했다.
→ 초전에 육합이 타니 혼례식장에서 잃었는데 酉가 여종업원을 뜻하니 그로 인해 물건을 잃었다.

○ **출행** : 놀라는 일이 발생하고 지출이 많다.
→ 일간은 여행객이고 일지는 여행지이며 삼전은 여행의 경로이다. 일지의 상하와 삼전이 삼합하여 일간을 탈기하니 지출이 많다. 그리고 밤 정단에서는 초전에 등사가 타니 놀라는 일이 발생한다.

○ 귀가 : 즉시 도착한다.
  → 삼전이 일지로 돌아오니 즉시 도착한다.
○ 관재 : 놀라는 일과 근심이 많다. 뇌물을 줘야 한다.
  → 초전에 등사가 타고 있으니 놀라는 일이 발생하고, 삼전이 삼합하여 일간을 탈기하니 쟁송으로 인한 손재수가 있다. 그러나 복덕신 酉丑巳가 귀살 卯를 제압하니 관재가 해소된다. ● 쟁송 : 일간은 나이고 일지는 상대이다. 간상의 亥가 지상의 巳를 제압하니 나는 유리하고 상대는 불리하다. 만약 재물에 관한 쟁송이면 삼전의 탈기국이 간상의 재성을 생하니 재물을 얻는다. 다만 섭해과이니 쟁송이 오래가는 아쉬움이 있다.
○ 전투 : 이롭지 않다.
  → 일간 음신의 귀살 卯에 낮에는 현무 그리고 밤에는 백호가 타서 일간을 극하니 이롭지 않고, 다시 삼전이 삼합해서 일간을 탈기하니 손실이 많이 발생한다.

□ 『필법부』 : 〈제45법〉 주야귀인이 서로 가하면 양 귀인에게서 구하면 된다. 귀인에게 요청하여 일을 구하는 정단에서는 반드시 양 귀인이 참견하여 성취한다. 그러나 귀인을 알현하는 정단에서는 반드시 귀인을 만나지 못한다.
□ 『과경』 : 금국에서 일간의 기운을 탈기해서 일간의 재성을 생하니 이것을 전생의 빚을 취한다는 뜻의 '취환혼채(取還魂債)'라고 한다.
  → 이 이론은 두 가지 용도로 주로 쓰인다. 첫째, 남에게 빌려준 돈을 내가 받을 수 있다. 둘째, 지출된 투자비가 돈으로 다시 되돌아오는 상이니 투자해서 돈을 번다.
□ 『고감』 : 월장이 寅일 때에 유실물 정단을 했다. 酉가 발용이 되었으니 이것은 부인 혹은 쇠로 만든 장식품류에 속한다. 酉가 酉의 장생

인 巳에 가한다. 공망에 떨어지지 않고 다시 삼합한 금국이다. 그 물건은 잃지 않았고 현재 아궁이의 잿더미 안에 있으니 그 곳에서 찾으면 얻을 수 있다.

☐ 『**지장부**』: 酉丑巳는 칼을 바치는 뜻이 있는 '헌인(獻刃)'으로서 거리와 무관하게 칼에 의해 다친다.

갑신순 | 기축일 | 10국

己丑일 제 10 국

공망 : 午·未 ○
낮 : 왼쪽 천장, 밤 : 오른쪽 천장

○	丙	壬	
空 午 朱	朱 戌 陰	常 辰 勾	
卯	未 ○	丑	
丙	己	壬	○
朱 戌 陰	后 丑 白	常 辰 勾	青 未 蛇
○ 己 未	戌	丑	辰

甲申巳 勾貴	乙酉午 合后 ○	丙戌未 朱陰 ○	丁亥申 蛇玄
青 ○未辰 蛇			貴 戌子酉 常
空 ○午卯 朱			后 己丑戌 白
白 癸巳寅 合	常 壬辰丑 勾	玄 辛卯子 青	陰 庚寅亥 空

□ **과체** : 묘성, 이번, 여덕(낮) ∥ 침해, 주작생일, 묘신부일, 간지동류, 일록공망, 절신가생, 참관, 고진과수.

□ **핵심** : 삼기가 있는 묘성인데 낮에는 빼앗기며 형(刑)을 당한다. : 괴강이 동시에 나타났으니 움직이면 멈추지 않는다.

□ **분석** : ❶ 음일의 묘성과에서는 머리를 숙여서 발용이 되니 초전이 午이다.

❷ 중전과 말전과 간지의 상신을 己일에 원둔으로 천간을 붙이면 甲戌, 戊辰, 庚午가 되니 지상삼기인 '甲戌庚'이 된다.

❸ 낮 정단 발용에서는 천공 위에 다시 공망을 만난다.

❹ 중전의 戌에 주작이 타서 간상으로 와서 일간에 가하니 반드시 도난을 당한다.

❺ 간상의 戌이 기궁 未를 형하고 일지 丑이 다시 간상신 戌을 형하며, 지상의 辰과 발용의 午는 자형이다. ❻ 과전에 괴강이 거듭하여 보이니 동작이 예사롭지 않아서 동작하게 된다.

□ **정단** : ❶ 이 동사엄목격은 어두워서 밝지 못하고 나아가고 물러날 곳이 없다.

❷ 午가 卯에 가한 '명당(明堂)'이니 만사에서 번창하고 흉을 만나더라도 길로 변한다. 그러나 午가 갑신순의 공망되어 었고 고진(孤辰)이 발용이 되었으니, 모든 정단에서 공허가 많고 실속이 적다. 다만 승려나 수도자 그리고 구류에게는 이롭다.

❸ 그리고 지상삼기이지만 발용이 공망되었고 '기(奇)'가 정밀하지만 기(奇)가 손상을 입어 그 복이 갑자기 준다.

❹ 천지이번격은 발용이 공망되는 것을 오히려 좋아하며 중신(子午卯酉)이 무기하니 천지이번의 화가 사라진다.

○ 날씨 : 맑은 날씨를 원하는 정단을 하면 흐리고, 비를 원하는 정단을 하면 바람이 분다.

→ 초전의 화가 공망되었으니 맑지 않고, 중전과 말전이 모두 토이니 흐린다.

○ 가정 : 부동산으로 인해 다투는 일이 발생한다. 寅午戌 월에는 화재로 인해 놀라는 일을 방지해야 한다.

→ 낮 정단에서는 주작이 戌토에 타고 밤 정단에서는 구진이 辰토에 타니, 모두 부동산으로 인해 다투는 일이 발생한다. 寅午戌 월에는 염상격을 형성하니 화재가 발생할 우려가 있다. 지상에 형제효가 임하니 가정에서 지출이 많다.

○ 혼인 : 궁합이 나쁘고 불성한다.

→ 일간은 남자이고 일지는 여자이다. 간지가 상충하고 간지의 상신이 상충하며 다시 그 둔반이 상충하니 궁합이 나쁘고 혼인도 불성한다. 더군다나 일간음신과 일지음신의 지반과 천반과 둔반이 모두 상충하니 더욱 더 나쁘고 불성한다. 또한 초전의 천반 午가 공망되어 과수이니 혼인이 불성한다. ● 성정 : 낮에는 지상에 태상이 타고 있으니 음식을 잘하는 사람이고, 밤에는 구진이 타고 있으니 성

정이 드센 사람이다.
○ **임신·출산** : 태신이 태신의 패신에 임하니 불길하다.
  → 태신은 태아이다. 태신인 子가 子의 패신인 酉에 임하니 태아가 낙태되는 상이어서 불길하다. 출산을 정단하면 간지상에 그물을 뜻하는 천라지망이 임하니 난산이 우려된다.
○ **구관** : 뜻밖의 만남이 있지만 실속이 없다. 그리고 동류로부터의 암손을 방지해야 한다.
  → 오자원둔으로 甲戌, 戊辰, 庚午가 되어 지상삼기인 甲戊庚이 형성되니 뜻밖의 만남이 있다. 그러나 과전의 형제효가 괴강살이니 동류로부터의 암손을 방지해야 한다. 그리고 관록을 뜻하는 초전의 午가 공망되었으니 구관에 이롭지 않다.
○ **구재** : 노력은 많이 하지만 얻는 것이 적다.
  → 재성은 재물이다. 과전의 천반에 재성이 없고 형제효가 많으니 얻는 것이 적다. 다행히 말전의 둔반에 재성이 임하니 작은 재물은 얻는다.
○ **질병** : 주로 비장의 병으로서 허열이 있다. 급병은 무방하지만 구병은 흉하다.
  → 과전에서 오행의 토국이 형성되었으니 비장병 혹은 토의 극을 받는 신장질환이 발생한다. 그리고 기궁이 공망되거나 발용이 공망되면 신병은 낫지만 구병은 생명이 위험하다.
○ **유실** : 찾기 어렵다.
  → 재성은 재물이다. 재성이 과전에 보이지 않으므로 찾을 수 없다.
○ **출행** : 근심과 어려움이 있다. 어려움 속에 기쁨이 있다.
  → 간지상신이 그물을 뜻하는 천라지망이니 장애가 많다. 그러나 辰과 戌이 상충하여 천라지망이어서 풀리니 나중에는 좋아진다.
○ **귀가** : 먼저 소식이 온다.
  → 주작은 소식의 류신이다. 밤 정단에서 초전에 주작이 타니 먼저

소식이 온다.
○ **쟁송** : 공적인 쟁송은 이롭고 사적인 쟁송은 불리하다. 주로 전답이나 가옥으로 인한 쟁송이다.

→ 사과와 삼전에 토의 오행이 가득하니 전답이나 가옥으로 인한 쟁송이다. 일간은 나이고 일지는 상대인데, 간지와 그 상신이 상충하니 합의하기 어렵다. ● 관재 : 묘성과이니 매우 나쁘다. 그러나 어둠과 수감의 뜻이 있는 간상의 戌이 지상의 辰으로부터 충을 받아 깨졌으니 나중에는 길하고, 다시 초전과 중전이 공망되었으니 다시 나중에는 길하다.

○ **전투** : 불리하다.

→ 묘성과는 출병에서 불리하다.

○ **매장** : 무덤 앞에 공터가 많다. 놀라며 괴이한 것을 보거나 혹은 분쟁거리가 발생한다.

→ 일지의 양신은 묘(墓)이고 일지의 음신은 혈(穴)이다. 일지의 음양이 토국이니 터가 매우 넓고, 일지의 음신에 밤 정단에서 등사가 타니 놀라는 일이 발생한다. 그리고 제1과와 제3과가 상충하고 제2과와 제4과가 상충하니 분쟁할 소지가 있다.

□ 『**필법부**』 : 〈제42법〉 삼전 내에서 삼기를 만나면 존숭해진다. 관직자가 정단하면 일품의 높고 귀한 벼슬아치가 되고 의정부에 들어간다. 이 외의 사람이 정단하면 비록 길하고 태평한 조짐은 없지만 재앙은 사라진다.

〈제16법〉 공망 위에 공망이 타면 일을 이룰 수 없다.

□ 『**수증금**』 : 동사엄목이니 겨울 뱀이 마치 동면하여 눈을 가리고 움직이지 않는 상이다. 모든 일이 안에 잠복해 있는 경우가 많으며, 모든 일에서 주저하고 망설이며 놀라고 두렵다.

□ 『지장부』 : 묘성은 마치 호랑이가 대립하여 서서 노려보는 것과 같다. 아래를 굽어보고 위를 쳐다보면서 멀고 가까운 곳에 우환과 액이 있다. 말하자면 살기가 酉에 이르러서 왕성한데 음양(사과)이 극을 하지 않으니 음의 장소에 이르러서 소식을 전해 온다.

己丑일 제 11 국

공망 : 午·未 ○
낮 : 왼쪽 천장, 밤 : 오른쪽 천장

	辛	癸	○
	玄 卯 青	白 巳 合	青 未 蛇
	丑	卯	巳
	乙	丁	辛	癸
	合 酉 后	蛇 亥 玄	玄 卯 青	白 巳 合
	○己 未	酉	丑	卯

	○ 青 未 蛇 巳	甲 勾 申 貴 午 ○	乙 合 酉 后 未	丙 朱 戌 陰 申
	○ 空 午 朱 辰			丁 蛇 亥 玄 酉
	癸 白 巳 合 卯			戊 貴 子 常 戌
	壬 常 辰 勾 寅	辛 玄 卯 青 丑	庚 陰 寅 空 子	己 后 丑 白 亥

□ **과체** : 원수, 진간전, 영양(盈陽) // 복덕, 가귀(家鬼), 인귀생성, 착륜, 아괴성, 탈상봉탈(밤), 간지동류, 강색귀호, 살몰(殺沒).

□ **핵심** : 패신 속에는 사악이 숨어 있고, 卯목이 가택에 든다. 밖에서 재앙이 생기고, 양 귀인이 있지만 몹시 번거롭기만 하다.

□ **분석** : ❶ 己토의 패신인 酉가 간상에 임했는데 다시 둔간이 귀살인 乙이니 매우 모질고 악하다.

❷ 辛卯가 가택에 든 뒤에 발용이 되어 일간을 극하고 탈기한다.

❸ 그리고 일간의 귀살이 자택에서 나온 뒤에 이른바 '안팎으로 손을 잡는다.' 그리고 낮 귀인은 입옥되고 밤 귀인은 극을 받아서 양 귀인이 번거롭게 되었으니 귀인에게 부탁하면 반드시 화를 낸다.

□ **정단** : ❶ 이 원수과는 존귀한 사람이 비천한 사람을 통제한다. 모든 일은 남자에게서 일어나고 공명정대한데 먼저 거동해야 이롭다.

❷ 다만 밖에서 안을 극하고 간상에서 다시 탈기와 패신을 만나 주객이 서로 충하고 극하니 불화의 상이다. 따라서 반드시 순리대로 행해야만 후회와 화가 없다.

○ **날씨** : 먼저 바람이 불고 우레가 치지만 나중에 비가 온다.
→ 초전의 卯는 진괘에 해당하고 진괘가 우레를 뜻하니 처음에는 우레가 친다. 낮 정단에서는 청룡이 말전에 타지만 공망되었으니 적은 비가 온다.

○ **가정** : 가정의 내외에 손실이 발생하고, 자손에 의한 손실을 방지해야 한다.
→ 일간은 사람이고 일지는 가정이다. 간상의 酉에서 간지를 탈기하니 가정 내외에 손실이 발생하고, 간상의 酉가 자손효이니 자손으로 인해 손실이 발생한다. 지상의 卯에서 일지를 극한다. 낮에는 현무가 타서 일지를 극하니 도난이나 사기를 당하고, 밤에는 청룡이 타서 일지를 극하니 생계난이 닥친다.

○ **혼인** : 나쁘다.
→ 일간은 남자이고 일지는 여자이다. 간지와 그 상신 그리고 간지의 둔반이 상충하니 궁합이 나쁘고 혼인도 불성한다. ● 성정 : 귀살인 지상의 卯에 낮 정단에서는 현무가 타서 일간을 극하니 바르지 못한 사람이고 또한 나에게 해로운 사람이다. 밤 정단에서는 청룡이 타니 성정은 좋지만 일간을 극하니 나에게 해로운 사람이다. ● 일지음신의 巳에 낮 정단에서는 부모효에 백호가 타고 있으니 상대의 부모에게 질병이 있다. ● 낮에는 간상의 탈기신 酉에 육합이 타서 일간을 설기하니 연애나 혼사로 인한 지출이 많고, 밤에는 간상의 탈기신 酉에 천후가 타고 있으니 여자로 인한 지출이 많다.

○ **임신·출산** : 태신이 공망에 앉아 있으니 불안하다.
→ 일간의 태신은 태아이다. 태신인 酉가 공망된 지반에 앉아 있으니 낙태를 방지해야 한다.

○ **구관** : 얻을 수는 있지만 사적인 것으로 인해 실패하게 된다.
→ 관성은 관직이다. 관직에 길한 원수과이고 밤 정단에서는 청룡이 관성인 卯에 타고 있으니 관직을 얻는 상이지만, 과전이 육음이

어서 실패할 가능성이 있으니 이를 대비해야 한다.
○ 구재 : 질병이나 소송으로 인해 손실된다.
　→ 가정궁인 일지음신 부모효에 백호가 타고 있으니 부모에게 의료비가 많이 들고, 간상의 자손효에서 일간을 탈기하니 자손으로 인해 재물이 손실된다. 일간음신 亥에 정마와 역마가 타고 있으니 원방으로 가서 구재하는 것이 좋다.
○ 알현 : 귀인과 불화한다. 귀인이 노하는 것을 방지해야 한다.
　→ 낮 귀인은 입옥되고 밤 귀인은 지반으로부터 극을 받아 양 귀인이 번거롭게 여기니 귀인에게 부탁하면 반드시 화를 낸다.
○ 질병 : 귀신탈이 생겼으니 재물을 써야 한다.
　→ 밤 정단에서는 귀인이 공망되었으니 귀싙탈이 생겼으니 법사에게 재물을 주고 치료해야 한다. 그리고 낮 정단에서는 백호가 부모효인 巳에 타고 있으니 부모에게 질환이 발생한다. 만약 축월(丑月)에 정단하면 巳가 사기에 해당하니 생명이 위험하다.
○ 유실 : 얻지 못한다.
　→ 재성은 재물이다. 밤 정단에서는 재성인 亥에 현무가 타고 있으니 얻지 못한다.
○ 출행 : 이익이 없다. 오히려 음모와 도망에 이롭다.
　→ 일간은 여행객이고 일지는 여행지이며 삼전은 여행의 경로이다. 일지의 음양과 삼전에 재성과 일록이 없으므로 구재 목적의 출행이라면 무익하다.
○ 귀가 : 먼 곳으로 갔다.
　→ 일간의 음신에 역마와 정마가 임하니 먼 곳으로 갔다.
○ 쟁송 : 내외에서 획책하여 쟁송을 부추기는 것을 방지해야 한다. 그리고 쟁송을 권력에 부탁하면 안 된다.
　→ 재성은 쟁송과 관재를 부추기는 사람이고 귀살은 관재이다. 일간음신의 재성 亥가 초전의 귀살 卯를 생하니 누군가가 쟁송을 부추

긴다. ● 승패 : 간상의 酉가 지상의 卯를 극하니 나는 유리하고 상대는 불리하다. ● 관재 : 간상의 酉가 지상의 귀살 卯를 제압하니 관재가 가벼워지고, 다시 말전이 공망되었으니 관재가 해소된다. 죄에 따라 경중을 가감해야 한다.

○ 전투 : 낮 정단에서는 불리하고, 밤 정단에서는 대승을 거둔다.
→ 귀살은 적군이다. 초전의 낮에는 현무가 타니 불리하고, 밤에는 청룡이 타니 대승한다.

□ 『필법부』: 〈제49법〉 양 귀인이 극을 받으면 귀인에게 아뢰는 일은 어렵다.
→ 낮 귀인 子는 지반의 戌土로부터 극을 받았고 밤 귀인 申은 지반으로부터 극을 받지는 않았지만 공망되었으니 귀인의 도움을 받을 수 없다.
〈제52법〉 천강(辰)이 귀신문(寅)을 막으면 임의로 도모할 수 있다. 재난을 피하는 일, 음모, 사적인 기도, 문상, 문병, 약 짓기, 부적 쓰기에 좋다. 만약 甲·戊·庚일이면 더욱 좋다.

□ 『지장부』: 卯巳未는 '앙양(迎陽)'으로서 높은 언덕에서 우는 봉황과 같다. 일을 신속하게 처리하는 것이 좋고 만약 조금이라도 늦추면 무기하다.

□ 『육임지남』: 甲申년 午월의 午시에 큰 띠가 태양을 감싸고 있었으므로 모든 사람들이 길조라고 하였다. 그래서 정시에 월장을 올려서 정단하니 이 과전이 만들어졌다. 발용에는 현무가 타고 있고 여기에서 일간과 일지를 극하고 간상에는 패기가 타고 있다. 일지는 조정인데 지상에 사신이 보인다. 태세인 임금이 임금을 멸하여 없애는 지반에 임했고 다시 천을귀인이 감옥에 임하니 어찌 길조가 있겠는가? 과연 이러하였다.

己丑일 제 12 국

공망 : 午·未 ○
낮 : 왼쪽 천장, 밤 : 오른쪽 천장

庚	辛	壬
朱寅空	合卯青	勾辰勾
丑	寅	卯

甲	乙	庚	辛
常申貴	玄酉后	朱寅空	合卯青
○己未	申	丑	寅

空午朱 巳	白未蛇 午	常申貴 未	甲 乙酉后 玄
青癸巳辰 合			陰丙戌酉 陰
勾壬辰卯 勾			丁亥戌 后 玄
合辛卯寅	庚寅丑 青朱 空	己丑子 蛇 白	戊子亥 貴 常

- **과체** : 원수, 진여, 나망, 정화(正和) // 형상, 덕경, 복덕, 문덕(낮), 가귀(家鬼), 중귀수창, 염막귀인, 폐구(낮), 간지동류, 신장·귀등천문(낮).
- **핵심** : 삼전이 일간을 극하지만 밤 귀인이 일간에 임하니 길하다. : 신에서 보호하니 관록에 이롭다.
- **분석** : ❶ 寅卯辰을 '목국'이라고 하며, 삼전의 모든 곳에서 일간의 귀살이 되었으니 그 기세를 감당할 수 없다.
  ❷ 좋은 것은 밤 귀인이 申에 타고 있으니 금으로 목을 제극할 수 있다는 것으로서, 이것이 간상에 가해서 귀살의 해를 막아 일간을 보호한다. 서민이 정단하면 우환을 만나더라도 반드시 우환이 풀린다. 그리고 관직자가 정단하면 덕망이 높아지고 관직이 드러난다. 장생에 타고 있는 귀인이 일간에 임하니 길해서 이익이 많다.
  → 수토동궁을 적용하면 己가 오행의 수이니 간상의 申은 일간의 장생이 된다.
- **정단** : ❶ 이 원수과는 순조로은 진연여이다.
  ❷ 삼전이 모두 관성인데 태상과 귀인이 일간에 임했다.

❸ 그리고 일덕이 가택에 임한 뒤에 발용이 되었으니, 충과 효의 선이 쌓인 선한 가정이다. 고시에서 우수한 성적을 거두고 높은 지위에 오르는 경사가 있다. 만약 봄에 정단하면 더욱 이롭다. 이 외의 사람은 관청의 시비나 구설 혹은 병환이 침범한다. 비록 간상에 구신이 있지만 근신해야 한다.

○ **날씨** : 여러 번 바람으로 인한 우환이 발생하지만 비가 오면 해결된다.
→ 오행의 목은 바람이다. 삼전이 목국으로만 형성되어 있으니 바람에 의한 해가 발생한다. 말전의 둔반에 壬수가 임하니 나중에 적은 비가 온다.

○ **가정** : 주작이 가택을 극하니 화재를 예방해야 한다. 또한 질병과 소송이 발생하는 것을 방지해야 한다.
→ 일간은 사람이고 일지는 가택이다. 지상에서 주작이 일지의 귀살에 타서 가택을 뜻하는 일지를 극하니 화재가 발생하거나 혹은 구설수가 생기거나 혹은 관재가 발생한다. 밤에는 천공이 일지의 귀살에 타서 일지를 극하니 공허한 일을 당한다.

○ **혼인** : 혼인이 불성한다. 성사가 되더라도 이롭지 않다.
→ 일간은 남자이고 일지는 여자, 청룡은 남자이고 천후는 여자이다. 간상의 申이 지상의 寅을 극한다. 다시 낮 정단에서는 천후승신 亥가 청룡승신 巳를 극하고 밤 정단에서는 천후승신 酉에서 청룡승신 卯를 극하며, 다시 간지와 그 상신 그리고 간지의 둔반이 상충하니 혼인이 불성한다. 설령 혼인을 하더라도 남녀가 서로 다투는 상이니 금슬이 나쁘다. ● **성정** : 주야 지상에 낮에는 주작이 귀살에 타서 일간을 극하고 밤에는 천공이 귀살에 타서 일간을 극하니 성정이 나쁘고 나에게 해를 입히는 사람이다.

○ **임신·출산** : 丑이 子에 가하니 뱃속에 태아를 가졌다.
  ➔ 丑은 임신부의 배이고 태신은 태아이다. 丑의 아래에 태신인 子가 임하니 임신부가 임신했다.
○ **구관** : 고시 정단을 하면 합격한다. 관직자는 삼가야 한다.
  ➔ 간상에 낮에는 염막귀인이 타고 밤에는 천을귀인이 타니 고시에 합격한다. 더군다나 삼전이 관성국을 형성하니 고시에 더욱 길하다. 그러나 낮에 정단하면 염막귀인이 일간에 임하니 퇴직하는 상이다. 따라서 근신해야 한다.
○ **구재** : 노동에 비해 소득이 매우 적다.
  ➔ 자손효는 노력이고 재성은 재물이다. 일간의 음양에 자손효가 중첩되어 있으므로 노력은 많이 하지만 과전에 재성이 없으므로 소득이 없다. 다만 연명이 戌과 亥인 사람은 그 상신이 재성이므로 재물을 얻는다. 다만 연명이 戌인 사람이 밤에 정단하면 재성에 현무가 타고 있으므로 재물을 얻지 못한다.
○ **질병** : 집안의 귀신이 해를 일으켰으니 신에게 빌어 복을 구해야 한다.
  ➔ 일지는 가정이다. 일지음양에 귀살 寅卯가 임하니 가정에 병재가 발생한다. 그러나 일간음양의 의약신 申酉에서 이들을 제압하니 질병이 낫는다. 낫는 시기는 경증이면 목을 제압하는 금일(金日)에 낫고 중병이면 목을 제압하는 가을에 낫는다.
○ **유실** : 경사가 있는 연회장에서 잃었거나 혹은 여종업원이나 남종업원이 훔쳐갔다.
  ➔ 자손효는 실탈의 신이다. 간상의 자손효에 태상이 타니 연회장이나 음식점에서 잃었거나 혹은 일간의 음신 酉에 낮에는 현무가 타니 남자종업원이 훔쳐갔고, 밤에는 천후가 타니 여자종업원이 훔쳐갔다.
○ **출행** : 귀인을 만난다.

→ 간상에 낮에는 염막귀인이 타고 밤에는 천을귀인이 타니 귀인을 만난다.
○ **귀가** : 장차 오지만 장애가 생긴다.
→ 말전 辰 ⋯ 중전 卯 ⋯ 초전 寅 ⋯ 지상 寅으로 이어지니 장차 온다. 다만 삼전이 귀살국이니 장애가 많다.
○ **쟁송** : 반드시 화해시키는 사람이 있으니 우환이 없다.
→ 일간은 나이고 일지는 상대이다. 간상에는 육의가 임하고 지상에는 일덕이 임하니 화해시키는 사람의 노력으로 인하여 우환이 없다. ● 승패 : 만약 화해되지 않을 경우, 간상의 申이 지상의 寅을 제압하니 나는 유리하고 상대는 불리하다. ● 관재 : 삼전이 귀살국이어서 관재가 중하지만 간상의 복덕신이 이를 제압하니 나중에는 관재가 조금 가벼워진다.
○ **전투** : 근신해야 한다.
→ 일간은 아군이고 일지는 적군이다. 일지의 귀살국에서 일간을 극하니 근신해야 한다.

□ 『**필법부**』 : 〈제55법〉 천라지망을 만나면 모망사에서 졸렬함이 많다. 모든 정단에서 이익을 멈추고 자기의 분수를 지켜야 한다.
〈제70법〉 귀살이 제3·4과에 임하면 소송에 의한 재앙이 뒤따른다.
〈제11법〉 비록 귀살이 무리를 짓더라도 전혀 두렵지 않다.
→ 일간음양의 申酉에서 무리귀살 寅卯辰을 제압하니 두렵지 않다.
□ 『**과경**』 : 지상에 있는 귀살이 귀살의 지역에 들어가서 귀살이 가족을 취하지만 다행히 간상의 식신이 이를 구한다. 따라서 반드시 처음에는 놀라는 액이 있지만 나중에는 점차 두려움이 없게 된다. 만약 식신에 귀인이 타면 반드시 귀인의 도움을 받는다.
□ 『**지장부**』 : 寅卯辰은 '정화(正和)'로서 다스려서 은혜와 은택을 받는

다.

경인일

庚寅日의 길신(구보)과 흉살(팔살)			
일덕	申	형	
일록	申	충	
역마	申	파	
장생	巳	해	
제왕	酉	귀살	巳午
순기	子	묘신	丑
육의	甲申	패신	午
귀인	주	丑	공망	午未
	야	未	탈(脫)	亥子
합(合)		사(死)	子
태(胎)	卯	절(絶)	寅

庚寅일 제 1 국

공망 : 午·未 ○
낮 : 왼쪽 천장, 밤 : 오른쪽 천장

甲	庚	癸
白申后	蛇寅青	勾巳朱
申	寅	巳
甲	甲	庚	庚

勾巳朱	○青午蛇 午 ○	○空未貴 未 ○	甲申后 申
壬辰 合辰 合			乙酉 常酉 陰
辛卯 朱卯 勾			丙戌 玄戌 陰 玄
庚寅 蛇寅 青	己丑 貴丑 空	戊子 后子 白	丁亥 陰亥 常

- □ **과체** : 복음, 자임, 원태, 육의∥주객형상, 덕경, 록현탈격(낮), 신임정마, 나거취재, 교차상충, 교차절신.
- □ **핵심** : 일록과 역마가 나에게 오고 두 호랑이가 나를 덮쳤다. 관직정단을 하면 극상품의 직위로 승진하고, 이 외의 정단에서는 재앙이 닥친다.
- □ **분석** : ❶ 일간의 일덕과 일록과 역마인 申이 일간에 임한 뒤에 발용이 되었다.

  ❷ 중전에는 등사의 머리에 뿔이 나 있고 말전에는 구진이 관인을 받쳐들고 있으니, 관직자자가 정단하면 길한 조짐이다.

  ❸ 申은 백호의 본가이다. 관직자는 권력이 드러나는 상이니, 반드시 극상품의 벼슬에 오른다. 그러나 이 외의 사람은 그렇지 않아서 반드시 소송과 감옥에 관련된 재앙이 생긴다.
- □ **정단** : ❶ 이 복음과 자임격의 과전은 모두 맹신으로서 격명이 '원태'이다. 엎드려서 나타나지 않고 숨어서 드러나지 않는다. 가만히 있으면 좋고 움직이면 오히려 지체된다. 관직자는 정도를 지키면서 덕

을 쌓아야만 일록과 역마가 모두 임한 길한 기운을 받을 수 있다.
❷ 갑신순의 육의가 발용이 되었으니 길상해서 부귀가 드러나니 형통함이 더 비할 바가 없다. 이 외의 사람이 정단하면 덕이 없고 오히려 재앙과 화가 닥친다.

O **날씨** : 곧 바람이 불고 비가 온다.
→ 수모(水母)인 초전의 申에 낮 정단에서는 백호가 타니 바람이 불고, 밤 정단에서는 천후가 타니 비가 온다. 중전이 寅이니 바람이 불고, 말전의 둔반이 癸수이니 비가 온다.

O **가정** : 간지가 교차절신이니 이사하는 것이 좋다.
→ 일간은 사람이고 일지는 가택이다. 지상의 寅은 일간 庚의 절신이고 간상의 申은 일지 寅의 절신이어서 이 가택과의 인연이 끝났으니 이사하는 것이 좋다. 간지와 그 상신이 모두 상충하니 부부가 화목하지 않고 부자는 친하지 못하다. 따라서 남편과 아내가 별거 혹은 이혼하는 상이고 자식이 부모를 떠나 분가한다.

O **혼인** : 낮 정단은 해롭고, 밤 정단은 이롭다.
→ 일간은 나이고 일지는 상대이다. 낮 정단에서는 지상에 흉장인 등사가 타고 있으니 해롭고, 밤 정단에서는 지상에 길장인 청룡이 타고 있으니 이롭다. ● 궁합 : 기궁과 일지, 간상신과 지상신, 간지의 둔간이 상충하며, 또다시 삼전이 삼형이니 궁합이 나쁘다. 더군다나 간지가 교차상충하고 다시 교차절신이니 반드시 궁합이 나쁘고 혼인이 성사되기 어렵다. ● 성정 : 낮에는 지상에 등사가 타고 있으니 삿된 성정이고, 밤에는 지상에 청룡이 타고 있으니 좋은 성정이다.

O **임신·출산** : 봄에 정단하면 안전하고, 여름에 정단하면 태아가 손상되는 것을 방지해야 한다.

→ 일간은 태아이고 일지는 임신부이다. 봄이나 겨울에 정단하면 태신인 卯가 왕기이니 안전하지만 여름이나 가을에 정단하면 태아가 사수기이니 안전하지 못하다. 그리고 卯가 월건신살 생기가 되는 사월(四月)에 정단하면 안전하다.

○ **구관**: 문관직자는 높은 성적으로 합격한 뒤에 공명이 드러나고, 무관직자는 공을 세운 뒤에 금의환향한다. 다만 성급하게 서두르면 길하지 않다.

→ 중전의 寅은 성리(城吏)이며 일록이고, 초전의 申은 성리(城吏)이며 역마이며, 말전의 巳는 관직을 뜻하는 관성이다. 이들을 모두 갖췄으니 문관직자와 무관직자 모두에게 공명이 드러난다. 다시 복음과이니 관직이 유구하다.

○ **구재**: 큰 소득이 있다. 질병과 소송으로 인해 재물을 잃거나 혹은 형제나 친구에게 뺏기는 것을 방지해야 한다.

→ 재성은 재물이다. 일지의 음양과 중전에 재성이 임하니 큰 소득이 있다. 다만 낮 정단에서는 간상에 질병을 뜻하는 백호가 타고 있으니 질병으로 인해 재물을 잃거나 혹은 삼전이 삼형이니 소송이나 교통사고로 인해 재물을 잃는 것을 방지해야 한다. 그리고 형제효인 申이 일간의 음양과 초전에 임하니 형제나 친구에게 뺏기는 것을 방지해야 한다.

○ **질병**: 낮 정단에서는 대흉하다. 구병 환자 및 노인과 어린이는 더욱 더 흉하다.

→ 일간은 환자이고 백호는 질병이다. 낮 정단에서 간상에 백호가 타서 발용이 되어 삼전에서 삼형을 이루니 대흉해서, 구병 환자 및 면역력이 약한 노인과 어린이의 질병을 정단하면 더욱 흉하다. 중병인 경우 삼전이 삼형이니 수술할 가능성이 높다.

○ **유실**: 유실물은 취득하고, 도망친 사람은 반드시 잡는다.

→ 재성은 재물이고 삼전은 포박이다. 재성이 일지음양과 중전에

임하니 유실물을 취득하고, 삼전이 삼형이니 도망친 사람을 잡는다.
○ **출행** : 뜻대로 된다.
→ 간상과 초전에 역마와 육의가 임하니 뜻대로 된다. 다만 초전의 역마가 중전 및 말전과 삼형을 이루니 사고가 날 가능성이 높다.
○ **귀가** : 먼저 서신이 오며 곧 온다.
→ 발용이 신신(信神)이면 먼저 서신이 온다. 인월(寅月)과 자월(子月)에 정단하면 초전의 申이 신신이니 소식이 먼저 온다. 그리고 초전이 역마이니 차를 타고 근방에 온 상이니 곧 귀가한다.
→ 신신은 정해일 제12국 신살표 참조.
○ **쟁송** : 불길하다. 가만히 대응하는 쪽이 서두르는 쪽에게 승소한다.
→ 삼전이 삼형이니 불길하다. 복음과는 정중구동하는 상이니 가만히 대응하면 승전한다. ● 승패 : 쟁송에서 일간은 나이고 일지는 상대이다. 간상의 申이 지상의 寅을 제압하니 나는 유리하고 상대는 불리하다. ● 관재 : 삼전이 삼형이니 관재가 중하다. 연명이 申인 사람은 그 상신이 일덕귀인 申이니 귀인의 도움을 받아 관재가 가벼워진다. 그리고 연명이 亥나 子인 사람은 그 상신이 흉한 귀살을 제압하니 역시 관재가 가벼워진다.
○ **전투** : 주야 정단 모두 안전하지 않다.
→ 삼전이 삼형이니 유혈이 흐르는 상이다. 따라서 주야 정단 모두 안전하지 않다.

□ 『**필법부**』 : 〈제89법〉 자임과 자신에 정마가 타면 행동하게 된다.
〈제75법〉 손님과 주인이 다투니 형벌을 받는다.
□ 『**과경**』 : 복음과의 간지가 교차상충하면 친하고 소원한 것을 가리지 않고, 처음에는 합하지만 나중에는 이별한다. 부모와 자식, 남편과 아내, 주와 객, 형과 아우가 모두 그러하다.

□ 『**수중금**』 : 인일(寅日)에 申巳가 보이면, 모든 점단에서 형 속에 합이 있고, 작게 취하는 것이 있으며, 출행할 수 있다.

庚寅일 제 2 국

공망 : 午·未 ○
낮 : 왼쪽 천장, 밤 : 오른쪽 천장

戊	丁	丙
后子白	陰亥常	玄戌玄
丑	子	亥
○	○	己	戊
空未貴	青午蛇	貴丑空	后子白
庚申	未 ○	寅	丑

壬合辰合巳	癸勾巳午	朱青午未蛇	○空未貴
朱辛勾卯辰			白申甲申后酉
蛇庚青寅卯			常乙酉戌陰
貴己戌寅	戊空子丑	后子白陰亥常	丙玄戌玄亥

- **과체** : 지일, 퇴여∥침해, 삼기, 복덕, 맥월, 금일정신, 귀부간지, 교차묘신, 간지상충, 살몰.
- **핵심** : 밤 귀인은 묘신에 타서 일간에 임하고, 낮 귀인은 묘신에 타서 : 지에 임한다. 삼전이 비록 수이지만 두 丙에 하나의 丁이다.
- **분석** : ❶ 일간에 임한 밤 귀인 未는 본래 일지의 묘신이고 일지에 임한 낮 귀인 丑은 본래 일간의 묘신이다. 서로의 묘신이 간지를 덮고 있으니 두 귀인에게 차질이 생겼다.

❷ 삼전이 子亥戌이니 수국이다. 수가 비록 일간의 귀살을 제압하지만 일간의 기운을 뺏기도 한다. 그리고 둔간이 丙子와 丙戌과 丁亥이니, 두 丙과 하나의 丁은 모두 숨어 있는 귀살이다. 만약 간상의 공망된 생을 꺼려해서 포기하고 경거망동하면 반드시 재앙과 화가 뒤따른다.

→ 오자원둔법으로 초전의 子는 丙子가 되고 중전과 말전의 亥와 戌은 순둔법으로 丁亥와 丙戌이 된다. 따라서 丙이 둘이고 丁이 하나이다.

- **정단** : ❶ 이 지일과의 삼전의 수가 일간 庚금을 탈기하고 일지 寅목

을 생하니, 은혜 속에 해가 있고 합 속에 충이 있다.
❷ 두 하적상은 모두 가택에서의 하적상이다. 따라서 처와 재물로 인하여 쟁송이 발생하고 저주하며 불안하다.
❸ 삼전은 역조의 퇴연여이다. 생기지 않아야 할 일에서 일이 생겨서 처음에는 물러나고 나중에는 전진한다.
❹ 좋은 것은 일간의 삼기가 일간에 임하고 순기가 발용이 되었으며 다시 과전이 구슬을 꿴 듯한 '연주(聯珠)'의 길한 기운이 나타났으니 재앙과 우환이 사라지고 뜻밖의 복을 받는다.
→ 삼전의 子亥戌을 수국으로 보았다. 술월이 비록 가을에 속하지만 술월에 이미 겨울 기운이 있으니 戌을 수로 보았다. 그리고 '은혜 속에 해가 있고 합 속에 충이 있다.'는 것은, 삼전의 수 오행이 일지 寅목을 생하지만 초전의 子와 간상의 未가 육해이고, 기궁과 그 상신이 충을 하고 있다는 것을 뜻한다.

○ **날씨** : 오랫동안 흐리고 많은 비가 내린다.
→ 초전과 중전이 수의 오행이고 말전에 현무가 타니 날이 흐리고 많은 비가 온다.
○ **가정** : 가족이 하는 모든 일이 어둡고 불통하며, 가정은 황폐해서 손실이 많으며, 자손이 재물을 낭비하여 화를 불러일으킨다. 丑이 寅에 가했고 이 곳에 밤 천장 천공이 타고 있으니 옥상으로부터 짐승의 머리가 떨어진다.
→ 일간은 사람(가족)이고 일지는 가택이다. 간상이 일지의 묘신이니 가족이 하는 일이 어둡고 불통한다. 그리고 지상이 일간의 묘신이니 가정이 황폐하고 손실이 많다. 초전과 말전에서 일간을 탈기하니 자손이 낭비하여 화를 불러일으킨다. 그리고 지상의 丑에 밤 정단에서 천공이 타니 짐승의 머리가 떨어진다.

○ **혼인** : 혼인이 성사된다. 궁합은 나쁘다.

→ 초전이 우녀상회이니 혼인이 성사된다. ● 궁합 : 일간은 나이고 일지는 상대이다. 일간 申과 일지 寅이 상충하고 간상의 未와 지상의 丑이 상충하니 궁합이 나쁘다. 또한 일간의 묘신인 丑이 지상에 가하고, 일지의 묘신인 未가 간상에 임하니 다시 궁합이 나쁘다. 묘신은 속임과 어둠의 천장이다. ● 성정 : 낮에는 지상에 길장인 귀인이 타고 있으니 상대의 성정이 좋고, 밤에는 지상에 흉장인 천공이 타고 있으니 상대의 성정이 바르지 못하다.

○ **구관** : 수험생은 뜻밖에 합격하고, 관직자는 단계를 건너뛰어 발탁된다.

→ 일간의 삼기가 일간에 임하고 순기가 발용이 되었으며 다시 구슬을 꿴 듯한 '연주(聯珠)'이니 길함이 나타나서, 수험생은 합격하고 관직자는 발탁된다.

○ **구재** : 취득하는 재물이 매우 작다.

→ 재성은 재물이다. 재성이 과전에 없으므로 득하는 것이 매우 작거나 없다.

○ **알현** : 주야 정단 모두 나쁘다.

→ 낮 정단에서는 귀인이 丑에 타서 일간 庚을 생하므로 나에게 도움이 될것 같지만 丑토가 庚금의 묘신이므로 오히려 귀인으로부터 속임을 당한다. 그리고 밤 정단에서는 귀인이 未에 타서 공망되어 있고 다시 일지의 묘신이니 나에게 무익하고 오히려 귀인으로부터 속임을 당한다.

○ **질병** : 丑이 寅에 가하고 간지가 서로의 묘신이니 어둡고 불길하다.

→ 묘신은 매장의 상이다. 지상이 일간의 묘신이고 간상이 일지의 묘신이니 어둡고 불길하다. 다행한 것은 두 묘신이 충을 하여 묘신이 깨지니 나중에는 길해진다.

○ **유실** : 인근에 있거나 혹은 자손이 훔쳐갔다.

➜ 지일과는 유실물이 근처에 있다. 그리고 초전과 중전의 자손효에서 일간을 설기하니 자손이 훔쳐갔다.
O **출행** : 소모되는 비용이 많다. 그리고 보이지 않는 손실을 방지해야 한다.
➜ 삼전은 여행경로이다. 초전과 중전의 子에서 일간을 설기하니 소모되는 비용이 많다. 그리고 중전의 둔반에 암귀가 임하니 보이지 않는 해를 방지해야 한다.
O **귀가** : 지체된다.
➜ 삼전이 역으로 배열되니 귀가가 지체된다.
O **쟁송** : 낮 정단에서는 왜곡된 판결을 방지해야 한다.
➜ 낮 정단에서는 귀인이 역행하고 간상에 염막귀인이 임하니 소송에서 불리하고 또한 판사를 뜻하는 구진승신 巳화가 일간 庚금을 극하니 나의 주장을 펼 수 없어서 왜곡된 판결을 받을 수 있으니 이것을 막아야 한다. ● **승패** : 일간은 공허하고 일지는 튼실하니 나는 불리하고 상대는 유리하다. 또한 중전의 둔귀가 일간을 극하니 암해를 방지해야 한다.
O **전투** : 안전하지 못하다.
➜ 일간은 장졸이고 일지는 군영이다. 간지상에 묘신이 임하니 출병이 어둡고 안전하지 못하다.

□ 『**필법부**』: 〈제16법〉 공망 위에 다시 공망이 타면 일을 이룰 수 없다. 〈제45법〉 주야귀인이 서로 가하면 양 귀인에게서 구하면 된다.
➜ 귀인에게 요청하면 반드시 양 귀인의 도움을 받아 성취한다.
〈제88법〉 간지에 묘신이 타면 모두 혼미해진다.
➜ 간지에 묘신이 타면 마치 운무 속을 걸어가는 것과 같고, 그 가택은 피폐해져서 저절로 먼지와 어둠에 더럽혀진다. 『경』에서 말하

기를 '묘신이 일간과 일지를 덮으면 사람과 가택이 혼침해진다'고 하였다.

□ 『관월경』 : 사립(四立)이 간상신이고 지나간 계절의 말일이 일간에 임하면 천화격으로서 악한 기운이 침범한다. 가령 입하일이 庚이면 전1일은 己이고 己는 봄의 말일이다. 己의 과(課,기궁)가 未에 있다. 庚일 간상의 未가 말일이다.

| 庚寅일   제 3 국 | 공망 : 午·未 ○
낮 : 왼쪽 천장, 밤 : 오른쪽 천장 |

	壬	庚
青午蛇	合辰合	蛇寅青
申	午 ○	辰
○	壬	戊	丙
青午蛇	合辰合	后子白	玄戌玄
庚申	午 ○	寅	子

辛卯巳 朱勾	壬辰午 合勾○	癸巳未 勾朱○	午申 青蛇
庚寅辰己丑卯戊子寅 蛇青貴空后白			○未酉甲申戌乙酉亥 空貴白后常陰
后子寅	丁亥丑 白陰	丙戌子 常玄	乙酉亥 常陰

□ **과체** : 섭해, 간전, 고조, 여덕 ∥ 형상, 복덕, 인귀생성, 육양, 간지개패 (구패), 교차탈기, 교차사신, 고진과수.

□ **핵심** : 헛된 근심이니 부실하다. 생을 취하면 무력하다. 만약 돈과 재물을 취하면 화와 우환이 더욱 심하다.

□ **분석** : ❶ 午는 일간의 귀살로서 일간에 임한 뒤에 발용이 되었으니 크게 걱정되지만 다행히 갑신순의 공망되었으니 귀살이 작용하지 않는다.

❷ 이 귀살을 버리고 중전 辰토의 생을 취하면 의지할 수 있을 것 같지만, 辰이 공망과 귀살에 빠졌으니 나를 도울 수 없다. 이러하므로 말전의 재성 寅을 반드시 취해야 한다. 그러나 낮에는 화의 천장인 등사가 타서 그 해가 얕지 않으니 조심하지 않을 수 없다.

□ **정단** : ❶ 섭해과는 고난을 많이 겪는 과로서 매번 우환을 만나 궁지에 빠진다.

❷ 말전이 초전을 생하여 초전이 일간을 극하니, 남이 나에게 여러 가지 방법으로 해를 끼친다. 다행히 고진이 발용이 되었으니, 나를 어렵게 하는 사람에게 능력이 없으니 비록 놀랄 일은 있더라도 탄

식으로만 돌아온다.

❸ 귀인이 卯酉에 임하니 고위직에 있는 사람은 승진하고 하위직에 있는 사람은 관직을 박탈당하는 상이다.

○ 날씨 : 맑은 날씨를 원하는 정단을 하면 맑은 날씨가 얼마 가지 못하고, 비가 오기를 원하는 정단을 하면 비가 오기 어렵다.

→ 삼전 퇴간전은 현재의 날씨가 물러나는 상이다.

따라서 맑은 날씨를 원하는 정단을 하면 초전의 午화가 퇴간전이니 맑은 날씨가 얼마 가지 못하고, 비가 오기를 원하는 정단을 하면 비가 오기 어렵다.

○ 가정 : 사람과 가택이 서로 탈기하고 다시 모두 패지에 임하니 반드시 쇠패해진다.

→ 일간은 사람이고 일지는 가택이다. 일간 庚은 간상의 子로 탈기되고 일지 寅은 간상의 午로 탈기되니 가정의 내외에 손실이 발생하고, 간상에는 일간의 패신인 午가 임하고 지상에는 일지의 패신인 子가 임하니 가정 내외가 모두 쇠패해진다. 그리고 기궁과 일지가 상충하고 간상신과 지상신이 상충하니 부모와 자식이 친하지 않고 부부의 금슬은 나빠서, 부모와 자식은 분가하고 부부는 별거하거나 이혼한다.

○ 혼인 : 불길하다.

→ 간상에는 일간의 패신 午가 임하고 지상에는 일지의 패신 子가 임하여서, 남녀 모두 혼사로 인해 패가망신하는 상이니 불길하다. 또한 일간은 지상으로 탈기되고 일지는 간상으로 탈기되니 남녀 모두에게 손실이 발생하여 허탈해지니 불길하다. ● 궁합 : 일간은 나이고 일지는 상대이다. 간지와 그 상신이 상충하니 궁합이 나쁘고 혼인은 불성한다.

○ 임신·출산 : 흉하다.
  → 일간이 공망되었다. 임신을 정단하면 유산되는 상이니 흉하고, 출산을 정단하면 조기에 출산하는 상이니 흉하다.
○ 구관 : 오월(午月)의 낮에 정단하면 부임하는 영예가 있다.
  → 초전의 午는 관직을 뜻하는 관성으로서 낮 정단에서 청룡이 타니 문관직이다. 공망된 午가 풀리는 오년(午年)이나 오월건(午月建)이나 오월장(午月將) 기간에 정단하면 부임하게 되지만 삼전이 퇴여이니 장구하게 근무하지는 못한다. 만약 문책을 당한 사람이 정단하면 퇴직한다.
○ 구재 : 늦게 얻는다. 재물로 인해 재앙이 생기는 것을 방지해야 한다.
  → 재성은 재물이다. 재성이 말전에 있으니 늦게 얻는다. 말전의 재성에서 초전의 午를 생하여서 초전에서 일간을 극하여 오니 재물로 인해 재앙이 생기는 것을 방지해야 한다.
○ 질병 : 간상과 지상에 간지의 사신이 타니 대흉하다.
  → 지상에는 일간의 사신인 子가 타고 간상에는 일지의 사신인 午가 타니 대흉하다. 그리고 간지가 교차탈기하여 원기가 빠져 나갔으므로 더욱 흉하다. 일간이나 발용이 공망되면 구병환자는 사망하는데, 만약 남편의 질병을 정단하면 관성이 공망되었으니 사망하는 것이 더욱 더 확실하다.
○ 유실 : 가족이 가져갔다.
  → 일지의 음양은 가정이다. 일지음신에 현무가 타고 있으니 가족이 물건을 가져갔다.
○ 출행 : 나쁘다.
  → 일간이 공망 었고, 간지가 교차탈기와 교차사기이며, 자동차를 뜻하는 초전이 공망되어 갈 수 없으니 나쁘다.
○ 귀가 : 아직 오지 않는다.
  → 자동차를 뜻하는 午가 공망되었으니 차편이 없어서 아직 오지

못한다.
○ **쟁송**: 타인의 간음을 고발하면 안 된다. 고발하면 반드시 연루되어 책임을 지게 된다.
→ 패신에는 간음의 뜻이 있다. 만약 고발하면 간상과 지상 모두에 패신이 임하니 내가 그 사건에 연루되어 책임을 지게 된다. 그리고 섭해과이니 쟁송이 오래간다. ● 승패: 일간은 공허하고 일지는 튼실하며 다시 지상의 子가 간상의 午를 극하니 상대는 유리하고 나는 불리하다. ● 관재: 귀살이 공망되고 중전과 말전이 공망되었으니 점차 관재가 사라진다.
○ **전투**: 근신해야 한다.
→ 일간은 장수와 졸병이다. 일간이 공망되었으니 장졸이 출병할 수 없는 상이다. 다시 간지가 교차탈기이니 손실이 발생하고 교차사신이니 사상자가 많이 발생하니 근신해야 한다.

□ 『**필법부**』: 〈제68법〉 귀살을 제압하는 자리가 곧 훌륭한 의사가 있는 곳이다.
〈제36법〉 일간과 일지가 모두 패신이면 형세가 기울고 무너진다. 질병을 정단하면 기혈이 쇠패하고, 가택 정단을 하면 가옥이 무너지니, 날이 갈수록 낭패이고 발전이 전혀 없다.
□ 『**과경**』: 말전이 비록 초전을 생하지만 초전이 오히려 공망되어 일간을 극하지 못하니 원한만 사게 된다. 이것이 어려움을 안고서는 싸울 수 없다는 뜻의 '포난불투격(抱難不鬪格)'이다.
□ 『**육임지남**』: 戊辰년의 낮에 월장 子를 점시 寅에 가한 뒤에 대리시험을 정단했다. 조정의 관직자가 정단하여 고조격을 얻으면 만임하지 못하는 경우가 많다. 그리고 초전과 중전이 공망되었고, 다시 용이 변하여 뱀이 되며, 용신이 용신 지반의 일덕과 일록을 극하니,

의정(議政)이 되지 못할 뿐만 아니라 억지로 나아가면 재앙을 입는다. 나중에 과연 가문의 큰 아버지가 관직을 취하지 못하고 오히려 고향으로 돌아가는 조치를 당했다.

庚寅일 제 4 국

공망 : 午·未 ○
낮 : 왼쪽 천장, 밤 : 오른쪽 천장

癸	庚	丁
勾巳朱	蛇寅靑	陰亥常
申	巳	寅
癸	庚	丁	甲
---	---	---	---
勾巳朱	蛇寅靑	陰亥常	白申后
庚申	巳	寅	亥

庚寅 蛇巳	辛卯 朱午 ○	壬辰 勾未 ○	癸巳 合申
己丑辰 貴空			○午酉 靑蛇
戊子卯 后白			○未戌 空貴
丁亥寅 陰常	丙戌丑 常玄	乙酉子 玄陰	甲申亥 白后

□ **과체** : 원수, 원태(병태) // 침해, 록현탈격(낮), 복덕, 회환, 구진폐구, 주작폐구, 조지, 명암이귀, 금일정신, 상하구합.

□ **핵심** : 일간이 일지로 전해지니 내가 타인을 뜻을 따라야 한다. 亥가 비록 재앙을 풀지만 화를 생기게 하는 것도 亥이다.

□ **분석** : ❶ 간상에서 발용이 된 뒤에 말전이 지상으로 돌아오니, 내가 상대의 뜻을 따라야 하고 또한 내가 상대에게 일을 부탁해야 한다.
❷ 巳는 일간의 귀살이다. 亥수가 巳를 극하니 잠시 화가 풀리지만 亥가 寅을 생하고, 寅이 다시 巳화를 차례로 생하니, 亥가 일간의 해가 된다. 따라서 화를 생기게 하는 것도 바로 亥이다.

□ **정단** : ❶ 원수과이고 과전이 모두 사맹이다.
❷ 巳가 申에 가하면 격명이 '병원태(病元胎)'이다. 비록 일이 순조롭지만 존귀한 것이 천한 것을 제어하니 반드시 공명정대하여 움직이더라도 화가 없다. 하물며 어둡고 네 병(病)의 상이다. 잠복하여 지체되고 불통하니 움직이면 화가 된다.
❸ 그리고 삼전이 차례로 생을 해서 巳가 일간의 귀살이고 구진이 관인을 받쳐 들며 등사가 용으로 변화하니 관직자는 길하고 비 관

직자는 길하지 않다.

○ **날씨** : 비가 올듯하더니 맑아진다.
  → 초전의 둔반에 수의 오행인 癸가 임하니 비가 올듯하지만 천반이 巳화이고 주야에 토와 화의 천장인 구진과 주작이 타니 맑아진다.
○ **가정** : 집에 임신부가 있다. 혹은 음인(陰人)이 불화하여 이별한다.
  → 일간은 사람이고 일지는 가정이다. 음인을 뜻하는 태음이 어린 이를 뜻하는 亥에 타고 있으니 음인이 임신한 상이다. 그리고 간지가 상충하고 간지의 상신이 상충하며 다시 그 둔반이 상충하니 부부가 화목하지 못해서 부부가 이별하는 상이다. 또한 간지가 교차탈기되니 가정 내외에 손실이 많다.
○ **혼인** : 혼인하지 못한다.
  → 일간은 나이고 일지는 상대이다. 기궁 申과 일지 寅이 상충하고, 간상신 巳와 지상신 亥가 상충하며, 간상의 둔반 癸와 지상의 둔반 丁이 다시 상충하니 혼인하지 못한다. ● **궁합** : 간지의 지반과 천반과 둔반이 모두 상충하니 궁합이 나쁘다. 만약 혼담을 진행하면 간지가 교차탈기하니 남녀 모두에게 손실이 많이 발생한다. ● **성정** : 낮 정단에서는 지상에 태음이 고 있으니 상대의 성정이 음란하고, 밤 정단에서는 지상에 태상이 타고 있으니 좋은 성정을 지니고 있다.
○ **임신·출산** : 태신이 일간의 패지에 임하니 낙태를 방지해야 한다.
  → 태신은 태아이다. 태신인 卯가 일간의 패신인 午에 임하니 낙태를 방지해야 한다.
○ **구관** : 크게 이롭다. 타인의 추천을 받아 승진하는 발령장을 받는다.
  → 삼전이 차례로 생을 해서 巳가 일간의 귀살이고 구진이 관인을

받쳐 들며 이무기가 용으로 변화하니 크게 이롭다.
○ 구재 : 얻지만 손실을 방지해야 한다.
→ 재성은 재물이다. 중전의 寅이 일간의 재성이니 재물을 얻는다. 다만 초전으로 탈기되니 손실을 방지해야 한다.
○ 질병 : 의사를 만난다. 재발을 방지해야 한다.
→ 지상에 의약신인 亥가 임하니 의사를 만난다. 다만 삼전의 12신이 사과로 모두 되돌아 오는 것은 질병이 재발하는 상이니 재발을 방지해야 한다. 낮 정단에서는 백호가 申에 타고 있으니 申의 극을 받는 오행의 장부인 간·담에 관련된 질병이 생긴다. 삼전이 병태이니 질병을 적극적으로 치료하지 않으면 생명이 위험해진다.
○ 유실 : 뒤쫓으면 안 된다.
→ 정마가 亥에 타서 말전에 임한다. 따라서 먼 곳으로 갔으니 뒤쫓으면 안 된다.
○ 출행 : 관직을 구하는 일에는 이롭고 나머지에는 이롭지 않다.
→ 말전에서 중전의 재성을 생하고 중전에서 초전의 관성을 생하니 관직을 구하는 출행에서는 이롭다. 그러나 나머지 출행에서는 재앙이 닥치니 이롭지 않다.
○ 귀가 : 즉시 온다.
→ 회환격이며 다시 조지격이니 즉시 온다.
○ 쟁송 : 화해하는 것이 이롭다. 어린사람으로 인해 발생한 쟁송이다.
→ 일간은 나이고 일지는 상대이다. 간지와 그 상신 그리고 간지의 둔반이 상충하니 화해하기 어렵다. 그러나 일간의 상하인 巳와 申이 육합하고 일지의 상하인 亥와 寅이 상합하니 화해하는 것이 이롭다. 어린사람을 뜻하는 亥가 정마를 타고 있으니 어린사람으로 인해 발생한 쟁송이다. ● 관재 : 간상의 주작과 구진이 폐구되었으니 판사가 나의 진실을 수용하지 않아 불이익을 당할 우려가 있으니 이것을 방지해야 한다.

○ **전투** : 편안하게 거주하면서 위험을 걱정해야 한다. 경솔하게 하면 안 된다.

→ 일간은 장졸이다. 간상의 귀살이 발용이 되어 일간을 극하니 출병하면 위험해지니 거주하면서 위험에 대비해야 한다.

□ 『**필법부**』 : 〈제68법〉 귀살을 제압하는 자리가 곧 훌륭한 의사가 있는 곳이다.

〈제76법〉 서로 시기하여 모두에게 화가 미친다.

→ 이 예에는 다섯 가지가 있다. 이 과전에서는 일간의 상하가 육해이고 일지의 상하가 다시 육해이다. 서로 시기하여 주객이 서로 교제를 돌아보지 않게 되므로, 양쪽이 서로 도모해 보지만 모두에게 어긋나는 해가 있다.

□ 『**과경**』 : 극(剋)이 변하여 양면의 칼이 된다. 간지에 장생이 타고 나중에는 간지가 서로 탈기하니, 좋은 가운데에서 우환이 생긴다.

□ 『**신응경**』 : 말전 亥의 둔간 丁이 귀살이니 여러 번 흉이 작용한다.

□ 『**고감**』 : 월장 辰을 점시 未에 가한 뒤에 가택을 점단했다. 巳화가 申을 극하고 등사가 寅에 타서 巳와 형을 하며 申을 극한다. 亥가 일간의 자손효이니 반드시 수 명의 하위직 공무원으로 인해 가업이 탕진된다. 일간의 장생이 巳이지만 亥로 탈기를 당하고 寅의 장생이 亥이지만 巳로 탈기를 당하니, 처음에는 흥하지만 나중에는 쇠퇴한다. 亥는 4이고 寅은 7이다. 둘의 숫자를 더하면 11이니 11년 뒤에 만난다. 모두 적중했다.

庚寅일 제 5 국

공망 : 午·未 ○
낮 : 왼쪽 천장, 밤 : 오른쪽 천장

丙	○	庚
合 戌 合	白 午 后	后 寅 白
寅	戌	午

壬	戌	丙	○
玄 辰 玄	蛇 子 青	合 戌 合	白 午 后
庚申	辰	寅	戌

己空丑巳 貴	庚后寅午 白	辛陰卯未 常	壬玄辰申 玄
蛇 戌子辰 青			常 癸巳酉 陰
朱 丁亥卯 勾			白 ○午戌 后
合 丙戌寅	勾 乙酉丑 朱	青 甲申子 蛇	空 ○未亥 貴

□ **과체** : 섭해, 염상, 참관, 교동 // 초전협극, 불행전, 화미, 전국, 복덕, 참관, 신장·살몰·귀등천문(밤).

□ **핵심** : 일간이 두렵다. 동하여서 발용이 된 것의 작용이 작지 않다. 중전과 말전이 공망되었으니 유지하는 것이 상책이다.

□ **분석** : ❶ 천강(辰)이 일간에 임했다. 하괴(戌)가 일지에 임한 뒤에 다시 발용이 되었는데, 갑신순의 둔간이 귀살인 丙이니 그의 동작이 작지 않다.

❷ 육합이 귀신의 집(鬼戶,寅)에 임했으니 그의 음모가 시작되는 것이 매우 두렵다. 다행히 중전과 말전이 모두 공망되었으니 결국 흩어져서 사라진다. 그러나 움직여서 꾀하면 이루지 못하는데, 간상 辰토의 생을 유지하는 것에 비해 득실을 계산해보니 오히려 못하다.

❸ 子는 다섯 번의 극을 당하고 戌은 네 번의 극을 당했으니 子가 발용이 된다.

→ 이 책의 저자가 다섯 번의 극을 받는 子가 발용이 된다고 하였지만 실제로는 戌이 발용이 되었다.

□ **정단** : ❶ 이 섭해과에서 삼전이 삼합하여 염상국이 되었다. 모든 일

에서 기회를 봐서 전진해야 하며 어려움을 인지하고 물러나야 한다.
❷ 삼전의 말전에서 차례로 생하여 지상으로 가서 일간을 생하니, 타인의 도움을 받아 모든 일을 이룬다.
❸ 다만 화국이 공허하게 밝다. 戌이 寅에 가하여 묘신이 화국의 장생에 임하니 정단하는 일에서 밝던 일이 오히려 어두워진다.
❹ 그리고 중전과 말전이 모두 공망되었으니 실현되지 않는 경우가 많다. 오로지 근심과 놀람을 푸는 일에는 좋다.

○ **날씨** : 태양을 가려서 어둡다. 바람이 부니 우레가 사라진다.
→ 삼전이 염상이니 태양이 뜨는 상이다. 말전이 寅이니 바람이 분다.
○ **가정** : 참관은 안거하는 상이 아니다. 교동은 남녀의 음사를 막아야 한다.
→ 일간은 사람이고 일지는 가정이다. 간지상에 辰이나 戌이 임하면 '참관'이라고 하여 출행하는 상이다. 그리고 초전에 육합이 타고 중전이나 말전에 천후가 타면 '교동'이라고 하여 음사가 발생하니 이를 막아야 한다.
○ **혼인** : 나쁘다.
→ 일간은 나이고 일지는 상대이다. 섭해과이니 혼사에 장애가 많아서 나쁘다. 또한 간지가 상충하고, 간지의 상신이 상충하며, 간지의 둔반이 상충하니 다시 나쁘다. 그리고 간상과 지상에 그물을 뜻하는 辰과 戌이 임하여 혼사에 장애가 많으니 다시 나쁘다. ● 궁합 : 간지의 지반과 천반과 둔반이 상충하니 궁합이 나쁘다. ● 성정 : 지상에 괴강인 戌이 임하니 성정이 불량하다.
○ **임신·출산** : 태신이 공망과 묘신에 앉아 있다. 출산을 정단하면 즉시 낳지만 놀라는 일이 있다.

→ 태신은 태아이다. 태신이 공망과 묘신에 앉아 있으니 임신정단을 하면 낙태된다. 그리고 출산을 정단하면 간지와 그 상신이 상충하니 즉시 낳지만 간지의 상신이 괴강이니 난산으로 인해 놀라는 일이 있다.

○ 구관 : 비록 사람들이 돕는다고는 하지만 헛소리이고 결국 성취되지 못한다.

→ 말전의 寅목에서 중전의 午화를 생하고 중전에서 초전의 戌토를 생하며 초전에서 일간인 庚을 체생한다. 그러나 중전과 말전이 공망되었으니 말로만 돕고 실제로는 돕지 않는다. 만약 오년이나 오월 건이나 오월장 기간에 정단하면 체생이 완성되니 타인의 도움을 받아 뜻을 성취한다.

○ 구재 : 헛되게 소모한다.

→ 재성은 재물이다. 말전의 寅이 공망되었으니 재물을 얻지 못한다.

○ 질병 : 비장경락이 목(木)을 우습게 여기니 불길하다.

→ 비장의 오행은 토이고 간의 오행은 목이다. 비장경락이 목을 우습게 여기니 간이 허약하다. 그리고 삼전이 화국이니 화국의 극을 받는 금의 장부에 관련된 폐나 기관지가 허약하다.

○ 유실 : 얻기 어렵다.

→ 재성은 재물이다. 말전의 재성이 공망되었으니 얻기 어렵다.

○ 출행 : 난을 피해 먼 곳으로 가야 하지만 출행에 장애가 생긴다.

→ 참관격이니 먼 곳으로 갈 수 있는 상이다. 그러나 섭해과이고 다시 중전과 말전이 공망되었으니 출행에 장애가 생긴다.

○ 귀가 : 장애가 있다.

→ 말전과 중전이 공망되었으니 귀가에 장애가 있다.

○ 쟁송 : 간음과 도난에 관련된 쟁송이다. 풀린다.

→ 삼전이 음일격이니 간음에 관련된 쟁송이고, 간상에 현무가 타

고 있으니 도난에 관련된 쟁송이다. 중전과 말전이 공망되었으니 관재가 풀린다. 그리고 섭해과이니 쟁송이 오래 간다.
○ **전투** : 무익하다.
→ 말전의 재성이 공망되었으니 이익이 없다.

□ 『**필법부**』 : 〈제31법〉 삼전이 차례로 일간을 생해 오면 타인의 추천을 받는다. 반드시 여러 번 타인에 의하여 높은 직위로 추천을 받는다. 이른바 여러 사람에 의하여 장차 주요 관직을 맡는 일과 추천과 문장을 요청하는 일을 모두 취득하게 되고, 반드시 시종여일하게 성취한다. 다만 초전과 말전의 공망을 자세하게 살펴서 만약 공망되면 비록 추천의 마음은 있지만 결국 성취되는 결과는 없다.
〈제40법〉 천후와 육합이 임하면 혼인 정단에서 중매인을 쓰지 않아도 된다. 서로 사적인 정분을 통한 후에 장가를 들게 되니 어찌 중매인을 쓰겠는가?
〈제82법〉 삼전이 나아가지 못하는 불행전은 초전을 살펴야 한다.
□ 『**과경**』 : 밤 정단에서는 귀등천문과 신장 그리고 살몰이다. 월장이 寅巳申亥의 월건에 정단하여 사유(四維)가 월장이 되면 더욱 더 좋다. 참관은 이동을 주관한다. 그러나 중전과 말전이 공망되었으니 오히려 움직이지 못한다.
□ 『**정와**』 : 午가 戌에 가하면 잃어버린 말이 묘지로 든다. 戌은 감옥의 신으로서 감옥과 소송사를 주관한다. 가을과 여름에 정단하면 세력에 의지하고, 庚辛일에는 살기를 둘렀다는 뜻의 '대살(帶煞)'이라고 한다.

庚寅일 제6국

공망 : 午·未 ○
낮 : 왼쪽 천장, 밤 : 오른쪽 천장

丙	癸	戊
合戌合	常巳陰	蛇子青
卯	戌	巳

辛	丙	乙	壬
陰卯常	合戌合	勾酉朱	玄辰玄
庚申	卯	寅	酉

戊蛇子巳	己貴丑午○	庚白寅未	辛陰卯申常
丁朱亥辰			壬玄辰酉玄
丙合戌卯			癸陰巳戌常
乙勾酉寅	甲青申丑朱	○蛇未子空貴	○白午亥后

□ **과체** : 지일, 착륜, 상호나망∥침해, 초전협극, 태수극절, 인택좌묘, 삼기, 호왕, 복덕, 인귀생성, 살몰.

□ **핵심** : 초전과 말전이 丙戌과 丙子이고 중전에서 巳를 만난다. 관직자는 좋고 서민은 후회하는 것이 있다.

□ **분석** : ❶ 戌의 둔간은 丙이다. 말전 子를 원둔으로 천간을 적용하면 丙이다. 두 丙이 중전의 巳를 끼고 있으니 끼고 있는 것은 일간의 관귀효이다.

❷ 그리고 卯가 申에 가하니 격명이 착륜이다. 착륜격으로 관직자가 정단하면 승진한다. 세속에서 관직자가 아닌 사람이 정단하면 질병과 소송의 흉을 면하지 못한다.

□ **정단** : ❶ 비용과이자 지일과에서 간지가 서로 왕성하니 서로 그물을 친다는 뜻의 '교라(交羅)'라고 한다. 길한 사람에게는 그 길조에 부합하여 수레와 발령장이 오고, 흉한 사람에게는 그 흉조에 부합하여 양인(羊刃)과 올가미(網羅)의 우환이 온다.

❷ 두 효가 모두 움직이고 일은 두 갈래로 나타난다. 합 외에 충이 있고 은혜 속에 해가 있다. 대개 먼 것을 버리고 가까이 있는 것을

취하며, 소원한 것을 버리고 친한 것을 취한다. 처음에는 어려움을 겪지만 나중에는 성사된다.

○ **날씨** : 흐리고 맑은 날씨를 보이다가 나중에는 비가 온다.
→ 초전이 토의 오행이니 흐리고, 중전이 화의 오행이니 맑다. 나중에는 말전이 수의 오행이니 비가 오는데, 특히 밤 정단에서는 청룡이 타니 비가 더욱 확실하다.

○ **가정** : 여름의 밤에 정단하면 주작이 酉에 타서 화귀(火鬼)가 되어 가택에 가한 뒤에 가택을 극하니 화재와 관청의 시비를 방지해야 한다. 우물 속의 진흙을 파서 부엌에 바르면 화재를 막을 수 있다.
→ 여름의 밤에 정단하면 지상의 酉가 화귀이고 여기에 화의 오행인 주작이 타서 일지를 극하니 가택에 화재가 발생한다. 그리고 주작승신에서 일지를 극하여 가정에 관재가 발생하니 이를 방지해야 한다.

※ 화귀살

계절 신살	봄	여름	가을	겨울
화귀(火鬼)	午	酉	子	卯

○ **혼인** : 남녀가 해로하지 못한다.
→ 일간은 나이고 일지는 상대이다. 일간과 일지가 상충하고, 간지의 상신이 상충하며, 간지의 둔반이 상충한다. 따라서 궁합을 물으면 나쁘고, 혼인의 가부를 물으면 불성한다. 설령 혼인을 하더라도 해로하지 못한다. 그리고 초전이 협극되었고 다시 지상이 일간의 전1위이고 간상이 일지의 전1위이어서 교차나망이니 혼인에 장애가 생긴다. ● 성정 : 지상에 양인이 임하니 성정이 악한 사람인데, 주야 모두 지상에 흉장이 타니 성정이 더욱 더 나쁘다.

○ **임신·출산** : 태신이 절지에 임했다. 해월(亥月)에는 더욱 나쁘다. 출산을 정단하면 즉시 낳는다.

→ 태신이 절지에 임했으니 임신을 물으면 낙태되는 상이다. 만약 해월에 정단하면 태신이 사기에 해당하니 만드시 낙태된다. 출산을 정단하면 태신이 절지에 임했으니 즉시 출산한다.

○ **구관** : 관직을 구하는 정단을 하면 대길하다. 과거 시험장에서 제목을 잘 살펴야 한다.

→ 간지가 교차호왕하니 관직정단에서 대길하다. 그리고 교차나망이니 정신이 산란하여 제목과 문제를 잘 보지 못할 위험이 있으니 이것을 방지해야 한다.

○ **구재** : 크게 얻는다.

→ 재성은 재물이다. 간상에 재성이 임하니 재물을 얻는다. 만약 겨울이나 봄에 정단하면 재성이 왕기이니 큰 재물을 얻는다.

○ **알현** : 귀인을 만나는 일이 무익하다.

→ 낮 귀인은 일간의 묘신이니 무익하고, 밤 귀인은 공망되었으니 또한 무익하다.

○ **질병** : 폐병이다. 불길하다.

→ 귀살의 오행인 화에서 금을 극하니 금의 장부인 폐에 병이 든다. 그리고 착륜격은 도끼로 나무를 찍는 상이니 사망한다.

○ **유실** : 옆집에 있거나 혹은 멀리 도망치지 못했다.

→ 지일과는 유실물은 옆집에 있고, 도망친 사람은 멀리 도망치지 못한다.

○ **출행** : 고위직 공무원의 부임에 길하다.

→ 卯가 申에 가하거나 혹은 辛이 卯에 가하는 착륜격은, 공무원이 되어 부임가는 상이거나 발령장을 받는 상이므로 부임에 길하다.

○ **귀가** : 길에 있다. 늦게 도착한다.

→ 辰이 사중(子午卯酉)에 가하면 길에서 차를 타고 오고 있다. 다만

간지가 교차나망이니 늦게 도착한다.
○ **쟁송** : 화해하는 것이 이롭다. 양 귀인이 모두 육해를 당했으니 이치에 맞지 않는 판결을 받을 우려가 있다.

→ 일간은 나이고 일지는 상대이다. 일간 申은 申의 묘신인 丑에 임하고, 일지 寅은 寅의 묘신인 未에 임하여 양측 모두에게 불리하니 화해하는 것이 이롭다. 그리고 낮 귀인 丑은 丑과의 육해인 午에 임했고 밤 귀인 未는 丑와의 육해인 子에 임했으니, 그릇된 판결을 받을 우려가 있다. ● 승패 : 지상의 酉가 간상의 卯를 극하니 상대는 유리하고 나는 불리하다.

○ **전투** : 주(主)에게 이롭고 객(客)에게 이롭지 않다.

→ 하적상은 곤괘에 해당한다. 하적상이 발용이 되었으니, 가만히 있는 쪽인 주에게 이롭고 움직인 쪽인 객에게는 이롭지 않다.

□ 『**필법부**』 : 〈제78법〉 호왕과 개왕은 앉아서 도모하는 것이 좋다.
〈제87법〉 사람과 가택이 묘신에 앉으면 좋은 것이 불행을 부른다.
〈제55법〉 천라지망을 만나면 모망사에서 졸렬함이 많다.
〈제20법〉 태신 겸 재신이 사기이면 태아가 손상된다.

□ 『**과경**』 : 목이 목기가 되기 위해서는 도끼와 톱으로 잘라야 한다. 임신과 질병 정단을 하면 위태하고, 재물 정단을 하면 대단히 좋다. 그리고 녹봉과 작위가 오르고 관직은 단계를 뛰어넘어 발탁된다. 戌은 관인이고 태상은 도장의 끈이다. 이것을 만나면 더욱 좋다.

□ 『**수중금**』 : 정단하면 운영하는 일을 제수 받는다. 庚辛의 금일(金日)을 그릇을 완성한다는 뜻의 '성기(成器)'라고 한다. 그러나 가을 세 달의 庚辛일에 정단하여 착륜이고 여기에 태음이나 백호가 타면 도끼가 상한다는 뜻의 '상부(傷斧)'라고 하여 나쁜데, 이는 금기가 지나치기 때문이다.

庚寅일 제 7 국

공망 : 午·未 ○
낮 : 왼쪽 천장, 밤 : 오른쪽 천장

庚	甲	庚
后寅白	青申蛇	后寅白
申	寅	申
庚	甲	甲	庚
后寅白	青申蛇	青申蛇	后寅白
庚申	寅	寅	申

丁亥巳 朱	戊子午 勾○	己丑未 蛇 貴○	庚寅申 空 后 白
丙戌辰 合			辛卯酉 陰 常
乙酉卯 勾 朱			壬辰戌 玄 玄
甲申寅 青 蛇	○未丑 空 貴	○午子 白 后	癸巳亥 常 陰

- **과체** : 반음, 원태, 췌서 ∥ 육의, 권섭부정, 회환, 주야귀인상가, 멸덕, 구절(俱絶).
- **핵심** : 타인은 나의 집에 오고 나는 그의 집에 간다. : 눈을 떠서 보니 온통 재물과 일록만 보인다. 밤 정단은 좋지 않다.
- **분석** : ❶ 일지인 寅이 일간인 庚 위에 임하니 그가 나의 집에 오고 기궁인 申이 일지인 寅에 임하니 내가 그의 집에 간다. 일간과 일지가 서로 임하고 서로 자리를 바꾼다.

  ❷ 삼전과 사과는 寅과 申 두 글자를 벗어나지 않는다. 申은 일간의 일록이고 寅은 일간의 재성인데, 재물과 일록이 온 시야에 보이니 어찌 좋지 않겠는가? 그러나 밤 천장을 말하면 申에는 등사가 타고 寅에는 백호가 타서 다시 온 시야에 종횡으로 눈에 보이니 매우 좋지 못하다.

- **정단** : ❶ 이 반음과는 무의격이고 원태격이며 다시 췌서격이다. 왕래가 끝이 없고 반복되며 정해지지 않는다.

  ❷ 그리고 의심이 많아서 숨고, 높은 이와 낮은 이의 사이에 기강이 없어서 서로 화목하지 못하다. 군자가 정도를 지키면 형통하고 소

인이 경거망동하면 위태롭다.

❸ 비록 일록과 역마가 같으니 부귀하여 길하고 번창할 조짐이지만 모두 절지에 임하여 흉한 조짐이니 두렵다.

○ **날씨** : 흐렸다 개는 것이 일정하지 않다. 낮에는 비가 오고 밤에는 바람이 분다.
→ 반음과는 날씨가 일정하지 않다. 초전의 낮에는 천후가 타니 비가 오고, 밤에는 백호가 타니 바람이 분다.

○ **가정** : 이사하는 것이 좋다.
→ 일간은 사람이고 일지는 가택이다. 간상신은 일간의 절신이고 지상신은 일지의 절신이니 이사하는 것이 좋다. 이 가택에 거주하면 일간과 일지가 상충하고, 간상과 지상이 상충하며, 간지의 둔반이 상충하니, 부부와 부자가 화목하지 않아서 부부가 별거 혹은 이혼하고, 부모와 자식은 분가해서 따로 산다.

○ **혼인** : 낮 정단은 좋고, 밤 정단은 나쁘다. 남자는 여자의 집을 취하여 데릴사위가 되고, 여자는 자식을 데리고 재가한다.
→ 일간은 나이고 일지는 상대이다. 지상의 낮에는 길장인 청룡이 타고 있으니 상대방의 성정이 좋고, 밤에는 흉장인 등사가 타고 있으니 상대방의 성정이 좋지 않다. 기궁이 지상으로 갔으니 남자가 여자 집으로 데릴사위가 되어 가고, 일지가 간상으로 갔으니 여자가 남자 집으로 시집간다. ● **궁합** : 매우 나쁘다. 일간과 일지가 상충하고, 간상과 지상이 상충하며, 간상의 둔반과 지상의 둔반이 상충하니 궁합이 나쁘다. 또한 일간과 일지가 교차상충하니 더욱 나쁘며, 과전의 모든 천반과 지반이 상충하니 더욱 더 나쁘다.

○ **임신·출산** : 출산이 순조롭다.
→ 일간은 태아이고 일지는 임신부이다. 간지와 그 상신이 상충하

니 출산이 순조롭다.
- ○ 구관 : 교대 직임은 이롭고 나머지 정단은 불길하다.
  → 간상이 일간의 절신이고 지상이 일지의 절신이니 교대 직임은 이롭다. 그러나 나머지 정단에서는 간상에는 일간의 절신이 임하고 지상에는 일지의 절신이 임하여 퇴직하는 상이니 나쁘다.
- ○ 구재 : 교역하는 일을 끝맺는 것이 이롭다.
  → 간상이 일간의 절신이고 지상이 일지의 절신이니 교역하는 일을 끝맺는 것이 이롭다. 만약 창업하면 재성이 절지에 임하니 곧 폐업하게 된다.
- ○ 질병 : 한 가지 증상이 아니다. 일록이 절신에 드니 절식한다. 그리고 또한 사람이 귀신의 문에 드니 신년(申年)에 출생한 사람은 반드시 사망한다.
  → 반음과의 병은 한 가지가 아니고 또한 재발하는 특징을 지닌다. 그리고 음식을 뜻하는 일록이 절지에 임하니 구병 환자는 음식을 먹지 못하고 사망한다. 만약 원숭이해에 출생한 사람은 申이 寅에 임하여 귀신의 문에 드니 반드시 사망한다.
- ○ 유실 : 먼 곳에서 찾아야 한다.
  → 반음과의 유실물은 먼 곳에 있으니 먼 곳에서 찾아야 한다. 일지가 寅이니 寅의 대충처인 신방(申方)에서 찾아야 한다.
- ○ 출행 : 이롭지 않다.
  → 역마는 자동차이다. 역마가 지반과 상충하고 다시 그 옆의 12신과 충을 하여 사고가 나는 상이니 이롭지 않다. 만약 서민이 귀인을 만나러 가면 두 귀인이 서로 가하고 있으므로 귀인을 만나지 못한다. 그러나 만약 관직자가 고위직 공무원을 만나서 부탁하는 일은 뜻을 성취할 수 있다.
- ○ 귀가 : 즉시 도착한다.
  → 초전에 역마가 임하고 다시 간상에 임하니 즉시 도착한다.

○ **쟁송** : 먼저 움직이는 쪽이 승소한다.
→ 반음과는 움직이는 쪽이 승소한다. 간상에는 일간의 절신이 임하고 지상에는 일지의 절신이 임하니 쟁송이 그친다. ● 관재 : 초전이 일간의 절신이고 다시 초전의 寅이 寅의 절지의 申에 임하니 관재가 곧 사라진다.

○ **전투** : 살상이 있으며 객(客)이 오히려 주(主)가 된다.
→ 일간과 일지가 상충하니 격전을 벌여 살상을 입히고 당한다. 그리고 기궁이 지상으로 가고 일지가 간상으로 오니 객이 주가 되고 주가 객이 된다. 객은 먼저 공격한 군을 뜻하고, 주는 방어하는 군을 뜻한다.

□ **『필법부』** : 〈제79법〉 일간과 일지가 절신이면 모든 모망사는 끊긴다. 흉사를 끊고 끝맺는 일에는 좋아서 관송사를 푸는 일에 좋고 질병 정단을 하면 낫는다.
〈제8법〉 일록이 지상에 임하면 임시직으로 정당한 자리가 아니다. 모든 정단에서 스스로 존대해지지 못하고 타인에 의하여 굴복과 꺾임을 당하게 된다.

□ **『관월경』** : 췌서격은 장차 처갓집으로 간다. 이것은 일지가 와서 일간에 임하여 극을 당하는 것과 별반 차이가 없다.

□ **『정와』** : 중전과 말전에 구제신이 보이거나 혹은 연명상에 길신을 얻으면 췌서가 되어 가권을 쥐고서는 자신의 뜻대로 한다. 만약 왕상한 기운이고 여기에 구진과 백호가 타면 아랫사람을 해친다는 뜻의 '잔하(殘下)'라고 하여 아랫사람에게 매우 불리하다.

庚寅일 제 8 국

공망 : 午·未 ○
낮 : 왼쪽 천장, 밤 : 오른쪽 천장

戊	癸	丙
蛇子青	常巳陰	合戌合
未 ○	子	巳
己	○	戊
貴丑空	白午后 空未貴	蛇子青
庚申	丑 寅	未 ○

丙戌巳合	丁亥午勾	戊子未蛇	己丑申貴
乙酉辰勾朱			庚寅酉后白
甲申卯青蛇			辛卯戌陰常
○未寅空貴	○午丑白后	癸巳子常陰	壬辰亥玄玄

☐ **과체** : 지일, 주인, 맥월 // 침해, 고진과수, 묘신부일, 삼기, 인귀생성, 귀부간지, 살몰, 간지상충.

☐ **핵심** : 묘신이 일간과 일지를 덮고 있고, 간지상에 주야귀인을 모두 만났다. 두 丙 둔반의 관귀는 巳와 동일한 관귀효이다.

☐ **분석** : ❶ 일간에는 금의 묘신이 타고 있고 일지에는 목의 묘신이 타고 있어서, 비록 사람은 혼미하고 가정은 어둡지만, 낮 귀인 丑과 밤 귀인 未가 간지에 임하니 사람과 가정이 복을 받는다.

❷ 중전의 巳화는 일간의 관성이다. 子의 둔반이 丙이고 戌의 둔간이 丙이니 巳를 포함해서 모두 셋이어서, 순수한 관성의 주인격이 형성되니, 관직자는 관직을 취하려고 하지 않아도 되고, 비 관직자에게는 재앙이 생긴다. 다만 초전이 공망되었으니 공허해진다.

→ 오자원둔법으로 초전의 子에 丙이 붙는다.

☐ **정단** : ❶ 이 지일과는 각기 다른 곳에서 은혜 속에 해가 생기는 공통점이 보인다.

❷ 일간과 일지에 묘신이 덮고 있으니 서로 혼미하고 어둡다.

❸ 지상에는 거듭하여 공망이 보이고 용신은 무력하니, 비록 주인의

길상이 있고 양 귀인에 의한 길한 기운은 있지만 공허는 많고 실속은 적다.

○ **날씨** : 갑자기 비가 오다가 바뀌어서 해가 나오는 것이 보인다. 나중에는 흐리고 우중충해진다.
→ 초전이 수의 오행인 子이니 비가 오고, 중전이 화의 오행인 巳이니 해가 나며, 말전이 토의 오행인 戌이니 흐리고 우중충해진다.

○ **가정** : 가정에 헛된 지출이 있거나 혹은 장차 이사한다.
→ 일지음양은 가택이다. 자손효인 일지음신 子에 청룡이 타고 있으니 가정에 헛된 지출이 있다. 그리고 지상이 묘신인 未이어서 가택이 어두우니 이사하는 것이 좋다. 만약 이 가택에 계속하여 거주하면 간상이 일간의 묘신이니 사람이 하는 일이 어두워지고, 지상이 일지의 묘신이니 가정이 어두워진다. 낮 정단에서는 간상에 천을귀인이 일간의 묘신에 타고 있으니 귀인으로부터 속임을 당하고, 밤 정단에서는 지상에 천을귀인이 일지의 묘신에 타고 있으니 귀인으로부터 속임을 당하는 일이 발생한다.

○ **혼인** : 미월(未月)의 밤 정단에서는 혼인해도 좋다.
→ 일간은 나이고 일지는 상대이다. 미월(未月)의 밤에 정단하면 지상의 未가 묘신을 벗어나고 여기에 다시 천을귀인이 타고 있으니 혼인해도 좋다. 이 외에도 월장 未가 되는 하지~대서 혹은 생기가 되는 사월(巳月) 혹은 왕기가 되는 토왕절에 정단하더라도 역시 혼인해도 좋다. ● 초전이 고진이니 혼인이 불성한다. ● 궁합 : 간지와 그 상신이 상충하니 궁합이 나쁘고 혼인한 뒤에는 금슬이 나쁜 흠이 있다.

○ **임신·출산** : 쉽게 출산한다.
→ 일간은 태아이고 일지는 임신부이다. 기궁과 일지가 상충하고

간상신과 지상신이 상충하니 쉽게 출산한다.
- ○ 구관 : 반드시 기이한 귀인의 도움을 받지만 헛되고 부실하다.
  → 초전 둔반은 관성이고 초전 천반의 子는 삼기이다. 오자원둔으로 초전의 둔반이 일간의 관성인 丙이지만 삼기인 초전의 子가 공망되었으니 공허하게 된다. 또한 낮 정단에서는 귀인승신 丑이 일간의 묘신이니 오히려 귀인으로부터 속임을 당하고, 밤 정단에서는 귀인승신 未가 일간의 묘신이니 오히려 귀인으로부터 속임을 당하고 다시 공망되었으니 무익하다.
- ○ 구재 : 얻지 못한다.
  → 재성과 청룡은 재물이다. 재성은 보이지 않고, 청룡은 초전에 보이지만 오히려 일간을 탈기하고 공망되었으니 재물을 얻지 못한다.
- ○ 질병 : 불길하다.
  → 일간은 환자이다. 간상에 묘신이 임하니 땅에 매장되는 상이니 불길하며 초전이 고진과수이어서 사망하는 상이니 다시 불길하다.
- ○ 유실 : 찾지 못한다. 도망친 사람은 멀리 가지 못했다.
  → 재성은 재물이다. 재성이 과전에 보이지 않으므로 찾지 못한다. 지일과이니 도망친 사람은 멀리 가지 못했다.
- ○ 출행 : 아직 출행을 결정하지 않았다.
  → 간상에 묘신이 임하니 아직 출행을 결정하지 않았다.
- ○ 귀가 : 기한을 넘긴다.
  → 초전이 공망되었으니 기한을 넘기고 아직 도착하지 못한다.
- ○ 쟁송 : 나와 상대가 모두 권세가에 의지하니 화해해야 한다.
  → 일간은 나이고 일지는 상대이다. 간상과 지상에 천을귀인이 임하니 나와 상대 모두 권세가에게 쟁송을 의지함으로 인해 쟁송이 길어지니 화해하는 것이 좋다. ● 승패 : 나는 튼실하고 상대를 뜻하는 지상의 천을귀인이 공망되었으니 내가 유리하다. ● 관재 : 초전이 공망되었으니 관재가 작아진다. 그리고 중전의 귀살 巳를 말전의

戌이 설기하여 일간을 생하니 역시 관재가 점차 작아지고 사라진다.
- ○ 전쟁 : 낮 정단에서는 승전하고, 밤 정단에서는 신중해야 한다.
  → 일간은 장졸이다. 낮 정단에서는 간상에 천을귀인이 타고 있으니 승전하고, 밤 정단에서는 간상에 천공이 타고 있어서 패전할 우려가 있으니 신중해야 한다. 다만 간상의 丑이 일간의 묘신이니 전쟁이 밝지 못하다.
- ○ 분묘 : 물구멍을 막아야 한다.
  → 일지양신은 묘(墓)이고 일지음신은 혈(穴)이다. 일지음신의 子수에서 일간을 설기하고 공망되었으니, 묘지에 구멍이 나서 묘지 속의 혈(穴)로 물이 흘러들어가는 것을 막아야 한다.

- □ 『필법부』: 〈제45법〉 주야귀인이 서로 가하면 양 귀인에게서 구하면 된다.
  〈제88법〉 간지에 묘신이 타면 모두 혼미해진다.
- □ 『고감』: 乙酉년에 월장 寅을 점시 酉에 가한 뒤에 가택 정단을 했다. 택상이 공망되었으니 살던 집에서 나와 남쪽으로 이동해서 북쪽으로 이사해야 한다. 초전의 子가 공망되었으니 지금은 잠시 거주하고 있을 뿐으로서 아직 이사를 결정짓지 않았다. 巳가 子에 가하는데 庚금의 장생이 巳이고 巳는 점업(店業)이다. 태음이 노부인을 뜻하니 친척이 이 터를 사서 가게를 열어 성공했으며 사년(巳年)에 이르러서 이 가게를 개조한다. 말전이 일간을 생하니 나이가 많은 분이 주인이 된다. 戌은 하인이고 여기에 육합이 나란히 타니 교역이 이뤄진다. 그 사람이 과연 살던 집에서 식구가 너무 많아 밖으로 이사해서 살려고 한다. 나중에 모두 적중했다.

庚寅일 제 9 국

공망 : 午·未 ○
낮 : 왼쪽 천장, 밤 : 오른쪽 천장

壬	甲	戊
玄 辰 玄	青 申 蛇	蛇 子 青
子	辰	申
戊	壬	○	丙
蛇 子 青	玄 辰 玄	白 午 后	合 戌 合
庚	子	寅	午 ○

乙酉 勾巳	丙戌 合午	丁亥 朱未	戊子 蛇申 青
甲申 青辰 蛇			己丑 貴酉 空
○未 空卯 貴			庚寅 后戌 白
○午 白寅 后	癸巳 常丑 陰	壬辰 玄子 玄	辛卯 陰亥 常

□ **과체** : 원수, 윤하, 여덕, 폐구∥화미, 삼기, 육의, 복덕, 인귀생성, 가중사거, 육양, 구사(俱死), 구탈(俱脫), 간지상충.

□ **핵심** : 사람은 쇠약하고 가택은 왕성하며, 나는 약하고 상대는 강하다. 관귀가 가택에 임하지만 거리낄 것이 없다.

□ **분석** : ❶ 삼전의 수국이 일간을 탈기하고 일지를 생한다. 가택 정단을 하면 사람은 쇠하고 가택은 왕성하고, 나와 상대를 정단하면 나는 약하고 상대는 강하다.

❷ 午는 일간의 관귀로서 일간에 임하지 않고 가택에 임하지만 공망을 만나고 다시 수국으로부터 제극을 받으니 전혀 거리낄 것이 없다. 관직자를 말하면 관성이 복이 되지 못하고, 비 관직자를 말하면 비록 귀살이지만 화가 되지 않는다.

□ **정단** : ❶ 이 원수과는 합을 하여 윤하국이 되었다. 순조로운 일이 많지만 움직이면 멈추지 않고, 합을 하여 공(功)이 생긴다. 가만히 편안한 마음으로 분수를 지키면 형통하고 또한 공명정대하면 길하다. 다만 사람과 가택이 모두 탈기를 당하고, 다시 사신이 타고 있으며, 삼전의 수국이 일간을 탈기하며, 공망이 가택에 든다. 따라서 모망

사는 이루지 못하고, 움직이면 많은 사람들과 관련되어 사기와 거짓이 많이 생기고, 지출은 헤아릴 수 없을 정도로 많다. 일상의 음신이 발용이 되어 현무가 나란히 타니 나와 합하는 자가 곧 나를 해치는 자이니, 삼가 그것을 방지해야 한다.

○ 날씨 : 장맛비가 계속 내린다.
　→ 삼전이 수국이니 장맛비가 계속 내린다.
○ 가정 : 옛날에 벼슬을 했던 명문가이다. 식구는 쇠약하고 헛된 지출이 끝이 없다.
　→ 원수과이고 사람들에게 은혜를 베푸는 뜻이 있는 윤하국이니 옛날에 벼슬한 선조가 있는 명문가이다. 일간은 사람이고 일지는 가택이다. 간상에서 일간을 탈기하니 이 집에 거주하는 사람에게 지출이 끝이 없고, 지상에서 일지를 탈기하니 가정의 지출이 끝이 없다. 그리고 간지와 그 상신이 상충하니 부자와 부부가 화목하지 않아서 부자가 분가해서 살거나 부부가 별거 혹은 이혼할 가능성이 있다.
○ 혼인 : 여자 집에서 꺼리고 승낙하지 않는다.
　→ 일간양신은 남자이고 일간음신은 남가, 일지양신은 여자이고 일지음신은 여가이다. 일지의 음신인 戌이 간상의 子를 극하고 일간음신의 辰을 충(冲)하니 여자의 집안이 남자와 남자집안을 허락하지 않는다. ● 궁합 : 일지과 일지는 물론이고 일간과 일지의 상신이 상충하니 궁합이 나쁘다. 만약 혼인하면 금슬이 나쁘고 헤어진다.
○ 임신·출산 : 태아는 안전하고, 출산은 이롭지 않다.
　→ 태신은 태아이다. 태신인 卯가 그의 장생인 亥에 임하니 임신은 안전하고 출산은 안전하지 않다. 왜냐하면 장생이 임신에서는 생육을 해야 하니 길하지만, 출산에서는 더 생육되면 출산하기 나쁘기

때문이다.
○ 구관 : 오월(午月)에 정단하면 희망이 있다. 다만 타인에게 속고 잃는 것을 방지해야 한다.
　→ 관성은 관직이다. 오월에 정단하면 공망된 관성 午가 풀려서 살아나니 희망이 있다. 그리고 간상에서 일간을 탈기하고 지상에서 일지를 탈기하며 다시 삼전의 수국에서 일간을 탈기하니 타인에게 속아 재물을 잃는 것을 방지해야 한다.
○ 구재 : 지출은 많고 수입은 적다.
　→ 간상에서 일간을 탈기하고 지상에서 일지를 탈기하며 다시 삼전의 수국에서 일간을 탈기하니 지출이 많다. 그러나 과전에 재성이 없으므로 수입이 적거나 없다. 다만 연명이 戌이나 亥인 사람은 그 상신이 재성이니 수입이 많다.
○ 질병 : 사기가 타니 흉하지만 다행히 귀살이 공망되었다. 급병은 낫고 구병은 불길하다.
　→ 간상에는 일간의 사기가 타고 지상에는 일지의 사기가 타서 '구사'이면 사망의 상이니 흉한데, 다시 삼전의 수국으로 일간이 탈기되어 원기가 쇠약해져 있으니 더욱 흉하다. 그러나 귀살인 午가 지상에서 공망되었으니 다행이다. 다만 과전이 이와 같이 흉하니 구병 환자는 사망할 가능성이 높다.
○ 유실 : 한번이 아니다. 유실을 방지해야 한다.
　→ 간지상신에서 간지를 탈기하니 유실이 한 번이 아니다. 삼전의 수국에서 다시 일간을 탈기하니 유실을 방지해야 한다.
○ 출행 : 친구나 동반자의 사기를 방지해야 한다.
　→ 일간은 나이고 일간이 삼합한 수국은 친구나 동반자이다. 일간의 상하가 삼합해서 일간을 탈기하니 친구나 동반자로부터의 사기를 방지해야 한다.
○ 귀가 : 뱃길에서 장애가 생긴다.

→ 일간은 육로이고 일지는 수로이다. 일지가 공망되었으니 뱃길에서 장애가 생긴다.
○ **쟁송** : 쟁송을 멈추는 것이 좋다. 부추기는 사람의 말을 듣지 않아야 한다. 그의 말을 들으면 오히려 재물을 빼앗기고 속임을 당한다.
→ 간상에서 일간을 탈기하니 재물을 빼앗기고, 삼전이 합을 하여 수국을 이루어서 일간을 탈기하니 다시 재물을 빼앗긴다. ● 승패 : 삼전의 수국이 일간 庚의 기운을 빼서 일지 寅을 생하니 나는 불리하고 상대는 유리하다. ● 관재 : 지상의 귀살 午가 공망되었으니 관재가 점차 수그러진다. 다만 삼전의 수국 辰申子가 일간 庚을 설기하니 손재수가 있다.
○ **전투** : 화공(火攻)은 불리하다. 상대가 원하는 평화협정에 속임이 있으니 이것을 방지해야 길하다.
→ 삼전이 수국이니 화공이 불리하다. 간지에 사기가 임하니 평화협정에서의 속임을 방지해야 한다.

□ 『**필법부**』 : 〈제15법〉 일간 위에서 탈기하고 다시 그 위에서 탈기하면 헛된 속임을 방지해야 된다.
〈제80법〉 사람과 가택이 모두 사신이면 사람과 가택이 쇠해지고 파리해진다.
〈제84법〉 합 속에 살을 범하면 꿀 속에 비상이 있다.
□ 『**정와**』 : 윤하는 떠돌아다니며 불안한 상이다. 현무와 천후가 나란히 보이면 반드시 도둑이다. 그리고 현무가 지반의 양신에 타고 있을 경우에는 여자를 잡을 수 있고, 천반이 음신일 경우에는 남자를 잡을 수 있다. 〈소강절〉이 말하기를, 삼전의 한 글자와 간지의 상신과 형·충·파·해가 되면 삼합이 살기를 침범한다는 뜻의 '삼합범살(三合犯煞)'이라고 하여 웃음 속에 칼을 감추고 있다.

庚寅일   제 10 국

공망 : 午·未 ○
낮 : 왼쪽 천장, 밤 : 오른쪽 천장

	甲		丁		庚	
青	申	蛇	朱 亥 勾		后 寅 白	
	巳		申		亥	
	丁		癸		甲	
朱 亥 勾		后 寅 白	常 巳 陰		青 申 蛇	
	庚申		亥		寅	巳

青	甲申巳	蛇	勾	乙酉午○	朱	合	丙戌未○	合	朱	丁亥申	勾
空	○未辰	貴							蛇	戊子酉	青
白	○午卯	后							貴	己丑戌	空
常	癸巳寅	陰	玄	壬辰丑	玄	陰	辛卯子	常	后	庚寅亥	白

□ **과체** : 중심, 원태(생태), 육의∥교차육합, 덕경, 복덕, 회환, 맥월, 절신가생, 교차장생, 태상지생, 간지상충, 구탈, 교차탈기, 백호입상차, 금일정신, 형상, 충파, 침해.

□ **핵심** : 해(害)가 변하여 합(合)이 되고 정마와 역마가 모두 임한다. 귀인에게 차질이 생기고 다시 귀인이 입옥되었다. 밤 재물을 백호가 짓밟고 있다.

□ **분석** : ❶ 申과 亥 그리고 巳와 寅이 먼저 육해를 만들고 寅과 亥 그리고 巳와 申은 육합하니, 모든 일에서 처음에는 장애가 생기고 나중에는 성사된다.

❷ 역마는 申이고 정마는 亥이다. 이들이 과전에 거듭하여 보이니 가만히 있을 수 없다.

❸ 낮 귀인은 밤의 12지에 임하고 밤 귀인은 낮의 12지에 임하니 이미 귀인에게 차질이 생겼고, 다시 두 귀인이 입옥이 되었으니 귀인에게 부탁할 수 없다.

❹ 말전의 寅은 재성인데 밤 정단에서 백호가 지키고 있으니 이 재물을 취할 수 없다.

□ 정단 : ❶ 이 과전은 중심과이며 원태격인데 갑신순의 육의가 발용이 되었고 이 곳에 일록과 역마가 모였으니 큰 길조이다.
❷ 그러나 애석하게도 간지에 나란히 탈기가 타니 반드시 비용을 소모한다.
❸ 그리고 합 속에 해가 있으니 기회를 봐서 움직여야 한다.

○ 날씨 : 홀연히 비가 오다가 홀연히 맑다.
→ 수모(水母)인 초전의 申에 낮 정단에서 청룡이 타니 비가 오고 밤 정단에서는 등사가 타니 우레가 친다. 중전이 亥수이니 비가 오고, 말전이 寅이니 바람이 불어 비를 쫓으니 맑다.
○ 가정 : 집은 길하고 사람은 편안하다.
→ 일간은 사람이고 일지는 집이다. 지상의 巳가 일간과 장생합을 하고 간상의 亥는 일지와 장생합을 하니, 집은 길하고 사람은 편안하다. 다만 간지와 그 상신 그리고 둔반이 상충하니 좋은 가운데에서 나쁜 것이 있다. 또한 일간은 간상으로 탈기되고 일지는 지상으로 탈기되니 가정 내외에 손실이 발생한다.
○ 혼인 : 낮 정단은 길하다.
→ 일간은 나이고 일지는 상대이다. 낮 정단에서는 지상에 길장인 태상이 타고 있으니 길하다. 그러나 밤 정단에서는 지상에 흉장인 태음이 타고 있으니 흉하다. ● 궁합 : 간지가 교차로 장생합을 하니 주야 모두 좋다. 다시 말하면 지상의 巳가 일간의 장생이고 다시 기궁 申과는 상합하고, 간상의 亥가 일간의 장생이고 다시 일지 寅과는 상합하니 좋다. 다만 간지와 그 상신 그리고 둔반이 상충하니 궁합에서 나쁜 점이 있고, 간지가 그 상신으로 탈기되니 손실이 발생하는 아쉬운 점이 있다. ● 혼인생활 : 만약 혼인하면 삼전이 체생하니 대체로 혼인생활이 순탄하다.

○ **임신·출산** : 안전하다.
➔ 태신은 태아이다. 태신인 卯가 그를 생하는 지반에 임하니 임신이 길하고 또한 간지가 교차장생합을 하니 더욱 좋다. 그러나 출산 정단에서는 이러한 기운이 출산을 저해하여 나쁘지만 간지와 그 상신이 상충하니 무난하다.

○ **구관** : 이룬다. 다만 지출이 많다.
➔ 재성은 관성을 생하는 기운이고, 관성은 관직이며, 역마는 승진의 신이다. 말전의 재성 寅이 지상의 관성 巳를 생하고, 일록과 역마인 申이 초전에 임하니 뜻을 이룬다. 다만 간상의 亥에서 일간 庚을 탈기하고 지상의 巳에서 일지 寅을 탈기하니 지출이 많다.

○ **구재** : 밑천을 합쳐서 경영하면 이롭다.
➔ 지상은 일간과의 장생합이고 간상은 일지와의 장생합이니 교차장생합이다. '장생합'은 밑천을 합쳐서 경영하면 이롭다. 그리고 삼전이 체생하니 경영이 순조롭다.

○ **알현** : 귀인에게 부탁하는 일은 무익하다.
➔ 낮 귀인 丑은 밤의 12지인 戌에 임하고 밤 귀인 未는 낮의 12지인 辰에 임하니 귀인에게 차질이 생겼고, 다시 두 귀인이 戌과 辰에 임하여 입옥 되었으니 귀인에게 부탁할 수 없다.

○ **질병** : 구병은 난치이다. 노인이나 어린이는 더욱 난치이다.
➔ 申이 巳에 가하면 백호가 상여로 드는 상이고 혹은 몸이 상여로 드는 상이니 구병은 사망한다. 특히 기력이 허약한 노인이나 어린이의 구병은 더욱 위험하다. 그리고 절신이 장생에 임하고 삼전이 사과로 돌아오니 구병과 신병 모두 재발하는 것을 방지해야 한다.

○ **유실** : 찾는다. 도망친 사람은 스스로 돌아온다.
➔ 재성은 재물이다. 재성이 일간음신과 말전에 임하니 찾는다. 그리고 삼전이 사과로 돌아오니 도망치거나 가출한 사람이 스스로 돌아온다.

○ **출행** : 낮 정단은 길하다.
  → 역마는 교통수단이다. 초전의 역마에 길장이 타니 낮 정단은 출행이 길하다.
○ **귀가** : 즉시 귀가한다.
  → 삼전이 사과로 돌아오니 즉시 귀가한다.
○ **쟁송** : 재물로 인해 발생한 쟁송이다. 화해하는 것이 좋다.
  → 교차 장생합이고 간지의 상신이 상충하니 사업을 하다가 충돌하여 일어난 쟁송이다. ● 승패 : 일간 庚이 일지 寅을 극하고 간상의 亥가 지상의 巳를 극하니 나는 유리하고 상대는 불리하다. ● 관재 : 지상의 귀살을 간상의 복덕신이 제압하니 관재가 가벼워지고 다시 삼전이 체생하니 관재가 순조롭게 진행된다.
○ **전투** : 주야 모두 방어해야 한다. 가을과 겨울에 정단하면 길하다.
  → 중심과는 곤괘에 해당하니 방어해야 한다. 가을과 겨울에는 일간과 그 상신이 왕기가 되니 길하다.

□ 『**필법부**』 : 〈제21법〉 교차상합은 왕래에 이롭다.
  〈제76법〉 서로 시기하여 모두에게 화가 미친다. 이 예에는 다섯 가지가 있다.
  → 이 과전에서는 간지의 상하가 각각 육해를 만든다.
□ 『**고감**』 : ❶ 癸卯년에 출생한 사람이 戊申년에 월장 辰을 점시 丑에 가한 뒤에 가택 정단을 했다. 간지가 모두 탈기를 당하고 흉신이 모여 있다. 초전의 등사가 일록과 역마를 방해하여 다른 사람의 돈과 재물을 빚지게 했다. 중전의 亥가 일간에 임하여 기운을 훔치고 말전의 재성을 백호가 협극하니 가업이 점차 쇠퇴한다. 네 해에는 절반으로 줄고 일곱 해에는 소진되며 또한 상처한다.

❷ 庚戌년에 출생한 사람이 질병 정단을 했다. 간상에 亥가 보인다. 금의 기운을 수가 빼어가니 매우 차고, 일지 寅이 그 위의 巳를 생하니 마음이 불안하다. 그리고 간지가 모두 탈기를 당하니 반드시 토사곽란이 생기고 정(精)이 샌다. 申에는 등사가 타고 寅에는 백호가 타니 한열이 왕래하고, 과전에 흉신이 모여 있으니 56일을 넘기기 어렵다. 巳와 亥는 4이고 寅과 申이 7이니 곱하면 28이고, 두 곳에 모두 보이니 배의 수가 56이다. 모두 적중했다.

庚寅일 제 11 국

공망 : 午·未 ○
낮 : 왼쪽 천장, 밤 : 오른쪽 천장

壬	○	甲
合辰合	青午蛇	白申后
寅	辰	午 ○
丙	戊	壬 ○
玄戌玄	后子白	合辰合 青午蛇
庚申	戌	寅	辰

空未貴	甲申后	乙酉陰	丙戌玄
○巳	午○	未○	申玄
青午辰 癸巳卯 勾 朱			陰亥丁 酉常 戌后 子白 己丑空
合辰寅	辛卯丑 朱 勾	庚寅子 蛇 青 貴	亥

□ **과체** : 섭해, 진간전, 참관, 등삼천∥초전협극, 록현탈격(낮), 불행전, 폐구, 육의, 육양, 강색귀호, 신장·살몰·귀등천문(낮), 간지상충.

□ **핵심** : 온통 괴강이니 몸을 움직이는 것이 예사롭지 않지만 움직이더라도 소용이 없다. 중전과 말전이 공망되었다.

□ **분석** : ❶ 괴강이 간지에 임했고 다시 천강이 발용이 되었으니 예사롭지 않게 거동한다.

❷ 그러나 중전이 갑신순의 공망되어 었고, 말전에서는 역마가 공망된 지반에 임했으니, 비록 움직이더라도 무익해서 반드시 변경하게 된다. 길(吉)이 불성하고 흉(凶)도 불성한다.

□ **정단** : ❶ 섭해과이고 삼전은 등삼천격이다.

❷ 천강(辰)이 일지에 임한 뒤에 발용이 되었고, 귀인이 천문에 오르고 천강이 귀신이 사는 집을 막고 있다. 따라서 여섯 흉장이 숨고, 네 개의 살이 죽으니, 진정한 참관격이라는 뜻의 '진참관격(真斬關格)'이다. 난을 피하고 몸을 감추는 일에서 가장 좋지만, 도망친 도둑을 잡는 일에서는 이롭지 않다. 그리고 모든 꾀하는 일에서 장애를 방지해야 한다. 중전과 말전이 공망되어 무력하니, 길사는 깨져

서 사라지고 흉사는 소멸되어 풀린다.

○ **날씨** : 비가 오려고 하다가 비구름이 흩어진다. 갑신순을 벗어나면 비가 온다.
→ 삼전의 등삼천은 용이 하늘로 올라 감로수를 뿌리는 상이다. 그러나 중전과 말전이 공망되었으니 비가 오려고 하다가 오지 않는다. 그러나 다음 순에는 공망이 풀리니 비가 온다.

○ **가정** : 불안하다. 간음과 도망을 방지해야 한다.
→ 일간은 사람이고 일지는 집이며 괴강은 천라지망이다. 간상과 지상에 괴강이 임하여 가정 내외에 장애가 발생하니 불안하다. 밤 정단에서는 초전에 육합이 타고 말전에 천후가 타서 '교동'이니 남자가 간음을 저지르고 도망치는 것을 방지해야 한다.

○ **혼인** : 혼인하면 안 된다.
→ 일간은 나이고 일지는 상대이다. 비록 간지가 교차삼합하지만 일간과 일지가 상충하고 간상과 지상이 상충하며 다시 간지의 둔간이 상충하니 혼인하면 안 된다. 더군다나 간지상에 천라지망이 모두 임하니 혼담에 장애가 발생하는데 다시 초전의 辰이 협극되었으니 혼인에 장애가 발생한다. ● 궁합 : 간지와 간지의 천반 그리고 간지의 둔반이 상충하니 궁합이 나쁘다. ● 간지가 상충하고 중전과 말전이 공망되었으니 혼인이 불성한다. ● 섭해과이니 혼담이나 혼인에서 장애가 많다.

○ **임신·출산** : 임신되지 않고, 태아는 손상된다.
→ 일간은 태아이고 일지는 임신부이다. 간지상에 천라지망이 묶고 있고 다시 간지와 그 상신이 상충하니 임신되기 어렵다. 임신이 되어 있는 경우에는 간지와 그 상신이 상충하니 태아가 손상된다. 섭해과이니 출산정단에서는 난산의 상인데 다시 간지의 상신이 그물

을 뜻하는 천라지망이니 더욱 더 난산이다. 다행한 것은 천라와 지망이 충을 하여 풀리니 나중에 겨우 출산한다.

○ 구관 : 소리만 나고 결과가 없다.
→ 삼전이 등삼천이어서 승진하는 상이지만 중전과 말전이 공망되었으니 결과가 없다. 그리고 그물이 간지를 묶고 있으니 구관에 장애가 많다.

○ 구재 : 헛고생한다.
→ 재성은 재물이다. 재성이 과전에 보이지 않으니 노력 하더라도 헛고생한다. 다만 연명이 子와 丑이면 그 상신이 재성인 寅과 卯이니 소득이 있다. 다만 섭해과이니 구재에서 고생을 많이 한다.

○ 질병 : 처음에는 위험하지만 위험이 풀리고 치료된다.
→ 병재를 뜻하는 귀살이 공망되었으니 병재가 풀린다. 그리고 일간을 묶고 있는 천라지망이 지상과 초전으로부터 충을 당했으니 병재가 풀린다. 또한 다행히 등삼천이 공망되었으니 질병이 점차 수그러들지만 섭해과이니 고생을 많이 하고 질병이 오래간다.

○ 유실 : 찾기 어렵다. 도망친 사람의 종적이 고정되어 있지 않다.
→ 재성은 재물이다. 과전에 재성이 없으므로 찾기 어렵다. 그리고 참관격이고 다시 강전귀호와 신장·살몰·귀등천문이니 도망친 사람의 행적이 고정되어 있지 않다.

○ 출행 : 장애가 있지만 피하는 일에서 이롭다.
→ 강전귀호와 신장·살몰·귀등천문이니 난을 피하는 일에서 이롭다.

○ 귀가 : 즉시 온다.
→ 강전귀호와 신장·살몰·귀등천문이니 즉시 온다.

○ 쟁송 : 풀린다.
→ 일간은 나이고 일지는 상대이다. 간상의 戌과 지상의 辰이 상충하니 쟁송이 풀리지만 고진감래의 상인 섭해과이니 나중에야 쟁송이 풀린다. 그리고 초전의 辰이 일간 庚을 생하여 오고 중전과 말전

이 공망되었으니 쟁송이 풀린다.
- **전쟁** : 허세를 부린다.
  → 귀살은 적군이다. 일지음신과 중전의 귀살이 공망되었으니 적군이 허세를 부린다. 섭해과이니 전쟁에서 어려움을 많이 겪는다.

- □ 『**필법부**』: 〈제40법〉 천후와 육합은 혼인 정단에서 중매인을 쓰지 않아도 된다. 가정 정단을 하면 사사로운 정이 있으니 어찌 바르겠는가? 〈제52법〉 천강(辰)이 귀신문(寅)을 막으면 임의로 도모할 수 있다. 재난을 피하는 일, 음모, 사적인 기도, 문상, 문병, 약 짓기, 부적 쓰기에 좋다. 만약 甲·戊·庚일이면 더욱 좋다. 그리고 천강(辰)이 귀호(寅)를 막으면 '천강색귀호'라고 한다. 모든 정단에서 형통하고 이익이 있다.
- □ 『**과경**』: 戌이 순수에 가하고 현무가 타니 폐구이다. 여섯 흉장이 숨는다는 것에는 다음과 같은 뜻이 있다. 등사가 子에 임하여 물에 빠진다는 뜻의 '추수(墜水)', 주작이 癸에 임하여 강에 빠진다는 뜻의 '투강(投江)', 구진이 卯에 임하여 감옥에 갇혔다는 뜻의 '입옥(入獄)', 천공이 손(巽,巳)에 임하여 껍질이 벗겨진다는 뜻의 '피박(被剝)', 백호가 午에 임하여 불에 탄다는 뜻의 '소신(燒身)', 현무가 곤(坤,申)에 임하여 다리가 부러진다는 뜻의 '절족(折足)'이 된다. 사살(四煞)이 죽는다는 것은 辰戌丑未인 사묘살(四墓煞)이 건곤간손(乾坤艮巽)에 임하여 사유(四維)에 빠졌다는 것을 말한다.
- □ 『**조담비결**』: 卯와 未의 방위로 가면 액이 소멸된다. 또한 청룡, 태상, 태음, 육합이 임한 방위로도 도망가서 숨을 수 있다.
  → 주작이 癸에 임하여 강에 빠진다는 것은, 丑이 북방의 수이고 또한 丑의 지장간에 癸가 있으므로 癸수의 극을 받아 주작이 나쁜 작용을 하지 못하게 된다는 것을 말한다.

庚寅일   제 12 국

공망 : 午·未 ○
낮 : 왼쪽 천장, 밤 : 오른쪽 천장

壬	癸	○
合辰合	勾巳朱	青午蛇
卯	辰	巳
乙	丙	辛	壬
常酉陰	玄戌玄	朱卯勾	合辰合
庚申	酉	寅	卯

青午蛇巳	空未貴午	甲申未	乙酉陰申
勾巳朱辰			玄戌酉
合辰卯			陰亥戌常
朱卯寅	蛇寅丑青	貴丑子空	后子亥白

- □ **과체** : 중심, 진여, 승계(升階), 맥월∥침해, 초전협극, 천라지망, 구왕(개왕), 맥월, 호태(교차태신), 간지상충.
- □ **핵심** : 사람과 집이 모두 왕성하다. 움직이면 그물을 만난다. 일간과 일지가 묘신에 앉으니 심정이 상쾌하지 않다.
- □ **분석** : ❶ 일간과 일지에 왕신이 임하니 사람과 집이 모두 형통하고 태평을 누리니 좋다. 만약 옛것을 지키면서 때를 기다리지 않고 경거망동하면 반드시 올가미에 낚인다. 만약 기다리고 있으면 말전이 초전을 도와 일간을 생하니 반드시 저절로 형통하며 길하다. 다만 일간과 일지가 서로 교차하여 묘신이 되니 이른바 어둠을 당하는 것을 감수해야 한다.
  ❷ 삼전의 모든 화에서 일지를 탈기하고 일간의 관귀효가 되니, 관직자가 정단하면 가장 길한 조짐이지만 비 관직자가 정단하면 불리하다.
  → 기궁인 申은 일지 寅의 묘신인 未에 임하고 일지인 寅은 일간 庚의 묘신인 丑에 임한다.
- □ **정단** : 이 중심과는 순조로운 연여로서 전진 속에 후퇴가 있고 모든

일은 순조롭지 못하다. 오로지 본분을 지키고 바름(正)을 지키면 사람과 집이 모두 흥왕하고 생각하지 않았던 외부의 도움을 받는다.

○ 날씨 : 맑은 날씨는 많고 비 오는 날씨는 적다.
→ 초전의 둔반이 수의 오행이니 비가 오고, 중전과 말전이 모두 화의 오행이니 많이 맑다.

○ 가정 : 사람은 편안하고 집은 왕성하다. 경거망동하여 이사하면 이롭지 않다.
→ 일간은 사람이고 일지는 집이다. 간상에 일간의 왕신이 임하고 지상에 일지의 왕신이 임하니 사람과 집이 모두 흥왕하지만, 이 왕신이 곧 양인이기도 하니 만약 이사하면 흥왕한 기운을 잃게 되어 이롭지 않다.

○ 혼인 : 성사되지 않는다. 성사가 되더라도 오래가지 못한다.
→ 낮 정단에서 청룡승신 午가 공망된 지반에 앉아 있고 다시 천후승신인 子로부터 청룡승신이 극을 받았으니 혼인이 성사되지 않는다. 설령 성사가 되더라도 혼인생활이 오래가지 못한다. ● 궁합 : 일간과 일지가 상충하고 간지의 상신이 상충하니 궁합이 나쁘다. ● 성정 : 일간은 나이고 일지는 상대이다. 주야 모두 지상에 흉장인 주작과 구진이 타고 있으니 상대의 성정이 좋은 편이 아니다.

○ 임신·출산 : 태아는 안전하지만 난산이다.
→ 태신은 태아이다. 태신인 卯가 寅에 임하니 안전하다. 그러나 과전이 그물을 뜻하는 천라지망이니 출산에 장애가 생긴다.

○ 구관 : 얻을 수 있다. 나중에는 조금 얻는다.
→ 간지상에 왕신이 임하니 얻는다. 중전의 관성은 폐구가 되었고 말전의 관성은 공망되었으니 나중에는 조금 얻는다.

○ 구재 : 많은 재물을 가지고 있다. 만약 함부로 구하면 오히려 재앙이

닥친다.
→ 일지 寅과 지상의 卯가 일간의 재성이니 많은 재물을 가지고 있다. 만약 좀 더 구하기 위해 행동하면 간상의 양인 酉로 인해 재앙이 닥친다. 또한 중전과 말전이 일간을 극하니 다시 재앙이 닥친다.

○ **알현** : 양 귀인이 모두 지반과 합을 하니 반드시 서로의 사이가 좋다.
→ 낮 귀인승신 丑은 지반의 子와 육합하니 나와 귀인의 사이가 좋다. 그러나 밤 귀인승신 未는 지반 午와 육합하지만 귀인승신이 공망되었으니 귀인의 도움을 받지 못한다.

○ **질병** : 오히려 양생을 하다가 병이 생겼다. 나중에 병이 낫는다.
→ 낫기 위해서 양생을 하면 간지상의 왕신이 양인으로 돌변하여 몸을 망치게 된다. 간지상에 왕신이 임하니 가만히 있으면 병이 낫는다.

○ **유실** : 남녀 종업원이 훔쳤다. 찾을 수 있다.
→ 일간양신은 여종업원을 뜻하는 酉이니 여종업원이 훔쳐갔고, 일간음신은 남종업원을 뜻하는 戌이니 남종업원이 훔쳐갔다. 지상에 재성이 임하니 찾을 수 있다.

○ **출행** : 경거망동하면 이롭지 않다.
→ 간지상에 양인이 임하니 경거망동하면 안 되고 또한 과전이 천라지망이니 경거망동하면 이롭지 않다.

○ **귀가** : 갑자기 도착한다.
→ 제4과가 발용이 되었으니 '맥월'이다. 초전이 동신인 辰이니 갑자기 도착한다.

○ **쟁송** : 나와 상대의 재력이 엇비슷하다. 결국은 내가 승소한다.
→ 일간은 나이고 일지는 상대이다. 간상과 지상 모두에 왕신이 임하니 재력이 엇비슷하다. ● **승패** : 간상의 酉가 지상의 卯를 극하니 내가 승소한다. ● **관재** : 과전이 천라지망이고 지상 卯 ⋯ 초전 辰

⋯→ 중전 巳 ⋯→ 말전 午로 전해지니 관재가 오래간다. 다행히 말전의 귀살이 공망되었으니 나중에는 관재가 해소된다.
○ **전투** : 꼼짝하지 말고 움직이지 않아야 한다. 먼저 움직이면 패전한다.
→ 간상과 지상 모두에 왕신이 임하니 움직이지 않아야 한다. 먼저 움직이면 양인과 그물이 되어 패전하게 된다. 더욱이 중심과이니 견고하게 진영을 지키고 있어야 한다.

□ 『**필법부**』: 〈제78법〉 호왕과 개왕은 앉아서 도모하는 것이 좋다.
→ 개왕은 일지와 일간 위에 모두 왕신이 타는 것이다. 타인과 나, 손님과 주인, 남편과 아내, 부모와 자식이 모두 흥왕하다. 앉아서 기다리는 것은 옳고 도모하여 움직이면 불리하다.
〈제87법〉 사람과 가택이 묘신에 앉으면 좋은 것이 불행을 부른다. 천반 일지와 일간이 모두 지반의 묘신 위에 앉는 것이다.
□ 『**지장부**』: 辰巳午는 계단을 오른다는 뜻의 '승계(升階)'이니 직접 상국을 관광한다. 순연여이지만 공망되어 어 인적이 드문 산골짜기에 소리가 울린다는 뜻이 있는 '성전공곡(聲傳空穀)'이니, 물러나면 길하고 전진하면 흉하다. 〈신장론〉에서 말하기를, 천강(辰)이 발용이 되면 옛일을 주관하는데, 여기에 육합이 타면 죽이는 것을 주관한다. 그리고 육합이 천반에 타면 관직의 하나인 '광록대부(光祿大夫)'인데, 혼인과 연회를 주관한다. 辰에 있으면 예의에 어긋난다는 뜻의 '위례(違禮)' 혹은, 손수건을 가진다는 뜻의 '지건(持巾)'이라고도 한다.

신묘일

辛卯日의 길신(구보)과 흉살(팔살)				
일덕	巳		형	
일록	酉		충	
역마	巳		파	
장생	巳		해	
제왕	酉		귀살	巳午
순기	子		묘신	丑
육의	甲申		패신	午
귀인	주	寅	공망	午未
	야	午	탈(脫)	亥子
합(合)			사(死)	子
태(胎)	卯		절(絶)	寅

대육임직지

辛卯일 제 1 국

공망 : 午·未 ○
낮 : 왼쪽 천장, 밤 : 오른쪽 천장

辛	戊	○
蛇卯合	陰子空	勾午貴
卯	子	午 ○
丙	丙	辛	辛
常戌常	常戌常	蛇卯合	蛇卯合
辛戌	戌	卯	卯

癸巳 合巳	○ 蛇勾午貴 午	○ 青未后 未	甲申 空申 陰
壬辰 朱辰 朱			乙酉 白酉 玄
辛卯 蛇卯 合 卯			丙戌 常戌 常
貴寅 庚寅 勾	后丑 己丑 青	陰子 戊子 空	玄亥 丁亥 白

- □ 과체 : 복음, 용전, 참관, 삼교∥삼기, 복덕, 맥월, 착륜, 교차재합.
- □ 핵심 : 교차육합이 좋지만 후에는 나중에는 무례해진다. 상대가 이러하니 나 역시 어쩔 수 없다.
- □ 분석 : ❶ 일간 辛의 기궁이 戌이고 辛이 곧 戌이다. 卯와 戌이 합을 하고 상하가 서로 합을 하니 모든 일에서 좋다.

  ❷ 卯목이 발용이 되어 子수로 가니 무례한 형이다. 말전의 午가 子를 충하고 卯와 파를 하니 서로 원수가 된다.『필법부』에는 삼전이 卯子卯로 되어 있다.

- □ 정단 : ❶ 복음과는 굽히고 펴지 못하는 과로서 멈추고 가만히 있되 움직이지 못하는 상이다.

  ❷ 일간과 일지의 상하가 교차상합하고 지반의 일간과 일지가 모두 육합하니 이른바 상하가 모두 화합하니 두 사람의 마음이 같다는 뜻이 있다. 거래를 터서 재물을 취하고 모든 교섭하는 일에서 가장 좋다.

  ❸ 밤 정단에는 백호가 亥에 타고 그 위의 둔간은 정마로서 귀살이다. 만약 연명이 亥에 있는 사람이 이 과전으로 정단하면 지극히 흉

하고 지극히 위험해서 공망이 될지라도 구제되지 못한다.

○ 날씨 : 화가 위에 있고 수가 아래에 있으니 비가 오지 않을 우려가 있다.
→ 초전이 卯이니 우레가 친다. 오행의 子수가 중전에 먼저 있고 午화가 말전에 뒤에 있으니 비가 오려고 하다가 맑아진다.

○ 가정 : 부부는 매우 화목하고 가계는 매우 풍요롭다.
→ 일간은 사람이고 일지는 집이다. 간지와 그 상신 그리고 둔반이 상합하니 남편과 아내 그리고 부모와 자식이 화목하며, 지상의 음양에 재성이 임하니 집안에 재물이 넘친다. 다만 가정운을 뜻하는 삼전의 초전과 중전이 무례지형이니 점차 무례해질 우려가 있고, 다시 卯일에 卯가 발용이 되어 '용전격'이니 남녀가 다툴 우려가 있다.

○ 혼인 : 간지의 상하가 모두 합을 하니 반드시 성사된다.
→ 일간은 나이고 일지는 상대이다. 기궁은 지상과 상합하고 일지는 간상과 상합하며 간지의 둔반이 다시 상합하니 혼인이 성사된다. 다만 지상에 낮에는 흉장이 타고 밤에는 길장이 타니 밤 정단이 좀 더 길하다. ● 卯일에 卯가 발용이 되어 '용전격'이니 남녀가 다투는 것을 방지해야 한다. ● 궁합 : 일간과 일지의 상하가 모두 상합하니 좋다.

○ 임신·출산 : 태아를 정단하면 길하지 않고, 출산을 정단하면 시일이 많이 걸린다.
→ 임신정단을 하면 간지가 상합하니 길하지만 복음과이니 선천성 청각·언어장애자가 될 우려가 있고, 출산을 정단하면 간지가 상합하니 난산의 우려가 있다.

○ 구관 : 관귀효가 공망되었으니 관직정단이 길하지 않다.

→ 관성은 관직이다. 말전의 관성이 공망되었으니 구관(求官)이 길하지 않다. 음일의 복음과이니 현재의 상황을 유지하면서 호기를 기다려야 한다.

○ **구재**: 밤 정단은 매우 길하고, 낮 정단은 놀라는 일이 많다.
→ 지상의 재성에 밤에는 길장인 육합이 타니 매우 길하지만 낮 정단에서는 놀람을 주관하는 등사가 타니 재물로 인해 놀랄 일이 생긴다. 그리고 재성 위에 형제효가 임하니 형제나 지인으로 인해 재물을 잃는 것을 방지해야 하며, 재성과 중전이 무례지형이니 쟁투가 발생할 우려가 있다.

○ **질병**: 유능한 의사의 치료를 받아 낫는다.
→ 복음과이니 오래가는 병이고 다시 일간과 일지가 상합하니 오래된 병이며 또한 병이 오래가지만 중전에 의약신 子가 중전에 임하니 병이 낫는다. 의약신 子가 지반의 子에 임하니 자방(子方)으로 가서 약이나 의사를 구하여서 치료하면 된다. 만약 중병인 경우에는 초전이 '착륜'이니 목숨이 위험하다.

○ **출행**: 사람이 집을 연연해 하니 속히 떠나지 못한다.
→ 일간은 사람이고 일지는 집이다. 간지가 상합하니 속히 떠나지 못한다.

○ **귀가**: 가까운 곳으로 출행한 사람은 바로 온다.
→ 복음과는 가까운 곳으로 출행한 사람은 바로 오고, 먼 곳으로 출행한 사람은 바로 오지 않는다.

○ **전투**: 밤 정단은 길하고 낮 정단은 놀란다.
→ 밤 정단에서는 지상에 길장이 타니 길하고, 낮 정단에서는 지상에는 등사가 타니 놀란다.

↑ **쟁송**: 화해가 가능하다.
→ 일간은 나이고 일지는 상대이다. 일간 戌과 일지 卯가 상합하고 간상의 戌과 지상의 卯가 상합하며 다시 간지가 교차상합하니 화해

가 가능하다. ↑ 관재 : 관재로 꼼짝하지 못하는 상이다. 그러나 말 전의 귀살 午가 공망되었으니 관재가 사라진다.

□ 『필법부』 : 〈제22법〉 상하가 모두 화합하니 서로의 마음이 같다.
→ 기궁 戌은 지상 卯와 상합하고 일지 卯는 간상 戌과 상합하고 있으니 서로의 마음이 같다.
〈제19법〉 태신 겸 재신이 월신살인 생기이면 처가 임신한다.
→ 지상의 卯는 처와 태아를 뜻하는 처재효이다. 만약 사월(巳月)에 정단하면 생기가 되니 처가 임신하여 태아가 잘 생육한다.
〈제20법〉 태신 겸 재신이 사기이면 태아가 손상된다.
→ 지상의 卯는 처와 태아를 뜻하는 처재효이다. 만약 해월(亥月)에 정단하면 사기가 되니 처가 임신하여 태아가 손상된다.

□ 『육임지남』 : 庚辰년의 辰월에 월장 戌을 점시 戌에 가하여 육임식반을 조식한 뒤에 출산정단을 했다. 반드시 쌍둥이다. 酉월 戌일 辰시에 두 아들을 낳는다. ● 왜 쌍둥이로 보는가? 태신이 월건과 겹쳐 있기 때문이다. ● 왜 아들로 보는가? 卯는 진괘로서 장남을 뜻하기 때문이고, 일상의 하괴(戌)가 건궁에 속하니 역시 남자이다. ● 酉월에 낳는 것은 酉가 태신인 卯를 충하기 때문이다. ● 戌일의 辰시는 戌이 양신(養神)인데 辰이 戌을 충하기 때문이다.

| 갑신순 | 신묘일 | 2국 |

辛卯일 제 2 국

공망 : 午·未 ○
낮 : 왼쪽 천장, 밤 : 오른쪽 천장

己	戊	丁
后 丑 青	陰 子 空	玄 亥 白
寅	丑	子
乙	甲	庚	己
白 酉 玄	空 申 陰	貴 寅 勾	后 丑 青
辛 戌	酉	卯	寅

壬辰朱 朱	癸巳 合	○午 蛇	勾午未 ○	貴	○未申 后
辛卯辰 蛇	合				甲申酉 空 陰
庚寅卯 貴	勾				乙酉戌 白 玄
己丑寅 后	青	戊子丑 陰	空	丁亥子 玄	白	丙戌亥 常	常

□ **과체** : 중심, 천옥, 여덕 // 연주삼기, 왕록임신, 복덕, 맥월, 아괴성, 록현탈격, 역연주, 금일정신, 살몰.

□ **핵심** : 일록에 현무와 백호가 타고 있으니 늘 속이 타서 안절부절한 상태이다. 묘신과 탈기와 정마가 나를 방해하니 안심되지 않는다.

□ **분석** : ❶ 간상의 酉는 辛의 일록이다. 밤에는 현무가 타고 낮에는 백호가 타니 속이 타들어간다.

❷ 이것을 포기하고 초전으로 가니 丑이 일간의 묘신이고, 중전의 子수는 일간 辛을 탈기하며, 말전 亥 위에 타고 있는 정신으로부터 방해를 받으니 더욱더 감당하기 어렵다. 발붙일 곳이 한 곳도 없으니 어찌 편안할 수 있겠는가?

□ **정단** : ❶ 삼전이 연여이고 삼기이니 만사 화합하는 상이다. 다만 과명이 중심이어서 하(下)에서 상(上)을 범하니 불순한 일이 많은데, 그 일은 젊은 여자로부터 일어난다.

❷ 그리고 '일녀격'이니 하는 일이 어두워서 밝지 못하니 뜻을 이루지 못한다.

❸ 겨울날에는 丑토에 천후가 타서 발용이 되었으니 어린이의 질병

을 정단하면 치료하기 어려울 우려가 있는데, 그 이유는 중전과 말
전의 자손효에 정신이 타고 다시 초전의 낮 천장 천후가 이것을 극
하기 때문이다.
❹ 밤 정단에서는 염막귀인이 일지에 임했고 종괴(酉)가 일간에 임
하니 과거를 물으면 반드시 수석으로 합격한다.
→ 초전에 천후가 타고 중전이나 말전에 육합이 타거나 혹은 간상
에 천후가 타고 지상에 육합이 타면 '일녀격'이다. 그러나 이 과전에
서는 이 조건에 해당하지 않으므로 '일녀격'이 아니다.

○ 날씨 : 천강(辰)이 음을 가리키고 필수(酉)가 일간에 임한다. 밤 정단
에서는 청룡이 발용에 타고 삼전이 모두 수신이니 큰 비가 오는 상
이다.
→ 천강은 '대각성(大角星)'이다. 천강이 음지에 임하니 비가 온다.
그리고 삼전의 12신이 모두 수이니 많은 비가 오고 특히 밤 정단에
서는 비를 뜻하는 청룡이 초전에 타고 있으니 많은 비가 온다.
○ 가정 : 낮 정단에서는 반드시 부귀하고, 밤 정단에서는 농지와 교목
(橋木) 등으로 다툰다.
→ 일간은 사람이고 일지는 집이다. 낮 정단에서는 지상의 재성에
타고 있는 천을귀인이 득지(得地)하였으니 부와 귀를 누린다. 밤 정
단에서는 나무를 뜻하는 지상신 寅에 쟁투의 천장인 구진이 타고
있으니 나무로 인하여 쟁투한다. 그리고 간상의 일록 酉에는 주야에
백호와 현무가 타고 있으므로 직업에 문제가 발생한다.
○ 혼인 : 성사된다.
→ 일간은 나이고 일지는 상대이다. 비록 간상의 酉에서 지상의 寅
을 극하지만 기궁 戌과 일지 卯가 상합하고, 간지의 둔반인 乙과 庚
이 상합하며, 다시 삼전이 연주삼기이니 성사된다. ● 겨울과 봄에

정단하면 중심과의 초전 지반이 왕성하니 드센 여자이다. ● 궁합 : 기궁 戌과 일지 卯가 상합하고, 간지의 둔반인 乙과 庚이 상합하니 궁합이 좋다. ● 성정 : 낮 정단에서는 지상에 귀인이 타고 있으니 좋은 사람이고, 밤 정단에서는 지상에 구진이 타고 있으니 좋지 않은 사람이다.

○ **임신·출산** : 아들은 양에 속한다. 두 음이 하나의 양을 감싸니 임신하면 반드시 아들이다.
  → 삼전은 태아의 형성과정이다. 삼전이 1양2음이니 아들이다.

○ **구관** : 낮 정단은 매우 길하다.
  → 삼전이 연주삼기이니 주야 모두 길하다. 다만 간상의 일록에 백호와 현무가 타고 있으니 경거망동하면 관운이 나빠진다.

○ **구재** : 집안에 재물이 있다. 밖의 재물은 취하기 어렵다.
  → 일지에 있는 재성은 집안에 있는 재물이고 삼전에 있는 재성은 밖의 재물이다. 일지 寅이 일간의 재성이고 지상의 卯가 다시 일간의 재성이니 집안에 재물이 있다. 그러나 일간의 재성이 삼전에 없으므로 밖의 재물은 얻지 못한다. 다만 연명이 卯와 辰인 사람이 정단하면 그 상신이 재성인 寅과 卯 이므로 밖의 재물을 얻을 수 있다.

○ **질병** : 심장경락이 상했거나 혹은 허탈증이다.
  → 삼전의 수 오행이 지나치게 강하니 수의 극을 받는 화의 장부인 심장에 탈이 난다. 그리고 낮 정단에서는 간상에 백호가 타고 있으니 문상이나 문병에서 온 병이고, 밤 정단에서는 간상에 현무가 타고 있으니 도난으로 인한 허탈에서 온 병이다. 특히 밤 정단에서는 말전의 亥에 백호가 타고 있고 그 둔반이 일간의 귀살인 丁이니 위험하다.

○ **출행** : 나쁘다.
  → 일간은 여행객이고 일지는 여행지이며 삼전은 여정이다. 낮 정단에서 간상에 백호가 타니 질병이 생기고, 밤 정단에서는 간상에

현무가 타서 도난을 당하니 출행이 나쁘다. 또한 삼전이 귀살국이어서 여러 가지의 재액을 당하니 나쁘다.

○ **귀가** : 말전에 정마가 타니 출행인은 곧 온다.
  → 정마는 교통수단이다. 말전에 정마가 있으니 곧 온다.
○ **전투** : 방어가 유리하다.
  → 중심과는 곤괘로서 땅을 상징하니 방어가 유리하다.
↑ **쟁송** : 내가 유리하다.
  → 일간은 나이고 일지는 상대이다. 일간 辛이 일지 卯를 극하고 간상의 酉가 지상의 寅을 극하니 내가 유리하다. ● 중심과이므로 장기전이 유리하다. ↑ 관재 : 말전의 丁이 둔귀이므로 보이지 않는 관재를 예방해야 한다. 그리고 삼전의 丑子亥가 연주삼기이고 다시 자손효이니 관재가 가벼워진다.

□ 『**필법부**』 : 〈제7법〉 왕록이 일간에 임하면 망령된 행동을 해서는 안 된다. 일간의 록신이 다시 일간의 왕신을 만들어서 간상에 임하면 이를 버리고 별도로 도모해서는 절대로 안 된다.
  → 간상의 酉는 '오행동생사' 이론에 의거하면 일록이면서 왕신이다. 왕신은 곧 혈광의 신으로 불리는 '양인살(羊刃殺)'이기도 하니 경거망동하면 화를 당한다.
  〈제69법〉 백호가 둔간귀살에 타면 재앙이 얕지 않다. 설령 공망되더라도 재앙을 구할 수 없다.
  → 밤 정단에서 말전의 亥에 백호가 타고 있고 그 둔반이 일간의 귀살인 丁이니 백호가 둔간귀살에 타고 있다.
□ 『**과경**』 : 간상의 酉는 일간의 왕록이다. 밤 정단에서는 그 위에 현무가 타고 있으니 일록을 현무에게 빼앗기는데 이를 '록피현탈(祿被玄奪)'이라고 한다.

- 『심인부』: 子와 丑이 서로 가하니 반드시 성사된다. 다시 길장을 만나면 기쁨에 차게 된다.
- 『지장부』: 삼기가 발용이 되었으니 의혹이 풀리고 기뻐하는 기색이 생긴다.

辛卯일 제 3국

공망 : 午·未 ○
낮 : 왼쪽 천장, 밤 : 오른쪽 천장

丁	乙	○
玄 亥 白	白 酉 玄	青 未 后
丑	亥	酉
甲	○	己	丁
空 申 陰	勾 午 貴	后 丑 青	玄 亥 白
辛 戌	申	卯	丑

辛卯巳 蛇合	壬辰午 朱合	癸巳未 蛇勾	○午申 勾貴
庚寅辰 貴勾			○未酉 青后
己丑卯 后青			甲申戌 空陰
戊子寅 陰空	丁亥丑 空玄	丙戌子 白常	乙酉亥 常玄

- **과체** : 섭해, 퇴간전 ∥ 침해, 구추(점시 : 子午卯酉), 록현탈격, 복덕, 맥월, 시둔(時遁), 오음, 복태(腹胎), 금일정신(금일봉정), 귀승천을(밤).
- **핵심** : 초전의 亥수에 둔간 丁이 있어서 흉이 발생하니 움직이면 불안하다. 주야에 백호와 현무가 나란히 타고 있다.
- **분석** : 갑신순의 丁이 亥에 타고서 발용이 되었으니 불안한 상이다. 하물며 주야에 백호와 현무가 亥수에 타고 있으니 지극히 흉하고 지극히 빠르지 않겠는가?
- **정단** : ❶ 섭해과는 불순한 일이 많다. 다시 삼전에서 간전을 만나니 장애가 여러 가지이다.

❷ 亥가 말전으로 전해지니 마치 사람이 어둠 속으로 들어가서 몸을 숨기는 상이다. 관직자가 정단하면 길하고 비 관직자가 정단하면 흉하다.

❸ 그리고 삼전이 차례로 일지를 생하니 반드시 집이 크다. 다만 일간의 묘신인 丑이 卯의 위에 임하여 묘지의 문이 열린다는 뜻의 '묘문개격(墓門開格)'이어서 집밖에서 상(喪)을 당할 수 있으니 이장해서 액을 쫓아야 한다.

❹ 그리고 부인에게 복통이 있다. 이것은 낮 정단에서 천후가 丑에 임하여 지반의 卯목으로부터 극을 당하기 때문이다.
→ 『필법부』〈62-2법〉에서는 卯酉일 정단에서 일간의 묘신에 등사나 백호가 타서 일지에 가하면 거듭하여 상(喪)을 당한다고 하였다.

○ 날씨 : 수모(水母,申)가 일간에 임하고, 수신이 발용이 되었으며, 다시 필수(酉)를 만나고, 말전의 토신이 공망에 앉았으니 자연히 비가 온다.
→ 申이 수를 생하니 수모이다. 간상이 申이고, 수 오행인 亥가 발용이 되었으며, 중전이 酉금이며, 말전의 未토가 공망되어 비를 쫓지 않으니 비가 온다.

○ 가정 : 상(喪)을 당한다.
→ 지상에 일간의 묘신인 丑이 묘지문을 뜻하는 卯에 임하니 상을 당하다. 만약 유월(酉月)에 정단하면 丑이 사기이니 더욱 확실하다. 그리고 지상의 丑이 묘신이니 가정이 어둡다.

○ 혼인 : 혼인이 성사된다.
→ 일간은 나이고 일지는 상대이다. 비록 섭해과여서 혼인에서 장애는 있지만 기궁 戌과 일지 卯가 상합하고, 간상 둔반의 甲과 지상 둔반의 己가 상합하니 혼인이 성사된다. ● 궁합 : 일간과 일지가 상합하고 다시 일간의 둔반과 일지의 둔반이 상합하니 궁합이 좋은 편이다. ● 지상의 丑이 일간 辛의 묘신이니 나에게 이롭지 않은 사람이다. 다만 지상에 주야 모두 길장이 타고 있으니 상대의 성정이 좋다.

○ 임신·출산 : 아래가 강하고 위가 약하니 임신하면 여아이다. 밤 정단에서는 천후가 공망되었으니 출산기에 출산이 빠르다.
→ 하적상이 발용이 되었으니 여아인데 만약 여름에 정단하면 초전

의 지반이 왕성하니 여아가 확실하다. 임신부를 뜻하는 천후가 밤 정단에서 공망되었으니 출산이 빠르다.

○ **구관** : 천을귀인이 공망되었으니 관직정단을 하면 길하지 않다.

→ 천을귀인은 공무원이다. 밤 정단에서 귀인승신 午가 공망되었으니 관직이 길하지 않고, 낮 정단에서는 귀인이 辰에 앉아 있으니 귀인에게 부탁하면 뜻을 이루지 못하니 관직이 길하지 않다.

○ **구재** : 재물을 얻지 못한다.

→ 재성은 재물이다. 과전에 재성이 없으므로 재물을 얻지 못한다. 다만 연명이 辰과 巳인 사람은 그 상신이 재성인 寅과 卯이니 재물을 얻는다.

○ **질병** : 밤 정단에서 백호가 丁에 타고 있으니 반드시 두통이거나 혹은 심화(心火)로 인해 몸이 상했다. 반드시 말전 未토 공망을 메우는 때를 기다려서 백호를 제극하고 일간을 생해야 병이 낫는다.

→ 밤 정단에서 초전 亥에는 백호가 타고 있고 그 위가 둔귀인 丁이니 대흉하다. 백호승신 亥를 극하는 글자가 말전의 未이니 미년(未年)이나 미월(未月)인 미월장(未月將) 기간에 치료하면 병이 낫는다. 그리고 백호가 정마에 타고 있으니 두통이다. 그리고 밤 정단에서는 천을귀인이 공망되어 귀수가 있으니 제사를 제대로 모시고 종교 대상에 기도해야 한다.

○ **출행** : 일지와 일간이 암합하니 일정이 늦어진다.

→ 일간은 여행객이고 일지는 가정이다. 기궁과 일지가 상합하니 집을 그리워하여 출행이 늦어진다.

○ **귀가** : 갑신순의 丁이 발용이 되었는데 丁은 역마와 같다. 천강(辰)이 사중을 가리키니 아직은 행인이 길에 있다.

→ 정마가 발용에 임하니 출행인이 집 가까이에 왔고, 辰이 사중인 午에 임하니 출행인은 아직 길 위에 있다.

○ **전투** : 어려움이 많다.

→ 섭해과이니 전쟁에서 어려움이 많다. 초전의 천반 亥가 지반의 丑토로부터 극을 받으니 육로에서 장애가 많다.

↑ 쟁송 : 화해가 가능하다.

→ 일간 戌이 일지 卯와 상합하고 지상의 丑이 간상의 申을 생하니 화해가 가능하다. 화해하지 않을 경우 섭해과이니 쟁송이 오래간다.

↑ 관재 : 일간음신의 귀살이 공망되었고 다시 말전이 공망되었으니 관재가 해소된다.

□ 『필법부』 : 〈제25법〉 금일(金日)에 정마를 만나면 흉화가 일어난다. 만약 관직자가 정단하면 부임이 지극히 빠르다. 하지만 정단인의 행년상신에서 여섯 丁이 타고 있는 신을 극하면 그렇지 못하다. 일반인이 정단하는 경우에는 오히려 丁이 타고 있는 신을 제극하는 것이 옳다.

〈제92법〉 청룡이 생기에 타면 길한 작용이 늦게 나타난다. 청룡이 일간을 생하는 신에 타고 다시 월내의 생기에 해당하면, 비록 당장 드러나지 않더라도 서서히 발복한다.

□ 『과경』 : 庚辛일에서 丑이 卯에 가하면 '복태격(腹胎格)'이다. 丑이 복부이고 卯가 태신이니 태아가 복부에 있다.

□ 『지장부』 : 삼전의 亥酉未가 시둔(時遁)이니 숨은 곳에서 나가려는 뜻이 없다.

辛卯일 제 4 국

공망 : 午·未 ○
낮 : 왼쪽 천장, 밤 : 오른쪽 천장

	戊	○	戊	
	朱 子 空	白 未 后	朱 子 空	
	卯	戌	卯	
	○	壬	戊	乙
	白 未 后	陰 辰 朱	朱 子 空	青 酉 玄
	辛 戌	未 ○	卯	子

庚寅巳 貴	辛卯午 勾 后 合	壬辰未 陰 朱	癸巳申 玄 蛇
己丑辰 蛇 青			○午酉 常 貴
戊子卯 朱 空			○未戌 白 后
丁亥寅 合	丙戌丑 白 勾	乙酉子 常 青 玄	甲申亥 空 陰

□ **과체** : 묘성, 여덕, 용전∥형상, 침해, 삼기, 구생, 복덕.
□ **핵심** : 호랑이가 노려보고, 호랑이가 형을 주며, 육해가 다시 보이니 지극히 놀라고 두렵다. 탈기는 실하고 생은 허하다.
□ **분석** : ❶ 사과의 상하에 극이 없으니 호시격이고, 간상이 未토이고 낮 정단에서 백호가 타니 호시격인데, 중전에 다시 백호가 보이니 흉한 조짐이다.
❸ 일간의 未戌이 상형이고, 일지의 子卯가 상형이며, 간지와 삼전에서 다시 子未 상해를 만나 형·해를 겹쳐서 만나니 매우 놀라고 매우 두려운 과이다.
❹ 일간을 탈기하는 子수는 실하고 일간을 생하는 未토는 공하니, 손해를 끼치는 자는 있지만 이득을 주는 자는 없다.
□ **정단** : ❶ 동사엄목격은 놀라서 움직이지 못하고 노려보면서 쫓아가는 상이니, 놀라고 근심하는 것을 면하기 어렵고 암매를 방지하기 어렵다.
❷ 다행히 중전에서 공망을 만나니 형(刑)이 무력하고 해(害)도 끼치지 못한다.

❸ 만약 길장을 만나 상생하면 허명과 허리가 되지만 분쟁을 해결하는 일에서는 좋을 뿐이다.

○ 날씨 : 간상이 공허하다. 초전과 말전의 子수가 천공으로부터 극을 당하니 비구름이 사라지고 비가 오지 않는다. 호시격에서 백호를 만나면 바람이 나무를 뽑는다.
  → 일간은 하늘이다. 간상이 공망되었으니 공허하다. 밤 정단에서 비를 뜻하는 子수가 子를 타고 있는 천공의 오행인 戊戌토로부터 극을 당했으니 비구름이 사라지고 비가 오지 않는다. 묘성과의 호시격에서 백호를 만나면 '호시전봉'이라고 하여 쑥대가 뽑혀 이리저리 뒹구는 상이다.
○ 가정 : 가택상신이 가택을 형(刑)하니 가택이 상하는 것을 면하기 어렵다. 그리고 다행히 일록이 지음에 임한다.
  → 일간은 사람이고 일지는 가택이다. 지상의 子에서 일지 卯를 형(刑)을 하니 가택에 흉사가 발생한다. 낮 정단에서는 주작이 타니 구설수나 관재가 발생하고, 밤 정단에서는 천공이 타니 허망한 일을 당한다.
○ 혼인 : 남녀 모두 길하지 않다.
  → 일간은 나이고 일지는 상대이다. 일간의 상하인 未戌이 상형이니 길하지 않은 남자이고, 일지의 상하인 子卯가 상형이니 길하지 않은 여자이다. 특히 낮 정단에서는 지상에 주작이 타고 있으니 상대의 성정이 좋지 않고, 밤 정단에서는 지상에 천공이 타고 있으니 성정이 좋지 않다. ● 궁합 : 육해에는 해치는 뜻이 있다. 간상의 未와 지상의 子가 육해이니 궁합이 좋지 않다.
○ 임신·출산 : 두 양이 하나의 음을 감싸니 여아를 임신한다. 임신부는 실하고 태아는 공하니 출산정단을 하면 불길하다.

→ 삼전은 태아가 형성되는 과정이다. 삼전이 1음2양이니 여아이다. 일간은 태아이고 일지는 임신부이다. 일간이 공망되었으니 출산 정단을 하면 태아가 유산되는 상이다.

○ **구관** : 관성과 천을귀인이 보이지 않으니 얻기 어렵다.

→ 관성은 관직이고 귀인은 공무원이다. 이들이 과전에 임하지 않으니 관직을 얻기 어렵다. 또한 일간이 공망되었고, 초전과 말전이 상관(傷官)이며, 중전이 공망되었으니 더욱 얻기 어렵다.

○ **구재** : 자신의 재물을 지키기 어렵고 밖에서는 취득하는 재물이 없다.

→ 재성은 재물이다. 일지 卯가 재성이지만 상하 상형이니 나의 재물을 지키기 어렵고, 일간의 재성이 과전에 없으므로 얻지 못한다. 다만 연명이 巳와 午인 사람은 그 상신이 寅과 卯이니 얻을 수 있다.

○ **질병** : 낮 정단에서 백호가 未에 타서 오행의 수를 극하니 신장에 병이 들었다. 다만 未토가 공망되었으니 약을 쓰지 않더라도 저절로 낫는다.

→ 백호는 병인(病因)이다. 낮 정단에서 간상의 未土에 백호가 타서 오행의 수를 극하니 수의 장부인 신장과 방광에 관련된 질병이 발생한다. 다행히 백호승신이 공망되었으니 저절로 낫는다.

○ **출행** : 즉시 출행하지 못할 우려가 있다.

→ 기궁과 일지가 상합하니 가족과 헤어지는 것을 아쉬워해서 출행하지 못하고, 또한 일간이 공망되었으니 즉시 출발하지 못한다. 그리고 여행지를 뜻하는 일지의 상하가 삼형이다. 낮 정단에서는 주작이 타니 여행지에서 구설수가 생기고, 밤 정단에서는 천공이 타니 여행지에서 속임을 당할 우려가 있다.

○ **귀가** : 가까운 곳으로 간 사람은 즉시 오고, 먼 곳으로 간 사람은 올 수 없다.

→ 묘성과는 출행정단에서 가장 흉하다. 더군다나 간상에 백호가

타고 중전에 다시 백호가 타니 흉한 조짐이다. 따라서 가까운 곳으로 간 사람은 즉시 오지만 먼 곳으로 간 사람은 올 수 없다.
○ **전투** : 많은 군사를 잃는 상이다.
　➜ 묘성과의 간상에 백호가 보이고 중전에 백호가 다시 보이며, 일간의 상하가 상형이고 일지의 상하가 다시 상형이니, 많은 군사를 잃는 상이다.
↑ **쟁송** : 불리하다.
　➜ 일간은 나이고 일지는 상대이다. 일간은 공허하고 일지는 튼실하니 나는 불리하고 상대는 유리하다. ↑ 관재 : 비록 묘성과여서 흉하지만 낮에 정단하면 간상과 중전의 백호가 공망되었으니 흉하지 않다.

□ 『**필법부**』: 〈제54법〉 호시에서 백호를 만나면 힘이 있어도 쓰기 어렵다. 호시에서 다시 천장 백호가 타면 전후 모두에 맹호가 있는 것과 같다.
　〈제76법〉 서로 시기하여 모두에게 화가 미친다. 이 격에는 다섯 가지가 있다. 간지의 상신이 육해를 만드는 것으로서 주객이 서로 시기한다.
□ 『**점험**』: 월장 寅을 점시 巳에 가하여 육임식반을 조식한 뒤에 도둑 정단을 했다. 가족 중 자손의 한 사람이 도둑인데 그가 물건을 훔친 뒤에 집을 나가지 못했다. 이것은 택상의 탈기가 발용이 되었고, 그 위에 천공이 타니 반드시 자손이나 노비가 훔친 것이다. 삼전이 스스로 일지에서 일간으로 전해지고 다시 간지로 전해지니 모두 문밖을 나가지 못한다. 행년이 卯에 있는 가족이 도둑임이 틀림없다.

| 辛卯일　제 5 국 | 공망 : 午·未 ○
낮 : 왼쪽 천장, 밤 : 오른쪽 천장 |

○	辛	丁
白 未 后	后 卯 合	合 亥 白
亥	未 ○	卯
○	庚	丁 ○
常 午 貴	貴 寅 勾	合 亥 白　白 未 后
辛 戌	午 ○	卯　亥

己 蛇 丑 巳 戌 子 辰	庚 青 貴 寅 午 空	辛 勾 后 卯 未 丁 亥 卯	壬 陰 朱 辰 申 癸 巳 酉 ○ 午 戌
朱 合		白	玄 蛇 常 貴
勾 丙 戌 寅	乙 常 青 酉 丑	甲 玄 空 申 子 陰	白 后 未 亥

□ **과체** : 지일(비용), 곡직, 일녀, 과수∥화미, 전국, 삼전재효태왕, 복덕, 인귀생성, 맥월, 최관부, 오음, 명암작귀, 금일정신, 이귀개공, 살몰, 고진과수.

□ **핵심** : 재물은 귀살로 변하고 발밑에는 丁이 타고 있다. 밤 정단에서 귀인에게 부탁하기 위해서는 뇌물을 써야 성사된다.

□ **분석** : ❶ 삼전의 목국이 일간의 재성이지만 오히려 삼전이 간상의 午화를 생하고 午화는 일간 辛을 극하니 재성이 변해서 귀살이 되었으니, 반드시 재물로 인해 화를 입는다.

❷ 말전이 마치 발과 같고, 둔간 丁이 타니 움직이더라도 자신의 뜻대로 되지 않는 상이다.

❸ 삼전이 밤 귀인 午를 생하는 것은 마치 재물을 귀인에게 주는 것이니, 상대가 생을 받아 자연히 내가 극하는 것을 살필 겨를이 없다. 따라서 귀인에게 말하고 뇌물을 주면 성사가 된다는 말이다.

□ **정단** : ❶ 음일에 음비를 골라 발용이 되었으니 일간 안에서 일이 생기고, 다시 맥월이니 우환이 갑자기 일어난다.

❷ 주야의 천장이 천후와 육합이 타니 반드시 음란으로 암매의 일

이 생긴다.

❸ 그리고 간상에서 공망을 만나고 발용이 다시 공망되었으니, 길사를 만나면 반드시 모두 성사되지 않고, 흉사를 만나면 즉시 풀린다.

○ 날씨 : 천강이 양을 가리키고 삼전이 목국을 형성하니 비는 오지 않고 바람만 있다.

→ 대각성이 양에 임하면 맑고 음에 임하면 비가 온다. 이 과전에서는 대각성이 양의 12지에 임하니 맑고, 삼전이 목국이니 맑고 바람만 분다.

○ 가정 : 간상과 지상이 자형이니 사람과 집이 이롭지 않다.

→ 일간은 사람이고 일지는 집, 일간은 부모이고 일지는 자식, 일간은 남편이고 일지는 아내이다. 간상의 午와 지상의 亥가 자형이니 사람과 집이 이롭지 않고, 부모와 자식 그리고 남편과 아내가 화목하지 않다. 특히 지상의 亥에 백호가 타니 자식에게 병이 있는데, 그 위의 둔반에 귀살이 임하니 매우 흉하다. 만약 미월(未月)에 정단하면 亥가 사기에 해당하니 자녀의 목숨이 위험하다.

○ 혼인 : 이롭지 않다.

→ 일간은 나이고 일지는 상대이다. 간지의 상신이 모두 자형이어서 자괴하는 상이니 이롭지 않고, 지상의 亥가 간상의 午를 극하여 상대가 나에게 해를 입히는 상이니 이롭지 않다. 더군다나 지상의 둔반에서 일간을 극하니 상대로 인해 암해를 입으니 이롭지 않다. 특히 밤 정단에서는 지상에 백호가 타고 있어서 상대에게 병이 있으니 이롭지 않다. 그리고 주야 모두 삼전에서 앞에 천후가 있고 뒤에 육합이 있어서 '일녀격'이니 처의 음란을 방지해야 한다. ● 성혼 : 삼합이 공망되었으니 혼인이 불성한다. ● 궁합 : 지상의 亥가 간상의 午를 극하니 궁합이 나쁘다. ● 혼처 : 지일과이니 가까운 곳

에서 배우자감을 구하는 것이 이롭다.
- ○ **임신·출산** : 위는 강하고 아래는 약하니 임신하면 아들이다.
  - ➡ 천반은 하늘이고 지반은 땅이다. 천반에서 지반을 극하여 발용이 되었으니 아들이다.
- ○ **구관** : 귀인이 일간에 임하고 삼전이 귀인을 생하니 관직정단을 하면 매우 길하다.
  - ➡ 비록 삼전에서 간상의 귀인승신 午를 생하지만 午가 공망되었으니 길하지 않다. 만약 오년(午年)이나 오월(午月)이나 오월장(午月將) 기간에 정단하면 길하다. 만약 승진 시기를 물으면 오년이나 오월이나 오월장 기간에 승진한다. 만약 밤에 정단하면 간상에 염막귀인이 타고 있으니 퇴직한다.
- ○ **구재** : 삼전의 재성이 귀살로 변하니 얻지 못할 우려가 있다.
  - ➡ 재성은 재물이고 귀살은 재앙이다. 삼전의 재국에서 간상의 귀살을 생하여 길하지 못하지만 만약 불법적인 영업을 하지 않으면 무방하다. 만약 미년(未年)이나 미월(未月)의 가을에 정단하면 일간도 왕성하고 재성도 왕성하니 큰돈을 번다.
- ○ **질병** : 두통이 매우 급하다. 혹은 심장병이나 신장병이다.
  - ➡ 밤 정단에서 지상에 백호가 타고 있고 그 위에 정마가 임하니 두통이다. 간상에서 오행의 午가 공망되었으니 심장병이고, 정마가 亥에 타서 발동하니 신장병이다. 밤 정단에서 지상의 亥에 백호가 타니 어린이에게 병이 있다. 만약 미월(未月)에 정단하면 亥가 사기에 해당하니 건강이 매우 악화된다.
- ○ **출행** : 발아래의 정마를 타고 반드시 출행한다.
  - ➡ 지상에 정마가 임하니 반드시 출행한다. 일지는 여행지이다. 지상에 밤에는 백호가 타니 건강이 나빠진다. 그리고 지일과이니 근방으로 출행하는 것이 좋다.
- ○ **귀가** : 천강이 사맹에 가하니 길이 멀어서 도착하기 어렵다.

→ 천강이 사맹에 임하면 아직 출발하지 못했고, 천강이 사중에 임하면 오는 중이며, 천강이 사계에 임하면 곧 도착한다.
○ 전투 : 완전히 좋기는 어렵다.
→ 일간은 장졸이다. 일간이 공망되었으니 출병하기 어렵다.
↑ 쟁송 : 내가 불리하다.
→ 일간은 공허하고 일지는 튼실하니 나는 불리하고 상대는 유리하다. ↑ 관재 : 관재정단에서의 귀살은 관재를 뜻한다. 간상의 귀살 午가 공망되었고 다시 초전의 未와 중전의 卯가 공망되었으니 관재가 해소된다.

□ 『필법부』:〈제47법〉귀인이 비록 감옥에 있더라도 일간에 임하면 좋다. 천을귀인이 지반 辰과 戌위에 임하면 감옥으로 들어간다는 뜻의 '입옥'이라 한다. 만약 乙辛일 두 날에 정단하여 귀인이 몸에 임한다는 뜻의 '귀인임신'이면 오히려 귀인에게 구하는 용무는 두루 온전하게 성사한다.
〈제48법〉귀살에 천을귀인이 타면 곧 하늘 귀신과 땅 귀신의 해가 있다. 질병 정단을 하면 반드시 하늘 신과 땅 신의 해코지가 있다. 만약 가택 위에 임하면 반드시 가정 내 사당의 신상에게 엄숙하지 못해서 병환이 온 것이다. 따라서 공을 닦고 덕을 베풀어서 가택신을 편안하게 위로하면 일반인에게 거의 모든 재앙이 사라진다.
□ 『고감』: 어느 의원이 의술이 부족했으므로 이 과전으로 병을 정단했다. 밤 백호가 亥에 타서 卯에 임하니 본가 동편에 한 짐승의 머리가 세워져 있다. 낮 정단에서 백호가 未에 타서 亥에 가했으니 서북방의 옆집에 짐승의 머리가 있는데, 그것을 없애야 의사가 큰일을 할 수 있다. 나중에 구역질하는 여자가 오는데 이것은 목에서 토를 극하기 때문이다. 그리고 한 어린이가 중풍에 걸려서 오는데 그의 풍

을 고치지 말고 물을 흐르게 하면 풍이 잠잠해지는데, 이는 화(火)가 亥에 있기 때문이다. 나중에 모두 효과를 봤다.

| 갑신순 | 신묘일 | 6국 |

辛卯일   제 6 국

공망 : 午·未 ○
낮 : 왼쪽 천장, 밤 : 오른쪽 천장

丙	癸	戌
勾 戌 勾	玄 巳 后	朱 子 空
卯	戌	巳

癸	戌	丙	癸
玄 巳 后	朱 子 空	勾 戌 勾	玄 巳 后
辛	戌	巳	卯	戌

	戌朱 子 巳	己蛇 丑 午 ○	庚貴 寅 未 ○	辛玄 卯 申
	丁合 亥 辰 靑			壬陰 辰 酉 陰
	丙勾 戌 勾 卯			癸后 巳 后 戌
	乙靑 酉 寅	甲合 申 丑 空	○朱 未 蛇 子 白	○貴 午 常 亥

□ **과체** : 중심, 참관, 용전, 불비∥덕경, 삼기, 복덕, 인귀생성, 회환, 무음(불비), 난수, 명암이귀, 신장·귀등천문(밤).

□ **핵심** : 타인의 재물을 취하려거든 반드시 신속하게 취해야 한다. 삼전이 사과로 되돌아오니 움직이려는 뜻을 막기 어렵다.

□ **분석** : ❶ 기궁인 戌은 사람이고 일지인 卯는 재물이다. 戌이 卯의 위로 가서 그 위에 가했으니 타인의 재물을 취하려고 한다. 이 재물은 신속하게 취해야 한다. 만약 지체하면 卯목이 戌토를 극하여 내 몸을 상하게 하기 때문이다.

❷ 삼전이 사과를 벗어나지 않고 사과는 삼전을 벗어나지 않으니 순환한다는 뜻의 '회권격(迴圈格)'이다.

❸ 발용이 참관이고 중전이 역마이니 움직이려는 뜻을 막을 수 없다.

□ **정단** : ❶ 참관격은 모든 일이 자신의 위지대로 되지 않고, 또한 편안하게 거주하는 상도 아니며, 모든 정단에서 액(厄)이 앞을 가로 막고 있지만 도망에는 이롭다.

❷ 난수격은 아래에서 위를 극하여 아래가 위를 무시하는 상이다.

스스로 경멸을 취하는 격으로서 횡포한 행위가 서로 가하는 것과는 비교가 되지 않을 정도이다.

○ 날씨 : 천강이 酉에 가하고 주작이 물에 빠지니 흐리고 비가 오는 상이다.
　→ 천강(辰)이 음의 12지 酉에 임하니 비가 오고, 중전에 癸수가 임하고 말전이 子수이니 흐리고 비가 온다.
○ 가정 : 높은 이가 낮은 이를 취하고 남자가 여자를 취하니 소득이 있다.
　→ 일지인 卯는 일간의 재성이며 또한 낮은 이와 여자이고 일간(기궁)은 높은 이와 남자이다. 기궁이 지상으로 갔으니 높은 이가 낮은 이를 취하고 남자가 여자를 취하여 소득이 있다. 특히 기궁이 일지와 육합하니 부자가 화합하고 남녀가 화합하는 상이니 가정이 화목하다. ● 일간은 이 집에 사는 사람이다. 낮에는 현무가 간상에 타고 있으니 대체로 사람이 하는 일이 순조롭지 못하고, 밤에는 천후가 간상에 타고 있으니 대체로 순조롭다.
○ 혼인 : 남자가 여자를 취하지만 이익이 전혀 없다.
　→ 일간은 남자이고 일지는 여자이다. 일간의 기궁인 戌이 지상으로 갔으니 남자가 여자에게 장가드는 뜻이 있다. 그러나 지상으로 간 기궁 戌이 일지 卯로부터 극을 당하니 이익이 전혀 없다. ● 궁합 : 나쁘다. 일간 申은 일지 戌을 극하고 다시 간상의 둔반 巳가 지상의 둔반 戌을 극하니 궁합이 나쁘다. ● 성정 : 지상에 주야 모두 흉장인 구진이 타고 있으니 성정이 나쁘다. 특히 겨울과 봄에 정단하면 왕성한 초전의 지반 卯가 쇠약한 천반의 戌을 극하니 기가 드센 여자이다.
○ 임신·출산 : 임신을 정단하면 아래는 강하고 위는 약하니 여아이다.

출산을 정단하면 태아가 모태를 연연해 하니 반드시 늦어진다.

→ 임신정단을 하면 일간은 태아이고 일지는 임신부이다. 지반에서 천반을 극하여서 발용이 되었으니 여아이다. 출산정단을 하면 기궁이 지상으로 가서 어머니를 연연해하니 출산이 반드시 늦어진다.

○ **구관** : 관성과 일덕귀인이 일간에 임하니 명예와 직위에 희망이 있다.

→ 관성은 관직이고 일덕귀인은 공무원이다. 간상에 관성과 일덕귀인이 임하니 명예와 직위를 누린다.

○ **구재** : 신속하게 취하면 취득하고 지체하면 몸을 다친다.

→ 일간(기궁)은 나이고 일지인 卯는 재성이며 재물이다. 기궁 戌이 지상으로 가서 卯의 위에 가한 뒤에 육합하니 내가 타인에게 가서 재물을 취한다. 다만 신속하게 취하면 얻지만 지체하면 몸을 다친다.

○ **질병** : 폐병이 들었다. 반드시 병을 치료할 수 있는 능력있는 의사를 만난다.

→ 귀살의 극을 받는 장부에 병이 든다. 귀살 巳에서 오행의 금을 극하니 폐병이 들지만 의약신이 말전에 임하니 능력있는 의사를 만난다.

○ **도망** : 서남방(坤卦)에서는 남자를 잡고, 정동방(震卦)에서는 여자를 잡는다.

→ 낮 정단에서 남자도둑은 현무양신에서 역으로 네 번째 천반의 아래(지반)에서 잡을 수 있다. 현무가 巳에 타서 戌에 임하고 있다. 이 곳에서 역으로 네 번째 천반의 아래가 未이니 서남방에서 남자도둑을 잡는다. 여자도둑은 현무음신의 아래(지반)에서 잡을 수 있다. 현무의 음신이 子이고 子의 아래가 巳이니 巳가 뜻하는 서남방에서 여자도둑을 잡는다.

○ **출행** : 수로로 가는 것이 좋다.

→ 일간은 육로이고 일지는 수로이다. 간상에서 일간을 극하니 육로는 나쁘고, 지상에서 일간을 생하니 수로는 좋다.
○ **귀가** : 천강이 사중에 가하니 오는 도중이다.
→ 천강은 동신(動神)이다. 천강이 사중인 酉에 가하니 오는 도중이다.
○ **전쟁** : 주(主)는 이롭고 객(客)은 불리하다.
→ 중심과는 땅을 뜻하는 곤괘에 해당한다. 따라서 나중에 대응하는 쪽은 이롭고 먼저 공격하는 쪽은 불리하다.
↑ **쟁송** : 불리하다.
→ 일간은 나이고 일지는 상대이다. 기궁이 지상으로 가서 극을 받았으니 내가 불리하고, 다시 간상의 巳가 지상의 戌을 생하니 내가 불리하다. ↑ **관재** : 비록 간상의 巳가 귀살이지만 그 음신의 子가 귀살을 극하고 다시 지상과 초전의 부모효 戌가 귀살을 살인상생하니 관재가 가벼워진다.

□ 『**필법부**』 : 〈제46법〉 귀인에게 차질이 생기면 나에게 차질이 생긴다. 귀인을 알현하여 그에게서 구하는 일이 많을지라도 하나도 제대로 되는 것이 없다.
→ 이것은 낮 귀인이 밤의 12지에 임하고 밤 귀인이 낮의 12지에 임하는 이론이다. 辛卯일 제6국은 이 이론에 해당하지 않는다. 다만 낮 귀인 寅은 지반이 공망되었고 밤 귀인 午는 천반이 공망되었으니, 귀인에게 부탁하여 뜻을 이루지 못한다.
〈제39법〉 태양이 현무를 비추면 도적이 잡힌다.

□ 『**과경**』 : 辛卯일에서 卯가 申에 가한다. 태신이 절지에 임하고 지반으로부터 극을 받으니 출산과 태아 정단 모두 길하지도 않고 이롭지도 않다. 그리고 卯가 申에 가하고 戌이 卯에 가하면 '착륜격'으로서 질

병 정단을 하면 거동하지 못하거나 손발이 자유롭지 못하다.

→ 戌이 卯에 가한다는 것은 곧 辛이 卯에 가한다는 뜻이다. 왜냐하면 戌의 속에는 辛이 암장되어 있기 때문이다. 따라서 '착륜격'에 해당한다.

□ 『조담비결』: 戌이 卯에 가한 것은 '합향(合鄕)'이다. 丙辛 戌癸가 합향에 해당한다. 서신이 나에게 오고 타인이 나에게 오니 나는 복을 받고 번창한다.

→ 丙과 辛은 간합하고 戌와 癸도 또한 간합하여 유사한 기운이 만나는 상이니 이 이론에 해당한다.

辛卯일 제 7 국

공망 : 午·未 ○
낮 : 왼쪽 천장, 밤 : 오른쪽 천장

辛	乙	辛
后 卯 玄	青 酉 合	后 卯 玄
酉	卯	酉
壬	丙	乙	辛
陰 辰 陰	勾 戌 勾	青 酉 合	后 卯 玄
辛 戌	辰	卯	酉

丁 合亥青	戊 朱子空 午○	己 蛇丑白 未○	庚 貴寅常
丙 勾戌 辰勾			辛 后卯玄 酉
乙 青酉 卯合			壬 陰辰陰 戌
甲 空申朱 寅	○ 白未蛇 丑	○ 常午貴 子	癸 玄巳后 亥

□ **과체** : 반음, 착륜, 용전 // 권섭부정, 회환, 맥월, 오음, 양귀수극, 참관.

□ **핵심** : 서로 육해이지만 나중에는 화합한다. 양 귀인이 환영하지 않으니 은혜를 받기 어렵다.

□ **분석** : ❶ 간상의 辰토와 일지 卯가 육해이고 지상의 酉금과 기궁 戌이 육해이니 교차상해이다.

❷ 辰과 酉가 육합하고 卯와 戌이 육합하니 간지의 음양이 다시 서로 화합한다.

❸ 낮 귀인 午는 지반 子에 임하여 수로부터 극을 당하고 밤 귀인 寅은 申에 임해서 금으로부터 극을 당하니 귀인이 나를 환영할 수 없다. 이러하니 어떻게 은혜를 베풀 수 있겠는가?

□ **정단** : 용전격이다. 한번은 생하고 한번은 죽이니 생과 사가 일정하지가 않은 것이 반복된다. 합(合)한 자는 점차 이별하고 거(居)하고 있는 자는 점차 옮기려고 한다. 행하려고 하다가 행하지 못하고 멈추려고 하다가 멈추지 못하는 상이다. 다시 행년이 卯나 酉이면 반드시 집안 식구와 헤어지고 형제가 재물로 인해 다툰다. 길신과 길

장이 있더라도 재앙을 면하기 어렵다.

○ **날씨** : 수운이 위에 있고 화운이 아래에 있으며 卯와 酉가 서로 가하니 우레가 치고 비가 온다.
　→ 반음과는 수와 화가 상하에 있으니 수기와 화기가 부딪쳐서 비가 오는 상으로서 卯는 우레와 번개를 뜻하고 酉는 음습을 뜻하니 우레가 치고 비가 온다.
○ **가정** : 합(合) 속에 이별이 있고 이별 속에 합이 있으니 모든 일이 불안하다.
　→ 일간은 사람이고 일지는 가정이다. 기궁과 지상신이 육합하고 일지와 간상신이 육합하니 합이고, 천반과 지반이 충을 하니 이별이다. 따라서 식구가 화목하기도 하고 충돌하기도 한다.
○ **혼인** : 혼인이 맺어지지만 파혼을 방지해야 한다.
　→ 일간은 남자이고 일지는 여자이다. 기궁과 지상신이 육합하고 일지와 간상신이 육합하며 다시 간지가 육합하고 간지의 상신이 육합하니 혼인이 맺어진다. 다만 간지의 상하가 상충하고 다시 용전격이니 파혼을 방지해야 한다. ● 궁합 : 나쁘다. 비록 기궁 戌과 일지 卯가 상합하고 간상의 辰과 지상의 酉가 상합하지만 과전의 모든 천반이 그 지반과 상충하니 좋은 기운이 파괴되었으니 궁합이 좋지 않다.
○ **임신·출산** : 아래는 강하고 위는 약하니 임신하면 반드시 딸이다. 태아가 어머니를 그리워하니 출산이 늦어진다.
　→ 아래에서 위를 극하여 발용이 되어 중심과의 상이니 딸이고 다시 일간의 음양이 1음2양이니 딸이다. 일간은 태아이고 일지는 어머니이다. 기궁과 지상신이 육합하고 일지와 간상신이 육합하며 다시 간지가 육합하고 간지의 상신이 육합하는 것은 태아가 어머니를

그리워하는 상이니 출산이 늦어진다.
○ **구관** : 관성과 천을귀인이 보이지 않고 과체가 뒤집혀 있으니 비록 청룡이 있어서 얻지만 곧 잃는다.
　➔ 관성은 관직이고 천을귀인은 공무원이다. 이들이 과전에 보이지 않고 과체가 뒤집혀 있으니 불길한데 설령 문관직을 뜻하는 청룡이 중전에 보이더라도 지반과 초전 및 말전과 충을 하니 문관직을 잃게 된다.
○ **구재** : 낮에 정단하면 부인과 귀인의 재물을 얻고 밤에 정단하면 잃는 것을 방지해야 한다.
　➔ 천후는 부인이고 재성은 재물이다. 낮 정단에서 귀인승신이 일간의 재성인 寅이니 귀인의 재물을 얻고 또한 천후승신이 일간의 재성인 卯이니 부인의 재물을 얻는다.
○ **알현** : 귀인이 극을 받으니 만나더라도 기쁘지 않다.
　➔ 낮 귀인 午는 지반 子에 임하여 수로부터 극을 당하고 밤 귀인 寅은 申에 임하여 금에게 극을 당하니 귀인이 나를 환영할 수 없다.
○ **질병** : 간과 폐에 질환이 생긴다.
　➔ 동방의 용과 서방의 호랑이가 쟁투하니 동방 목에 해당하는 간 질환과 서방 금에 해당하는 폐 질환이 발생한다.
○ **도난** : 남자도둑은 서남방에서 잡을 수 있고, 여자도둑은 서남방에서 잡을 수 있다.
　➔ 낮 정단에서 남자도둑은 현무양신에서 역으로 네 번째 천반의 아래(지반)에서 잡을 수 있다. 현무가 巳에 타서 亥에 임하고 있다. 이 곳에서 역으로 네 번째 천반의 아래가 申이니 申이 뜻하는 서남방에서 남자도둑을 잡는다. 여자도둑은 현무음신의 아래(지반)에서 잡을 수 있다. 현무의 음신이 亥이고 亥의 아래가 巳이니 巳가 뜻하는 서남방에서 여자도둑을 잡는다.
○ **출행** : 집을 그리워하고 있고 다시 정마와 역마가 보이지 않으니 떠

나지 못한다.

→ 일간은 출행인이고 일지는 가정이다. 기궁과 지상신이 육합하고 일지와 간상신이 육합하며 다시 간지가 육합하고 간지의 상신이 육합하니 가정에 머물고 싶어 한다. 그리고 교통수단을 뜻하는 역마와 정마가 보이지 않으니 떠날 수 없다.

O 귀가 : 매우 빨리 귀가한다.

→ 천강(辰)은 동신이다. 천강이 사계에 가하고 다시 반음이니 매우 빨리 귀가한다.

O 전투 : 득실이 반반이다. 불안한 상이다.

→ 동방의 용과 서방의 호랑이가 혈투하는 상이니 득실이 반반이고 불안한 상이다.

↑ 쟁송 : 화해하는 것이 길하다.

→ 일간은 나이고 일지는 상대이다. 기궁과 일지가 상합하고 다시 간상과 지상이 상합하니 화해하는 것이 길하다. ↑ 관재 : 과전의 모든 천반이 그 지반과 상충하니 관재가 해소된다.

□ 『필법부』 : 〈제8법〉 일록이 일지에 임하면 임시직으로 정당한 자리가 아니다.

〈제22법〉 상하가 모두 화합하면 서로의 마음이 같다.

〈제49법〉 양 귀인이 극을 받으면 귀인에게 아뢰는 일에서 뜻을 성취하기 어렵다.

□ 『정온』 : 巳·午가 亥·子에 가하면 한열격으로서 주로 춥고 열이 나는 증세가 반복되거나 폐결핵이며 소심해서 겁이 많은 증세이다.

□ 『옥성가』 : 반음과로 정단하면 단언하기 어렵다. 여러 번 두 가지 일에 의한 것으로서 일상적인 정단을 하면 몸이 흔들리고 타인의 정을 받지 못해서 원망하는 마음이 생긴다.

辛卯일 제 8 국

공망 : 午·未
낮 : 왼쪽 천장, 밤 : 오른쪽 천장

辛	甲	己
后 卯 玄	空 申 朱	蛇 丑 白
戌	卯	申

辛	甲	甲	己
后 卯 玄	空 申 朱	空 申 朱	蛇 丑 白
辛戌	卯	卯	申

丙勾戌巳	丁合亥午 ○	戊朱子未 ○	己蛇丑申
乙青酉辰 甲空申卯	合	朱	庚常寅酉 辛玄卯戌
白未寅	常午丑 ○	癸玄巳子	壬陰辰亥

- □ **과체** : 중심, 여덕(낮), 착륜, 췌서, 불비(음일) ∥ 구추(점시 : 子午卯酉), 육의, 용전, 회환, 살몰.
- □ **핵심** : 사과와 삼전이 순환하는데, 타인의 옆에 있는 재물을 취할 경우 재물을 신속하게 취해야 한다. 지체하면 땅에 묻히기 때문이다.
- □ **분석** : ❶ 辛금의 재성인 卯가 와서 간상에 가했으니 내가 재물을 취한다.

  ❷ 초전을 보니 신속하게 취해야 한다. 만약 지체하면 반드시 卯목이 戌토로부터 상하고 자신도 그 해를 입는다. 그리고 말전의 묘신인 丑으로 전해지니 진정 무익하고 해롭다.

  → 卯목이 임한 곳이 戌이고 戌이 곧 辛이니 辛으로부터 해를 입는다.

- □ **정단** : ❶ 중심과이고 사과가 불비이니 순조롭지 못한 일이 많다. 모든 정단에서 불완전하며 일지가 일간에 가하여 일간과 상합하니 마치 데릴사위와 유사하여 모든 일이 자기 뜻대로 되지 않는 상이다.

  ❷ 辛일에서 말전에 묘신이 보이며 다시 오래된 수레를 도끼로 찍으니 관직에서 물러나고 실직하는 상이지만 부흥을 꾀하는 뜻이 있

다.

○ 날씨 : 흐리기만 하고 비가 오지 않는다.
→ 수가 비록 위에 있지만 모두 공망되었고, 천강(辰)이 亥를 가리키지만 흐리기만 하고 비가 오지 않는다.

○ 가정 : 내가 타인을 뜻을 따르지만 자신의 뜻대로 일이 풀리지 않는다.
→ 일지가 간상으로 와서 데릴사위가 되는 상이니 남의 뜻을 따르는 상이다. ● 일간은 나이고 일지는 가정이다. 일지가 간상으로 와서 기궁과 육합하니 식구가 나에게 와서 나와 유정한 상이다. ● 사과가 하나의 양에 두 음이니 가정에서 음란을 방지해야 한다. ● 또한 낮 정단에서는 천을귀인이 酉에 임하여 '여덕'이니 관직자 가정은 좋고 비 관직자 가정은 좋지 않다.

○ 혼인 : 여자가 남자를 취하니 반드시 성사되는 상이다.
→ 일간은 남자이고 일지는 여자이다. 일지 卯가 간상으로 오는 것은 여자가 남자에게로 시집을 오는 상이니 반드시 혼인이 성사된다. ● 성정 : 낮 정단에서는 간상으로 온 재성에 천후가 타고 있으니 미인이고, 밤 정단에서는 현무가 타고 있으니 양심이 바르지 못한 사람이다. ● 음란 : 사과가 하나의 양과 두 음이니 남녀의 음란을 방지해야 한다. ● 궁합 : 일간은 나이고 일지는 상대이다. 지상의 申이 간상의 卯를 극하니 궁합이 나쁜 편이다.

○ 임신·출산 : 반드시 남아이다.
→ 삼전은 태아의 생육과정이다. 삼전에서 두 음이 하나의 음을 감싸니 다시 아들이다. ● 간상과 초전의 卯는 일간의 처재효이고 다시 태신이다. 만약 사월(巳月)에 정단하면 생기에 해당하니 처가 임신한다. 출산을 정단하면 일지가 간상으로 와서 일간을 굽어보니

출산이 순조롭다.
○ **구관** : 낮 귀인이 해를 받고 밤 귀인이 극을 받으니 관직정단이 불리하다.
→ 천을귀인은 공무원이다. 낮 귀인 寅은 지반의 酉로부터 극을 받고 밤 귀인 午는 지반의 丑과 육해를 하니 관직정단이 불리하다.
○ **구재** : 재물이 스스로 집으로 오니 신속하게 재물을 취해야 한다.
→ 일간은 나이고 일지는 타인이며 재성은 재물이다. 재성인 일지가 재물이 되어 간상으로 오니 가만히 앉아서 재물을 취한다.
○ **질병** : 신장이 허하고 어지럼증이 있다. 유능한 의사가 치료하니 곧 낫는다.
→ 백호는 병인(病因)이고 오행의 수는 신장이다. 백호가 丑토에 타서 오행의 수를 극하니 신허증이다. 만약 유월(酉月)에 정단하면 사기이고 술월(戌月)에 정단하면 사신이니 만약 이 두 달에 정단하면 최흉하다.
○ **출행** : 가족이 같이 출행하는 상이다.
→ 일간은 나이고 일지는 아내이다. 일지가 간상으로 왔으니 아내와 함께 출행한다. 특히 낮 정단에서는 처재효에 천후가 타고 있으니 이것이 더욱 확실하다. 삼전은 여정이다. 중전이 형제효이니 지출이 많다. 그리고 말전이 묘신이니 여행의 말기가 어두운데, 주야 정단 모두 흉장인 등사와 백호가 타니 건강에 유의해야 한다. 만약 유월(酉月)에 정단하면 사기이고 술월(戌月)에 정단하면 사신이니 이 두 달에는 출행하지 않아야 한다.
○ **귀가** : 천강이 사맹에 가하니 아직 귀가 길을 나서지 않았다.
→ 천강(辰)이 사맹인 亥에 임하니 아직 귀가 길을 나서지 않았다.
○ **전쟁** : 손실이 많고 무익하다.
→ 일간은 아군이고 일지는 적군이다. 지상의 申금에서 간상의 卯목을 극하니 아군에게 손실이 많다.

↑ 쟁송 : 내가 불리하다.

→ 일간은 나이고 일지는 상대이다. 지상의 申이 간상의 卯를 극하니 상대는 유리하고 나는 불리하다. ● 중심과이니 장기전이 이롭다. ↑ 관재 : 과전에 귀살은 임하지 않지만 말전이 묘신이니 흉하다. 그러나 초전의 卯가 말전의 묘신 丑을 제압하니 나중에는 길하다.

□ 『필법부』 : 〈제19법〉 태신 겸 재신이 월신살 생기에 해당하면 처가 임신한다.

→ 간상과 초전의 卯는 일간의 처재효이고 다시 태신이다. 만약 사월(巳月)에 정단하면 생기에 해당하니 처가 임신한다.

□ 『고감』 : 戊午년에 출생한 사람이 戊申년에 월장 子를 점시 未에 가한 뒤에 길흉화복을 정단했다. 6년 안에 사분오열되고 세속으로 환속한 사람이 싸움을 걸어 가정이 파괴되고 집이 부서지며 반드시 존장을 그 속에 매장하여 집이 곧 무덤이 된다. 그 이유는 태세가 가택에 들어 가택을 극하니 반드시 사상사가 발생한다. 丑이 금의 어머니이니 존장이 되고 卯의 위에 현무가 타고 子와 卯가 형을 하니 분열되고 형상을 당하는 상이다. 申은 승려로서 겁살에 해당하니 환속한 승려이다. 卯의 숫자가 6이므로 6년이라고 한 것이다. 나중에 그 사람의 시동생이 승려에서 속가로 환속하여 그와 재산을 다투다가 소송을 하였는데, 사판(司判)과 아들이 균등하게 나누기로 하였으니 그 가정이 깨졌다. 나중에 숙부가 죽자 집에 숙부를 매장했으니 집이 무덤이 되었다.

辛卯일 제 9 국

공망 : 午·未 ○
낮 : 왼쪽 천장, 밤 : 오른쪽 천장

	丁	辛	○
	合亥青	后卯玄	白未蛇
	未○	亥	卯
	庚	○	○	丁
	貴寅常	常午貴	白未蛇	合亥青
	辛戌	寅	卯	未○

乙青戌	丙勾戌	丁合亥	戊朱子
酉巳	午○	未	申空
甲空辰申	朱		己蛇丑酉白
○白未卯蛇			庚貴寅戌常
○常午貴寅	癸玄巳丑	壬陰辰子	辛后卯亥玄

□ **과체** : 섭해, 용전, 일녀, 과수 // 화미, 전국, 곡직, 복덕, 맥월, 삼전재 효태왕, 오양, 금일정신, 장도액.

□ **핵심** : 낮 귀인이 재성에 타고 있고 삼전이 도와준다. 중전에서 丁亥를 만나니 재물을 취하면 재앙이 생긴다.

□ **분석** : 간상의 寅이 낮 귀인이고 다시 재성이니 반드시 귀인의 재물을 얻는데, 삼전의 목국이 다시 재성을 도우니 귀인의 재물을 지키는 것이 좋다. 만약 삼전의 재물을 욕심내서 취하면 밤 정단에서 중전의 亥수에 청룡이 타고 있지만 순의 丁이 몰래 붙어있으니, 반드시 일간을 상하게 해서 화가 닥친다.

□ **정단** : ❶ 견기격이며 용전격이다. 진퇴가 의심되고 늦어지는 상이다.

❷ 염막귀인이 일간에 임하니 관직자가 정단하면 승진한다. 다만 발용이 공망되었으니 모든 일이 공허하다. 성사되기 위해서는 반드시 공망이 메워져야 한다.

❸ 庚辛일에 卯가 亥에 가하고 태신이 장생에 가했으니 임신정단을 하면 매우 좋고 출산정단을 하면 불리하다.

○ 날씨 : 청룡이 공함되었으니 갑신순을 벗어나면 비가 온다.
→ 청룡은 강우의 천장이다. 청룡이 중전에 임하지만 공망되었으니 이번 순에는 비가 오지 않지만 다음 순에는 공망이 메워지니 비가 온다.
○ 가정 : 왕성한 재성에서 관성을 생하니 관직자가 있는 가정은 좋다. 그러나 관직이 없는 가정은 소송이나 손실을 면하기 어렵다.
→ 삼전의 未亥卯가 삼합하였으니 재성이 왕성하다. 재성에서 관성을 생하니 관직자가 있는 가정은 공무원임용고시와 관직자의 승진에 이롭다. 그러나 관직자가 없는 가정은 왕성한 재성에서 귀살을 생하니 소송이나 손실 등 흉사가 발생한다.
○ 혼인 : 남자는 반드시 좋고 여자는 허화(虛花)일 우려가 있다.
→ 일간은 남자이고 일지는 여자이다. 간상에 재성이 임하고 주야 모두 길장이 타니 남자는 좋고, 여자는 일지의 음양이 공망되었으니 허화이다. ● 가부 : 삼전이 삼합이지만 공망되었으니 혼인이 불성한다. ● 궁합 : 간상의 寅이 지상의 未를 극하니 보통의 궁합이다. ● 성정 : 낮 정단에서는 지상에 백호가 타고 있으니 질병이 있는 여자이고, 밤 정단에서는 지상에 등사가 타고 있으니 성정이 좋지 않은 여자이다. ● 지상의 未가 공망되었으니 여자에게 혼인할 의사가 없거나 혼인할 형편이 되지 못한다.
○ 임신·출산 : 아래는 강하고 위는 약하니 임신하면 여아이다. 임신부는 공망되었고 태아는 실하니 출산정단을 하면 매우 길하다.
→ 땅을 뜻하는 지반에서 하늘을 뜻하는 천반을 극하는 기운이 발용이 되었으니 여아이다. 일간은 태아이고 일지는 임신부이다. 일간은 실하고 일지는 공하다. 출산정단을 하면 임신부의 배가 비어 있는 상이니 출산이 순조롭다.

○ 구관 : 관직정단에서 매우 길하다.
→ 밤 정단에서 삼전의 재국에서 일간음신에 있는 귀인승신 午를 생하니 관직에 최길하다. 낮 정단에서는 무관직을 뜻하는 태상승신 午를 생하니 무관직정단에서 최길하다. ● 승진되는 시기는 공망된 未가 메워지는 미년(未年)이나 미월(未月)이나, 미월장(未月將) 기간이 유력하다.

○ 구재 : 귀인의 재물을 얻는 것이 좋다. 그러나 욕심내서 취하면 안 된다.
→ 중전의 亥수에 순(旬)의 丁이 붙어있으니 재물을 취하면 반드시 丁에서 일간을 상하게 해서 나에게 화가 닥친다. 만약 가을에 정단하면 일간이 왕성하고 삼전의 재성 또한 왕성하니 위법하지 않는 사업을 하면 대재(大財)를 취득하다.

○ 질병 : 신장경락에 병이 들었고 허탈증이다. 질병은 공망되었고 사람은 튼실하니 약을 쓰지 않아도 낫는다.
→ 백호는 병인이다. 낮 정단에서 백호가 未에 타서 오행의 수를 극하니 수에 해당하는 신장경락에 병이 들었다. 일간은 환자이고 일지는 질병이다. 일간이 실하고 일지가 공하니 치료하지 않더라도 병이 저절로 낫는다. ● 섭해과이니 오랫동안 끌어온 병이다.

○ 출행 : 육로는 매우 안전하고 수로는 불리하다.
→ 일간은 육로이고 일지는 수로이다. 일간이 실하고 간상에 길장이 타니 육로는 매우 안전하고, 일지가 공하고 지상에 흉장이 타니 수로는 불리하다.

○ 귀가 : 천강이 사중에 가하니 아직 길에 있다.
→ 천강이 사중의 하나인 子에 가하니 아직 길에 있다.

○ 전쟁 : 군사들을 잃으며 도무지 이로운 것이 보이지 않는다.
→ 일간은 장수이고 일지는 군영이다. 일지의 음양이 모두 공망되어 군영에 있는 군사를 잃으니 이로운 것이 보이지 않는다. ● 섭해

과이니 전쟁이 장기화된다.

↑ **쟁송** : 내가 유리하다.

→ 일간은 나이고 일지는 상대이다. 일간은 튼실하고 일지는 공허하니 나는 유리하고 상대는 불리하다. ● 섭해과이니 쟁송이 오래간다. ↑ 관재 : 귀살이 공망되었고 다시 삼전이 공망되었으니 관재가 사라진다.

□ 『필법부』 : 〈제47법〉 귀인이 비록 감옥에 있더라도 일간에 임하면 좋다.

→ 비록 천을귀인이 일간이나 일지에 임하더라도 기궁이나 일지가 辰이나 戌일지라도 귀인이 감옥에 들었다고 분석하지 않는다.

□ 『육임지남』 : 癸酉년 7월 辛卯일에 월장 午를 점시 寅에 가한 뒤에 본명이 寅인 사람이 과거를 정단했다. 과거에 반드시 합격한다. 선봉문이 염막귀인이고 이 염막귀인이 간상에 임하며 월장과 관성과 귀인이 다시 본명인 寅에 가했으니, 반드시 합격하는 것을 의심하지 않아도 된다. 비록 발용의 未가 갑신순의 공망은 되었지만 반드시 미년(未年)에 공망을 메우니 갑(甲)의 성적으로 합격한다.

→ 낮 정단에서는 밤 귀인이 염막귀인이고, 밤 정단에서는 낮 귀인이 염막귀인이다. 지금은 밤 정단의 염막귀인이 간상에 임하고 있다.

辛卯일 제 10 국

공망 : 午·未 ○
낮 : 왼쪽 천장, 밤 : 오른쪽 천장

	乙	戊	辛
	白 酉 合	陰 子 空	蛇 卯 玄
	午 ○	酉	子
	己	壬	○	乙
	后 丑 白	朱 辰 陰	勾 午 貴	白 酉 合
	辛 戌	丑	卯	午 ○

甲 空 申 巳	乙 白 酉 午 ○	丙 合 戌 未	丁 勾 亥 申
青 未 辰			陰 戌 子 酉 空
勾 ○ 午 卯 貴			后 己 丑 戌 白
合 癸 巳 寅	壬 朱 辰 丑 陰	辛 蛇 卯 子 玄	貴 庚 寅 亥 常

□ **과체** : 중심, 구추(점시 : 子·午·卯·酉), 여덕(밤), 천번∥삼기, 록현탈(낮), 복덕, 맥월, 묘신부일, 절신가생, 고진과수, 신장·귀등천문(낮).

□ **핵심** : 밤 백호가 묘신에 타고 있다. 일록에 낮 백호가 타고 있지만 공망 되었으니 괜히 놀란다. 중전은 일간을 탈기하고 말전에는 현무가 타고 있다. 밤 귀인은 형상이 없다.

□ **분석** : ❶ 밤 정단에서 백호가 묘신에 타서 일간에 임하니 질병 정단에서 나쁘다.

❷ 일록인 酉가 午화로부터 극을 당하지만 다행히 낮 백호가 공망에 떨어지니 괜히 놀란다.

❸ 중전의 子가 일간의 기운을 설기하며, 밤 정단에서 말전에 현무가 타니 지출이 많다.

❹ 밤 귀인이 공망되었으니 내가 귀인에게 요청하면 귀인이 나를 도울 능력이 없다.

□ **정단** : ❶ 일간과 일지가 서로 육해이니 교섭에서 불리하고, 발용이 공망되었으니 허는 많고 실은 적다.

❷ 낮 정단에서 염막귀인이 지상에 임하니 고시에서 반드시 고득점

을 취득하여 합격한다. 다만 공망된 午를 메워야만 뜻을 이룬다.
❸ 위험한 가운데에서 재물을 취하는 격이다. 일지인 卯목은 본래
일간의 재성인데, 이 재물을 취하려고 하면 지상에 있는 午화로부터
극을 받으니 놀라는 액을 면하지 못한다. 다행히 귀살이 공망되었
으니 놀라지 않아도 된다.

○ **날씨** : 천강(辰)이 음을 가리키고 필수(酉)가 발용이 되었으니 갑신순
을 벗어나면 비가 온다.
→ 천강은 교각성이다. 천강이 음의 12지인 丑에 임하니 비가 오는
상이고, 수를 생하는 초전의 酉가 공망되었지만 다음 순에는 공망이
메워지니 다음 순에는 비가 온다. 하물며 중전이 子이니 더욱 많은
비가 온다.

○ **가정** : 일지의 음양이 공망되었으니 허울만 있는 관록일 뿐이다.
→ 일지는 가정이다. 지상에 관성이 임하지만 공망되었으니 허울만
있는 관록일 뿐이다. ● 낮 정단에서는 구진이 지상에 타서 일간을
극하니 가정에 쟁투와 관재가 발생할 우려가 있고, 밤 정단에서는
천을귀인이 지상에 타서 일간을 극하니 가정에 관청으로부터의 시
비가 발생할 우려가 있다. ● 일지음신의 일록이 공망되었으니 재산
이 흩어질 우려가 있다. ● 묘신이 간상에 임하니 사람이 하는 모든
일이 밝지 못하다.

○ **혼인** : 남자는 튼실하고 여자는 공허하니 불길하다.
→ 일간은 남자이고 일지는 여자이다. 일간은 공망되지 않았으니
튼실하고 일지는 공망되었으니 불길하다. ● 지상의 午가 일간 辛을
극하니 남자에게 해를 끼치는 여자이다. ● 궁합 : 비록 기궁과 일지
가 육합하지만 간지의 상신이 육해여서 남녀가 서로 해치는 상이니
궁합이 나쁘다. ● 초전이 지반 午가 공망되어 '과수'이니 혼인이 이

뤄지지 않는다.
○ **임신·출산** : 임신정단을 하면 반드시 아들이다. 출산정단을 하면 반드시 신속하게 출산한다.
→ 삼전은 태아의 생육과정이다. 초전과 말전의 두 음이 중전의 양을 감싸니 반드시 아들이다. 그리고 일간은 태아이고 일지는 임신부이다. 일지는 공망되었고 일간은 튼실하니 신속하게 출산한다. 일지 공망은 출산 후 배가 홀쭉해진 상이다.
○ **구관** : 귀인은 가택에 임하고 일록은 발용이 되었지만 공망되어 었다. 공망 된 일록이 메워지면 희망이 있다.
→ 귀인은 공무원이고 일록은 관록이지만 공망되어 었다. 공망이 메워지는 오년(午年)이나 오월(午月)이나 오월장(午月將) 기간에는 공망이 메워지니 희망이 있다.
○ **구재** : 재물이 집밖을 나가지 않는다.
→ 일지 卯가 재성이니 재물이 집밖을 나가지 않는다.
○ **질병** : 병세가 매우 심하지만 유능한 의사가 목숨을 구해준다.
→ 일간은 환자이고 일간의 묘신은 환자의 육신이 시신이 되어 땅에 매장되는 상이다. 간상에 일간의 묘신이 임하니 병세가 매우 심해서 목숨이 위태하지만 중전에 의약신이 임하니 유능한 의사가 목숨을 구해준다. 의약신 子가 酉에 임하니 酉가 뜻하는 정서방에서 의사를 찾으면 된다.
○ **출행** : 육로는 길하고 수로는 흉하다.
→ 일간은 육로이고 일지는 수로이다. 일간이 튼실하니 육로는 길하고, 일지가 공망되었으니 수로는 흉하다.
○ **귀가** : 이미 귀가했다.
→ 천강(辰)이 사계에 가했으니 이미 귀가했다.
○ **전쟁** : 대단히 신중해야 한다.
→ 기궁 戌과 일지 卯가 육합을 하지만 간상신 丑과 지상신 午가 육

해이니 화합하지 못한다. 따라서 매우 신중하게 대처해야 한다.
↑ 쟁송 : 조금 유리하다.
→ 일간은 나이고 일지는 상대이다. 일간은 튼실하고 일지는 공허하니 나는 유리하고 상대는 불리하다. 다만 간상에 묘신 丑이 임하니 나는 조금 유리할 뿐이다. 중심과이니 장기전이 이롭다. ↑ 관재 : 관재에서 귀살은 관재이다. 귀살 午가 공망되었으니 관재가 점차 사라진다. 또한 중전에는 삼기인 子가 임하니 관재가 사라진다.

□ 『필법부』 : 〈제61법〉 질병 정단에서 일간 위에 묘신백호가 없어야 좋다.
→ 묘신은 매장의 상이고 백호는 질병을 뜻한다. 이 과전에서의 간상의 丑은 일간 辛의 묘신이고 이곳에 밤 정단에서 백호가 타고 있다. 묘신백호는 일간은 물론이고 본명과 행년 위에 임해도 역시 흉하다. 〈제76법〉 서로 시기하여 모두에게 화가 미친다. 이 예에는 다섯 가지가 있다.
→ 이 과전에서는 간지의 상신이 육해를 만드니 주객, 남녀, 장유가 서로 시기한다.
□ 『관월경』 : 乙·戊·己·壬·辛 다섯 날에 사중이 가하면 '구추격'이다. 辛卯일의 네 중시(子時·午時·卯時·酉時)에 정단하여, 丑이 일간에 임하고 사중이 사중에 가하여 발용이 되었으니 '구추격'이다. 그리고 봄 정단 辛卯일에서 酉가 午에 가했으니 곧 사중에 임하였고 이것이 발용이 되었으며 다시 辰이 丑·未에 임하니 '이번격'이다.
→ 『육임대전』에서는 "戊子·戊午·壬子·壬午·乙卯·乙酉·己卯·己酉·辛卯·辛酉 등 10일의 구추일의 자·오·묘·유 점시에 정단하고, 丑이 사중(자·오·묘·유)에 임하여 발용이 되면 구추격"이라고 하였다. 이오 같이 『육임대전』 조건과는 차이가 있다. 가장 큰 차이점은 이 과전에서는 丑이 사중에 가하지 않았다는 것이다.

辛卯일 제 11 국

공망 : 午·未 ○
낮 : 왼쪽 천장, 밤 : 오른쪽 천장

	癸	○	乙	
合	巳	青 未 蛇	白 酉	合
	卯	巳	未	○
	戊	庚	癸	○
陰 子 空	貴 寅 常	合 巳 后	青 未 蛇
	辛 戌	子	卯	巳

	青 未 巳 蛇	甲 申 午 空 朱	乙 酉 未 白 合	丙 戌 申 常 勾
勾 午 辰 貴				玄 丁 亥 酉 青
合 癸 巳 卯 后				陰 戊 子 戌 空
朱 壬 辰 寅 陰	辛 卯 丑 蛇 玄	庚 寅 子 貴 常	后 己 丑 亥 白

- □ **과체** : 호시, 용전, 일녀, 진간전, 변영∥덕경, 복덕, 강색귀호, 가귀(家鬼), 근단원소, 오음, 불행전, 록현탈(낮), 귀인공망(밤), 귀인입옥(밤), 살몰.
- □ **핵심** : 요극이고 삼전이 모두 공망되었으니 모든 행위에서 종적이 없다.

근원이 말랐으니 손실이 끝이 없다.

- □ **분석** : ❶ 요극이 발용이 되었으니 이미 무력한데 다시 중전과 말전이 공함 되었으니 모든 행위에서 종적이 없다.
  ❷ 사과삼전 모든 곳의 지반이 천반으로 탈기되니, 마치 물의 근원이 마르고 나무뿌리가 잘린 것과 같아서 손실이 끝이 없다. 질병 정단을 하면, 음식을 섭취하지 못해서 허약해지고 원기가 부족해서 수척해진다.
- □ **정단** : ❶ 호시격은 무력하여 사람을 상하게 하지 못하니, 놀라는 액이 있더라도 호두사미가 되는 상이다.
  ❷ 용전격은 모든 일에서 의심이 생기고 지체된다.
  ❸ 일녀는 애매한 경우가 많고, 주(主)에게는 이롭고 객(客)에게는

불리한데 길흉이 서로 반반이다.

❹ 간상에 子가 타서 일간을 탈기하고 다시 子에 천공이 타고 있어서 '탈공신(脫空神)'이다. 모든 일이 공허한 소리가 될 뿐이다.

○ 날씨 : 청룡과 필수(酉)가 모두 공망되었고, 천강(辰)이 양을 가리키며, 발용이 화이니, 맑고 비가 오지 않는 상이다.
→ 청룡은 강우를 뜻하고 필수는 수를 생하는 오행이며 천강은 교각성으로서 날씨를 사령한다. 중전의 청룡과 말전의 필수가 공망되었으니 비가 오지 않고, 교각성이 다시 양을 가리키니 비가 오지 않는다.

○ 가정 : 택상에 탈기가 타고 그 음신에 다시 탈기가 타니 집안의 사방에 벽 밖에 없다.
→ 일간은 사람이고 일지는 가택이다. 지상의 巳에서 일지를 탈기하고 일지음신의 未에서 巳를 탈기하니 집안의 사방에 벽 밖에 없다. 또한 간상에서 일간을 탈기하고 일간음신의 寅에서 지반을 탈기하니 사람에게 재물이 전혀 없다. 더군다나 요극과의 근단원소이니 이러한 흉이 더욱 심하다.

○ 혼인 : 남자는 매우 좋지 않고 여자는 매우 길하지 않다.
→ 일간은 남자이고 일지는 여자이다. 일간의 음양이 모두 그 상신으로 탈기되고 일지의 음양 또한 모두 그 상신으로 탈기되니 남녀 모두 나쁘고 흉하다. 더군다나 일간을 생하는 未가 공망되었으니 더욱 흉하다. ● 성정 : 지상의 巳가 일간 辛을 극하니 남자에게 해를 끼치는 여자이다. ● 궁합 : 기궁과 일지는 상합하지만 간상의 子가 지상의 巳을 극하니 궁합이 나쁜 편이다. ● 밤 정단에서는 초전에는 천후가 타고 말전에는 육합이 타고 있어서 여자가 남자에게 연애하는 상이지만, 요극과이고 중전과 말전이 공망되었으니 혼인을

기대하지 않아야 한다.

○ **임신·출산** : 아들을 임신한다.

➔ 일간은 태아이다. 간상의 子가 중남을 뜻하는 감괘이니 아들을 임신한다.

○ **구관** : 청룡과 일록이 모두 공망되었으니 관직정단이 길하지 않다.

➔ 청룡은 문관직이고 일록은 관록인데, 일록은 말전에서 공망되었고 청룡은 중전에서 공망되었으니 관직정단이 길하지 않다. 그리고 근단원소이니 고시와 승진 모두 불길하다.

○ **구재** : 재물이 가까운 곳에 있지만 그것을 취할 때에 놀라는 것을 방지해야 한다.

➔ 재성은 재물이다. 일간음신에 재성 寅이 있으니 가까운 곳에 있는 재물이고, 요극과이니 취할 때에 깜짝 놀란다. 낮에는 재성에 귀인이 타니 관청에 관련된 재물이고, 밤에는 태상이 타니 옷과 음식에 관련된 재물이다.

○ **질병** : 간에 병이 들었지만 백호가 공망되었으니 간병은 쉽게 낫고, 巳화가 금을 극하니 폐병은 더디게 낫는다.

➔ 백호와 귀살은 병인이다. 낮 정단에서는 말전의 백호승신 酉가 공망되어서 오행의 목을 극하지 못하니 간병이 쉽게 낫는다. 그러나 초전의 巳가 오행의 금을 극하니 금에 해당하는 폐병은 더디게 낫는다. ● 만약 중병을 정단할 경우, 사과가 근단원소이니 원기가 모두 소진되었으므로 사망할 위험이 있다.

○ **출행** : 수로와 육로 모두 잃는 우환을 방지해야 한다.

➔ 일간음양의 지반이 그 천반으로 모두 탈기되니 육로 여행에서 생기는 손실과 일지음양의 지반이 그 천반으로 모두 탈기되니 수로 여행에서 생기는 손실을 방지해야 한다.

○ **귀가** : 아직 귀가 길을 나서지 않았다.

➔ 천강이 사맹에 임하니 아직 귀가 길을 나서지 않았다.

○ **전투** : 밤 정단에서는 위엄이 없으니 길흉이 반반이다.
→ 일간은 장수이다. 간상에 흉장인 천공이 타고 다시 요극과이니 위엄이 없는 장수이다.
↑ **쟁송** : 내가 유리하다.
→ 일간은 나이고 일지는 상대이다. 일간 辛이 일지 卯를 극하고 다시 간상의 子가 지상의 巳를 극하니 내가 유리하다. ↑ 관재 : 비록 지상에 귀살 巳가 임하지만 간상의 子가 이를 제압하니 관재가 점차 약해지고, 다시 요극과이니 관재가 약해지며, 또다시 중전과 말전이 공망되었으니 관재가 약해진다.

□ 『**필법부**』 : 〈제16법〉 천공 위에 공망을 만나면 일을 이룰 수 없다. 빈 뜻과 빈말이 되고 전혀 실상이 없다.
→ 이 과전의 밤 정단에서 간상의 子에서 일간을 탈기하고 여기에 천공이 타고 있으니 '탈상봉공(脫上逢空)'이다. '공상봉공(空上逢空)'과 유사하지만 차이점이 있다.
〈제82법〉 삼전이 나아가지 못하는 불행전은 초전을 살펴야 한다.
〈제52법〉 천강(辰)이 귀신문(寅)을 막으면 임의로 도모할 수 있다. 재난을 피하는 일, 음모, 사적인 기도, 문상, 문병, 약 짓기, 부적 쓰기에 좋다. 만약 甲일·戊일·庚일이면 더욱 좋다.
□ 『**점험**』 : 월장 午를 점시 辰에 가한 뒤에 가택정단을 했다. 巳는 육양의 마지막인데 여기에 천후가 타고 있으니 처가 지극히 음란하다. 일상신이 일간의 기운을 훔치는 기운이고 여기에 다시 천공이 타니 본인의 비뇨기과에 임질이 생겼고 자식은 나에게 손실을 입힌다. 그리고 택상에 파쇄가 보이고 子가 일양 시작이고 巳는 육양 끝이니, 내 몸에서 시작하여 가택에서 끝난다. 그리고 말전의 일록이 공함 되었으니 살림이 결딴난다.

辛卯일 제 12 국

공망 : 午·未 ○
낮 : 왼쪽 천장, 밤 : 오른쪽 천장

	壬	癸	○
朱辰朱	合巳蛇	勾午貴
卯	辰	巳
丁	戊	壬	癸
玄亥白	陰子空	朱辰朱	合巳蛇
辛戌	亥	卯	辰

○勾午貴巳	○青未午○	甲空申未	乙陰白酉申 玄
合癸巳辰 蛇			丙常戌酉 常
朱壬辰卯 朱			丁玄亥戌 白
蛇辛卯寅	貴庚寅丑 勾	后己丑子 青	戊陰子亥 空

- □ **과체** : 중심, 참관, 용전 // 진연주, 교차상생(호생), 복덕, 천라지망, 금일정신, 침해.
- □ **핵심** : 丁화가 몸을 상하게 하니 반드시 두통이다. 간지가 서로 번갈아가면서 사랑한다. 밤 귀인은 소용이 없다.
- □ **분석** : ❶ 백호가 丁亥에 타서 일간을 극하니 질병 정단을 하면 반드시 두통이다. 亥는 머리인데 丁을 만나니 머리가 아프다.

    ❷ 간상의 亥수가 일지 卯목을 생하고 지상의 辰토가 일간 辛금을 생하여서 간지가 서로 번갈아가면서 사랑하니 유정하다.

    ❸ 아쉬운 것은 말전의 밤 귀인이 공망된 것으로서 비록 午화가 공망은 되었지만 이것을 두려워하지 않으면 안 된다.

    → 말전이 공망되었다. 관직과 귀인을 알현하는 정단에서는 불리하고 이 외의 일로 정단하면 이롭다.

- □ **정단** : ❶ 중심과이고 백호가 둔반의 귀살에 타서 간상에 임하고 있으니 그 우환이 매우 흉하고 매우 빨라서 피하기 어려운데, 다시 간지 모두에 그물이 둘러쳐져 있으니 행동이 유리한 상이 아니다.

    ❷ 좋은 것은 말전이 초전을 도와서 일간을 생하는 것이다. 만약 조

용히 고요를 지키고 있으면 비록 험준하지만 당연히 안전하다. 일반인과 관직자 모두 같다.

○ **날씨** : 주작이 발용이 되었으니 비가 오지 않는다.
→ 초전에 타고 있는 주작의 오행이 화이니 비가 오지 않고 중전과 말전이 모두 화이니 또한 비가 오지 않는다.

○ **가정** : 일간과 일지가 상생하니 서로 유익하고 화목한 분위기이다.
→ 일간은 부모이고 일지는 자녀, 일간은 남편이고 일지는 아내이다. 지상의 辰에서 일간 辛을 생하고 간상의 亥에서 일지 卯를 생하니 부모와 자식, 남편과 아내가 서로 화목하다. 다만 탈기가 간상에 임하니 손실이 발생하는데, 낮 정단에서는 현무가 타니 도난이 발생하고, 밤 정단에서는 백호가 타니 의료비가 많이 든다.

○ **혼인** : 간상과 지상이 자형이니 혼인에서 불리하다.
→ 일간은 나이고 일지는 상대, 간상의 亥와 지상의 辰은 자형이다. 비록 지상이 일간을 생하고 간상이 일지를 생하지만 간상에 亥가 임하고 지상에 辰이 임하여 자형이 임하니 혼인에서 불리하다. 더군다나 지상의 辰에서 간상의 亥를 극하고 일지의 둔반 壬에서 일간의 둔반 丁을 극하니 혼인에서 더욱 불리하다. ● 간지가 천라지망이니 혼인에서 장애가 발생한다. ● 성정 : 지상신이 괴강의 하나인 辰이니 흉악한 여자이다. ● 궁합 : 간지의 상신이 모두 자형이니 궁합이 나쁘고, 다시 지상의 辰이 간상의 亥를 극하니 궁합이 나쁘다.

○ **임신·출산** : 여아이다. 출산이 순조롭다.
→ 중심과는 곤괘로서 여아를 뜻한다. 중심과 초전의 지반이 강하고 천반이 약하며 다시 삼전에서 두 양이 음을 감싸니 임신하면 반드시 여아이다. 그리고 일간은 태아이고 일지는 임신부이다. 지상의 辰이 일간 辛을 생하니 출산이 순조롭다.

○ 구관 : 귀인이 공망되었으니 관직정단이 불길하다.
→ 귀인은 공무원이다. 밤 정단에서 귀인승신 午가 공망되었고 다시 간상에 상관(傷官)이 임하니 불길하다.
○ 구재 : 재성과 청룡이 모두 보이지 않으니 재물을 얻기 어렵다.
→ 재성과 청룡은 재물이다. 이들이 과전에 보이지 않으니 재물을 얻지 못한다. 다만 연명이 丑이나 寅이면 그 상신이 寅과 卯이니 득재가 가능하다. 낮 정단에서는 등사가 卯에 타니 전열기구, 향, 양초 등에 관련된 재물이고 또한 귀인이 寅에 타니 관청에 관련된 재물이다. 그리고 밤 정단에서는 육합이 卯에 타니 가구에 관련된 재물이고 또한 구진이 寅에 타니 부동산에 관련된 재물이다.
○ 질병 : 백호가 亥수에 타서 화를 극하니 심장병이고, 丁화가 금을 극하니 폐병이다.
→ 밤 정단에서 백호가 亥에 타서 오행의 화를 극하니 심장병이고, 간상 둔반의 丁에서 일간 辛금을 극하니 폐병이다. 지상의 辰토에서 간상의 백호승신 亥수를 극하니 병이 낫는다.
○ 출행 : 집을 그리워하니 출행하기 어렵다.
→ 지상에서 일간을 생하고 간상에서 일지를 생하여서 가족과 화목하니 출행하기 어렵다. ● 일간은 출행인이다. 만약 출행하면 낮 정단에서는 간상에 현무가 타고 있으니 도난이 발생하고, 밤 정단에서는 간상에 백호가 타고 있으니 병이 든다.
○ 귀가 : 도로에 있다.
→ 천강이 사중인 卯에 임하니 아직 도로에 있다.
○ 전투 : 길하더라도 공을 세우기 어렵다. 흉이 쉽게 흩어진다.
→ 일간은 장수이다. 일간의 기운이 간상으로 탈기되니 공을 이루기 어렵다. 말전의 귀살이 공망되었으니 흉이 쉽게 사라진다.
○ 분묘 : 매장한 뒤에 유익하다.
→ 일간은 후손이고 일지는 묘지이다. 지상의 辰에서 일간 辛을 생

하니 매장 한 뒤에 후손에게 조상의 음덕이 있다.
↑ 쟁송 : 내가 불리하다.

→ 일간은 나이고 일지는 상대이다. 지상의 辰이 간상의 亥를 극하니 상대는 유리하고 나는 불리하다. ● 중심과이니 서류를 완비, 나중에 대응하여 장기전을 해야 이롭다. ↑ 관재 : 중전의 귀살을 일간 음양의 亥와 子가 제압하니 관재가 약해지고 다시 말전의 귀살이 공망되었으니 관재가 사라진다.

□ 『필법부』 : 〈제55법〉 천라지망을 만나면 모망사에서 졸렬함이 많다. 대개 이 격을 얻으면 그물로 몸과 가택을 옭아매니 모든 정단에서 형통하지 않다.
〈제69법〉 백호가 둔간귀살에 타면 재앙이 얕지 않다. 설령 공망되어더라도 재앙을 구할 수 없다.
〈제77법〉 호생과 구생은 모든 일에서 유익하다. 호생은 간상신이 일지를 생하고 지상신이 일간을 생하는 것이다. 이 예는 양쪽이 서로 유익하고 모두에게 생하는 뜻이 있다.
〈제25법〉 금일(金日)에 정마를 만나면 흉화가 일어난다. 관직자가 정단하면 부임이 지극히 빠르지만 행년상신에서 여섯 丁이 타고 있는 신을 극하면 그렇지 못하다. 일반인이 정단하는 경우, 오히려 丁이 타고 있는 신을 제극하는 것이 옳다.

□ 『과경』 : 간상의 亥와 지상의 辰이 서로 번갈아가면서 생하고 발용이 일간을 생하며 다시 말전이 초전을 생하니 형통격이다.
사람은 형통하고 이로우며 시절운이 형통하다.

□ 『정와』 : 이 과전이 나망격이니 멈추고 자신의 본분을 지키는 것이 이롭다. 만약 움직여서 꾀하면 반드시 그물에 얽매인다. 관직자는 부모상을 당하며, 천라는 아버지이고 지망은 어머니이다.

→ 만약 간지상이나 연명상신이 상문과 조객에 해당하면 상을 당하는데, 일간 발용은 부친상을 당하고 일지 발용은 모친상(喪)을 당한다.

임진일

壬辰日의 길신(구보)과 흉살(팔살)			
일덕	亥	형	
일록	亥	충	
역마	寅	파	
장생	申	해	
제왕	子	귀살	辰戌丑未
순기	子	묘신	辰
육의	甲申	패신	酉
귀인	주	卯	공망	午未
	야	巳	탈(脫)	寅卯
합(合)		사(死)	卯
태(胎)	午	절(絶)	巳

壬辰일 제 1 국

공망 : 午·未 ○
낮 : 왼쪽 천장, 밤 : 오른쪽 천장

丁	壬	丙
常 亥 空	蛇 辰 蛇	白 戌 白
亥	辰	戌

丁	丁	壬	壬
常 亥 空	常 亥 空	蛇 辰 蛇	蛇 辰 蛇
壬 亥	亥	辰	辰

癸巳 朱巳 貴	○合午午	○勾未未	甲申 陰 青申 玄
壬辰 蛇 辰辛卯 貴卯 朱			乙酉 空 酉 常丙戌 白 戌 丁亥 白 亥 空
庚寅 后 寅 合	己丑 陰 丑	戊子 勾 玄 子 青	丁亥 常 亥 空

- □ **과체** : 복음, 두전, 참관 // 형상, 덕경, 덕입천문, 수일정신, 최관사자, 왕록임신.
- □ **핵심** : 일덕과 일록이 정마에 타니 재물을 편안하게 탐하지 못한다. 중전에서 묘신과 극을 만나지만 말전에서 백호가 타고 있는 戌을 만난다.
- □ **분석** : ❶ 간상과 초전의 亥는 壬의 일덕과 일록이다. 亥가 일간에 임한 뒤에 발용이 되었고 그 위에 丁이 타고 있으니, 壬수가 일덕과 일록의 기세를 빌려서 둔반의 정재를 취하는 것이 어렵지 않다.
  ❷ 그러나 중전에서 묘신 겸 귀살인 辰을 만났고 다시 주야에 등사가 타고 있으니 몸이 상하는 것을 면하기 어렵다.
  ❸ 그리고 백호귀살인 말전의 戌이 일간을 극하니 그 놀라운 흉화는 갈수록 크다. 다만 귀인이 이를 얻으면 관직을 재촉한다는 뜻이 있는 '최관부(催官符)'가 되고 서민이 이를 얻으면 지극히 길한 상이다.
- □ **정단** : ❶ 복음과에서 丁을 만났으니 가만히 있지 못하는 상이지만 '두전격'이어서 반드시 중지되니 방법을 바꿔야만 성취할 수 있다.
  ❷ 일덕과 일록이 일간에 임했다. 움직이는 때를 만나더라도 본분을

지키고 있어야만 자연히 형통하고 길하다.

○ **날씨** : 일상이 모두 수이니 절로 비가 온다. 다만 중전과 말전이 모두 토이니 흙에 살짝 뿌릴 정도의 비일 뿐이다.

→ 수는 비를 뜻하고 토는 비를 몰아내는 것을 뜻한다. 간상과 초전이 亥수이니 처음에는 비가 오지만 중전과 말전이 모두 토이니 나중에는 비가 그친다.

○ **가정** : 거듭 놀라서 두려워하는 상이다.

→ 일간은 사람이고 일지는 집이다. 주야 모두 지상에 등사가 타니 거듭 놀라서 두려워하는 상이다. 특히 지상의 辰이 일간의 묘신이니 가정이 암매하고 다시 귀살이니 가정에 재앙이 닥친다. 만약 자월(子月)이나 축월(丑月)에 정단하면 지상의 辰이 사기와 사신이니 극흉해서 가정에 사망사가 발생하는 가상이지만 말전의 戌에서 지상의 辰을 충하니 선흉후길하다.

○ **혼인** : 낮에는 여자가 남자를 정단하면 길하고, 남자가 여자를 정단하면 불길하다.

→ 일간은 남자이고 일지는 여자이다. 낮 정단에서 지상에 흉장인 등사가 타니 불길한 여자이고, 낮 정단에서 간상에 길장인 태상이 타니 길한 남자이다. 밤 정단에서는 간상과 지상에 흉장인 천공과 등사가 각각 타니 남녀 모두 불길하다. ● 궁합 : 나쁘다. 간상의 亥와 지상의 辰이 자형이니 궁합이 나쁘고, 일지 辰이 일간 壬을 극하고 지상의 辰이 간상의 亥를 극하니 다시 궁합이 나쁘다. ● 초전이 자형이고 다시 중전과 말전이 상충하니 혼인은 불성한다.

○ **임신·출산** : 일지와 일간이 자형이니 임신부와 태아가 불안하고 난산이 우려된다.

→ 일간은 태아이고 일지는 임신부이다. 기궁과 일지는 물론이고

그 상신이 다시 자형이니 형상이 있는 상이다. 따라서 임신부와 태아가 몸을 다치는 것이 우려되며 더군다나 지상이 천라지망인 辰이니 난산이 우려된다. ● 복음과이니 선천성 청각·언어장애자가 우려된다.

○ **구관** : 주야 모두 반드시 신속하게 부임한다.

→ 백호는 도로의 신이고 관성은 관직이다. 백호가 관성에 타면 '최관사자'라고 하여 신속하게 부임한다. 그리고 일덕귀인이 일간과 초전에서 천문을 뜻하는 亥에 임했으니 승진을 물으면 승진한다. 낮에는 길장인 태상이 타니 좋지만 밤에는 흉장인 천공이 타니 불길하다. ● 이미 일록이 일간에 임하고 두전격이니 현 직장에 머무는 것이 이롭다.

○ **구재** : 재성이 이미 일간에 임했으니 반드시 재물을 손에 쥔다.

→ 일간 둔반의 丁이 재성이니 반드시 재물을 손에 쥔다. 만약 낮에 창업정단을 하면 태상이 일록에 타니 의류와 음식에 관련된 사업을 하면 된다.

○ **질병** : 신장의 수기가 부족한 증상이거나 혹은 두통인데 완치되기 어렵다.

→ 일간은 환자이다. 과전에 수기가 많지만 토기 또한 많으니 수가 토의 극을 당하여 신장의 수기가 부족하다. 그나마 일간이 왕성한 겨울과 가을에 정단하면 흉이 덜하다. ● 간괘에 해당하는 복음과이니 병이 오래간다.

○ **유실** : 집안에서 찾는다.

→ 복음과는 유실물이 집안이나 가까운 곳에 있으니 집안에서 찾는다.

○ **출행** : 육로는 순탄하고 수로는 나쁘다.

→ 일간은 육로이고 일지는 수로이다. 간상에 길신인 일덕과 일록이 임하니 육로는 순탄하고, 지상에 흉살인 묘신과 귀살이 임하니 수로는 나쁘다.

○ **귀가** : 가까운 곳에 있는 사람은 즉시 오고, 먼 곳에 있는 사람은 아득하다.
→ 복음과는 가까운 곳으로 간 사람은 즉시 오고, 먼 곳으로 간 사람은 귀가가 요원하다.

○ **전투** : 낮 정단은 길하다. 밤 정단에서는 속임수가 있다.
→ 간상에 낮 정단에서는 길장이 타니 길하고, 간상에 밤 정단에서는 천공이 타니 속임수가 있다.

↑ **쟁송** : 내가 불리하다.
→ 일간은 나이고 일지는 상대이다. 일지 辰이 일간 壬을 극하고 지상의 辰이 간상의 亥를 극하니 나는 불리하고 상대는 유리하다. 그리고 복음과이니 쟁송이 장기화될 우려가 있다. ↑ **관재** : 중전과 말전이 괴강이고 다시 귀살이니 대흉하지만, 다행히 辰과 戌이 충을 하여 깨지니 죄에 비해 흉이 가벼워진다.

□ **『필법부』** : 〈제89법〉 복음과의 자임과 자신에 정마가 타면 행동한다. 삼전과 간지 위에 순의 정마가 타거나 혹은 천마나 역마가 타면 반드시 고요하게 있다가 움직인다.
〈제26법〉 수일에 정신을 만나면 재물이 빠르게 움직인다. 다만 정단인의 행년상신에서 여섯 정신이 타고 있는 신을 극하여 없애면 재물이 움직이지 않는다.

□ **『과경』** : 수일(水日)에서 丁을 만난 경우, 만약 정단하는 사람의 행년상신에서 정신을 극하면 재물이 움직이지 않으니 두렵다. 혹은 멀리 보내거나 혹은 형제의 재물이다. 처가 없는 남자는 처를 얻고 처가 있는 남자는 이별한다.

□ **『월감(月鑒)』** : 복음과의 두전은 머물던 사람은 장차 이동하고 합친 사람은 장차 이별한다. 경로가 중지되고 모든 일은 변한다.

| 壬辰일 　제 2 국 | 공망 : 午·未 ○
낮 : 왼쪽 천장, 밤 : 오른쪽 천장 |
|---|---|

丙	乙	甲
白 戌 白	空 酉 常	青 申 玄
亥	戌	酉

丙	乙	辛	庚
白 戌 白	空 酉 常	貴 卯 朱	后 寅 合
壬亥	戌	辰	卯

壬蛇辰巳	癸蛇巳午	○合午未	○勾未申 陰
辛貴卯辰 朱			甲申 青 酉 玄
后庚寅卯 合			乙空酉戌 常
陰己丑寅 勾	戊玄子丑 青	丁常亥子 空	丙白戌亥 白

- □ **과체** : 지일, 참관, 백화∥육의, 복덕, 역연주, 화귀살등사주작극택격 (겨울,밤), 괴도천문, 침해, 양사협묘(연명 : 巳), 최관사자, 구극(俱剋), 살몰.
- □ **핵심** : 나와 상대방이 모두 곤궁한데, 나는 좀 더 심하고 상대방은 가볍다. 중전과 말전이 일간의 생(生)이니 액(厄)이 사라진다.
- □ **분석** : ❶ 일간과 일지가 모두 상신으로부터 극을 당했으니 피차 모두 곤궁하다.

    ❷ 그리고 일간이 백호승신 戌로부터 극을 받아 매우 심하게 상했다. 일지는 주작승신 卯로부터 극을 받았지만 백호에 비해 상하는 정도가 가볍다.

    ❸ 지금 중전과 말전이 모두 일간을 생한다. 초전의 위험한 백호를 포기하고 중전과 말전의 생지로 가니 저절로 안전하다.
- □ **정단** : ❶ 지일과는 두 갈래의 일이다.

    ❷ 초전이 괴도천문이어서 모든 일에서 장애가 생기니 용맹하게 전진하지 않으면 성취할 수 없다.

    ❸ 백호귀살이 일간에 임하니 우환이 매우 빨리 닥치니 급히 피난

❹ 다행히 초전이 흉하고 말전이 길해서 고진감래의 상이다.

❺ 그리고 두 마리 뱀이 묘지에서 똬리를 틀고 있으니 흉한 화를 면하기 어렵다. 다행한 것은 과전에 들지 않아서 그 흉이 점차 감소한다. 만약 정단하는 사람의 연명상에서 이를 만나면 흉한 화를 면하기 어렵다.

○ **날씨** : 비가 온다.

→ 필수(畢宿)와 수모(水母)가 삼전에 들고 천강(辰)이 음의 12지를 가리키니 비가 온다. 여기에서의 필수는 酉를 가리키고 수모는 申을 가리킨다. 酉금과 申금은 모두 오행의 수를 생하니 비를 오게 하는 작용을 한다.

○ **가정** : 가정에 관재가 생긴다. 겨울에 정단하면 집에 화재가 발생한다.

→ 일지는 집이다. 낮에 정단하면 일지 기준의 귀살인 卯에 천을귀인이 타서 일지를 극하니 가정에 관청으로부터 관재가 닥치고, 밤에 정단하면 일지 기준의 귀살인 卯에 주작이 타서 일지를 극하니 가정에 관청으로부터 관재가 닥친다. 겨울의 밤에 정단하면 화귀(火鬼)인 지상의 卯에 주작이 타서 일지를 극하니 집에 화재가 발생한다. ● 일간은 사람이다. 간상에 주야 모두 백호귀살이 임하니 환자가 발생한다. 만약 오월(午月)과 미월(未月)에 정단하면 백호귀살이 사기와 사신에 해당하니 생명이 위험하다.

○ **혼인** : 성사된다. 나중에는 조금 이롭지 않다.

→ 일간은 남자이고 일지는 여자이다. 간상의 戌과 지상의 卯가 상합하니 혼인이 성사된다. 다만 간상의 戌에서 일간 壬을 극하고 지상의 卯에서 일지 辰을 극하니, 오랜 시간이 지난 후에는 조금 이롭

지 않다. 남자는 간상에 백호가 타서 일간을 극하니 병으로 인해 고생하고, 여자는 지상에 귀인과 주작이 타서 일지를 극하니 관재로 인해 고생한다. ● 혼처를 구할 경우 지일과이니 가까운 곳에서 배우자를 구하는 것이 좋다. ● 궁합 : 일간은 나이고 일지는 상대이다. 비록 일지 辰이 일간 壬을 극하지만 간상의 戌과 지상의 卯가 상합하니 대체로 궁합이 좋은 편이다. ● 성정 : 낮에는 지상에 길장인 귀인이 타고 있으니 귀한 사람이고, 밤에는 지상에 흉장인 주작이 타고 있으니 언어가 불순한 사람이다.

○ **임신·출산** : 아들이다. 출산을 정단하면 출산이 늦어진다.

→ 천반은 하늘이고 남자의 상, 지반은 땅이고 여자의 상이다. 초전의 천반에서 지반을 극하여 위가 강하고 아래가 약하니 임신하면 아들이고 또한 일간의 상하가 모두 양이니 다시 아들이다. 간상의 戌과 지상의 卯가 상합하니 출산이 반드시 늦어진다.

○ **구관** : 빨리 부임한다.

→ 공무원이 되는 것을 재촉하는 뜻이 있는 '최관사자'가 일간에 임하니 반드시 빨리 부임한다. 최관사자는 백호가 관성에 타고 있는 것을 말하는데, 백호에는 도로의 뜻이 있고 관성에는 관직의 뜻이 있다.

○ **구재** : 낮에는 재물을 얻고, 밤에는 재물을 얻기 어렵다.

→ 청룡과 재성은 재물이다. 낮 정단에서는 재성이 보이지 않지만 말전의 장생에 청룡이 타고 있으니 얻는다. 밤 정단에서는 재성과 청룡이 보이지 않으니 얻지 못한다.

○ **질병** : 식체가 있고, 신장이 허하며, 귀신에 의한 재앙이 있다. 유능한 의사의 도움으로 치료할 수 있다.

→ 간상과 초전이 괴도천문이니 체기로 인해 음식이 쌓여 있고, 戌토에서 壬수를 극하니 신장이 허하며, 괴도천문이니 귀신에 의한 해가 있다. 지상에 의약신이 있으니 유능한 의사나 명약으로 치료가

가능하다.
○ **출행** : 떠나기 어렵다.
    → 일간은 출행인이고 일지는 가정이다. 간상의 戌과 지상의 卯가 상합하니 집이 그리워서 떠나기 어렵다.
○ **귀가** : 아직 귀가하기 위한 길을 나서지 않았다.
    → 천강(辰)이 사맹인 巳에 가했으니 아직 귀가 길을 나서지 않았다.
○ **전쟁** : 처음에는 놀라고 힘들지만 나중에는 반드시 대승한다.
    → 삼전은 전쟁의 진행과정이다. 초전이 백호귀살이니 처음에는 놀라고 힘들지만 중전과 말전에서 일간을 생하니 나중에는 반드시 대승한다.
↑ **쟁송** : 화해가 이롭다.
    → 일간은 나이고 일지는 상대이다. 간상의 戌과 지상의 卯가 상합하니 화해하는 것이 이롭고 다시 지일과이니 화해하는 것이 이롭다. 만약 화해하지 않을 경우, 일간 壬은 간상의 戌로부터 극을 받고 일지 辰은 지상의 卯로부터 극을 받으니 양측 모두 형(刑)을 받을 우려가 있다. ↑ **관재** : 비록 초전이 귀살 戌이고 이 곳에 백호가 타고 있어서 흉하지만 중전과 말전이 일간을 생하여 오니 흉이 가벼워진다.

□ 『**필법부**』 : 〈제51법〉 하괴가 천문을 건너면 관문이 막힌다. 질병 정단을 하면 기운이 크게 막혀 있거나 또는 음식이 뭉쳐서 막혀있거나, 또는 신을 잘 모시지 못해서 생긴 재앙이다. 약을 복용하여 내려보내는 것이 좋다. 만약 방문 정단을 하면 만나지 못한다.
    〈제61법〉 질병정단에서 일간 위에 묘신백호가 없어야 좋다. 모든 정단에서 어둡고 미혹되며 흉악하다.
    〈제68법〉 : 귀살을 제압하는 자리가 곧 훌륭한 의사가 있는 곳이다.

→ 이 과전에서는 의약신인 寅과 卯가 卯와 辰에 임하니 정동방과 동남방에서 의약을 구해야 한다.

□ 『육임지남』: 8월에 월장 辰을 점시 巳에 가한 뒤에 분실 정단을 했다. 백호가 귀살인 戌에 타서 발용이 되었으니 가정의 남자종업원으로 인해 발생했다. 중전의 酉에 태상이 타고 있고 말전의 申에 현무가 타고 있으니 부녀자의 옷을 도둑을 맞았지만 결국 잡는다. 반드시 서쪽의 이웃에 있는데 그 이유는 비용과가 이웃을 뜻하기 때문이다. 그리고 가을에는 酉가 왕기이니 분실물을 찾을 수 있다.

壬辰일 제 3 국

공망 : 午·未
낮 : 왼쪽 천장, 밤 : 오른쪽 천장

庚	戊	丙
蛇 寅 合	合 子 青	青 戌 白
辰	寅	子
乙	○	庚	戊
空 酉 常	常 未 陰	蛇 寅 合	合 子 青
壬 亥	酉	辰	寅

辛卯巳 貴 朱	壬辰午 后 蛇	癸巳未 陰 貴	○午申 玄 后
蛇 寅辰 朱 己丑卯 勾	合		常 未酉 陰 甲申戌 白 玄
合 戊子寅 青	勾 丁亥丑 空	青 丙戌子 白	空 乙酉亥 常

- **과체** : 원수, 역간전 ∥ 덕경, 삼기, 복덕, 명음(冥陰), 교차탈기, 아괴성, 사화룡(蛇化龍).
- **핵심** : 나와 상대가 서로 화목하다. 삼전이 간전으로서 일간과 일지에 끼어 있으니 구역을 벗어나지 못한다. 근신해야 비로소 화가 없다.
- **분석** : ❶ 간상의 酉와 일지 辰이 상합하고 지상의 寅과 壬의 기궁 亥가 상합하니 서로 화순하다.

❷ 간지상의 酉와 寅이 삼전을 끼고 있으니 삼전이 일진의 구역을 벗어나지 못한다.

❸ 밤 정단에서 말전 戌에 타고 있는 백호가 일간을 요극하지만 다행히 발용의 寅목이 이 백호귀살을 제극하고 다시 사이를 두고서 물러난다.

❹ 모든 일에서 근신해야 비로소 화가 없다. 만약 고집을 피우고 남의 의견을 듣지 않으면 결국 어긋난다.

→ 간상 酉 → 말전 戌 → 중전 子 → 초전 寅 → 지상 寅으로 이어지니 삼전이 사과를 벗어나지 못한다.

□ 정단 : ❶ 원수과이고 다시 간지가 교차상합하여 서로 화순한 상이지만 지상이 일간을 탈기하고 간상이 일지를 탈기하니 서로 속이려는 뜻이 있다.
❷ 낮 정단에서는 백호가 申에 타서 지상의 寅을 충을 한다. 반드시 맞은 편 이웃에서 충극하니 집이 불안하다.

○ 날씨 : 비가 오고 바람이 부는 기상이 번갈아가면서 나타난다.
→ 필수(畢宿)인 酉가 일간에 임했고 기수(箕宿)인 寅이 일지에 임했으며 청룡과 육합이 삼전에 타고 있으니, 비가 오고 바람이 부는 기상이 번갈아가면서 나타난다.
○ 가정 : 낮 정단에서 등사가 가택을 극하니 놀라는 근심을 면할 수 없다.
→ 일지는 집이다. 일지기준의 귀살인 寅에 낮에는 등사가 타서 일지를 극하니 놀라는 일이 발생하고, 밤에는 육합이 타서 일지를 극하니 자녀로 인한 화가 발생한다. ● 일간은 부모이고 일지는 자녀, 일간은 남편이고 일지는 아내이다. 기궁 亥와 지상의 寅이 상합하고 일지 辰과 간상의 酉가 상합하니 부자와 부부가 서로 화목하다. ● 겨울과 봄에 정단하면 원수과이니 더욱 더 가정이 화목하다.
○ 혼인 : 반드시 혼인이 성사되는 기세이다.
→ 일간은 남자이고 일지는 여자이다. 기궁 亥와 지상의 寅이 상합하고 일지 辰과 간상의 酉가 상합하니 혼인이 성사된다. 다만 간상의 酉가 지상의 寅을 극하니 조금 나쁜 점은 있다. ● 지상의 寅이 일간 壬을 탈기하고 간상의 酉가 일지 辰을 탈기하니 남녀 모두 혼담과 혼인에서 손실이 많다. ● 원수과이니 혼인이 순조롭고 원수과이니 혼인을 적극 추진해야 한다. ● 궁합 : 비록 간상의 酉가 지상의 寅을 극하지만 일간과 일지가 교차상합하니 궁합이 좋은 편이다.

○ **임신·출산** : 아들이다. 신속하게 출산한다.

→ 초전의 위가 강하고 아래가 약하니 아들이고 일간의 음양이신이 모두 양이니 다시 아들이다. 출산정단을 하면 간상의 酉가 일지 辰을 탈기하니 반드시 쉽고 빨리 출산한다.

○ **구관** : 매우 길하다.

→ 밤 정단에서 말전이 '최관부(催官符)'이니 관직정단에서 매우 길하다. 백호가 관성에 타는 '최관부'에는 관직을 재촉하는 뜻이 있다. 그리고 낮 정단에서는 초전에 등사가 타고 있고 말전에 청룡이 타고 있어서 사화룡(蛇化龍)이니 관운이 밝다. 다만 삼전이 명음격(冥陰格)이어서 음흉한 사람이 앞에 있으니 몰래 해를 입는 것을 방지해야 한다.

○ **구재** : 재물을 취하기가 나쁘다.

→ 밤 정단에서 중전의 子는 양인이고 여기에 재물 류신인 청룡이 타고 있으니 재물을 취하기가 나쁘다. 그리고 낮 정단에서 말전의 戌에 청룡이 타고 있지만 청룡승신에서 일간을 극하니 취할 수 없는 재물이다.

○ **질병** : 방광병이다. 저절로 낫는다.

→ 백호승신 戌토에서 수를 극하니 방광에 병이 들었다. 다행히 초전에서 백호귀살을 제압하니 가까운 시일 안에 저절로 낫는다. 의약신 寅이 辰에 임하니 동남방에서 의약을 구하면 된다. ● 간지가 교차탈기하니 심기가 빠져 몸이 쇠약하다. 약이 되는 음식을 먹고 원기를 보충하면 낫는다.

○ **출행** : 여정이 늦춰진다.

→ 일간은 출행인이고 일지는 가정이다. 기궁과 지상이 상합하고 일지와 간상이 상합하여 출행인과 가정이 상합하니 가족을 그리워하니 여정이 늦춰진다. 만약 출행하면 삼전이 명음이어서 음흉한 사람이 앞에 있으니 암손을 방비해야 한다.

○ 귀가 : 길에 있다.
  → 천강인 辰이 사중인 午에 가하니 아직 길에 있다.
○ 전쟁 : 쉬울 것 같지만 실제로는 어렵고 불리하다.
  → 간상의 酉에서 지상의 寅을 극하니 전쟁이 쉬울 것 같지만 지상의 寅에서 일간 壬을 탈기하고 간상의 酉에서 일지 辰을 탈기하여 손실이 발생하니 어렵고 불리하다. 그리고 삼전이 명음격(冥陰格)이니 몰래 해를 입는 것을 방지해야 한다.
↑ 쟁송 : 화해가 이롭다.
  → 일간의 기궁 亥가 지상의 寅과 상합하고 일지 辰이 간상의 酉와 상합하니 화해가 이롭다. 만약 화해하지 않을 경우 간상의 酉가 지상의 寅을 극하니 나는 유리하고 상대는 불리하다. ↑ 관재 : 비록 말전의 戌이 귀살이어서 흉하지만 초전의 寅이 이것을 제압하니 흉이 가벼워지고, 다시 간상의 酉가 말전의 귀살을 순화하니 흉이 더욱 더 가벼워진다.

─────────────

□ 『필법부』 : 〈제21법〉 교차상합을 하면 왕래에 이롭다. 열 가지 종류로 논할 수 있다. 이 과전은 교차탈합에 해당한다. 비록 서로 교섭하지만 꾀하는 일에서 서로 탈기의 뜻을 지닌다.
  〈제35법〉 사람과 가택이 실탈당하니 두 곳에서 도적을 초래한다. 이 예에는 두 가지 종류가 있다. 이 과전은 간상은 지진을 탈기하고 지상은 일간을 탈기한다. 타인에 의한 속임수로 손실을 입게 되고, 가택은 반드시 도적에게 재물을 도난당한다. 만약 질병 정단을 하면 집의 지붕을 얹어서 비용이 드는 것처럼 심기가 빠져서 쇠약해지고 피곤하며 고달프게 된다. 마땅히 약이 되는 음식을 먹고 원기를 보충하면 낫는다.
□ 『지장부』 : 寅子戌은 '명양(冥陽)'이다. 선량한 사람은 귀하다.

→ '명양(冥陽)'보다는 명음(冥陰) 혹은 투암(投暗)으로 더 많이 불리어지고 있다. 午가 빠진 寅戌 화국에서 중전의 자(子)가 어둠으로 들어 양이 발현되지 않으니 음흉한 사람에 의한 해를 막아야 한다.

□ 『임수경(壬髓經)』: 한 곳의 상극가 발용이 되면 원수과로서 모든 일에서 순조롭다. 〈옥녀통신결(玉女通神訣)〉에서 말하기를 상하가 상생하면 모두 좋고, 교차해서 상극하면 반드시 종양이라고 하였다.

□ 『옥성가』: 종괴(酉)와 백호가 동시에 간지에 거주하면 반드시 집에 상복을 입은 사람이 있다.

| 갑신순 | 임진일 | 4국 |

壬辰일 제 4 국

공망 : 午·未 ○
낮 : 왼쪽천장, 밤 : 오른쪽 천장

癸		庚		丁	
陰 巳 貴		蛇 寅 合		勾 亥 空	
申		巳		寅	
甲		癸		己	丙
白 申 玄	陰 巳 貴	朱 丑 勾	青 戌 白
壬亥	申	辰	丑

庚寅 蛇 巳	辛卯 合 貴 午○	壬辰 朱 后 未○	癸巳 蛇 陰 申 貴
朱 己丑 辰 勾			○ 玄 午 后 酉
合 戊子 卯 青			○ 常 未 陰 戌
勾 丁亥 寅 空	丙戌 青 白 丑	乙酉 空 常 子	甲申 白 玄 亥

□ **과체** : 원수, 원태(병태) ∥ 형상, 침해, 복덕, 폐구, 수일정신.

□ **핵심** : 장생이 일간에 거주하기 어렵다. 주야에 현무와 백호가 타고 있기 때문이다. 재성이 폐구되었고, 정신과 역마가 움직여서 재물을 취한다.

□ **분석** : ❶ 간상의 申은 일간의 장생이다. 낮에는 백호가 타고 있고 밤에는 현무가 타고 있어서 지출과 손실로 인해 놀라고 위험하니 이곳에 거처하기 어렵다.

❷ 초전에서는 순미인 巳가 순수 申에 가했으니 비록 일간의 재성이지만 폐구가 된 재성이다. 그리고 중전의 역마와 말전의 둔간이 丁이어서 움직이는 상이지만, 일간의 재물을 버리지도 못하고 다른 곳으로 갈수도 없다.

□ **정단** : ❶ 원태격은 처음에는 막히고 나중에는 통한다. 다만 일간과 일지가 각각 형을 하니 주객이 서로 통하지 않는다.

❷ 지상의 丑은 파쇄이고 이곳에 낮 정단에서 주작이 타고 있으니 구설과 문서로 인해 파재(破財)하지만 삼전이 재성을 차례로 생하니 길하다. 만약 봄과 여름에 정단하면 재원(財源)이 되니 큰 이익이 있

지만 재성이 폐구가 되었으니 말을 하면 안 된다. 만약 질병과 소송을 정단하면 매우 두렵다.
→ 폐구가 되면 질병 정단에서는 말을 하지 못할 정도로 아프고, 소송에서는 판사가 나의 진실을 수용하지 않으니 매우 두렵다.

○ **날씨** : 비가 온다.
→ 수모는 비의 수원이고 천강은 대각성이다. 수모(水母)인 申이 일간에 임하고 천강인 辰이 음을 가리키니 자연히 비가 온다. 또한 초전에 癸가 임하고 말전에 亥가 임하니 비가 온다.

○ **가정** : 파(破)가 간지에 가하고 간지가 자형이니 가족이 서로 해친다.
→ 일간은 사람이고 일지는 가정이다. 일지의 상하가 丑과 辰이니 서로 파(破)를 한다. 그리고 기궁 亥와 일지 辰이 모두 자형이니 가족이 서로 해친다. ● 낮 정단에서는 지상의 丑에 주작이 타서 일간을 극하니 구설과 문서로 인한 화가 닥치고, 밤 정단에서는 지상의 丑에 구진이 타서 일간을 극하니 관재로 인한 화가 닥친다. 그리고 일지음신의 戌에 낮 정단에서는 청룡이 타서 일간을 극하니 가계난이 닥친다. 밤 정단에서는 백호가 타서 일간을 극하니 병재가 닥치는데 만약 오월(午月)과 미월(未月)에 정단하면 사기와 사신에 해당하니 생명이 위험하다.

○ **혼인** : 양쪽 모두 길하지 않다.
→ 일간은 남자이고 일지는 여자, 일간음신은 남자집안이고 일지음신은 여자집안이다. 제1과의 상하가 육해이니 남자에게 해(害)가 있고 제2과의 상하가 삼형이니 남자집안에 나쁜 일이 있다. 그리고 제3과의 상하가 파(破)이니 여자의 신상이 불안하고, 제4과의 상하가 삼형이니 여자집안에 다투는 일이 있다. ● 제1·2과의 천반이 서로 형을 하니 남자와 남자집안이 서로 화목하지 않고, 제3·4과의 천반

이 서로 형을 하니 여자와 여자집안이 서로 화목하지 않다. ● 궁합 : 일간은 나이고 일지는 상대이다. 지상의 丑이 간상의 申을 생하지 못하고 다시 지상의 丑이 일간 壬을 극하니 궁합이 나쁘다.
○ 임신·출산 : 아들이다. 반드시 신속하게 출산한다.
→ 천반은 양이고 지반은 음이다. 초전의 천반이 강하고 지반이 약하니 임신하면 아들이다. 또한 삼전의 두 음에서 하나의 양을 감싸니 아들이고, 일간의 상하가 모두 양이니 다시 아들이다. 그리고 출산정단을 하면 형(刑)과 파(破)가 간지에 가했으니 반드시 신속하게 출산한다.
○ 구관 : 밤 정단에서는 최길하다.
→ 천을귀인에는 공무원, 일록에는 관록, 역마에는 합격과 승진의 뜻이 있다. 밤 정단에서 천을귀인이 발용이 되었고, 역마가 중전에 임하며, 일록이 말전에 임했다. 공무원임용고시를 정단하면 합격하고, 이미 공무원인 사람이 정단하면 봉록이 오른다. 따라서 최길하다.
○ 구재 : 낮 정단에서는 여자의 재물을 얻고, 밤 정단에서는 귀인의 재물을 얻는다. 모두 침묵을 지켜야 한다.
→ 재성은 재물이다. 초전의 재성에 낮 정단에서는 여자를 뜻하는 태음이 타니 여자나 귀금속을 통해 재물을 얻고, 밤 정단에서는 공무원을 뜻하는 천을귀인이 타니 공무원이나 관청을 통해 재물을 얻는다. 말전의 亥에서 중전의 寅을 생하고 중전에서 초전의 재성 巳를 생하니 득재가 더욱 길하다. ● 말전이 수일정재이니 재물을 얻는데, 말전의 천반이 형제효이니 형제나 동료나 동업자로부터 재물을 얻는다.
○ 질병 : 간기(肝氣)가 몰려서 생긴 병증 및 기가 막혀서 생긴 병증이거나 혹은 수족을 다쳤다. 비록 흉하지만 다행히 장생이 간상에 임하니 무해하다.

→ 낮 정단에서는 백호가 申에 타서 오행의 목을 극하니 간이 울결되어 발병했거나 혹은 수족을 다쳤지만 백호가 장생에 타고 있으니 무해하다. ● 밤 정단에서는 백호가 戌에 타서 오행의 수를 극하니 신장이 상해서 발병했다. 중전의 의약신 寅에서 戌토를 제압하니 병이 낫는다.

○ 출행 : 잠시도 지체하지 않고 출행한다.

→ 정마와 역마와 백호는 모두 동신(動神)이다. 정마와 역마가 삼전에 들고 백호가 申에 타고 있으니 잠시도 지체하지 않고 출행한다.

○ 귀가 : 즉시 올 수 있다.

→ 천강(辰)이 사계인 未에 가하니 즉시 올 수 있다.

○ 전쟁 : 먼저 거동해야 이롭다.

→ 원수과는 먼저 거동해야 이롭다.

↑ 쟁송 : 내가 불리하다.

→ 일간은 나이고 일지는 상대이다. 지상의 丑이 일간 壬을 극하니 내가 불리하다. ↑ 관재 : 지상의 묘신 겸 귀살 丑을 중전의 寅이 제압하니 흉이 가벼워진다.

□ 『필법부』 : 〈제70법〉 귀살이 3·4과에 임하면 소송에 의한 재앙이 뒤따른다. 일간의 귀살이 3·4과에 임하면 관사와 병환이 끊임없이 계속된다.

〈제26법〉 수일(水日)에 정신을 만나면 재물이 빠르게 움직인다.

〈제38법〉 폐구격은 두 가지로 나눠서 추리한다.

□ 『중황경』 : 辰은 천하(天河)이고 未는 지정(地井)이다. 천하(天河)와 지정이 일진에 모두 가하고 일진이 다시 물속에 있으며, 삼전이 모두 금이지만 오행의 토가 없으니 출행한 사람은 반드시 물에 빠진다.

□ 『괘낭부』 : 현무가 午에 타면 직장을 옮기고, 백호가 申이나 酉에 타

면 소송으로 다투게 된다.
- 『옥성가』: 巳나 亥에 귀인이 타면 많이 반복된다.
  → 巳와 亥에는 쌍(双)과 반복의 뜻이 있다.

壬辰일　제 5 국

공망 : 午·未 ○
낮 : 왼쪽 천장, 밤 : 오른쪽 천장

戊	甲	壬
合子青	白申玄	后辰蛇
辰	子	申
○	辛	戊	甲
常未陰	貴卯朱	合子青	白申玄
壬亥	未○	辰	子

己丑巳朱	勾	庚寅午蛇	合	辛卯未貴	朱	壬辰申蛇	后
戊子辰合	青					癸巳酉陰	貴
丁亥卯勾	空					○午戌玄	后
丙戌寅青		乙酉丑白	空	甲申子常	白	○未亥常	陰

□ **과체** : 중심, 여덕(밤), 교동(낮) ∥ 침해, 합중범살, 전극, 윤하, 화미, 삼기, 육의, 살몰.

□ **핵심** : 간상의 귀살은 두렵지 않다. 일간의 묘신이 말전에 이르렀다. 질병에 걸리면 고생하고 소송은 형을 당한다. 행인은 즉시 온다.

□ **분석** : ❶ 간상의 未토가 비록 일간의 귀살이지만 갑신순의 공망을 만났으니 두려울 것이 없다.

❷ 일지는 곧 일간의 묘신인데 말전에 임한다. 질병에 걸리면 고생하고 소송을 당하면 형을 받으니 매우 두렵다. 오로지 귀가 정단을 하면 즉시 오는데 그 이유는 일간의 묘신이 말전에 임하기 때문이다.

→ 사맹은 시작, 사중은 중간, 사계는 끝으로 분석할 수 있다. 말전이 사계인 辰이니 여정을 끝내고 곧 귀가한다.

□ **정단** : ❶ 중심과는 불순한 일이 많다. 일간과 일지가 각각 삼합하지만 간지상의 子와 未가 육해여서 합을 하는 가운데에서 살을 범하니 이루는 과정에서 방해가 있고 선한 가운데에서 악이 있는 상이다. 비견이 지나치게 겹치니 반드시 처와 재물 손실이 있다. 가령 2월의

낮 정단에서 간상에 未는 일간의 귀살이고 다시 2월의 사기이며 이곳에 태상이 타고 있으니 부친상(喪)을 당한다.

→ 태상이 사기에 해당하면 상(喪)이 상(喪)으로 작용하여 상(喪)을 당한다. 이것이 일간에 임하면 부친상을 당하고, 이것이 일지에 임하면 모친상(喪)을 당한다.

○ 날씨 : 비가 오고 바람이 부는 상이다.
→ 수가 삼전에서 왕성하고 특히 밤 정단에서는 청룡이 발용에 타고 있으니 비가 오고 바람이 부는 상이다.
○ 가정 : 육합과 청룡이 가택에 임했으니 반드시 가정에 희경사가 많다.
→ 일지는 가정이다. 육합에는 혼인, 청룡에는 희경사의 뜻이 있다. 따라서 가정에 혼인하는 경사가 있다. ● 낮 정단에서는 초전에 육합이 타고 말전에 천후가 타서 교동격이니 남자의 음란을 방지해야 한다.
○ 혼인 : 길하지 않다.
→ 일간은 남자이고 일지는 여자, 관성은 남자이고 천후는 여자이다. 다시 간상의 관성이 공망되어 남편감을 잃는 상이니 혼인이 길하지 않다. ● 궁합 : 간상의 未와 지상의 子가 육해여서 서로 해치는 상이니 궁합이 좋지 않다. ● 지상의 子와 제2과 위의 卯가 형을 하니 여자와 시가가 불화하고, 제4과 위의 申이 제2과 위의 卯를 극하니 양가 집안의 뜻이 맞지 않는다. 특히 제4과 위의 申이 일간의 장생이고 여기에 낮 정단에서는 백호가 타고 있으니 상대 부모의 몸에 질병이 있다. ● 낮 정단에서는 초전에 육합이 타고 말전에 천후가 타서 교동격이니 연애혼인을 한다.
○ 임신·출산 : 임신하면 여아이다. 출산을 정단하면 불길하다.

→ 초전의 아래는 강하고 위는 약하니 임신을 정단하면 여아이다. 그리고 임신부는 튼실하고 자식은 공허하니 출산을 정단하면 태아가 유산하는 상이니 불길하다.

○ 구관 : 때를 기다려야 한다.

→ 태상은 무관이고 관성은 공무원이다. 태상이 타고 있는 관성이 공망되었다. 공망된 관성이 풀리는 때에 비로소 뜻을 이룬다. ● 밤 정단에서는 천을귀인이 酉에 임하니 여덕격이다. 고위직공무원에게는 영전의 기쁨이 있고 하위직공무원과는 무관하다.

○ 구재 : 지상에 청룡이 타고 있으니 이미 집에 재물이 있다.

→ 일지는 집이고 재성은 재물이다. 밤 정단에서 지상에 청룡이 타고 있으니 이미 집에 재물이 있다. 그러나 낮 정단에서는 지상에 청룡이 타지 않고 재성이 없으니 그렇지 않다. ● 만약 사업 정단을 하면 일지의 음양이 상하로 합을 하여 겁재국을 이루고 삼전 또한 이러하니 대패한다.

○ 질병 : 방광과 신장에 병이 들었다. 약을 먹지 않더라도 저절로 낫는다.

→ 일간과 일지의 상하 및 삼전이 삼합하여 수국을 이루어서 수의 오행이 매우 왕성하니 신장과 방광에 병이 든다. 간상의 귀살이 공망되었으니 약을 먹지 않더라도 저절로 낫는다. ● 수국의 극을 받는 심장에 병이 든다.

○ 출행 : 육로와 수로 모두 흉하다.

→ 일간은 육로이고 일지는 수로이다. 간상에 귀살이 임하니 육로는 흉하고, 지상에 양인이 임하니 수로 또한 흉하다. ● 원문에서는 육로와 수로 모두 매우 길하다고 하였지만 그렇지 않다.

○ 귀가 : 즉시 도착한다.

→ 말전에 묘신이 임하니 출행인은 즉시 도착한다.

○ 전쟁 : 주야 모두 길하지만 신중하게 지키는 것이 좋다.

➔ 귀살은 적군이다. 귀살이 공망되었으니 주야 모두 길하다. 중심 과이니 공격하지 않고 신중하게 지키는 것이 좋다.
↑ 쟁송 : 내가 불리하니 화해가 이롭다.
➔ 일간은 나이고 일지는 상대이다. 일간은 공허하고 일지는 튼실하니 나는 불리하고 상대는 유리하다. 과전이 삼합하고 있어서 화해가 가능하니 화해해야 한다. ↑ 관재 : 간상의 귀살 未가 공망되었으니 관재가 사라진다.

□ 『필법부』: 〈제76법〉 서로 시기하여 모두에게 화가 미친다. 이 예에는 다섯 가지가 있다. 이 과전에서는 간지의 상신이 육해를 만드는 것으로서 주객이 서로 시기한다.
〈제84법〉 합 속에 살을 범하면 꿀 속에 비상이 있다.
➔ 이 과전에서는 일간과 일지의 상하가 삼합하는 가운데에서 간지상의 未와 子가 육해이니 합 속에 살을 범하고 있다.
□ 『과경』: 未가 일간인 壬의 위에 가했으니 일간의 명귀(明鬼)이고 지상신 子수의 둔간인 戊토는 일간의 암귀(暗鬼)이니 간지상에 명암이 귀가 있다. 말하기를 명귀는 쉽게 피할 수 있고, 암귀는 막기 어렵다고 한다.
□ 『지장부』: 子申辰은 으뜸(元)을 우러러(仰) 본다. 음력 섣달의 심한 추위와 어려움을 인내해야 한다.
□ 『임수경(壬髓經)』: 일월의 문에 천을귀인이 임하면 그 이름이 '여덕'인데 음양을 장차 살피면 군자는 영전하고 소인은 무관하다.
➔ 밤 정단에서는 천을귀인이 酉에 임하니 여덕격이다. 여덕격은 고위직공무원은 영전의 기쁨이 있고 하위직공무원은 그렇지 않다.

壬辰일 제 6 국

공망 : 午·未 ○
낮 : 왼쪽 천장, 밤 : 오른쪽 천장

□ **과체** : 지일, 불비, 고진과수 // 형상, 난수, 초전협극, 재공(財空), 손잉(損孕), 태수극절, 복태, 덕경, 육의, 권섭부정, 체생, 사절(四絶), 무음(불비), 장도액, 맥월, 명암작재, 수일정신.

□ **핵심** : 존중받지 못하고 실례를 당하며 아랫사람으로부터 능욕을 당한다. 낮 정단에서는 반드시 재물을 잃는다. 가정에 괴이한 일이 생긴다.

□ **분석** : ❶ 일간은 윗사람이고 일지는 아랫사람이다. 일간이 일지에 임하여 극을 당하니 스스로를 존중하지 못해서 예의를 잃고 아랫사람에게서 능욕을 받는다.

❷ 재성인 午가 일간에 임한 뒤에 발용이 되었고 午에 낮 정단에서 현무가 타고 다시 공함이 되었으니 반드시 재물을 잃는다.

❸ 등사와 백호가 괴강에 타서 卯酉에 임했으니 집에 괴상한 일이 발생한다.

□ **정단** : ❶ 지일과는 모든 일에서 의심이 많다. 삼전이 체생하고 말전의 申이 장생이니 추천하는 사람이 있다.

❷ 다만 초전의 午로부터 극을 당하고 중전이 묘신인 丑이니 장생이

무기력하여 추천받지 못할 우려가 있다.
❸ 그리고 초전이 협극을 당하니 타인으로 인해 반드시 몸이 자유롭지 못할 우려가 있는 상이다.

○ **날씨** : 반드시 비가 온다.
→ 화는 맑은 날씨, 천강은 대각성이다. 午화가 공망을 만나고 천강(辰)이 음을 가리키니 맑은 뒤에 반드시 비가 온다.

○ **가정** : 사람이 집으로 가서 집을 취하고, 윗사람이 아랫사람을 따른다. 가정에는 일이 많고 손실을 방지해야 한다.
→ 일간은 사람이고 일지는 집이다. 기궁이 지상으로 간 것은 사람이 집으로 들어가는 상이며 또한 윗사람이 아랫사람을 따르는 상이다. 그러나 기궁이 지상으로 가서 일지로부터 극을 당하니 이 집으로 이사하면 흉하며 윗사람은 아랫사람으로부터 능욕을 당한다. 그리고 일지음신의 재성이 공망되었으니 가정에 손재수가 있다.
● 만약 부인의 질병을 정단하면 처재효 午가 공망되었으니 처가 사망한다. ● 일간음신의 천반에는 명귀 丑이 있고 둔반에는 암귀 己가 있다. 낮에는 주작이 타니 구설수나 탄핵이나 징계를 당하고, 밤에는 구진이 타니 쟁투가 생기거나 관재를 당한다.

○ **혼인** : 남자가 여자에게 장가든다. 일간과 일지가 자형이니 매우 길하지 않다.
→ 일간은 남자이고 일지는 여자이다. 기궁이 지상으로 가서 일지로부터 극을 당했으니 남자가 여자에게 장가든 뒤에 여자로부터 능욕을 당한다. 그리고 기궁이 亥이고 일지가 辰이어서 간지 모두 자형이니 남녀 모두 매우 길하지 않다. ● 재성인 午가 공망되었으니 혼인하지 못할 우려가 크다. ● 혼처 : 혼처를 구할 경우 지일과이니 가까운 곳이나 가까운 사람에게서 구하면 된다. ● 궁합 : 나쁘다.

기궁 亥가 지상으로 가서 일지 辰으로부터 극을 당하고 다시 묘신 辰에 임하니 궁합이 나쁘다.
- ○ 임신·출산 : 여아이다. 출산정단을 하면 불길하다.
  → 아래가 강하고 위가 약하고 삼전에서 두 양이 하나의 음을 감싸니 여아이다. 일간은 태아이고 일지는 임신부이다. 일지가 튼실하고 일간이 공허하니 출산정단을 하면 불길하다. ● 만약 임신의 유무를 정단하면 임신되지 않았고, 만약 임신의 안전을 물으면 유산된다.
- ○ 구관 : 조금 불리하다.
  → 관성은 관직이고 천을귀인은 공무원이다. 관성이 공망되고 귀인이 나타나지 않았으니 관직정단을 하면 조금 이롭지 않다.
- ○ 구재 : 재물을 구할 수 없다.
  → 일간은 자신이고 재성은 재물이다. 간상의 재성 午가 공망되어 자신의 재물조차 지키기 어려우니 어느 겨를에 타인의 재물을 구할 수 있겠는가? 또한 초전의 재성 午화가 지반의 亥수와 亥에 타고 있는 현무와 천후의 천장오행인 壬子수와 癸亥수로부터 협극되었으니 재물을 구하지 못한다. ● 다만 지상에 수일의 정재(丁財)가 임하니 원방으로부터 사업장으로 재물이 들어온다. 지상의 亥가 형제효이니 동업자 혹은 거래처 혹은 형제 혹은 친구로부터 들어오는 재물이다.
- ○ 질병 : 간이 상했거나 수족을 들기 어렵다. 순을 벗어나면 낫는다.
  → 낮 정단에서 말전의 申에 백호가 타서 오행의 목을 극하니 간이 상했거나 수족을 들지 못한다. 갑신순을 벗어나면 공망되었던 午화가 말전의 백호승신 申을 제압하니 병이 낫는다. ● 만약 부인의 질병을 정단하면 처재효인 午가 공망되었으니 처가 사망한다.
- ○ 출행 : 집을 그리워하니 출행하기 어렵다.
  → 일간은 출행인이고 일지는 집이다. 기궁이 지상으로 갔으니 출행하려는 사람이 가정으로 들어가서 가정을 그리워하니 출행하기

어렵다.
- ○ 귀가 : 오는 도중이다.
  → 천강이 사중인 酉에 가했으니 아직 오는 도중이다.
- ○ 전쟁 : 그 상이 불안하다. 흉은 사라지고 길은 흩어진다.
  → 일간은 아군이고 일지는 적군이다. 기궁이 지상으로 가서 일지로부터 극을 당했으니 전쟁이 불안하다. 귀살인 丑이 공망되었으니 흉이 사라지고, 재물을 뜻하는 재성이 공망되었으니 길이 흩어진다.
- ↑ 쟁송 : 내가 불리하다.
  → 일간은 나이고 일지는 상대이다. 일간은 공허하고 일지는 튼실하니 나는 불리하고 상대는 유리하다. 또한 기궁 亥가 지상으로 가서 일지 辰으로부터 극을 당하니 다시 내가 불리하다.

- □ 『필법부』 : 〈제8법〉 일록이 일지에 임하면 임시직으로 정당한 자리가 아니다.
  〈제85법〉 초전이 협극되면 뜻대로 되지 않는다. 초전이 극방에 앉고 다시 천장으로부터 상함을 당하는 것이 '협극'이다. 만약 협극되는 것이 재신이면 재물을 꾀하지 못하고, 일간의 동류가 협극을 당하면 자신 스스로 꾀하지 못하며, 일간의 귀살이 협극되면 신묘하게 되어 우환을 당하더라도 우환이 되지 않는다.
- □ 『고감』 : 오년(午年)에 출생한 사람이 월장 丑을 점시 午에 가한 뒤에 전정을 정단했다. 격명이 난수이다. 말띠인 이 사람이 관직자가 되어 재물을 취했는데, 머슴이 이 재물을 소지하고 있고 그의 처는 반드시 음란한 머슴의 손에 죽는다. 이것은 亥가 辰에 가하여 자취난 수이고 그 위에는 천공이 타며 아래의 천강(辰)으로부터 극을 받았기 때문으로 머슴이 지니고 있다. 午는 재성이고 丑은 관성이다. 관성이 재성 위에 가한 것은 관직자가 뇌물을 받는 상이고, 천후가

亥에 임하면 처가 반드시 음란하다. 亥에 천공이 타서 상하로부터 亥가 협극되니 머슴의 소행이다. 말전의 申은 문관직자의 무덤인데 장생이지만 돌보지 않으면 이는 지키지 못한 시신으로서 수명이 오래 가지 못한다.

| 갑신순 | 임진일 | 7국 |

壬辰일 제 7 국

공망 : 午·未 ○
낮 : 왼쪽 천장, 밤 : 오른쪽 천장

癸	丁	癸
陰巳貴	勾亥空	陰巳貴
亥	巳	亥

癸	丁	丙	壬
陰巳貴	勾亥空	青戌青	后辰后
壬亥	巳	辰	戌

丁勾亥巳	戌合子午○ 空	己朱丑未○ 常	庚蛇寅申 玄
丙戌辰 青 乙酉卯 空			辛卯酉 貴 陰 壬辰戌 后 后
甲申寅 白 合	○未丑 常 朱	○午子 玄 蛇	癸巳亥 陰 貴

- **과체** : 반음, 여덕, 참관, 폐구 // 여덕(낮), 원태(절태), 회환, 오음, 수일정신, 간지봉절, 양귀수극, 재작폐구, 염막귀인(낮), 신장·귀등천문(밤).

- **핵심** : 巳와 丙과 丁은 모두 재성이다. 양 귀인이 극을 당한다. 참관격이다.

- **분석** : ❶ 지상 戌의 둔반에 丙화가 출현했고, 중전 亥의 둔반에는 丁화가 출현했으며, 삼전의 초전과 말전이 모두 巳화이다. 수일(水日)에 이들을 만났으니 모두 재신이다.

❷ 巳는 일간의 밤 귀인으로서 亥에 임하고 卯는 낮 귀인으로서 酉에 임하여 모두 아래로부터 극을 받았으니 귀인에게 부탁하는 일은 나쁘다.

❸ 하괴(戌)가 일지에 있고 그 위에는 청룡이 타고 있다. 반음과이고 참관격이니 도망에 매우 이롭다.

- **정단** : ❶ 반음과는 갔다가 돌아온다.

❷ 재성이 매우 많지만 오직 일간이 왕성한 시기인 가을과 겨울 정단에서만 재물을 취할 수 있다. 그러나 일간이 약한 봄과 여름에는

오히려 재물이 나간다.

❸ 그리고 재성과 일록이 절지에 임하니 재물이나 옛일을 끝맺는 일에는 이롭고, 질병과 소송과 식록사에는 모두 좋지 않다.

○ 날씨 : 비는 오지만 많이 오지는 않는다.
→ 오행의 화는 맑은 날씨를 뜻하고 오행의 수는 강우를 뜻한다. 초전이 巳화이고 중전이 亥수이며 말전이 巳화이니 맑고 비 오기를 거듭하지만 비가 많이 오지는 않는다.

○ 가정 : 지상의 주야에 청룡이 타고 있으니 반드시 즐겁고 경사스러운 일이 많다.
→ 일간은 사람이고 일지는 집이다. 지상의 주야에 청룡이 타고 있으니 반드시 즐겁고 경사스러운 일이 많은데, 만약 가정에 문관직 수험생이 있으면 문관직을 얻고 이미 문관직자가 있다면 승진수가 있다. 다만 청룡승신이 지반과 상충하니 장구하게 근무하지 못하는 아쉬움이 있다. 만약 가정에 문관직자가 없는 경우에는 청룡이 일간의 귀살에 타서 일간을 극하니 오히려 가정에 가계난이 닥친다.

○ 혼인 : 좋은 부부이다.
→ 일간은 남자이고 일지는 여자이다. 밤 정단에서 간상에는 귀인이 타고 지상에는 청룡이 타니 좋은 부부이다. ● 다만 간상이 폐구되었으니 재운이 막혀있는 남자이다. 그리고 간상의 巳가 巳의 절지인 亥에 임하고, 지상의 戌이 戌의 충지인 辰에 임하고 있으니 파혼할 가능성이 있다. 그리고 초전의 상하가 巳와 亥이니 혼인을 결정하지 못하고 있다. 설령 혼인을 하더라도 오래가지 않아 이혼할 가능성이 있다. ● 궁합 : 천반은 하늘의 상이니 남자이고, 지반은 땅의 상이니 여자이다. 과전의 모든 천반이 천반기준의 충지에 앉아 있으므로 궁합이 나쁘다.

○ **임신·출산** : 여아이다.

→ 초전의 아래가 강하고 위가 약하니 임신하면 여아이다. ● 일간은 태아이고 일지는 임신부이다. 간상신이 폐구되었으니 선천성 언어장애가 우려된다. ● 출산정단을 하면 과전의 천반과 지반이 상충하니 출산이 순조롭다.

○ **구관** : 직위와 명예를 얻지만 오랫동안 재임하지 못할 우려가 있다.

→ 밤 귀인이 일간에 임하고 청룡이 지상에 임하니 직위와 명예를 얻는다. 다만 양 귀인이 극을 받으니 오랫동안 재임하지 못할 우려가 있다. ● 낮 정단에서는 염막귀인이 일간에 임하니 퇴직할 우려가 있다. 그리고 양 귀인이 극을 받고 있으니 귀인에게 부탁하는 일은 뜻을 성취하기 어렵다.

○ **구재** : 사방에 재물이 널려 있다. 밤 정단에서는 귀인의 재물을 얻고, 낮 정단에서는 부녀자의 재물을 얻는다.

→ 재성은 재물이다. 간상과 초전에는 巳, 일간음신과 중전에는 수일의 정재(丁財), 지상에는 丙이 있으니 사방에 재물이 널려 있다. 이와 같이 재성이 매우 많지만 오직 일간이 왕성한 가을과 겨울 정단에서만 재물을 얻을 수 있다. 낮 정단에서는 간상과 초전의 재성에 태음이 타고 있으니 부녀자의 재물이고, 밤 정단에서는 천을귀인이 타고 있으니 귀인이나 관청을 통한 재물이다. 그리고 일간음신과 중전의 재물은 천반의 亥가 일간의 형제효이니 형제 혹은 동업자 혹은 거래처로부터의 재물이다. 그리고 일지 둔반의 丙은 사업장의 재물이다.

○ **질병** : 복통이 있거나 혹은 신수(腎水)가 말랐거나 혹은 한열이 왕래하는 병증이다. 반복되는 것을 방지해야 한다.

→ 지상이 戌이니 복통이 있고, 초전과 말전의 巳가 중전의 亥를 끼고 있으니 신수가 말랐다. 그리고 삼전의 巳화와 亥수가 반복되었으니 한열이 왕래하는 병증이다.

○ 출행 : 육로는 편안하고 수로는 안전하지 않다.
  → 간상에 재성이 임하니 육로가 편안하지만 지상에 귀살이 임하니 수로는 안전하지 않다. 『육임직지』 원문에서는 수로와 육로 모두 편안하다고 하였지만 그렇지 않다.
○ 귀가 : 즉시 온다.
  → 천강(辰)이 사계(戌)에 가했으니 출행인이 즉시 온다.
○ 전투 : 밤 정단에서는 매우 길하고, 낮 정단에서는 밤 정단 다음으로 길하다.
  → 일간은 아군이다. 밤에는 간상에 천을귀인이 타니 매우 길하고, 낮 정단에서는 흉장인 태음이 타니 조금 길하다.
○ 쟁송 : 불리하다.
  → 일간은 나이고 일지는 상대이다. 간상의 巳가 지상의 戌로 탈기되니 내가 불리하고, 다시 지상의 戌이 일간 壬을 극하니 내가 불리하다.

□ 『필법부』 : 〈제38법〉 폐구격은 두 가지로 나눠서 추리한다.
  〈제49법〉 양 귀인이 극을 받으면 귀인에게 아뢰는 일에서 뜻을 성취하기 어렵다.
  → 卯에 타고 있는 낮 귀인은 지반의 酉로부터 극을 당하고, 巳에 타고 있는 밤 귀인은 지반의 亥로부터 극을 당하고 있다.
□ 『과경』 : 壬辰일에 巳가 亥에 가하면 이른바 '일덕이 상을 당하고 일록이 끊기는 격'이다. 『삼거일람』에서 말하기를 "천강(辰)이 戌에 가하고 辰에 천후가 타면 남녀가 사통한다."고 하였다.
  → 戌은 남종이고 천후는 여자이다. 남자가 아래에 있고 여자가 위에 있으니 남녀가 사통하는 상이다.
□ 『찬요』 : 낮 정단에는 태음이 태음이 타고 있는 巳로부터 극을 받으

니 태음이 내전(內戰)되어 꾀하는 모든 일이 위태롭다.

→ 태음의 오행은 辛酉금이다. 巳화에 타고 태음의 오행인 辛酉금이 巳화로부터 극을 받으면 내전이라고 하여 태음의 작용을 하지 못한다.

□ 『옥성가』: 巳와 亥에 귀인이 타면 많이 반복된다.

→ 巳와 亥에는 쌍과 반복의 뜻이 있으니 巳와 亥에 귀인이 타니 반복되는 일이 많다.

壬辰일 제8국

공망 : 午·未 ○
낮 : 왼쪽 천장, 밤 : 오른쪽 천장

庚	○	戊
蛇 寅 玄	常 未 朱	合 子 白
酉	寅	未 ○

壬	乙	乙	庚
后 辰 后	空 酉 勾	空 酉 勾	蛇 寅 玄
壬亥	辰	辰	酉

青 丙戌 巳	勾 丁亥 午 ○	合 戊子 未 ○	朱 己丑 申
空 乙酉辰 甲申卯 白	勾		玄 蛇 庚寅酉 辛卯戌 貴 陰
常 ○未寅 朱	玄 ○午丑 蛇	陰 癸巳子 貴	后 壬辰亥 后

- □ **과체** : 중심, 불비, 난수∥삼기, 복덕, 무음, 맥월, 양후협묘, 간지상회, 묘신부일, 참관, 불행전, 살몰.
- □ **핵심** : 아랫사람이 윗사람을 속이고 능멸하니 피하고 싶지만 피하기 어렵다. 초전의 寅에서 비록 이것을 제극하고 싶지만 역부족이다.
- □ **분석** : 일지가 일간에 임한 뒤에 일간을 극하니 윗사람이 난을 당한다는 뜻의 '상문난수(上門亂首)'이고 다시 화개(華蓋)이니 그 속이고 능멸하는 악한 행동을 피할 수 없다. 寅목이 발용이 되어 辰토를 제압하고 싶지만 지반의 酉금이 寅목을 극하니 도울 수 없다.
- □ **정단** : ❶ 중심과이니 하에서 상을 침범하고 다시 난수이니 꼬리가 커서 제거할 수 없다.

 ❷ 비록 간지의 상신인 辰과 酉가 육합을 하지만 묘신인 辰이 일간을 덮고 있으니 모든 일에서 혼미하고 삼전이 다시 차례로 극하여 흉하지만 다행히 중전과 말전이 공망되었으니 흉이 풀린다.

 ❸ 패신인 酉가 일지에 임하니 가정이 부서지고 무너지며 주색에 마음이 홀리는 것을 방지해야 한다.

○ 날씨 : 비가 온다.
→ 일간은 하늘이다. 묘신인 辰이 일간을 덮고 있고 그 위에 수기인 壬이 임하며 천강(辰)이 亥를 가리키니 비가 온다.
○ 가정 : 일간과 일지의 상신이 서로 합을 하니 가정이 화목해 보인다.
→ 일간은 남편이고 일지는 아내, 일간은 부모이고 일지는 자녀이다. 간상의 辰과 지상의 酉가 육합하니 가족이 화목해 보인다.
● 일지가 일간에 임한 뒤에 일간을 극하니 아랫사람이 윗사람을 능멸하며, 자녀가 부모를 능멸하는 악한 행동을 하니 가정에 예의가 무너졌다. 그리고 일지에 패신인 酉가 임하니 가정이 부서지고 무너지며 주색에 마음이 흘리는 것을 방지해야 한다.
○ 혼인 : 나에게 해를 끼치는 여자이다.
→ 일간은 남자이고 일지는 여자이다. 일지 辰토가 간상으로 와서 일간 壬수를 극하니 남자에게 해를 끼치는 여자이고, 이 辰이 다시 묘신이니 남자의 인생을 망치는 여자이며, 다시 사과가 하나의 음에 두 양이어서 한 여자가 두 남자와 연애하는 상이므로 음란한 여자이다. ● 만약 자월(子月)이나 축월(丑月)에 정단하면 간상의 辰이 사신과 사기에 해당하니 병약한 여자이며, 중심과이니 혼인을 심사숙고해서 결정해야 한다. ● 궁합 : 간상의 辰과 지상의 酉가 상합하지만 간상과 지상이 모두 자형이니 보통이다.
※『육임직지』에서는 "간지의 상신이 상합하니 반드시 성사된다."고 하였다.
○ 임신·출산 : 여아이다. 출산이 늦어진다.
→ 중심과는 여아의 상인 곤괘이고 삼전은 태아가 생육되는 과정이다. 초전의 아래는 강하고 위는 약하여서 중심과의 상이니 여아이며, 삼전에서 두 양이 하나의 음을 감싸니 임신하면 반드시 여아이

다. 그리고 출산정단을 하면 간지의 상신이 辰酉합을 하여 태아가 어머니의 자궁을 그리워하는 상이니 반드시 출산이 늦어진다.
○ 구관 : 직위와 명예가 늦어진다.
→ 천을귀인은 공무원이고 일록은 국록이다. 천을귀인과 일록이 보이지 않고 묘신이 일간에 임하니 직위와 명예가 늦어진다. ● 고위직공무원이 정단하면 일지가 간상으로 와서 일간을 극하니 아랫사람으로부터 능멸당하는 것을 방지해야 한다. ● 초전에서 중전을 극하고 중전에서 말전을 극하여 삼전이 체극하니 관로가 순탄하지 않다.
○ 구재 : 재물을 얻지 못한다.
→ 재성은 재물이다. 재효가 과전에 보이지 않으니 재물을 얻지 못한다.
○ 질병 : 밤 정단에서는 심장경락에 병이 들었다. 다행히 백호가 공망되었고 다시 지반으로부터 극을 받았으니 약을 쓰지 않아도 낫는다.
→ 밤 정단에서 말전의 子에 백호가 타서 오행의 화를 극하니 화의 장부에 해당하는 심장경락에 병이 들었다. 백호가 타고 있는 子가 공망되어 었고 子가 지반의 未토로부터 극을 받아 백호의 위세가 약화되었으니 병이 저절로 낫는다. ● 일간은 환자이고 일지는 질병이다. 일지 辰토가 간상으로 와서 일간 壬수를 극하고 다시 일간의 묘신이니 질병으로 인해 생명이 위험하지만 초전의 寅에서 이를 제압하니 생명을 구한다.
○ 출행 : 사람과 집이 서로 합을 하니 여정이 늦춰진다.
→ 일간은 출행인이고 일지는 가정이다. 간상의 辰과 지상의 酉가 상합하니 출행인이 집을 그리워하여 출행이 늦춰진다.
○ 귀가 : 아직 집으로 출발하지 않았다.
→ 천강(辰)이 사맹(亥)에 가하니 아직 집으로 출발하지 않았다.
○ 전투 : 주(主)에게는 이롭고 객(客)에게는 이롭지 않다. 주야 모두 매

우 이롭지 않다.

→ 주는 수비하는 군대이고 객은 공격하는 군대이다. 중심과는 주에게는 이롭고 객에게는 이롭지 않으니 수비하는 전략을 써야 한다.

O **분묘** : 쓸만한 땅이 아니다. 수법(水法)이 맞지 않아 사람이 크게 다친다.

→ 제3과는 묘지이고 제4과는 혈(穴)이다. 지상에 일간의 패신이 임하니 쓸만한 땅이 아니다. 그리고 오행의 수는 산소를 감싸는 물길이다. 子수가 공망되었으니 수법(水法)이 맞지 않아 사람이 크게 다친다.

↑ **쟁송** : 불리하다.

→ 일간은 나이고 일지는 상대이다. 일지 辰이 간상으로 와서 일간 壬을 극하니 내가 불리하고 다시 辰이 일간의 묘신에 해당하니 내가 불리하다. ↑ 관재 : 간상의 辰이 12운성의 묘신이니 수감이나 옥살이를 방지해야 한다.

□ 『**필법부**』 : 〈제69법〉 백호가 둔간귀살에 타면 재앙이 얕지 않다. 설령 공망되어 더라도 재앙을 구할 수 없다.

→ 밤 정단에서 백호가 말전의 천반에 타고 있고 그 둔반에는 일간의 귀살이 임하여 일간을 극하고 있으니 재앙이 얕지 않다.

〈제82법〉 삼전이 나아가지 못하는 불행전은 초전을 살펴야 한다.

□ 『**육임지남**』 : 庚辰년 11월에 월장 丑을 점시 申에 가한 뒤에 친구를 대신하여 맹진(孟津)에 가는 것을 정단한다. 이 과는 일지가 일간에 가한 뒤에 일간을 극하여 상문난수이니 대흉한 과이다. 회경에 있던 나의 친구가 강을 건너 맹진으로 가려던 참이었다. 이미 마부들이 왁자지껄 떠들면서 관아에 모여 있었으므로 맹진으로 가지 말 것을

편지를 써서 마부를 통해 편지를 보냈다. 나중에 그의 부모를 영접하여 회경으로 왔으나 10여일을 넘기지 못하고 모친상을 당했고, 봄이 되어 정월 21일에 적이 유양을 함락시켰다.

壬辰일 제 9국

공망 : 午·未 ○
낮 : 왼쪽 천장, 밤 : 오른쪽 천장

○	丁	辛
勾 未 朱	常 亥 空	貴 卯 陰
卯	未 ○	亥
辛	○	甲	戊
貴 卯 陰	勾 未 朱	青 申 合	玄 子 白
壬 亥	卯	辰	申

□ **과체** : 중심, 고진과수, 곡직∥덕경(멸덕), 전국, 화미, 부귀(낮), 복덕, 구탈(俱脫), 오음, 교차육해, 수일정신, 신장·귀등천문(낮).

□ **핵심** : 삼전의 낮 천장이 모두 토이지만 말전에서 이것을 구하니, 비관직자는 좋다. 그러나 관직자는 매우 나쁘다.

□ **분석** : 삼전의 낮 천장이 모두 토이지만 壬수를 극하는 未토를 말전의 卯목이 구하고 또한 목국을 형성한 천장의 무리귀살을 제압한다. 비 관직자는 이와 같으니 관송을 면할 수 있다. 그러나 관직자는 자손효가 나타나는 것을 꺼려하여 관성을 제극하는 것을 매우 두려워하고 꺼린다.

□ **정단** : ❶ 삼전의 곡직격에서 일간을 탈기하는 것에 대해 낮 정단에서 천장오행 귀살 토를 제압하는 하나로만 논하면 안 되고 귀인이 싫어하는 것을 면할 수 없는 것도 논해야 한다.
❷ 辰 위의 申금이 모든 목을 대적할 수 있지만 간지가 교차육해하고 간지에 각각 탈기가 탄다.
❸ 삼전이 다시 일간을 도둑질하고 일지를 극하니 좋은 일을 이루기 어렵다. 그러나 우환은 쉽게 풀리고 소송 정단을 하면 처음에는

바르지 않지만 나중에는 바르게 된다.

○ **날씨** : 비가 오지 않는다.
→ 천강(辰)이 양의 12지인 子를 가리키고 목국이 화를 생하며 주작이 발용이 되었으니 맑고 비가 오지 않는다.

○ **가정** : 부모에게 기쁜 일이 있다.
→ 일지는 가정이다. 지상의 장생에 낮 정단에서는 청룡이 타니 부모에게 희경사가 있고, 밤 정단에서는 육합이 타니 부모에게 화합사나 자녀를 얻는 기쁨이 있다. ● 일간이 간상의 卯로 탈기되고 일지가 지상의 申으로 탈기되니 가정 내외에 손실이 발생한다.
● 일간은 사람이다. 낮에는 천을귀인이 卯에 타서 일간을 탈기하니 관청이나 귀인으로 인한 손실이 발생하고, 밤에는 태음이 卯에 타서 일간을 탈기하니 음인(陰人)으로 인한 손실이 발생한다.
● 일지는 가정이다. 낮에는 청룡이 申에 타서 일지 辰을 탈기하니 가정에 지출이 발생하고, 밤에는 육합이 申에 타서 일지 辰을 탈기하니 가정에 화합사나 자녀로 인한 지출이 발생한다. ● 기궁 亥와 지상의 申이 육해이고 일지 辰과 간상의 卯가 육해이니 가족이 화목하지 않다.

○ **혼인** : 낮 정단은 매우 길하고, 밤 정단은 평범하다.
→ 일간은 나이다. 간상에 낮에는 길장인 천을귀인이 타니 매우 길하고 밤에는 흉장인 태음이 타니 매우 흉하다. ● 일지는 상대이다. 지상에 길신인 장생이 임하니 좋은데 다시 주야 모두 길장이 타니 더욱 좋다. ● 다만 간상에서 일간을 탈기하니 나에게 손실이 발생하고 지상에서 일지를 탈기하니 상대 역시 손실이 발생한다. ● 궁합 : 일지 辰이 일간 壬을 극하고 다시 지상의 申이 간상의 卯를 극하니 궁합이 나쁜데, 다시 기궁인 亥와 지상의 申이 육해이고 일지 辰

과 간상의 卯가 육해이니 궁합이 더욱 나쁘다. ● 만약 여자가 정단하면 초전이 과수이니 신랑감을 잃거나 만약 혼인하면 남편과 생사이별을 한다.

○ **임신·출산** : 임신과 출산 모두 흉하다.

　→ 태신인 午가 공망되었으니 임신 및 출산정단 모두 흉하다. 더욱이 태신 午가 태신의 장생인 寅에 앉아 있으니 출산정단을 하면 더욱 흉하다.

○ **구관** : 불길하다.

　→ 관귀효는 관직을 뜻하고 자손효는 관직을 상하게 한다. 자손효가 일간의 상하와 삼전에 가득 보이니 관직정단을 하면 불길하다. 더군다나 관성인 未土가 공망되었으니 더욱 불길하며 특히 밤 정단에서는 염막귀인이 간상에 타니 관직자는 퇴임이 우려된다.

○ **구재** : 얻지 못한다.

　→ 처재효는 재물이다. 처재효가 과전에 보이지 않으니 얻지 못한다. 다만 연명이 丑인 사람이 정단하면 연명상에 巳가 임하니 재물을 얻는데, 낮에는 주작이 타고 있으니 문서로 인해 득재하고, 밤에는 귀인이 타니 관청이나 공무원이나 귀인으로부터 재물을 얻는다. 다만 재성이 폐구되었으니 용의주도하게 재물을 구해야 한다.

○ **질병** : 심장과 방광에 병이 들었다. 밤 정단에서는 두 마리의 백호가 끼고 있으니 병세가 매우 심하다.

　→ 밤 정단에서는 백호가 子에 타고 있으니 수의 장부인 방광에 병이 들고 또한 백호승신 子에서 오행의 화를 극하니 화의 장부인 심장에 병이 든다. 밤 정단에서는 백호승신 子와 지상의 申이 백호이니 병세가 매우 심하다. ● 간상에서 일간을 탈기하고 지상에서 일지를 탈기하니 원기가 빠져 쇠약하고 피곤하며 고달프다. 약과 음식을 먹고 원기를 보충하면 낫는다.

○ **출행** : 낮 정단은 길하다.

→ 낮 정단에서는 간상에 길장인 천을귀인이 타니 길하다.
O **귀가** : 도로에 있다.
→ 천강(辰)이 사중인 卯에 임하니 도로에 있다.
※ 『육임직지』 원문에서는 "아직 집을 향해 출발하지 않았다."고 하였다.
O **전쟁** : 큰 이로움이 아직 보이지 않는다.
→ 일간은 아군이고 일지는 적군이다. 비록 지상의 申에서 일간 壬을 생하여 이로워 보이지만 지상의 申에서 간상의 卯를 극하니 이롭지 않다.
↑ **쟁송** : 불리하다.
→ 일간은 나이고 일지는 상대이다. 일지 辰이 일간 壬을 극하고 지상의 申이 간상의 卯를 극하니 내가 불리하다. ↑ **관재** : 귀살은 관재이다. 초전의 귀살이 공망되었으니 경범죄인 경우에는 관재가 해소되고, 중죄인 경우에는 형이 가벼워진다.

□ 『**필법부**』 : 〈제26법〉 수일(水日)에 정신을 만나면 재물이 빠르게 움직인다. 다만 정단인의 행년상신에서 여섯 정신이 타고 있는 신을 극하여 없애면 재물이 움직이지 않는다.
〈제35법〉 사람과 가택이 실탈당하니 두 곳 모두에서 도적을 초래한다.
→ 간상의 卯에서 일간 壬을 탈기하고 지상의 申에서 일지 辰을 탈기한다.
□ 『**정온**』 : 10월에 월장 寅을 점시 戌에 가한 뒤에 도망 정단을 했다. 未가 卯에 가하여 발용이 되었으니 가정이 흔들리고 未에 주작과 구진이 타고 있으니 소송장과 소송이 동시에 나타나는데, 중전에 亥가 보이고 여기에 천공이 타고 있으니 반드시 사기로 인해 발생한 것이

다. 甲申순의 午와 未가 공망되었으니 도망 정단을 하면 잡지 못한다. 말전에 보이는 卯에는 태음이 타고 이것이 다시 일간에 임했고, 지상의 申에는 육합을 얻어 천문(天門)이며, 겨울의 壬일에 태음이 생문(生門)에 임하니 반드시 멀리 도망친다.

壬辰일 제 10 국

공망 : 午·未 ○
낮 : 왼쪽 천장, 밤 : 오른쪽 천장

	丙	己	壬
	白 戌 靑	陰 丑 常	蛇 辰 后
	未 ○	戌	丑
	庚	癸	○	丙
后寅玄	朱巳貴	勾未朱	白戌靑
壬亥	寅	辰	未 ○

甲申巳 青合	乙酉午 空勾	丙戌未 白青	丁亥申 常空
勾 未辰 朱 ○			玄 戌子酉 白
合 午卯 蛇 ○			陰 己丑戌 常
朱 癸巳寅 貴	蛇 壬辰丑 后	陰 辛卯子 貴	后 庚寅亥 玄

- □ **과체** : 요극, 호시, 가색 ∥ 전국, 복덕, 충파, 가귀, 백화(오월,낮), 무음(교차상극), 강색귀호, 고진과수.
- □ **핵심** : 서로 침해하고 낮에는 백호귀살이 왕성하지만 다행히 간상이 寅이니 모든 귀살이 존경한다.
- □ **분석** : ❶ 간상의 寅목이 일지를 극하고 지상의 未토가 일간을 극하니 서로 침해한다.

    ❷ 낮 정단에서는 백호귀살이 임하니 최악이다. 다행히 간상의 寅목이 토를 대적하니 모든 귀살이 모두 존경하고 두려워한다.
- □ **정단** : ❶ 호시격의 삼전이 모두 토이다. 낮 정단에서 백호가 戌에 타서 일간을 상하니 진정 지극히 흉하다. 그러나 백호귀살이 공망된 지반에 앉아 있어서 해는 되지만 화(禍)가 되지는 않는다. 그러나 낮 귀살은 조금 무섭다.

    ❷ 만약 밤에 정단하면 귀인이 귀호인 寅을 막고 있으니 귀신이 전무하여 앉아서 기다리면 이롭고 움직여서 꾀하면 이롭지 않다.

○ **날씨** : 비가 오지 않는다.

→ 밤 정단에서 강우의 천장인 청룡이 초전에 타고 있지만 공망되어 었고 다시 삼전이 모두 토이니 비가 오지 않는다.

○ **가정** : 가정 내외에서 손실과 구설수를 방지해야 한다.

→ 일간은 사람이고 일지는 가정이다. 사람을 정단하면 낮 정단에서는 간상에 천후가 탈기에 타서 일간을 탈기하니 부녀자로부터 손실을 당하고, 밤 정단에서는 간상에 현무가 탈기에 타서 일간을 탈기하니 도둑이나 사기꾼으로부터 손실을 당한다.

● 가정을 정단하면 낮에는 구진이 지상의 귀살에 타서 일간을 극하니 관재를 방지해야 하고, 밤에는 주작이 지상의 귀살에 타서 일간을 극하니 구설수를 방지해야 한다. ● 일지음신에 낮 정단에서는 백호가 귀살에 타서 일간을 극하니 가정에 환자가 발생하고, 밤 정단에서는 청룡이 귀살에 타서 일간을 극하니 가계난이 닥친다.

○ **혼인** : 혼인이 나쁘다.

→ 일간은 남자이고 일지는 여자이다. 일간과 일지가 서로 극을 하니 궁합이 나쁘다. 즉 지상의 未토가 일간 壬수를 극하고 간상의 寅목이 일지 辰을 극하여 남녀가 서로 싸우는 상이니 혼인이 나쁘다. 다시 일지 辰이 일간 壬을 극하고 간상의 寅에서 지상의 未를 극하니 더욱 혼인하기 어렵다. ● 궁합 : 간지가 교차상극하니 나쁘다.

● 상대의 성정이 나쁘다. 낮 정단에서는 지상에 구진이 타고 있으니 싸움을 좋아하는 성정이고, 밤 정단에서는 지상에 주작이 타고 있으니 구설을 좋아하는 성정이다.

○ **임신·출산** : 여아이다.

→ 삼전은 태아의 생육과정이다. 두 양이 하나의 음을 감싸니 임신하면 여아이다. ● 임신된 태아의 안전을 정단하면 태신인 午가 공망되었으니 유산될 가능성이 있다.

○ **구관** : 관직에 이롭다.

→ 낮에는 백호가 관성에 타고 밤에는 청룡이 관성에 타니 관직에 이롭다. ● 승진시기를 정단하면 공망된 초전의 관성이 풀리는 미년(未年)이나 미월(未月)이나 미월장(未月將) 기간에 승진한다.

○ 구재 : 재효가 보이지 않으니 얻지 못한다.

→ 재성은 재물이다. 일간의 음신에 재효인 巳가 보이지만 폐구 되었으니 재물을 얻지 못한다.

○ 질병 : 정수리를 찌르는 통증이 있거나 혹은 신수(腎水)가 고갈되었거나 혹은 비·위에 병이 들었다. 곧 낫는다.

→ 토국에서 오행의 수를 극하니 신수가 고갈되었거나 혹은 토의 오행인 戌과 未가 공망되었으니 토의 장부인 비·위에 병이 들었다. 그러나 백호승신 未가 공망되었으니 곧 낫는다. ● 만약 의약을 구한다면, 의약신 寅이 亥에 임하므로 亥가 뜻하는 서북방에서 구하면 된다. 만약 미년(未年)이 미월장(未月將) 기간의 오월(午月)과 미월(未月)의 낮에 정단하면 공망된 백호승신이 풀리고 다시 사신과 사기에 해당하니 생명이 위험하다.

○ 출행 : 육로는 손실을 방지해야 하고, 수로는 쟁투와 구설을 방지해야 한다.

→ 일간은 육로이고 일지는 수로이다. 육로에서는 간상에서 일간을 탈기하니 손실을 방지해야 하고, 수로에서는 지상에 구진과 주작이 타서 일간을 극하니 쟁투와 구설수를 방지해야 한다.

○ 귀가 : 문에 이른다.

→ 천강이 사계에 가하니 출행했던 사람이 문에 도착한다.

○ 전투 : 경사를 이루기 어렵다. 흉사는 쉽게 흩어진다. 근신해야 한다.

→ 일간은 나이고 일지는 적군이다. 지상의 귀살에서 일간을 극하니 경사를 이루기 어렵다. 그러나 지상의 귀살 未·戌을 간상의 寅에서 제압하니 흉사가 쉽게 흩어진다. 지상이 두 귀살이고 삼전이 무리귀살이니 근신해야 한다.

○ **분묘** : 혈(穴)은 비록 좋지만 입수(入手)가 맑지 않다. 구설과 다투는 일이 발생하는 것을 방지해야 한다.

→ 제3과는 묘(墓)이고 제4과는 혈(穴)이다. 제3과와 제4과가 토이니 혈이 좋다. 본문에서의 입수(入手)는 수구(水口)를 가리키고 수구를 뜻하는 것은 태음이다. 낮 정단에서는 태음승신 丑에서 지상의 未를 충하니 수구가 맑지 않고, 밤 정단에서는 태음승신 卯에서 지상의 未를 극하니 또한 수구가 맑지 않다. 지상에 낮 정단에서는 구진이 타니 묘지로 인해 쟁투가 발생하고, 낮 정단에서는 주작이 타니 묘지로 인해 구설이 발생한다.

↑ **쟁송** : 내가 이롭다.

→ 일간은 나이고 일지는 상대이다. 일간은 튼실하고 일지는 공허하니 나는 유리하고 상대는 불리하다. ↑ 관재 : 초전의 귀살 戌이 공망되었으니 좋다. 그리고 중전의 귀살 丑과 말전의 귀살 辰을 간상의 복덕신이 제압하니 관재가 가벼워진다.

□ 『**필법부**』 : 〈제11법〉 귀살이 무리를 짓더라도 전혀 두렵지 않다.
〈제64법〉 부부가 음란하여 각기 사통하는 일이 있다.
〈제70법〉 귀살이 제3·4과에 임하면 소송에 의한 재앙이 뒤따른다.

□ 『**과경**』 : 간상의 寅목이 일간을 탈기하고 밤에는 현무가 타니 '탈도격(脫盜格)'이지만 이미 구제신이니 다르게 논한다.

□ 『**비요**』 : 亥는 일덕이며 수이고, 辰은 지형이며 토에 속한다. 삼전이 형을 생하여 덕을 극하니, 도망이나 체포하는 일에서 소인에게는 이롭고 군자에게는 불리하다.

□ 『**조담비결**』 : 일간의 형살이 나에게 이르면 처첩이 우려된다.

□ 『**심인부**』 : 호시격은 요신(遙神)에서 일간을 극하는 격이다. 구신에서 귀살을 제압하는 것이 좋다.

壬辰일 제 11 국

공망 : 午·未
낮 : 왼쪽 천장, 밤 : 오른쪽 천장

	甲	丙	戊	
	青申合	白戌青	玄子白	
	午 ○	申	戌	
	己	辛	○	甲
陰丑常	貴卯陰	合午蛇	青申合	
壬亥	丑	辰	午 ○	

勾未朱巳	甲申青午	乙酉空未	丙戌青申
合午蛇辰 朱癸巳貴卯			常丁亥空酉 白戊子玄戌
蛇壬辰寅	辛卯陰丑	庚寅玄子	己丑常亥

- □ **과체** : 중심, 육의, 섭삼연∥재공(財空), 침해(피차시기), 삼기, 육의, 맥월, 진간전, 오양, 살몰, 고진과수.
- □ **핵심** : 발용이 일간의 장생이고 간지상의 丑과 午가 서로 미워한다. 말전의 제왕(양인)을 기대하면 안 된다. 낮에는 백호가 戌토에 타서 일간을 극하니 사납다.
- □ **분석** : ❶ 申금이 발용이 되어 壬수의 장생이지만 무익하고, 간상의 丑토와 지상의 午화가 육해가 되어 서로 만나니 丑午가 서로 미워한다.

  ❷ 말전의 子는 제왕(양인)으로서 밤 정단에서 백호가 타고 있으니 기대할 수 없다. 하물며 낮 정단에서 백호가 중전의 戌에 타고서는 으르렁대면서 일간을 삼키려고 한다.
- □ **정단** : ❶ 중심과이니 나중에 움직이는 것이 이롭다. 그리고 육해가 간지의 위에 가하고 일지의 파쇄가 일간에 임하여 일간을 극하고 지상의 공망된 재성이 일지에 가하고 발용이 되었다.

  ❷ 초전의 장생은 공망과 극의 지반에 앉아 있고 다시 지상의 午로부터 극을 당하며, 다시 간상의 丑에 묘신을 당하고 있으니 전혀 무

기하여 의지할 수가 없다.
❸ 오직 육의가 발용과 삼전에 들었으니 흉이 길로 바뀐다.
❹ 밤 정단에서는 태상이 丑에 타서 일간을 극하니 상복입는 일을 방지해야 한다.
※ 파쇄 : 깨트리고 분쇄한다는 뜻이 있다. 맹일(寅申巳亥)의 파쇄는 酉, 중일(子午卯酉)의 파쇄는 巳, 계일(辰戌丑未)의 파쇄는 丑이다.
→ 옷을 뜻하는 태상이 귀살에 타서 일간을 극하면 상(喪)을 당한다. 만약 태상승신이 사신이나 사기에 해당하면 사망하여 상복을 입는다는 뜻이 되니 상을 당하는 뜻이 더욱 확실해진다.

O **날씨** : 갑신순에는 비가 오지 않는다.
 → 申을 수모(水母)이고 천강은 대각성이다. 수모가 공망되었으니 비를 만들지 못하며 천간이 양의 12지인 寅을 가리키니 갑신순에는 비가 오지 않는다.
O **가정** : 일간과 일지가 서로 육해이고, 택상과 말전의 백호 겸 양인이 상충하니 놀라며 두렵다.
 → 일간은 사람이고 일지는 집이다. 일지 辰이 일간 壬을 극하고 지상의 午와 간상의 丑이 육해이니 가정이 화목하지 못하다. 그리고 말전의 양인 子에서 지상의 午를 충하니 가정에 놀라는 일이 발생한다. ● 지상의 재성이 공망되었으니 가정에 재물이 없고, 일지음신의 장생이 공망되었으니 생계가 좋지 못하다. 만약 임신한 부인이 있을 경우 지상의 태신 겸 재성이 공망되었으니 유산될 위험이 있다.
O **혼인** : 불길하다.
 → 일간은 남자이고 일지는 여자이다. 간상과 지상이 서로 육해이니 불길하다. 더군다나 일지 辰이 일간 壬을 극하고 초전이 고진이

니 더욱 불길하다. ● 남자가 혼인을 정단할 경우 지상의 재성이 공망되어 여자를 잃는 상이니 혼인하지 못한다. ● 궁합 : 간상의 丑과 지상의 午가 육해이니 궁합이 나쁘다. ● 지상에 낮 정단에서는 육합이 타니 성정이 무난하지만 밤 정단에서는 흉장인 등사가 타니 나쁘다. ● 중심과이니 혼인을 심사숙고해서 결정해야 한다.

○ 임신·출산 : 임신하면 여아이다.
→ 초전의 아래는 강하고 위는 약하며 자손효인 卯가 음에 속하니 임신하면 여아이다.

○ 구관 : 청룡과 관성에 타고 태상이 관성에 타니 관직에 최길하다.
→ 청룡은 문관직, 태상은 무관직, 관성은 관직이다. 중전의 관성에 밤 정단에서 청룡이 타고 있어서 문관직을 얻는 상이니 길하고 또한 간상의 관성에 밤 정단에서 태상이 타니 다시 길하다. 그러나 초전의 육의는 지반이 공망되었으니 길한 작용을 하지 못하고, 말전의 삼기에는 흉장이 타고 지반으로부터 극을 당했으니 길한 작용을 하지 못한다.

○ 구재 : 얻지 못한다.
→ 재성과 청룡은 재물이다. 지상의 午가 비록 재성이지만 공망되었으니 얻지 못하고, 낮 정단에서 초전에 타고 있는 청룡이 공망되었으니 또한 얻지 못한다. ※ 『육임직지』 원문에서는 "낮 정단에서는 얻을 수 있다."고 하였다.

○ 질병 : 심장경락이 상했고 또한 신수가 고갈된 증상이지만 장생이 발용이 되었으니 나중에는 낫는다.
→ 밤 정단에서 백호승신 子에서 오행의 화를 극하니 심장경락이 상했고 또한 신수가 고갈되었다. 일간을 생하는 장생이 초전에 임하니 병이 낫는다. 낫는 시기는 공망이 풀리는 신년(申年), 신월(申月), 신월장(申月將) 기간이다.

○ 출행 : 육로와 수로 모두 흉하다.

→ 일간은 육로이고 일지는 수로이다. 간상의 丑에서 일간을 극하니 육로는 안전하지 않고, 지상의 午는 공망되었으니 수로 또한 안전하지 않다. 삼전은 여정이다. 삼전이 서리가 언 다리 위를 말을 타고 달리는 섭삼연이니 출행이 안전하지 않다. ※『육임직지』원문에서는 "수로와 육로 모두 보통"이라고 하였다.

○ **귀가** : 아직 출발하지 않았다.
→ 천강(辰)이 사맹인 寅에 가하니 아직 출발하지 않았다.

○ **전쟁** : 처음에는 길하고 나중에는 놀란다. 나중에는 신중하게 방비해야 한다.
→ 삼전은 전쟁과정이다. 초전에 일간의 장생이 임하여 일간을 생하니 처음에는 길하고, 말전의 양인에 밤 정단에서 백호가 타고 있으니 나중에는 놀란다.

↑ **쟁송** : 내가 유리하다.
→ 일간은 나이고 일지는 상대이다. 일간은 튼실하고 일지는 공허하니 나는 유리하고 상대는 불리하다. ↑ **관재** : 일간의 귀살인 간상의 丑과 중전의 戌을 일간음신의 卯가 제압하니 관재가 가벼워진다.

□ **『필법부』** : 〈제69법〉 백호가 둔간귀살에 타면 재앙이 얕지 않다. 설령 공망되어 더라도 재앙을 구할 수 없다.

□ **『육임통론(六壬統論)』** : 辰은 천강(天罡)이고 寅은 귀호(鬼戶)이다. 辰이 寅에 가하면 천강이 귀신의 출입문을 막는다는 뜻의 '강색귀호(罡塞鬼戶)'가 되어 모든 귀신이 엿보지 못한다. 피난이나 음사(陰私)의 일에 이롭다.

□ **『지장부』** : 申戌子는 섭삼연으로서 산림에 은둔해야 한다. 다시 말하기를 삼전에서 육의를 보면 질병이 차츰 낫고 출옥한다. 〈신장론〉에서는 육합이 申에 타면 의사이고 공망되면 승려라고 하였다.

壬辰일 제 12 국

공망 : 午·未 ○
낮 : 왼쪽 천장, 밤 : 오른쪽 천장

己	庚	辛
陰丑常	后寅玄	貴卯陰
子	丑	寅
戌	己	癸 ○
玄子白	陰丑常 朱巳貴	合午蛇
壬亥	子 辰	巳

合午蛇 巳	勾未朱 午	甲申 青未合	乙酉 空申勾
朱巳貴 癸辰			丙戌 白酉青
蛇辰后 壬卯			丁亥 常戌空
貴卯陰 辛寅	后寅玄 庚丑	陰丑常 己子	戊子白 玄亥

☐ **과체** : 원수, 진여 // 복덕, 무음(교차상극), 나거취재, 재폐구, 장태(將泰).

☐ **핵심** : 밤에는 백호가 왕신에 타고 있고 다시 둔간이 戌이니 이를 감당하지 못한다. 왕성한 중전과 말전의 목에 의지할 수 없어서 혼자 고통을 받는다.

☐ **분석** : ❶ 子는 왕성한 수로서 일간에 임하여 일간과 비화되니 일간과 서로 사이좋게 지낸다고 할 수 있지만 밤에는 백호가 타고 둔간의 戌토에서는 오히려 일간을 극한다.

❷ 만약 寅卯의 왕신에서 戌토를 제극하면 卯가 일지 辰에게서 해를 입고 천장의 태음 금과 삼전의 둔간 庚辛 두 금에게서 제극을 당하여 고통을 받아도 타인이 구해주지 못한다. 이른바 구함이 있더라도 구하지 못하고 재난을 스스로 받아야 한다.

☐ **정단** : ❶ 연여격이고 丑이 발용이 되어 명귀(明鬼)이고 子가 일간에 임하고 그 위의 둔간은 암귀(暗鬼)이어서 두 귀살이 나란히 임하니 구설을 면하기 어렵다. 그리고 간상의 子와 지상의 巳가 삼전을 끼고 있지만 한 자리가 비었으니 경영에서 반드시 완전하지 못한 점이

있다. 또한 지망과 양인이 앞에 있으니 모든 꾀하는 일에서 경거망 동하면 안 된다.

→ 간상 子 → 초전 丑 → 중전 寅 → 말전 卯 → ( ) → 지상 巳에서 진이 빠져 있으니 완전하지 못한 점이 있다.

○ 날씨 : 구름은 끼지만 비는 오지 않는다.
→ 일상의 지망(子)이 발용의 丑과 상합하니 구름은 끼지만 비는 오지 않는다. 그리고 중전과 말전이 오행의 목이니 나중에 바람이 분다.

○ 가정 : 밤 정단에서 귀인의 이익을 얻는다.
→ 일간은 사람이고 일지는 가택이다. 밤 정단에서 귀인이 가택에 임하여 가택을 생하니 귀인의 이익이 있고, 낮 정단에서는 주작이 巳에 타서 일지를 생하니 문서의 이익이 있다. ● 간상의 양인에 낮 정단에서는 현무가 타니 도둑이나 음인으로 인해 사람이 화를 입고, 낮 정단에서는 백호가 타니 질병으로 인해 사람이 화를 입는다. ● 일간은 부모이고 일지는 자녀, 일간은 남편이고 일지는 아내이다. 일지가 일간을 극하고 간상에서 지상을 극하니 부자와 부부가 화목하지 않다.

○ 혼인 : 일간과 일지가 서로의 상신을 극하니 혼인이 불길하다.
→ 일간은 남자이고 일지는 여자이다. 일간 壬이 지상의 巳를 극하고 일지 辰이 간상의 子를 극하니 혼인이 불길하다. 또한 일지 辰이 일간 壬을 극하고 간상의 子가 지상의 巳를 극하니 더욱 불길하다. ● 궁합 : 간지가 교차상극하니 나쁘다. ● 낮 정단에서는 지상에 흉장이 타고 있으니 불길한 상대이고, 밤 정단에서는 지상에 귀인이 타고 있으니 길한 상대이다.

○ 임신·출산 : 반드시 아들이다.

→ 삼전은 태아의 생육과정이다. 두 음이 하나의 양을 감싸니 임신하면 반드시 아들이다. 그리고 초전의 천반에서 지반을 극하는 원수과이니 아들이고, 또한 일간의 상하가 모두 양이니 아들이다.

○ **구관** : 천라지망이 높이 쳐져 있으니 부모상을 방지해야 한다.

→ 제12국은 지반의 다음 글자가 천반이 되어 촘촘한 그물의 상이니 천라지망이다. 천라지망은 부모상을 방지해야 한다. 만약 간지상 혹은 연명상 혹은 삼전에 상문과 조객이 모두 임하면 상을 당하는 뜻이 더욱 확실해진다. ● 삼전이 장차 태평해지는 '장태(將泰)'이어서 관직자의 전정이 밝은 편이지만 중전과 말전의 寅卯에서 초전의 관성을 극하니 불길하다.

○ **구재** : 귀인의 문서에 의한 재물을 얻는 일에서 좋다.

→ 귀인은 공무원과 관청이고 재성은 재물이다. 밤 정단에서는 지상의 귀인승신 巳가 재성이니 공무원이나 관청이나 귀인의 재물을 얻는다. 낮 정단에서는 지상의 재성에 주작이 타니 문서에 의한 재물을 얻는다. 만약 서두르지 않으면 간상에 겁재가 이 재물을 가져가니 서둘러야 한다. ● 거래처와의 교섭은 간지가 교차상극하니 교섭이 원만하게 이뤄지지 않는다.

○ **질병** : 심장경락에 병이 들었거나 혹은 방광에 병이 들었다. 과명이 폐구이니 음식을 먹지 못할 우려가 있고 낫기 어려운 병이다.

→ 밤 정단에서 백호가 子에 타서 오행의 화를 극하니 화의 경락인 심장경락에 병이 들거나 혹은 삼전의 목국에서 오행의 수를 크게 설기하니 신장과 방광에 병이 든다. 지상이 폐구 되었으니 음식을 먹지 못하며 낫기 어려운 병이다.

○ **출행** : 육로는 주야 모두 흉하고, 수로는 낮 정단에서만 흉하다.

→ 일간은 육로이고 일지는 수로이다. 일간의 둔반에 귀살이 임하고 다시 천반에 양인이 임하니 주야의 육로는 모두 흉한데, 낮 정단에서는 현무가 타니 도난이 우려되고, 밤 정단에서는 백호가 타니

질병이 우려된다. 그리고 일지의 천반에 재성이 임하고 여기에 낮 정단에서는 주작이 타니 수로가 흉하고, 밤 정단에서는 귀인이 타니 수로가 길하다.

※ 『육임직지』 원문에서는 낮 정단에서는 수로와 육로 모두 길하고, 밤 정단에서는 육로는 불길하고 수로는 길하다고 하였다.

O **귀가** : 오는 중이다.

→ 천강(辰)이 사중인 卯에 가하니 오는 중이다.

O **전쟁** : 처음에는 근심이 있고 나중에는 기쁨이 있다.

→ 삼전은 전쟁의 진행과정이다. 귀살이 초전에 임하니 처음에는 근심이 있고, 중전과 말전에서 초전의 귀살을 제압하니 나중에는 기쁨이 있다.

O **관재** : 점차 가벼워진다.

→ 귀살은 관재이다. 비록 초전의 丑이 귀살이지만 중전의 寅과 말전과 卯가 귀살 丑을 제압하니 관재가 점차 가벼워진다.

☐ 『**필법부**』 : 〈제55법〉 천라지망을 만나면 모망사에서 졸렬함이 많다. 간상에 간전일진이 타고 지상에 지전일진이 타면 '천라지망'이다. 대개 이 격을 얻으면 그물로 몸과 가택을 옭아매니, 모든 정단에서 어찌 형통할 수 있겠는가?

〈제64법〉 부부가 음란하여 각기 사통하는 일이 있다. 부부가 서로 화합하는 정이 이미 없으니, 반드시 사적으로 간통하여 부부 불화의 뜻이 있다. 이러한 상황에서 정이 있다는 것은 곧 부부의 사통하는 정을 가리킨다.

〈제69법〉 백호가 둔간귀살에 타면 재앙이 얕지 않다.

☐ 『**지장부**』 : 丑寅卯는 장태(將泰)이다. 명성은 있지만 실익은 없다.

☐ 『**심인부**』 : 子와 丑이 서로 가하니 반드시 일이 성사되고 길장을 만

나면 기쁨으로 변한다. 〈신장론〉에서 말하기를 丑이 子에 가하면 견우와 직녀가 서로 만나니 혼인 정단에서 좋다고 하였다.

□ 『찬요』: 재성인 巳가 폐구되어 일지에 임했다. 이것은 일록이 폐구된 것과 동일하여 질병 정단에서 불리하다.

계사일

癸巳日의 길신(구보)과 흉살(팔살)			
일덕	巳	형	
일록	子	충	
역마	亥	파	
장생	申	해	
제왕	子	귀살	辰戌丑未
순기	丑	묘신	辰
육의	甲申	패신	酉
귀인	주	巳	공망	午未
	야	卯	탈(脫)	寅卯
합(合)		사(死)	卯
태(胎)	午	절(絶)	巳

대육임직지

| 갑신순 | 계사일 | 1국 |

癸巳일 제 1 국

공망: 午·未 ○
낮: 왼쪽 천장, 밤: 오른쪽 천장

己		丙		○	
勾 丑 陰		白 戌 白		陰 未 勾	
丑		戌		未 ○	
己		己		癸		癸
勾 丑 陰	勾 丑 陰	貴 巳 朱	貴 巳 朱
癸 丑	丑	巳	巳

癸巳 貴 巳	○ 后 午 合 午	○ 陰 未 勾 未	甲申 玄 申 青
蛇 壬辰 蛇 辰			常 乙酉 空 酉
朱 辛卯 貴 卯			白 丙戌 白 戌
合 庚寅 后 寅	己丑 勾 陰 丑	戊子 青 玄 子	空 丁亥 常 亥

□ 과체: 복음, 여덕(밤), 가색 // 덕경, 전국, 재폐구, 형상.

□ 핵심: 다섯 귀살이 공격한다. 폐구의 흉을 면하지 못한다. 주야에 백호가 戌에 타고 있으니 질병과 소송이 겹친다.

□ 분석: ❶ 토는 일간의 귀살인데 사과와 삼전의 다섯 토가 나란히 펼쳐져서 함께 癸수를 공격하니 당해낼 수가 없다.

❷ 巳가 폐구 되었으니 입을 다물고 말을 하지 않으면 흉을 면하고 화를 떨쳐버릴 수 있다.

❸ 귀살인 하괴(戌)에 주야 모두 백호가 타니 질병과 소송이 거듭 발생하는 것을 면할 수 없다.

□ 정단: ❶ 자신격이니 엎드리고 숨어서 움직이지 못하지만 오직 진월(辰月)과 술월(戌月)에는 戌이 천마이니 움직일 수 있고 혹은 연명상에서 역마인 亥를 만나면 움직일 수 있다.

❷ 관직자가 공무원을 재촉하는 뜻의 최관부(催官符)를 만나면 부임이 매우 신속하고 비 관직자는 불리하다.

❸ 좋은 것은 말전의 귀살이 공망되었으니 큰 우환이 없다.

❹ 그리고 격명이 가색이니 모든 일에서 힘든 상이다.

○ **날씨** : 비가 오지 않는다.
  → 오행의 토는 비를 쫓는 작용을 한다. 삼전이 모두 토이니 비가 오지 않는다.
○ **가정** : 천을귀인과 일덕귀인이 지상에 임하니 재운이 매우 많고 부귀를 누리는 상이다.
  → 천을귀인은 공무원이고 일덕귀인 또한 공무원이다. 두 귀인이 가정을 뜻하는 지상에 임하니 재운이 매우 많고 부귀를 누리는 상이다. ● 간상에 명암이귀가 임하고 낮 정단에서는 귀살에 구진이 타니 쟁투와 관재가 발생하고, 밤 정단에서는 태음이 타니 음인에 의한 화가 발생한다.
○ **혼인** : 남자를 정단하면 보통이고, 여자를 정단하면 조금 좋지 못하다.
  → 일간은 남자이고 일지는 여자이다. 여자가 남자를 정단하면 관성이 간상에 임하니 보통이다. 남자가 여자를 정단하면 재성이 지상에 임하고 여기에 낮 정단에서는 귀인이 타니 좋고 밤 정단에서는 주작이 타니 낮에 비해 조금 좋지 못하다. ● 지상신이 간상신을 생하니 남편을 내조하는 여자이다. ● 궁합 : 나쁘다. 비록 간지와 그 상신이 삼합하지만 삼전이 삼형이니 궁합이 나쁘다. 삼전이 삼형살을 형성하고 있으니 만약 혼인하면 싸움과 질병 등 불미스러운 일이 일평생 이어진다.
○ **임신·출산** : 아들이며 순산한다.
  → 상극하로 발용이 되었으니 아들이고, 삼전의 두 음에서 하나의 양을 껴안고 있으니 또한 아들이다. 일간은 태아이고 일지는 임신부이다. 간상신에서 지상신을 탈기하니 순산한다. ● 삼전이 삼형이니 인공분만 가능성이 있다.

○ **구관** : 관직을 얻는 것이 매우 신속하다.

→ 관성이 일간에 임하고 중전이 '최관부(催官符)'이니 관직을 매우 신속하게 얻는다. 더군다나 삼전이 권력을 뜻하는 삼형살이니 더욱 길하다.

○ **구재** : 재물이 이미 가정에 가득하여 구하지 않더라도 저절로 온다.

→ 재성은 재물이다. 일지의 음양에 재성이 임하니 재물을 구하지 않더라도 저절로 재물이 온다. 낮 정단에서는 재성에 천을귀인이 타니 공무원이나 관청을 통해 재물을 얻고, 밤 정단에서는 재성에 주작이 타니 문서로 재물을 얻는다.

○ **질병** : 신수가 고갈된 증상이거나 혹은 치통이거나 혹은 피를 토한다. 갑신순을 벗어나면 완치할 수 없다.

→ 일간의 상하와 삼전의 토국에서 오행의 수를 극하니 신수가 고갈된 증상이거나, 지상이 巳이니 치통이나 피를 토하는 증상이다. 갑신순을 벗어나면 중전의 귀살이 초전과 말전과 귀살국을 형성하여 일간을 극하여 완치하기 어려우니 치료를 서둘러야 한다. ● 만약 연명이 寅이나 卯이면 그 상신에서 토국을 극하니 치료가 가능하다.

○ **출행** : 육로는 나쁘다. 수로는 출행할 수 있다.

→ 일간은 육로이고 일지는 수로이다. 간상에 명암이귀가 임하니 육로는 흉하고, 지상에 길신인 재성이 임하니 수로가 길하여 출행할 수 있다. ● 삼전은 여정이다. 육로행과 수로행 모두 삼전이 귀살국이니 출행에서 위험을 감수해야 한다.

○ **귀가** : 가까운 곳으로 간 사람은 바로 도착하고, 먼 곳으로 간 사람은 언제 올지를 예정하기가 어렵다.

→ 복음과는 가까운 곳으로 간 사람은 바로 도착하고, 먼 곳으로 간 사람은 언제 올지를 예정하기가 어렵다.

○ **유실** : 본가를 벗어나지 않았다.

→ 복음과는 유실물이 본가를 벗어나지 않았다.
○ 도망 : 낮 정단에서는 오방(午方)에서 찾으면 되고 밤 정단에서는 진방(辰方)에서 찾으면 된다.
→ 낮 정단에서는 귀인이 순행하니 일지의 전1위인 오방(午方) 곧 정남방에서 찾으면 되고, 밤 정단에서는 귀인이 역행하니 일지의 후1위인 진방(辰方) 곧 동남방에서 찾으면 된다.
※『육임직지』원문에서는 "서방에서 찾으면 된다."고 하였다.
○ 전투 : 주야의 천장이 흉하니 이로운 것이 아직 보이지 않는다.
→ 일간은 아군이다. 간상에 명암이귀가 보이고 천반에 흉장인 구진과 태음이 타니 이로운 것이 아직 보이지 않는다.
○ 관재 : 대흉하다.
→ 지상의 재성이 간상과 삼전의 귀살을 생하니 대흉하다. 만약 연명이 寅이나 卯인 사람이 정단하면 복덕신인 寅卯가 귀살을 제압하니 흉이 다소 가벼워진다.

□『필법부』: 〈제91법〉 백호가 일간의 귀살에 임하면 귀살의 흉이 대단히 빠르다. 무릇 정단에서의 흉화는 신속한 가운데에서도 더욱 신속하다.
〈제38법〉 폐구격은 두 가지로 나눠서 추리한다.
□『과경』: 삼전의 辰戌丑未가 스스로 충과 형을 하는 것은 흉을 흉으로써 제압하는 것이니 이른바 도둑이 도둑을 잡는다. 그리고 안에 네 개의 금 글자가 있어서 흉한 귀살을 제화할 수 있으니 오히려 해가 되지 않는다.
□『옥성가』: 삼형이 되면 귀신이 와서 집을 깨트린다. 그리고 복음과는 거동하여 이루는 것이 없다.
□『지장부』: 삼전이 모두 관귀효이면 형제에게 재해를 낳는다.

갑신순 | 계사일 | 2국

癸巳일 제 2 국

공망 : 午·未 ○
낮 : 왼쪽 천장, 밤 : 오른쪽 천장

辛	庚	己
朱 卯 貴	合 寅 后	勾 丑 陰
辰	卯	寅

戊	丁	壬	辛
青 子 玄	空 亥 常	蛇 辰 蛇	朱 卯 貴
癸 丑	子	巳	辰

壬辰巳 蛇	癸巳午 貴 ○	后 午未 合 ○	陰 未申 勾 ○
辛卯辰 朱 貴			甲申酉 玄 青
庚寅卯 合 后			乙酉戌 常 空
己丑寅 勾 陰	戊子丑 青 玄	丁亥子 空 常	丙戌亥 白 白

□ **과체** : 원수, 퇴여, 해리∥형상, 침해, 착륜, 간지협정삼전, 왕록임신, 복덕, 무음(교차상극), 맥월, 양사협묘(兩蛇夾墓), 살몰.

□ **핵심** : 차례로 서로 극하고 현무에 의해 식록이 깨졌으니 나갈 수도 없고 물러날 수도 없어서 과명이 '박핍(迫逼)'이다.

□ **분석** : ❶ 간상의 子수는 일지인 巳화를 극하고 지상의 辰토는 일간 癸수를 극하니 서로 극한다.

❷ 子수가 일록인데 밤 정단에서는 현무에 의해 침식당하니 일록을 지키지 못한다.

❸ 전진하여 삼전으로 가면 초전과 중전이 모두 일간을 탈기하고, 다시 말전으로 가면 귀살로부터 극을 당하니, 할 수 없어서 물러나서 비어있는 일록을 지키더라도 결국은 무익하여 살기 어렵다.

❹ 따라서 앞으로 전진하지도 못하고 뒤로 물러나지도 못하여서 과명이 '박핍(迫逼)'이니 좋지 않다.

□ **정단** : ❶ 퇴여격은 물러나는 것은 좋고 전진하는 것은 나쁘다.

❷ 하물며 왕록이 일간에 임하니 더욱더 옛것을 지키는 것이 좋다.

❸ 그리고 서로 극하여 치니 과명이 '해리(解離)'이다. 부부는 이별하

고 반목하며 타인의 마음을 예측할 수 없다.

○ **날씨** : 비가 온 뒤에 바람이 불고 맑아진다.
→ 천강(辰)이 음의 12지인 巳를 가리키고 간상의 子에 청룡과 현무가 타니 자연히 비가 온다. 그러나 삼전이 모두 오행의 목이니 나중에는 바람이 불고 맑아진다.

○ **가정** : 식구는 적고 집은 넓다. 공무원의 가택은 안전하고 길하다.
→ 일간은 사람이고 일지는 집이다. 일간의 기운을 삼전의 목국에서 탈기하여 일지를 생하니 식구는 많고 집은 넓어서 흉가이다. 다만 공무원이 거주하는 집은 무방하다. ● 지상의 辰에 등사가 타서 일간을 극하니 집에 놀랄일이 있다. 만약 자월(子月)과 축월(丑月)에 정단하면 지상의 辰이 사신과 사기이니 가정에 사고나 질병으로 인해 놀라는 일이 발생한다. ● 일간은 사람이다. 밤 정단에서 간상의 일록에 현무가 타고 있으니 타인에게 식록을 빼앗기는 것을 방지해야 한다. ● 기궁 丑과 일지 巳가 삼합하고 간상신 子와 지상신 辰이 삼합하니 가족은 화목하다.

○ **혼인** : 남자를 정단하면 길하고, 여자를 정단하면 흉하다.
→ 일간은 남자이고 일지는 여자이다. 일록이 간상에 임하니 남자를 정단하면 길한데 특히 낮 정단에서는 청룡이 일록에 타니 더욱 길하다. 그리고 지상에 귀살과 묘신인 辰이 임하니 여자를 정단하면 흉한데 주야에 흉장인 등사가 타니 더욱 흉하다. 남자의 경우 간상의 子가 직업을 뜻하므로 직업이 있는 남자이다. 그리고 묘신에는 암매와 장애와 폐색의 뜻이 있다. ● 궁합 : 기궁 丑과 일지 巳가 삼합하고 간상신 子와 지상신 辰이 삼합하니 궁합이 좋다.

○ **임신·출산** : 아들이다. 임신부에게 놀랄 일이 생긴다.
→ 원수과이니 아들이다. 만약 겨울과 봄에 정단하면 초전의 천반

이 강하니 반드시 아들이다. 삼전은 태아의 생육과정이다. 삼전의 두 음이 하나의 양을 감싸니 아들이다. 일지는 임신부이다. 지상에 등사가 타니 임신부에게 놀랄 일이 생기며, 만약 사월(巳月)에 정단하면 지상의 辰이 혈지이니 낙태되고, 신월(申月)에 정단하면 지상의 辰이 혈기이니 낙태된다.

O **구관** : 일간에 임한 왕록이 말전의 관성과 상합하니 공명을 희망할 수 있다.

→ 일록은 국가에서 받는 국록이고 관성은 관직이다. 나를 뜻하는 일간에 임한 왕록 子가 말전의 관성 丑과 상합하니 공명을 희망할 수 있다. 다만 밤 정단에서는 일록에 현무가 타니 불성할 우려가 있다.

O **구재** : 자신의 재물을 신중하게 지켜야 하고 타인의 재물을 욕심내면 안 된다.

→ 왕록은 곧 양인살과 결합된 일록이다. 이미 왕록이 일간에 임하니 자신의 재물이나 직장이나 관직을 유지하는 것이 좋다. 만약 동하여 움직이면 삼전에 재성이 없으므로 재물을 얻지 못하고 오히려 헛고생을 한다. 만약 연명이 午인 사람이 정단하면 그 상신이 재성이니 득재가 가능하다.

O **질병** : 정(精)이 새는 증상과 중풍을 예방해야 한다. 유능한 의사가 치료할 수 있다.

→ 삼전의 목국에서 신장에 해당하는 일간 癸를 설기하니 정(精)이 새고 또한 지상이 辰이니 정이 새거나 혹은 중풍이거나 혹은 여자인 경우에는 하혈을 한다. 삼전의 卯와 寅이 의약신이니 유능한 의사에 의해 치료가 가능하다. ● 의약신이 辰과 卯에 임하니 동남방이나 정동방에서 의사를 구하여 치료하면 된다.

O **출행** : 육로는 위험하고 수로는 불길하다.

→ 일간은 육로이다. 간상에 일록이 임하니 좋지만 양인에 해당하

니 위험하고 특히 밤 정단에서는 간상에 현무가 타니 식량이나 재물을 도난당하는 것을 방지해야 한다. 일지는 수로이다. 지상에 귀살이 임하여 일간을 극하니 흉하고 다시 지상에 묘신이 임하니 출행이 암매하다. 자월(子月)과 축월(丑月)에 정단하면 지상의 귀살 겸 묘신이 사신과 사기이니 건강이 매우 나빠진다.

※『육임직지』원문에서는 "육로는 매우 좋고 수로는 불길하다."고 하였다.

○ **귀가** : 아직 집을 향해 출발하지 않았다.

→ 천강(辰)이 사맹인 巳에 가하였으니 아직 집을 향해 출발하지 않았다.

○ **전투** : 낮 정단은 흉하고, 밤 정단은 길하다.

→ 일간은 아군이다. 간상에 낮 정단에서는 길장인 청룡이 타니 길하고, 밤 정단에서는 흉장인 현무가 타니 흉하다.

○ **분묘** : 식구가 해를 입는 것을 방지해야 한다.

→ 일간은 식구이고 일지는 분묘이다. 지상의 귀살에서 일간을 극하니 분묘로 인해 식구가 해를 입는다. ● 일지음신 卯에서 일지양신 辰을 극하고 다시 육해이니 안온한 분묘가 아니다.

↑ **쟁송** : 화해가 가능하다.

→ 일간은 나이고 일지는 상대이다. 간지와 그 상신이 상합하니 화해가 가능하다. 만약 화해하지 않으면 지상의 辰이 일간 癸를 극하니 내가 불리하다. 『 **관재** : 일간의 귀살인 지상의 辰과 말전의 丑을 초전의 卯와 중전의 寅이 제압하니 관재가 가벼워진다.

□ 『**필법부**』: 〈제64법〉 부부가 음란하여 각기 사통하는 일이 있다.

〈제7법〉 왕록이 일간에 임하면 망령된 행동을 해서는 안 된다.

□ 『**과경**』: 辰이 巳에 가한 곳에 주야에 등사가 타고 있는데 지반의 巳

가 곧 등사이니 '양사협묘(兩蛇夾墓)'이다. 질병을 정단하면 반드시 뱃속에 덩어리가 있어서 고치치 못한다. 만약 행년이나 본명 위가 다시 辰이면 사망하는 시기가 매우 빨라진다. 만약 연명이 亥이고 그 위에 戌이 가하면 백호에서 등사를 충하니 수명이 조금 연장된다.

癸巳일 제 3 국

공망 : 午·未 ○
낮 : 왼쪽 천장, 밤 : 오른쪽 천장

己	丁	乙
勾 丑 朱	空 亥 勾	常 酉 空
卯	丑	亥
丁	乙	辛	己
空 亥 勾	常 酉 空	朱 卯 貴	勾 丑 朱
癸 丑	亥	巳	卯

辛卯巳 朱貴	壬辰午 蛇后	癸巳未 貴陰	○午申 后玄
庚寅辰 合蛇			○未酉 陰常
己丑卯 勾朱			甲申戌 玄白
戊子寅 青合	丁亥丑 空勾	丙戌子 白青	乙酉亥 常空

□ **과체** : 중심, 역간전, 극음∥가귀(家鬼), 인귀생성, 회환, 맥월, 육음, 수일정신, 복덕.

□ **핵심** : 초전은 귀살이고 말전은 패신이다. 정마와 역마가 임하니 천리를 가면 재물을 열배나 얻을 수 있다.

□ **분석** : ❶ 초전의 丑토는 일간의 귀살이고 말전의 酉금은 수의 패기이니 모두 소용이 없다.

❷ 오직 중전 亥수의 둔간이 丁이고 다시 일지의 역마이다. 정재(丁財)가 보이니 재물이 동하고 역마가 보이니 원행한다. 천리를 가서 열 배의 재물을 얻는다.

□ **정단** : ❶ 극음격은 간격을 두고 물러나면서 눌려지고 막혀서 불편한 상이다.

❷ 초전의 귀살이 이를 극하는 지반에 앉아 있고 말전의 酉는 탈기하는 지반에 앉아 있으니, 오직 亥 위의 암재만 취할 뿐이다.

❸ 그렇다 할지라도 집에 머물면 이롭지 않다. 집에서는 卯가 일간을 탈기하니 귀인이 속여서 뺏는 것을 방지해야 하고 혹은 신불에 시주하여 타인에게 공덕을 베풀어야 한다.

| 갑신순 | 계사일 | 3국 |

○ **날씨** : 흐리고 비가 온다.
  → 필수는 酉이고 酉는 비를 생하는 오행이다. 필수가 말전에 임하고 亥수는 일상에 임했으니 흐리고 비가 온다.
○ **가정** : 추천 혹은 발탁을 받는 일이 생긴다.
  → 일간은 사람이고 일지는 집이다. 밤 정단에서는 귀인이 가택을 뜻하는 일지를 생하니 추천 혹은 발탁을 받는 일이 생긴다. ● 지상의 卯가 일간을 탈기하니 귀인이 일간을 속여서 뺏는 것을 방지해야 하고 혹은 신불에 시주하여 타인에게 공덕을 베풀어야 한다. ● 간상에 정재(丁財)가 임하니 원방으로부터 재물이 온다. 간상신이 형제효이니 형제 혹은 동업자 혹은 거래처로부터 재물이 온다.
○ **혼인** : 보통이다.
  → 일간은 남자이고 일지는 여자이다. 간상의 亥가 일지 巳를 극하고 지상의 卯가 일간 癸을 탈기하니 매우 나쁘지만, 기궁과 일지가 삼합하고 간상과 지상이 삼합하니, 궁합은 보통이고 혼인할 가능성도 보통이다. ● 낮 정단에서는 지상에 흉장인 주작이 타고 있으니 천을귀인이 타고 있는 밤 정단에 비해 나쁜 편이다. ● 중심과는 주역의 곤괘(坤卦)에 해당한다. 만약 겨울과 봄에 정단하면 초전의 지반이 그 천반을 강하게 극하니 드센 여자이다.
  ※『육임직지』원문에서는 "간상에서 일지를 극하고 지상에서 일간을 탈기하니 매우 나쁘다."고 하였다.
○ **임신·출산** : 여아이다. 출산이 불길하다.
  → 극음격이니 여아이고 중심과이니 또한 여아이다. 만약 초전의 지반이 왕성해지는 겨울과 봄에 정단하면 반드시 여아이다. 극음격은 출산이 불길하다.
○ **구관** : 주야의 귀인이 서로 가하니 반드시 귀인을 만나지만 귀인에서

탈기되니 재물을 잃는다.

→ 공무원에게는 귀인이 고위직공무원을 뜻하고 공무원이 아닌 사람에게는 귀인이 공무원을 뜻한다. 지상의 주야에 귀인이 서로 가하니 반드시 귀인을 만나지만 귀인에서 탈기되니 재물을 잃는다.

○ **구재**: 수일(水日)에 丁을 만나면 밖의 재물을 크게 얻는다.

→ 수일(水日)은 壬일과 癸일을 뜻하고 丁은 일간의 재성이니 재물을 뜻한다. 간상의 亥가 형제효이니 형제 혹은 동업자 혹은 거래처로부터 재물을 얻는다.

○ **질병**: 가슴과 옆구리에 풍이 많거나 혹은 신수가 부족하다. 귀살이 귀살을 극하는 지반에 앉아 있으니 곧 저절로 낫는다.

→ 일간은 환자이고 일지는 질병이다. 지상신이 卯이니 가슴과 옆구리에 풍이 많거나 혹은 신수가 부족하다. 귀살인 丑이 귀살을 극하는 지반인 卯에 앉아 있으니 머지않아 곧 저절로 낫는다. ● 삼전의 丑亥酉가 모두 밤의 시간이어서 광명을 보지 못하는 상이니 주색으로 인한 병은 사망한다.

○ **출행**: 육로로 가면 반드시 재물을 득해서 돌아온다.

→ 일간은 육로이고 일지는 수로이다. 간상에 정재(丁財)가 임하니 육로로 가면 반드시 재물을 득해서 돌아온다.

○ **귀가**: 오는 중이다.

→ 천강(辰)이 사중인 午에 가하니 오는 중이다.

○ **전쟁**: 격명이 극음(極陰)이니 이로운 것이 보이지 않는다.

→ 삼전의 丑亥酉는 모두 밤의 시간이니 광명을 보지 못하는 상이니 전쟁에서 이로운 것이 보이지 않는다.

⬆ **쟁송**: 화해가 가능하다. 장기전이 이롭다.

→ 간지와 그 상신이 상합하니 화해가 가능하다. 곤괘에 해당하는 중심과는 장기전이 이롭다. ⬆ **관재**: 중심과이니 아랫사람과 여자로부터 발생한 관재이다. 주야에 주작과 구진이 타고 있는 초전의

귀살 丑을 말전이 설기하여 일간을 생하고 다시 지상의 卯가 초전의 귀살 丑을 제압하니 관재가 가벼워진다.

- □ 『**필법부**』: 〈제26법〉 수일(水日)에 정신을 만나면 재물이 빠르게 움직인다. 다만 정단인의 행년상신에서 여섯 정신이 타고 있는 신을 극하여 없애면 재물이 동하지 않는다.
  → 만약 연명이 未이면 그 상신이 巳이니 재물이 동하지 않는다.
  〈제38법〉 폐구격은 두 가지로 나눠서 추리한다. 첫째, 지반 순수상신에 현무가 타는 것으로는 매 일에 한 두 과가 있다. 둘째, 순미가 순수에 가한 이 곳에 현무가 타는 경우가 있다. 이 과전의 밤 정단에서는 순수 申의 위에 현무가 타고 있으니 첫째에 해당한다.
  〈제45법〉 주야귀인이 서로 가하면 양 귀인에게서 구하면 된다. 귀인에게 요청하여 일을 구하는 정단에서는 반드시 양 귀인이 참견하여 성취한다. 그러나 서민이 귀인을 알현하는 정단에서는 반드시 귀인을 만나지 못한다.
- □ 『**정온**』: 밤 귀인 卯가 巳 위에 임했고 주야의 두 귀인이 모두 극음의 격에서 서로 가했으니, 만약 양 귀인이 서로 모르게 구하면 귀인의 도움을 받는다.
  → 삼전의 丑亥酉가 모두 어두운 밤의 12지이므로 극음격이다.
- □ 『**과경**』: 입추의 하루 전은 壬이고 화(火,여름)의 절(絶)은 일간이며 壬의 기궁은 亥이다. 癸일에 정단하여 丑 위에 亥를 보면 '천화격'이다.
  → 천화격(天禍格)은 사립일(四立日) 곧 입동·입춘·입하·입추에 정단하는 경우이다. 오늘의 일간지가 어제의 일간지에 가하거나 혹은 어제의 일간지가 오늘의 일간지에 가하면 이 격이다. 전투 정단을 하면 유혈이 낭자하고, 병영을 정단하면 사상을 당하며, 출행을 정단하면 사망하고, 귀인을 만나러 가면 헛걸음을 한다.

癸巳일 제4국

공망 : 午·未
낮 : 왼쪽 천장, 밤 : 오른쪽 천장

丙	○	壬
白 戌 青	陰 未 常	蛇 辰 后
丑	戌	未 ○
丙	○	庚	丁
白 戌 青	陰 未 常	合 寅 蛇	空 亥 勾
癸丑	戌	巳	寅

庚寅 合 巳 蛇	辛卯 朱 午 貴	壬辰 蛇 未 后	癸巳 貴 申 陰
勾 己丑 辰 朱			后 ○ 午 酉 玄
青 戊子 卯 合			陰 ○ 未 戌 常
空 丁亥 寅 勾	白 丙戌 丑 青	常 乙酉 子 空	玄 甲申 亥 白

- □ **과체** : 원수, 가색, 폐구 ∥ 침해, 전국, 복덕, 백화(오월·미월), 최관사자, 교차탈기.
- □ **핵심** : 일간과 삼전의 흉한 화를 이루 말로 다 표현하기 어렵다. 집의 寅목이 원수를 막을 수 있다.
- □ **분석** : ❶ 낮 정단에서 백호가 戌에 타서 일간에 임하여 일간을 극하니 이미 흉한 조짐이 보인다.

❷ 삼전이 모두 흉한 귀살이니 질병과 소송으로 인한 우환이 하나가 아니다. 다행히 지상의 寅목이 귀살을 감당할 수 있으니 흉이 되지 않는다. 의당 자손효의 힘으로 우환을 구한다.

- □ **정단** : ❶ 원수과여서 비록 순조로운 과이지만 일간과 일지가 서로 탈기하니 서로 속이려는 마음을 품고 있는 상이다.

❷ 좋은 것은 중전과 말전이 공망되었으니 선흉후길하다.

❸ 밤 정단에서 백호가 申에 타서 등사가 타고 있는 지상의 寅을 충하니 집에 괴이하고 불안한 일이 있지만 헛된 놀람일 뿐이다.

○ **날씨** : 바람만 불고 비가 오지 않는다.
→ 기수(箕宿) 곧 寅이 지상에 임하니 바람만 불고 비는 오지 않으며 또한 삼전이 토국이니 비가 오지 않는다.

○ **가정** : 집에 있는 자제의 힘으로 능히 집이 편안하다.
→ 일간은 사람이고 일지는 집이다. 비록 일간의 음양과 삼전의 귀살국에서 일간을 극하지만 지상의 자손효에서 이를 제압하니 자제의 힘으로 어려움을 해결하여 집이 편안하다. ● 낮 정단에서는 간상에 백호귀살이 임하니 사람에게 질병이 발생하지만 지상이 의약신이니 나을 수 있다. ● 일간이 지상으로 탈기되고 일지가 간상으로 탈기되니 가정 내외에 손실이 발생한다.

○ **혼인** : 일간과 일지가 서로 탈기하니 양쪽 모두 손실이 발생한다.
→ 일간은 남자이고 일지는 여자이다. 일간 癸가 지상의 寅으로 탈기되고 일지 巳가 간상의 戌로 탈기되니 남녀 모두에게 손실이 발생한다. ● 궁합 : 원수과이며 다시 기궁 丑과 일지 巳가 삼합하고 간상신 戌과 지상신 寅이 삼합하니 궁합이 좋고 혼인도 성사된다. ● 성정 : 지상의 낮에는 길장인 육합이 타고 있으니 등사가 타고 있는 밤 정단에 비해 성정이 좋은 여자이다.

○ **임신·출산** : 아들이고 순산한다.
→ 건괘에 해당하는 원수과이니 아들이고, 일간의 음양이 하나의 양에 두 음이니 아들이다. 만약 여름에 정단하면 초전의 천반이 득령하니 반드시 아들이다. 그리고 간지가 교차탈기하니 출산을 정단하면 순산한다.

○ **구관** : 매우 신속하게 관직을 얻는다.
→ 낮 정단에서는 '최관부(催官符)'가 발용이 되었으니 매우 신속하게 관직을 얻는다. '최관부'는 백호가 관성에 타고 있는 것을 말하는데, 만약 여름에 정단하면 관성이 득령하니 더욱 길하다. 밤 정단에서는 문관의 류신인 청룡이 관성에 타서 발용이 되었으니 역시 신

속하게 관직을 얻는다. 아쉬운 점은 중전과 말전이 공망되어 삼형이 불발하니 장차 큰 권력을 쥐지는 못한다.

O **구재** : 밤 정단에서는 재물을 얻는다.

→ 청룡은 재물이다. 밤 정단에서 간상과 초전에 청룡이 타고 있으니 관청을 통해 재물을 얻는다.

O **질병** : 겉병이거나 혹은 안질이다. 말전이 공망되었으니 분명히 낫는다.

→ 낮 정단에서 백호가 戌에 타고 있으니 겉병이고, 지상신이 寅이니 안질이다. 초전 백호의 흉이 중전과 말전이 공망되어 소멸되는 상이니 확실히 낫는다. ● 만약 의약을 구할 경우에는 의약신인 寅이 지반의 巳에 임하니 巳가 뜻하는 동남방에서 의사를 구하면 된다. 참고로 백호가 巳·午·未·申·酉·戌에 타면 겉병이고 나머지의 12지에 타면 속병이다.

O **출행** : 육로와 수로 모두 이롭지 않다.

→ 일간은 육로이고 일지는 수로이다. 간상에는 귀살이 임하니 육로는 불리하고, 지상에서는 일간을 설기하니 역시 불길하다. 육로로 가면 낮 정단에서는 병이 나고, 밤 정단에서는 여행경비로 인해 고생한다.

O **귀가** : 바로 도착한다.

→ 천강(辰)이 사계인 未에 가하니 바로 도착한다.

O **전쟁** : 매우 이롭다.

→ 일간은 나이고 귀살은 적군이다. 무리귀살이 모두 소멸되니 출병하면 매우 이롭다. 간상과 초전의 귀살은 지상의 寅에 의해 제극되고 중전과 말전의 귀살은 공망되어 귀살의 흉이 저절로 사라지니 전쟁에서 매우 이롭다. ● 원수과이니 선제공격이 이롭다.

↑ **쟁송** : 나와 상대 모두 손재수가 크니 화해가 이롭다.

→ 일간은 나이고 일지는 상대이다. 일간 癸는 지상의 寅으로 탈기되고 일지 巳는 간상의 戌로 탈기되니 나와 상대 모두 쟁송으로 인

한 손재수가 크다. 마침 간지와 그 상신이 상합하니 화해가 가능하며 또한 이롭다. ● 승패 : 만약 화해하지 않을 경우 지상의 寅이 간상의 戌을 극하고 다시 간상의 戌은 일간 癸을 극하고 지상의 寅은 일지 巳를 생하니 상대가 유리하다. ● 원수과이니 소송을 먼저 제기하는 것이 이롭다. ↑ 관재 : 비록 간상과 초전이 귀살인 戌이지만 이것을 지상의 寅이 제압하고 다시 중전과 말전이 공망되었으니 관재가 작아지고 사라진다.

□ 『필법부』 : 〈제91법〉 백호가 일간의 귀살에 임하면 귀살의 흉이 대단히 빠르다. 단지 관직자가 부임 정단을 하면 '최관부'라고 하여 부임이 지극히 빠르지만, 오히려 제압을 받거나 공망되면 나쁘다.
〈제82법〉 삼전이 나아가지 못하는 불행전은 초전을 살펴야 한다.
〈제11법〉 비록 귀살이 무리를 짓더라도 전혀 두렵지 않다.
→ 이 과전에서는 일간의 상하와 삼전이 귀살국을 형성하고 있지만 지상의 寅에서 이를 제압하니 전혀 두렵지 않고, 또한 중전과 말전의 귀살이 공망되었으니 더욱 길하다.

□ 『관월경』 : 이 과에 만약 백호가 사신과 사기를 만나면 백(魄)이 된다는 뜻의 '백화(魄化)'가 되고 또한 힘들 때에 도움을 받아야 하지만 도움을 받지 못하는 뜻의 '한묘무우(旱苗無雨)'가 된다. 가령 정월의 癸巳일에 월장 亥를 점시 寅에 가하였다. 戌이 일간에 가하여 발용이 되었고 여기에 백호가 타서 사기를 품어 일간 癸수를 극한다. 과전에 천라지망이 보이고 말전이 다시 일간의 묘신이며 이곳에 등사가 탄다. 만약 이 과전으로 정단하면 반드시 사망하는 일이 발생한다.
→ 간상과 초전의 戌은 천라지망이다. 그리고 인월(寅月) 정단에서의 초전의 백호귀살 戌은 사기가 아니다. 간상과 초전의 戌이 사신과 사기가 되는 월건은 미월(未月)과 오월(午月)이다.

癸巳일 제 5 국

공망 : 午·未 ○
낮 : 왼쪽 천장, 밤 : 오른쪽 천장

癸		己		乙	
貴 巳 陰		勾 丑 朱		常 酉 空	
酉		巳		丑	
乙		癸		己	乙
常 酉 空		貴 巳 陰		勾 丑 朱	常 酉 空
癸 丑		酉		巳	丑

勾 己丑 朱 午 巳	合 庚寅 蛇 午 ○	朱 辛卯 貴 未 ○	蛇 壬辰 后 申
青 戊子 合 辰			貴 癸巳 陰 酉 ○
空 丁亥 勾 卯			后 甲午 玄 戌 ○
白 丙戌 青 寅	常 乙酉 空 丑	玄 甲申 白 子	陰 癸未 常 亥 ○

- □ **과체** : 원수, 종혁∥덕경, 화미, 전국, 형통(체생), 왕래수생, 지상생재, 여덕(낮), 회환, 육음, 아괴성, 살몰.
- □ **핵심** : 내가 재물이 있는 곳으로 가서 재물을 취한다. 삼전과 사과가 순환한다. 낮 정단에서는 토신의 우환이 경사로 바뀐다.
- □ **분석** : ❶ 일간은 사람이고 일간 癸의 기궁은 丑이며 丑 또한 사람이다. 일지 巳는 癸의 재성으로서 지금 일간 丑이 巳에 가했으니 사람이 재물을 취하는 상이다.

   ❷ 사과가 삼전을 떠나지 않고 삼전도 사과를 벗어나지 않으니 '회환격(回還格)'이다. 낮 천장이 모두 토이어서 일간을 다치게 하니 두렵지만 다행히 삼전의 금이 토의 기운을 빼서 일간을 생하니 우환이 경사로 바뀐다.

- □ **정단** : ❶ 종혁격은 점차 단련해서 유유상종하니 정단하면 변동이 생긴다. 낡은 것을 버리고 새 것을 창조하고 개혁하는 상이다.

   ❷ 다만 일간에 패기와 파쇄가 타고 있으니 이른바 파패신(破敗神)이다. 집안에 불효자가 있거나 주색으로 인해 집안을 망친다.

   ❸ 일간과 일지와 삼전이 삼합하여 금국이고 간상에 보이는 酉는 자

❹ 巳와 申이 형이고 丑과 戌이 삼형이며 酉는 형이 되지 않으니 자형이 서방에 있다. 유기하면 개혁해서 전진하고 무기하면 개혁해서 후퇴한다.

→ 가을에는 종혁격이 유기(有氣)하여 개혁에 성공하니 전진해야 하고, 겨울이나 봄이나 여름에 정단하면 종혁격이 무기(無氣)하여 개혁에 실패하니 물러나야 한다.

○ 날씨 : 필수(畢宿)가 발용이 되었으니 반드시 비가 온다.
→ 필수(畢宿)는 酉를 가리킨다. 酉가 발용의 지반에 임하고 다시 발용의 둔간이 癸수이니 반드시 비가 온다.
○ 가정 : 일지음신에 패신과 파쇄가 임하니 반드시 집을 지키기 어렵다.
→ 일지는 집이다. 패신(敗神)에는 패가망신의 뜻이 있고 파쇄(破碎)에는 집이 부서지는 뜻이 있다. 패신 겸 파쇄가 일지음신에 임하니 반드시 집을 지키기 어렵다. ● 지상의 丑에 낮 정단에서는 구진이 타서 일간을 극하니 가정에 쟁투나 관재가 발생하고, 밤 정단에서는 주작이 타서 일간을 극하니 가정에 구설수나 관재가 발생한다. 다만 일지의 음신과 삼전이 삼합하여 일간을 생하여 오니 관재가 약화되거나 사라진다. ● 기궁이 지상으로 가서 일지로부터 생을 받으니 이 집으로 이사하면 길하고, 또한 일지의 상하가 삼합하여 일간을 생하니 이사하면 더욱 길하다.
○ 혼인 : 격명이 종혁이니 서로에게 가장 나쁘다.
→ 종혁격은 혼처 혹은 배우자를 버리고 새 혼처 혹은 새 배우자로 교체하는 상이니 혼인에서 가장 나쁘다. ● 성정 : 지상의 丑토가 일간 癸수를 극하니 나에게 해를 입히는 상대이다. 낮 정단에서는 구

진이 타고 있으니 싸움걸기를 좋아하는 여자이고, 밤 정단에서는 주작이 타고 있으니 말싸움하기를 좋아하는 여자이다. ● 궁합 : 일간의 음양과 일지의 음양과 삼전이 종혁이니 나쁘다.
○ 임신·출산 : 남아이다.
→ 과전이 모두 음이니 음극양의 이치에 의해 남아가 되고 또한 원수과이니 남아가 된다. 만약 봄과 여름에 정단하면 원수과의 천반이 왕성하니 아들이 틀림없다. ● 일간의 상하와 일지의 상하 그리고 삼전이 삼합하여 태아가 어머니의 배를 떠나지 않는 상이니 난산이 우려된다.
※ 『육임직지』 원문에서는 "여아"라고 하였다.
○ 구관 : 최길하다.
→ 일간의 상하와 일지의 상하 그리고 삼전이 삼합하여 일간을 생하니 최길하며, 초전의 巳화에서 중전의 丑토를 생하고 중전에서 말전의 酉금을 생하며 말전에서 일간 癸수를 생하니 더욱 길하다. 또한 원수과이니 더욱 길한데, 만약 가을에 정단하면 과전에 생기가 넘치니 더욱 최길하다. ● 삼전이 차례로 일간을 생하여 오니 추천을 받는다. ● 고시를 정단하면 간상의 아괴성(유(酉))에서 일간을 생하니 좋은 성적으로 합격한다.
○ 구재 : 가정의 재물을 얻는다.
→ 일간은 나이고 재성은 재물이다. 기궁이 지상으로 가서 재성인 일지 巳를 취하니 가정의 재물을 취한다.
※ 『육임직지』 원문에서는 "가정의 재물을 얻지 못한다."고 하였다.
○ 질병 : 병이 폐경락에 있거나 혹은 근골과 비·위와 방광에 병이 있거나 혹은 신허증이 있다.
→ 일간과 일지와 삼전이 금국이니 금의 장부에 해당하는 폐경락에 병이 있거나 혹은 금국의 극으로 인해 목에 해당하는 근골에 병이 있거나 혹은 왕성한 금국에서 토의 기운을 설기하니 토의 장부에

해당하는 비·위에 병이 있거나 혹은 하나의 癸수만 있으니 신허증이 있다.

○ **출행** : 수로와 육로 모두 길하다고 할 수 없다.
→ 일간은 육로이고 일지는 수로이다. 간상에 패신과 파쇄가 임하니 육로가 길하지 않고, 지상에 귀살이 임하니 수로 또한 길하지 않다. 낮 정단에서는 지상에 구진이 타니 싸움이 발생하고, 밤 정단에서는 지상에 주작이 타니 구설수가 생긴다.

○ **귀가** : 아직 집을 향해 출발하지 않았다.
→ 천강(辰)이 사맹인 申에 가했으니 아직 집을 향해 출발하지 않았다.

○ **전투** : 낮 정단은 길하고 밤 정단은 흉하다.
→ 일간은 아군이다. 낮 정단에서는 간상에 길장인 태상이 타니 길하고, 밤 정단에서는 간상에 흉장인 천공이 타니 흉하다.

○ **쟁송** : 나에게 이롭다.
→ 일간은 나이고 일지는 상대이다. 일간의 상하와 일지의 상하 그리고 삼전이 삼합하여 일간을 생하니 나에게 이롭다. ● 관재 : 일간과 일지와 삼전이 삼합하여 일간을 생하니 경죄인은 관재가 사라지고 중죄인은 관재가 가벼워진다.

□ 『**필법부**』 : 〈제31법〉 삼전이 차례로 일간을 생해 오면 타인의 추천을 받는다. 반드시 여러 번 타인에 의하여 높은 직위로 추천을 받는다.
→ 초전 巳 ⋯ 중전 丑 ⋯ 말전 酉 ⋯ 간상 癸로 이어지니 삼전이 차례로 일간을 생하여 온다. 특히 관직정단에서 길하다.

□ 『**과경**』 : 이 과는 난잡한 것이 하나가 아니다. 여러 사람이 공동으로 도모하거나 혹은 두 곳의 사람에게 일을 부탁한다. 그리고 모든 도모하는 일은 반드시 이루는데, 이는 삼합하여 국을 이루어서 자기

자신이 없는 상이기 때문이다. 한 가지의 일이 끝나면 또 한 가지의 일이 온다. 만약 길장이 타면 반드시 등용한 사람을 먼저 받아들인다. 이 과전으로 해산(解散)하는 일을 정단하면 이롭지 않을 우려가 있다.

→ 해산하는 일은 출산과 관재와 구설수가 대표적이다.

| 갑신순 | 계사일 | 6국 | 541 |

癸巳일 제 6 국

공망 : 午·未 ○
낮 : 왼쪽 천장, 밤 : 오른쪽 천장

辛	丙	癸
朱卯貴	白戌青	貴巳陰
申	卯	戌

甲	辛	戊	○
玄申白	朱卯貴	青子合	陰未常
癸丑	申	巳	子

戊子青巳	己丑勾午	庚寅合未	辛卯朱申
丁亥空辰			壬辰蛇酉
丙戌白卯			癸巳貴戌
乙酉常寅	甲申空丑	○未陰子	○午后亥

□ **과체** : 중심, 착륜∥형상, 권섭부정, 사절(死絶), 복덕, 덕경, 교차육합, 인종격(연명 : 酉).

□ **핵심** : 친구를 사귀는 일에서 화합한다. 재성은 이미 물 건너갔다. 밤 정단에서 백호가 일간을 생하고 청룡이 귀살이니, 한 번은 슬프고 한 번은 기쁘다.

□ **분석** : ❶ 지상의 子와 일간의 丑이 서로 합을 하고 간상의 申과 일지 巳가 상합하여 상하가 상합하니, 친구와의 정이 자연히 화목하다. ❷ 다만 巳가 癸수의 재성이지만 왕록인 子수로부터 극을 당하고 다시 백호승신 戌에 의해 巳가 묘신을 당하니 이 재물을 포기하는 것이 낫다. ❸ 밤 정단에서 간상의 申금이 본래 나를 생하지만 백호가 타고 있고, 중전의 戌토가 일간을 극하지만 여기에 청룡이 타니, 비애 속에 즐거움이 있고 즐거움 속에 비애가 있다. 따라서 한 번은 슬프고 한 번은 기쁘다.

□ **정단** : ❶ 착륜격은 관직정단에서 대단히 이롭다. 다만 낮 정단에서는 귀인이 입옥되었으니 귀인에게 부탁하는 일이 이롭지 않은데,

'귀인입옥'을 눈을 부릅뜨고 꾸짖는다는 뜻의 '돌목살(咄目煞)'이라고 한다.
❷ 왕록이 일지에 임하여 일지를 극하니 집안이 매우 불안하다. 만약 희경사를 포기하면 길하다.

○ **날씨** : 반드시 비가 온다.
→ 수모(水母)는 수원(水源)이고, 청룡은 강우의 천장이며, 천강(辰)은 대각성이다. 수모가 일간에 임했고, 청룡이 일지에 임했으며, 천강이 필수(酉)를 가리키니 반드시 비가 온다.

○ **가정** : 청룡과 육합이 지상에 타니 반드시 기쁜 일과 합치는 일이 많다.
→ 일간은 사람이고 일지는 가정이다. 지상에 낮 정단에서는 청룡이 타니 가정에 재물이나 희경사가 있고, 밤 정단에서는 육합이 타니 가정에 혼사가 있거나 자녀가 생긴다. ● 지상에 일록인 子가 임하니 가정에 식록이 풍족하고, 또한 일간과 일지가 삼합하고 간상신과 지상신이 삼합하니 부자와 부부가 서로 화목한 가정이다. ● 다만 간상의 장생에 밤 정단에서 백호가 타고 있으니 부모가 생존할 경우에는 부모에게 병환이 있다. 만약 진월(辰月)이나 사월(巳月)에 정단하면 申이 사기와 사신에 해당하니 부모의 건강이 매우 나쁘다.

○ **혼인** : 교차상합하니 성사된다.
→ 일간은 남자이고 일지는 여자이다. 기궁인 丑과 지상의 子가 상합하고 일지인 巳와 간상의 申이 상합하니 혼인이 성사된다. 더욱이 일간과 일지가 삼합하고 간상신과 지상신이 삼합하므로 더욱 좋다.
● 상대의 성정 : 낮 정단에서는 지상에 길장인 청룡이 타고 있으니 길하고, 밤 정단에서는 지상에 길장인 육합이 타고 있으니 또한 길

하다. ● 남자의 신상 : 간상에 낮 정단에서는 현무가 타니 생업에 문제가 있고, 밤 정단에서는 백호가 타니 건강이 나쁘다. ● 궁합 : 간지와 그 상신 그리고 간지가 교차상합하니 매우 좋다.

○ **임신·출산** : 첩이 아들을 임신했다. 출산날짜는 아직 멀었다.

➜ 밤 정단에서 태신인 午에 현무가 타고 있으니 첩이 임신했다. 그리고 삼전은 태아의 생육과정이다. 삼전에서 두 음인 卯와 巳에서 하나의 양인 戌을 감싸니 아들이고, 또한 일간음양에서 두 음인 癸와 卯에서 하나의 양인 申을 감싸니 다시 아들이다. 만약 겨울과 봄에 정단하면 초전의 卯가 왕상하니 더욱 더 아들이 확실하다.

○ **구관** : 매우 길하다.

➜ 초전이 착륜(斲輪)이니 길하고, 삼전이 주인(鑄印)이니 다시 길하며, 연명이 酉이면 초전과 말전의 두 귀인에서 연명상의 辰을 인종하니 더욱 길하다. 다만 봄과 여름의 사일(巳日)이나 오일(午日)에는 화가 태과하여 주인(鑄印)이 녹으니 불리하다.

○ **구재** : 재효가 비록 보이지만 취하면 우환이 생길 우려가 있다.

➜ 재성은 재물이고 관귀효는 재앙이다. 말전의 재물을 취하면 중전의 천반 및 재성의 아래가 귀살이니 재앙을 당할 우려가 있다.

○ **질병** : 상풍(傷風)과 신수(腎水)가 마른 증상이다. 다행히 귀한 의사의 치료를 받아 며칠 안에 낫는다.

➜ 일간은 환자이고 일지는 질병이다. 지상이 子이니 신수가 마른 병이다. 일간음신과 초전에 의약신 卯가 임하니 명의의 치료를 받으면 며칠 안에 낫는다.

○ **출행** : 수로와 육로 모두 길하다. 다만 출행인이 집을 그리워하니 출행 일정이 늦어진다.

➜ 일간은 육로이고 일지는 수로이다. 간상에는 장생이 임하니 육로가 길하고, 지상에는 일록이 임하니 수로도 길하다. 일간은 출행인이고 일지는 가정이다. 기궁과 일지가 상합하고 간상신과 지상신

이 상합하니 출행인이 집을 그리워하면서 떠나기를 싫어하니 출행이 늦어진다.
- ○ **귀가** : 오는 중이다.
  - → 천강(辰)이 사중인 酉에 가했으니 오는 중이다.
- ○ **전투** : 좋은 가운데에서 조금 부족한 점이 있으니 더욱 신중해야 한다.
  - → 일간은 아군이고 일지는 적군이다. 기궁과 일지가 상합하고 간상신과 지상신이 상합하니 아군과 적군이 평화스러운 분위기이지만 중전에 귀살이 임하니 부족한 점이 있다.
- ○ **분묘** : 용신(龍神)이 매우 왕성하니 큰 돈(富)을 벌고 큰 귀(貴)를 누린다.
  - → 육임풍수 이론에서 청룡은 재물과 관직의 천장이다. 낮 정단 지상에 청룡이 일록에 타고 있으니 부(富)와 귀(貴)를 누리는 묘지이다.
- ● **쟁송** : 화해가 가능하다. 나중이 이롭다.
  - → 일간은 나이고 일지는 상대이다. 간지와 그 상신이 상합하고 다시 간지가 교차상합하니 화해가 가능하다. 중심과이니 나중에 대응하는 것이 이롭고 또한 장기전이 이롭다.

- □ 『**필법부**』 : 〈제8법〉 일록이 일지에 임하면 직위는 임시직으로 정당한 자리가 아니다.
  〈제44법〉 과전이 모두 귀인이면 도리어 의지할 곳이 없다.
  - → 낮 귀인인 巳는 두 곳에 임하고, 밤 귀인 卯는 세 곳에 임한다.
  〈제45법〉 주야귀인이 서로 가하면 양 귀인에게서 구하면 된다.
- □ 『**과경**』 : 卯가 申에 가하여 발용이 되었다. 밤 정단에서 반드시 귀인으로 인해 내란이 발생하는데, 그 이유는 귀인이 내전되었기 때문이

다.
- 『심인부』: 子가 극양(極陽)인 巳로 와서 巳에 가하여 戊와 癸가 합을 하면 대단히 길창(吉昌)하다.
  → 子는 癸의 기궁이고 巳는 戊의 기궁이다. 子가 巳에 가하는 것은 곧 戊와 癸가 상합하는 것에 해당한다.

癸巳일   제7국

공망 : 午·未 ○
낮 : 왼쪽 천장, 밤 : 오른쪽 천장

癸	丁	癸
貴巳陰	空亥勾	貴巳陰
亥	巳	亥
○	己	丁	癸
朱未常	常丑朱	空亥勾	貴巳陰
癸丑	未○	巳	亥

丁空亥巳	戊勾子午 ○	己合丑未 ○	庚玄寅申 蛇
丙青戌辰			辛陰卯酉 貴
乙勾酉卯	空		壬后辰戌 后
甲合申寅	朱未丑 ○	蛇午子 ○	癸貴巳亥 陰玄

- □ **과체** : 반음, 여덕(밤)∥축미상가(丑未相加), 덕경(멸덕), 덕입천문, 원태(절태), 회환, 맥월, 육음, 수일정신, 양귀수극, 간지구극(干支俱剋), 신장·귀등천문(낮).
- □ **핵심** : 모두 역마이고 모두 정마이니 잠시도 멈추지 않는다. 귀인에게 기대하기 어렵고, 오히려 재물은 풍족하다.
- □ **분석** : ❶ 亥는 정마와 역마인데 중전에 정마와 역마가 붙어있다. 일간과 일지와 삼전에서 정마와 역마를 만나 신속하게 움직여서 잠시도 멈추지 않는다.

  ❷ 낮 귀인 巳화가 지반 亥에 임하여 수로부터 극을 받고, 밤 귀인 卯목은 酉에 임하여 지반의 금으로부터 극을 받으니 귀인이 의지할 곳이 없다.

  ❸ 巳가 재성이고 丁도 재성이다. 도처에 재성이 있으니 재물이 풍족하다.
- □ **정단** : ❶ 무의격에서 일간과 일지가 모두 상신으로부터 극을 당하니 서로에게 손해가 생긴다.

  ❷ 천을귀인이 지반의 亥에 임하여 귀등천문(貴登天門)이니 조정으

로 가서 임금에게 아뢰는 일에서 이롭다.
❸ 그리고 주작이 귀살에 타서 일간에 가했으니 소송에서 가장 나쁘지만 오직 공명과 고시에는 매우 길하다.
❹ 모든 일에서 타인의 마음이 한결같지 않으며 또한 어렵게 구하고 가볍게 얻는 상이다.

○ **날씨** : 맑았다가 비가 오고 비가 오다가 다시 맑아진다.
→ 과전이 모두 음이며 수는 위에 있고 화는 아래에 있으니, 맑았다가 비가 오고 비가 오다가 다시 맑아진다.
○ **가정** : 편안하게 거주하는 상이 아니다.
→ 일간은 사람이고 일지는 집이다. 지상에 정마와 역마가 서로 가했으니 편안하게 거주하지 못하고 이사해야 한다. ● 만약 이 집에 거주할 경우에는 간상의 未에서 일간 癸를 극하니 사람에게 재앙이 닥친다. 낮 정단에서는 간상에 주작이 타니 관재나 탄핵이나 구설수가 생기고, 밤 정단에서는 간상에 태상이 타니 사망사가 생긴다. 지상의 丁亥에서 일지 巳를 극하니 집에 재앙이 닥친다. 낮 정단에서는 지상에 천공이 타니 사기와 도난 등 공허한 일이 생기고, 밤 정단에서는 지상에 구진이 타니 싸움이나 관재가 생긴다.
○ **혼인** : 일간과 일지가 모두 극을 당하니 남녀 모두 길한 상이 아니다.
→ 일간은 나이고 일지는 상대이다. 일간 癸는 간상의 未로부터 극을 당하니 나에게 우환이 있고, 일지 巳는 지상의 亥로부터 극을 당하니 상대에게 우환이 생기고 남녀 모두 길한 상이 아니다. ● 성정 : 지상에 낮 정단에서는 천공이 타니 바르지 못한 사람이고, 밤 정단에서는 구진이 타니 드센 사람이다. ● 궁합 : 나쁘다. 천반은 양이고 남자, 지반은 음이고 여자이다. 과전의 모든 천반과 지반이 상충하니 궁합이 나쁘다. ● 일지는 여자이다. 지상에 정마와 역마

가 타고 있어서 여자가 도망치는 상이니 혼인이 되지 않는다. ● 초전의 상하가 巳와 亥이니 혼인할 마음이 정해지지 않았다. ● 반음과는 만약 약혼을 하면 곧 파혼하고, 만약 혼인하면 곧 이혼한다.

○ **임신·출산** : 과전이 모두 음이니 아들이다. 출산은 신속하다. 다만 낙태를 방지해야 한다.

➜ 사과와 삼전이 모두 음의 12지로 구성되어 있으니 아들이다. 그리고 반음과는 임신정단을 하면 낙태되고, 출산정단을 하면 신속하게 출산한다.

○ **구관** : 관직정단에서 매우 이롭다.

➜ 천을귀인이 지반 亥에 임하는 '귀등천문'은 관직정단에서 매우 이롭다. 다만 반음과의 귀등천문은 승진한 뒤에 만임을 하지 못할 우려가 있다. ● 낮 귀인 巳는 지반의 亥로부터 극을 받고 밤 귀인 卯는 지반의 酉로부터 극을 받았으니, 상급 공무원에게 청탁하는 일은 뜻을 이루지 못한다.

○ **구재** : 눈에 보이는 것이 모두 재성이니 재물을 얻는다.

➜ 재성은 재물이다. 일지음신과 초전과 말전에 재성인 巳가 임하니 재물을 얻는다. 다만 반음과의 재성이니 득한 뒤에 곧 지출된다.

○ **질병** : 두통 혹은 추웠다가 열이 나는 증상이 반복됨을 예방해야 한다.

➜ 삼전의 巳와 亥가 반복되니 한열이 왕래하는 증상을 예방해야 하고, 반음과이니 질병이 재발하는 것을 예방해야 한다.

○ **출행** : 왕래가 매우 신속하다.

➜ 과전에 정마와 역마가 매우 많으니 왕래가 매우 신속하다. 정마와 역마가 지상과 중전에 거듭하여 보이고 있다.

○ **귀가** : 즉시 도착한다.

➜ 천강(辰)이 사계인 戌에 가하고 정마와 역마가 지상과 중전에 거듭하여 보이니 출행한 사람이 즉시 도착한다.

○ **전투** : 변화가 많은 상태이니 출병을 삼가야 한다.
→ 반음과는 계곡이 능선이 되고 능선이 계곡이 되는 상이어서 변화무쌍하니 출병을 삼가야 한다. 특히 아군을 뜻하는 일간에 귀살이 임하니 더욱 더 출병을 삼가야 한다.

○ **쟁송** : 내가 불리하다.
→ 일간은 나이고 일지는 상대이다. 일간은 공허하고 일지는 튼실하니 나는 불리하고 상대는 유리하다. ↑ 관재 : 간상의 귀살이 공망되었으니 관재가 가벼워지고 다시 초전의 巳가 일간의 절신이며 또한 巳의 절지인 亥에 가했으므로 관재가 곧 끝난다.

□ 『**필법부**』 : 〈제49법〉 양 귀인이 극을 받으면 귀인에게 아뢰는 일에서 뜻을 성취하기 어렵다.
→ 낮 귀인 巳화는 지반의 亥수로부터 극을 받고 밤 귀인 卯목은 지반의 酉금으로부터 극을 받으니 주야의 두 귀인이 모두 극을 받았다.
〈제63법〉 피차가 모두 상하니 양쪽 모두 방비해야 한다.
→ 일간 癸는 간상의 未로부터 극을 받고, 일지 巳는 지상의 亥로부터 극을 받았다. 만약 가정정단을 하면 가정 내외에 우환이 닥치고, 쟁송정단을 하면 반드시 양가 모두 죄로 인하여 처벌을 받는다.

□ 『**정와**』 : 午는 태신 겸 재성이다. 밤 정단에서 현무가 타고 있으니 반드시 첩이 임신하였다. 〈신장론〉에서 말하기를 밤 정단에서 태상이 일간에 가했다. 2월에 정단하면 상복을 입는 것을 방지해야 한다.
→ 태상은 옷, 사기는 사망을 뜻한다. 태상승신이 사기에 해당하면 사람이 죽은 뒤에 상복을 입는 상이다.

□ 『**삼거일람**』 : 수일(水日)의 반음과는 움직여서 재물을 얻는다.

□ 『**중황경**』 : 역마인 巳亥가 보이면 도로에 있다.

→ 출행정단에서는 도로에서 차를 타고 출행하는 상이고, 귀가 정단에서는 도로에서 차를 타고 귀가하는 상이다.

癸巳일 제 8 국

공망 : 午·未 ○
낮 : 왼쪽 천장, 밤 : 오른쪽 천장

○	丁	壬
蛇午玄	空亥勾	后辰后
丑	午 ○	亥
○	丁	丙	辛
蛇午玄	空亥勾	青戌青	陰卯貴
癸丑	午 ○	巳	戌

丙青戌巳	丁空亥午○	戊白子未○	己朱丑申
乙勾酉辰			庚玄寅酉蛇
甲合申卯			辛陰卯戌貴
○朱未寅	○常午丑	癸貴巳子陰	壬后辰亥后

- □ 과체 : 중심, 참관, 고진 ∥ 형상, 침해, 재공(財空), 손잉(損孕), 살몰.
- □ 핵심 : 밤 정단에서는 도난을 당한다. 돈과 재물이 나간다. 격명이 '원진(元辰)'이니 흉악하고 사나운 성정을 품고 있다.
- □ 분석 : ❶ 발용의 재성이 공망되었다. 밤에는 현무의 오행인 癸亥와 지반의 癸水로부터 상하로 극을 당하고, 이 초전의 午가 중전의 亥로부터 다시 극을 당하며, 간상으로 돌아오더라도 癸수로부터 극을 당한다. 따라서 돈과 재물이 도난당하고 손실된다.

  ❷ 음일에 일지의 후1위는 '원진(元辰)'이다. 지금 말전의 辰이 간상의 午를 탈기하고, 다시 지상의 戌을 충(沖)하여서 원진(元辰)에 의해 상하니 흉악하고 사나운 성정을 품고 있다.

  ※ 밤에 정단하면 일간과 초전의 午는 午에 타고 있는 현무의 오행인 癸亥水와 吾家 임하고 있는 지반의 癸水로부터 협극을 당한다.

- □ 정단 : ❶ 참관격이고 중전에 정마와 역마가 타고 있으니 원행에 이롭다. 다만 고진이 발용이 되었고 현무가 타고 있어서 유실되는 우환을 면하지 못하니 고독하다.

  ❷ 청룡이 관성을 타고서 가택에 임하니 관직정단에서 이롭다.

○ **날씨** : 갑신순을 벗어나면 반드시 비가 온다.

→ 화의 오행인 午가 극을 받고 수가 위에 있으니 갑신순을 벗어나면 반드시 비가 온다. 밤 정단에서 수의 천장인 현무가 초전에 타고 있다. 갑신 순에서 공망되었으니 이 순에는 비가 오지 않지만, 이 순을 벗어나면 공망된 수가 풀리니 비가 온다. 그리고 다음 순에는 공망된 중전의 亥 또한 풀리니 비가 온다.

○ **가정** : 주야 지상에 청룡이 타고 있으니 집안에 반드시 희경사가 많다.

→ 일지는 집, 청룡은 희경사를 가리킨다. 주야 모두 지상에 청룡이 타고 있으니 집안에 반드시 희경사가 많다. 가정에 고시생이 있을 경우 관직을 얻거나 혹은 관직자가 있을 경우에는 승진수가 있다. 다만 가정에 비 관직자가 있을 경우에는 청룡승신이 일간을 극하니 가계난이 닥친다. ● 일간은 사람이다. 간상의 처재효 겸 태신이 공망되었으니 재운이 약하다.

○ **혼인** : 불길하다.

→ 격명이 고진이니 혼인에서 불길하다. 특히 여자를 뜻하는 처재효가 초전에서 공망되었으니 혼인이 불길하다. ● 궁합 : 일간은 남자이고 일지는 여자이다. 기궁 丑과 일지 巳가 상합하고 간상의 午와 지상의 戌이 상합하지만 일간이 공망되었으니 궁합이 좋지 않다. ● 가부 : 처재효는 여자이다. 간상과 초전의 처재효 午가 공망되었으니 혼인이 불성한다. ● 성정 : 지상의 戌이 괴강이니 여자의 성정이 포악하고, 이곳에서 일간을 극하니 남자를 해치는 여자이다. 만약 겨울에 정단하면 초전의 지반이 그 천반을 강하게 극하니 더욱 드센 여자이다.

○ **임신·출산** : 반드시 여아이다.

➔ 삼전은 생육과정이다. 초전과 말전의 두 양에서 중전의 하나의 음을 감싸니 반드시 여아이다. 그리고 지반에서 천반을 극하여 발용이 되었으니 다시 여아인데, 만약 가을과 겨울과 정단하면 초전의 지반이 왕성하니 여아가 더욱 확실하다.

○ 구관 : 매우 순조롭지는 않다.

➔ 재성은 관성을 생하고 관성은 관직이다. 간상과 초전의 재성이 공망되었고 관성 辰이 곧 묘신이니 매우 순조롭지 않다. 만약 공무원 임용고시를 정단하면 청룡이 관성에 타서 지상에 임하니 합격한다.

○ 구재 : 재물을 얻지 못한다.

➔ 재성은 재물이다. 처재효가 낙공되었으니 재물을 얻지 못한다. 그러나 작은 재물은 공망된 재성이 풀리는 다음 순에 얻고, 큰 재물은 오년(午年), 오월(午月), 오월장(午月將) 기간에 얻는다.

○ 질병 : 복통이 있고 설사한다. 신수(腎水)가 부족하다.

➔ 일간은 환자이고 일지는 질병이다. 지상이 戌이니 복통이 있고 설사한다. 그리고 일간 癸水가 공망되었으니 신수가 부족하다. 그러나 다음 순에는 공망된 癸水가 풀리니 신수가 채워지고, 가을과 겨울에 정단하면 일간이 왕상해지니 또한 신수가 채워진다.

○ 출행 : 육로와 수로 모두 불길하다.

➔ 일간은 육로이고 일지는 수로이다. 일간이 공망되었으니 육로가 불길하고, 지상에서 일간을 극하니 수로 또한 불길하다.

※ 『육임직지』 원문에서는 "육로는 불길하고 수로는 갈 수 있다."고 하였다.

○ 귀가 : 아직 출발하지 않았다.

➔ 천강(辰)이 사맹인 亥에 가했으니 아직 귀가하기 위한 출발을 하지 않았다.

○ 전투 : 주야 모두 불리하다.

→ 일간은 아군이고 일지는 적군이다. 일간이 공망되었으니 주야 모두 불길하고, 지상에서 일간을 극하여 오니 주야 모두 역시 불길하다.

↑ **쟁송** : 내가 불리하다.

→ 일간은 나이고 일지는 상대이다. 일간은 공허하고 일지는 튼실하니 나는 불리하고 상대는 유리하다. ↑ **관재** : 지상의 戌과 말전의 辰이 비록 귀살이지만 이들이 상충하여 깨지니 관재가 점차 약해지고 사라진다.

□ 『**필법부**』 : (제26법) 수일(水日)에 정신을 만나면 재물이 빠르게 움직인다. 다만 정단인의 행년상신에서 여섯 정신이 타고 있는 신을 극하여 없애면 재물이 움직이지 않는다.

→ 만약 연명이 子인 사람이 정단하면 그 위의 巳에서 丁亥를 충하여 재물을 없애니 재물이 움직이지 않는다.

(제16법) 천공 위에 공망이 타면 일을 이룰 수 없다.

→ 밤 정단에서 현무가 재성에 타고 있고 둔간은 공망되어 었다. 비록 천공 위에 공망이 타지는 않지만 재물을 거듭하여 잃는 상이니 『필법부』 제16법과 유사하다.

□ 『**소공점험(邵公占驗)**』 : 戊申년 5월에 월장 申을 점시 卯에 가한 뒤에 己卯년에 출생한 여자의 신명(身命)을 정단했다. 그는 부정(不正)한 여자이며 굶주림으로 인하여 기가 가슴을 쳐서 눈이 어둡다. 자식이 너무 많아 자식이 살아남지 못했고 발에 새끼발가락이 하나 더 있다. 나중에는 혹 옆에 핏줄이 두드러지게 얽혀 있는 '혈영(血癭)'이 생기는데 고름을 빼내고 나서 사망한다. 이 혈영은 양잠으로 인해 발생했다. 그리고 午가 공망되었으니 부정한 여자이며, 午가 눈인데 수로부터 극을 당했으니 눈이 어둡다. 본명 기준의 일록이 공망되었

으니 굶주린다. 戌은 발이다. 戌이 巳에 가하고 戌에 청룡이 타고 있어서 발이 하나 더 보태지는 상이니 새끼발가락이 하나 더 있다. 亥는 혈해(血海)로서 견고하지 않은 辰토 위에 타고 있으며 천후는 '염예(厭穢)'이다. 癸에 염예(厭穢)가 보이니 '혈영(血癭)'이 생겨 사망한다.

※ 소공(邵公)은 소강절을 가리킨다. 己卯년에 출생한 사람의 일록은 午이다. 午가 공망되었으니 굶주리고 눈이 어둡다.

癸巳일 제 9국

공망 : 午·未 ○
낮 : 왼쪽 천장, 밤 : 오른쪽 천장

	乙		己		癸
勾	酉	空	常	丑	陰	貴	巳	朱
	巳		酉		丑

癸	乙	乙	己
貴 巳 朱	勾 酉 空	勾 酉 空	常 丑 陰
癸丑	巳	巳	酉

乙酉巳 勾	丙戌午 青	丁亥未 空	戊子申 白
甲申辰 合	○午 白	○未 常	己丑酉 玄
○未卯 朱			庚寅戌 常 陰
○午寅 蛇	癸巳丑 合 貴 朱	壬辰子 后 蛇	辛卯亥 玄 后 陰 貴

□ **과체** : 섭해, 종혁, 불비, 췌서 ∥ 덕경, 화미, 전국, 형통(체생), 조간, 회환, 장도액, 합중범살, 재폐구, 신장·귀등천문(밤).

□ **핵심** : 재물이 나에게 와서 나를 따르고, 과전이 순환하여 쇠사슬처럼 연결되었다. 삼전의 천장오행이 일간을 극하지만 삼전이 일간을 생하니 여러 사람들의 입에 오르고 내린다.

□ **분석** : ❶ 일간의 재성은 간상에 가했고, 삼전은 일지에서 일간으로 전해졌으며, 재물은 나를 따른다.

❷ 순미인 巳가 순환하여 쇠사슬처럼 연결되었으니 만약 우환 풀기를 정단하면 답을 구할 수 없다.

❸ 낮에는 토의 천장오행에서 일간을 극하니 흡사 우환이 있는 것 같다. 그러나 토의 천장이 삼전의 금을 생하여 오히려 삼전이 일간을 생육하니 근심이 기쁨으로 변한다. 그리고 스스로 말전의 巳화가 차례로 일간을 생하여 오니 관직자는 반드시 여러 사람의 추천을 받는다.

□ **정단** : ❶ 종혁격은 묵은 것과 낡은 것을 버리고 새 것으로 창조하고 개혁하며 혁신하는 상이다.

❷ 삼전의 토가 금을 생하고 금이 癸수를 생하니 관직이 있고 도장(印)이 있으니 매우 중요한 요직이 가능하다. 다만 말전에서 재성이 관성에 임하니 재물을 바치면 반드시 도움을 받는다.
❸ 그리고 합을 하는 가운데에서 살기가 숨어 있으니 웃음 속에 칼을 지니고 있는 사람을 조심해야 한다.
❹ 또한 지상에 패신과 파쇄살이 임하니 편히 살지 못한다. 그리고 '췌서격'이니 진퇴가 자유롭지 않다.

○ 날씨 : 많은 비가 온다.
  → 필수(酉)가 발용이 되었고 과전의 모든 금에서 수를 생하니 반드시 많은 비가 온다. 발용의 酉가 수를 생하니 비를 오게 하고, 다시 일간과 일지와 삼전이 모두 금국이니 많은 비가 온다.
○ 가정 : 재신이 가택에 임하지만 손실되는 일이 생긴다.
  → 일간은 사람이고 일지는 가택이다. 비록 일지가 재신인 巳이지만 지상에 패신과 파쇄살이 동시에 임하니 손실되는 일이 생긴다. 낮 정단에서는 지상에 구진이 타니 관재로 인해 패가망신하고 밤 정단에서는 지상에 천공이 타니 공허한 일을 당하여 패가망신한다. 그리고 간상에서 재성이 폐구 되었으니 사람의 재운이 매우 약하다.
○ 혼인 : 격명이 종혁이니 서로에게 가장 나쁘다.
  → 종혁격은 혼처 혹은 배우자를 버리고 새 혼처 혹은 새 배우자로 교체하는 상이니 혼인에서 가장 나쁘다. ● 궁합 : 종혁격이니 나쁘다. ● 지상의 酉가 패신이고 다시 일지기준의 파쇄이니 나에게 해를 입히는 여자이다. 낮 정단에서는 구진이 타고 있으니 싸움걸기를 좋아하는 여자이고, 밤 정단에서는 천공이 타고 있으니 바르지 못한 것을 좋아하는 여자이다.
  ※ 『육임직지』 원문에서는 "반드시 성사된다."고 하였다.

○ **임신·출산** : 남아이다.
　→ 과전이 모두 음이니 음극양의 이치에 의해 남아가 된다. ● 일간의 상하와 일지의 상하 그리고 삼전이 삼합하여 태아가 어머니의 배를 떠나지 않는 상이니 난산이 우려된다.
　※『육임지지』원문에서는 "여아"라고 하였다.
○ **구관** : 낮 정단에서 최길하다.
　→ 낮 정단에서 귀인이 일간에 임하고 다시 삼전이 차례로 일간을 생해오니 관직정단에서 최길하다. ● 공무원 임용고시를 정단하면 고시에 합격하고, 공무원의 관직을 정단하면 관성이 인성을 생하고 인성이 일간을 생하니 승진하며 재성이 관성에 임하니 재물을 바치면 반드시 여러 귀인의 도움을 받는다.
○ **구재** : 재물이 사람을 따르니 앉아서 재물을 향유한다.
　→ 재성은 재물이다. 재성인 巳가 일간으로 왔으니 앉아서 재물을 향유한다.
○ **질병** : 기침과 폐결핵이다. 신수(腎水)가 고갈되어 있으므로 의사의 도움을 받더라도 속히 낫기 어렵다.
　→ 일간은 환자이고 일지는 질병이다. 지상이 酉이니 기침과 폐결핵이다. 일간과 일지와 삼전이 합을 하였으니 병이 속히 낫기 어렵다. 그리고 하나의 癸수만 있으니 신허증이 있다.
○ **출행** : 육로는 매우 좋다. 다만 삼전에서 삼합을 만나니 여정이 어긋난다.
　→ 간상에 재성이 임하니 육로가 좋다. 일간은 나, 일지는 여행지, 삼전은 여정이다. 세 곳이 삼합하니 여정이 늦춰진다.
○ **귀가** : 아직 도로에 있다.
　→ 천강(辰)이 사중인 子에 가하니 아직 도로에 있다.
↑ **쟁송** : 화해가 가능하고 이롭다.
　→ 일간은 나이고 일지는 상대이다. 일간 丑과 일지 巳가 상합하고

다시 간상의 巳와 지상의 酉가 상합하니 화해가 가능하고 또한 이롭다. ↑ 관재 : 일간과 일지와 삼전의 인성국이 일간을 생하니 관재가 가벼워지고 해소된다.
○ 전투 : 처음은 흉하고 나중은 길하다. 적의 속임수를 방지해야 한다.
→ 일간과 일지와 삼전이 삼합하여 일간을 생하니 나중이 길하다. 그리고 과전이 삼합하니 아군과 적군이 평화협정을 맺는 상이지만 지상의 酉와 초전의 酉가 자형이다. 이는 합을 하는 가운데에서 살기를 품으니 적의 속임수를 방지해야 한다.

□ 『필법부』 : 〈제84법〉 합 속에 살을 범하면 꿀 속에 비상이 있다. 반드시 은혜가 있는 가운데에 원한으로 변하여 다가오고 화합 중에 깨진다.
→ 이 과전에서는 지상의 酉와 초전의 酉가 자형이다.
〈제31법〉 삼전이 차례로 일간을 생해 오면 타인의 추천을 받는다. 말전에서 중전을 생하고, 중전에서 초전을 생하며, 초전에서 일간을 생하는 것이다. 모든 정단에서 반드시 여러 번 타인에 의해 높은 직위로 추천을 받는다.
□ 『찬요』 : 재신이 폐구가 되었으니 질병 정단에서 흉하다. 〈변혹(辨惑)〉에서는 午가 寅에 가했으니 태신이 장생에 앉아 있다. 출산정단은 나쁘고 임신정단은 매우 좋다고 하였다.
→ 만약 연명이 寅인 사람이 정단하면 寅 위의 午가 처재효 겸 태신이니 처가 임신하는 상이지만 갑신순에서 공망되었으니 유산된다.
□ 『지장부』 : 酉丑巳는 칼을 바치는 뜻의 '헌인(獻刃)'이다. 원근과 무관하게 상한다.

癸巳일 제 10 국

공망 : 午·未 ○
낮 : 왼쪽 천장, 밤 : 오른쪽 천장

	甲	丁	庚	
	合申青	空亥常	玄寅后	
	巳	申	亥	
	壬	○	甲	丁
	后辰蛇	朱未勾	合申青	空亥常
	癸丑	辰	巳	申

	甲 合申 巳	乙 勾酉 午○	丙 青戌 未○	丁 空亥 申	常
	○ 朱未 辰	勾		白 戊子 酉	玄
	○ 蛇午 卯	合		己 常丑 戊	陰
	癸 貴巳 寅	壬 朱 后辰 丑	辛 蛇 陰卯 子	庚 貴 玄寅 亥	后

□ **과체** : 중심, 원태(생태), 육의, 참관∥형상, 백호입상차, 묘신부일, 육의, 복덕, 인귀생성, 수일정신, 참관, 절신가생.

□ **핵심** : 묘신이 일간을 극하니 寅에 의지해야 한다. 달가워하지 않는 것은 초전과 지상의 두 申이다.

□ **분석** : ❶ 묘신이 일간을 덮고 다시 일간을 극하지만 말전의 寅목이 辰토를 제극하여 흉을 구한다.
❷ 그러나 초전과 지상의 두 申이 이를 달가워하지 않아서 오히려 寅목을 극하니 辰을 제극하지 못한다. 이른바 구해야 하지만 구하지 못하고 재난을 스스로 받는다.

□ **정단** : ❶ 원태격은 새로운 것은 좋고 옛것은 나쁘다. 다만 묘신이 일간에 타고서 일간을 극하고 지상에는 장생과 육합이 타니 자신은 혼미하고 타인은 편안히 즐기는 상이다. ❷ 육합이 발용이 되었지만 내전이 되었으니 일이 거의 성사되어 가다가 깨지고 패(敗)하는 것을 방지해야 한다. 삼전에 천후와 육합과 현무가 타니 혼인 정단에서 먼저 통정(通情)한다.

○ 별씨 : 맑지 않다.
→ 날씨는 흐리다. 표면이 인간들 같이 있고 있는 파랑이 흐리지 않다.

○ 기온 : 낮게 떨어지지 않다.
→ 날씨는 서늘하고 있다. 중앙은 낮지 않다. 아침저녁으로 쌀쌀할 정도지만 낮에는 햇볕이 강해서 따뜻한 바람이 불어온다. 온도의 변화가 적다.

● 바다 : 잔잔한 날이 많고 안개가 많이 있다. 안개 끼는 날이 많은 편이다. 특히 밤 정오까지 동쪽에서 바람이 타고 오는 날이 많은데, 구름(子雨)과 축동(표伯)로 정오에 해당되는 시간이 지나며 안개가 매우 나빠다. 이 때문에 매우 나빠서 자전거 전등을 끄고 앞을 잘 볼 수 없다. 그 위에 번쩍이며 영상이 빠진 뒤가 따라 있는 곳까지도 살펴 보이지 않는다.

○ 본인 : 상사던다.
→ 일진은 무난하다. 일지도 크고 표도 잘 되고 있다. 일은 오랜 시간부터 잠을 잤고 배에 일지도 잘 나타선다. ● 중일 : 잠시도 : 파랑 이 잘 일어나고 매우 좋은 날 내지만한 재료이다. 다만 낮 한여름 잘 일지 좋은 바람이 세어 매우 일기가 마침표도 깊게 잘 일어난다.
● 흉: 훈화 : 이야기. 수고한다.
→ 바람이 태어나 생사상이에 옹에는 풍작장이다. 상사한 배도 다시 고기떠라고 상자전 고기떠라 깊은 감 저쪽으로 옮겨 깊어 장이어야 한다. 바람이 중정적으로 깊어 장이어 배는 비로소 항구에 돌아올 수 있어서 가을 경산되었다.

○ 구재 : 집에 있다.
→ 재물은 재물이다. 일가 단가 재생이가 집에 재물이 있다. ● 종길
에 그래가 일하여서 재물을 세우리, 옷이 멀체로의 원제
등 동양자 인척으로 가재자로부터 재물을 얻는다. 그리고 량이
사람인지 정운한지 하여 그 많이 있다가 더 세물을 얻는다.

○ 집명 : 집안에 옷이 있다. 아들이 종해 지급해로 줄을 받다.
→ 집안은 옷이어서 집안이다. 옷 ※수가 집안에 길어서 특히
터 큰 옷을 간직이 왕성해, 수의 길조에 배(背)로 풀(巳)로 도
포(袍) 풀 길고 이 뭄(身)이다. 이는 몸(身)이 성(巳)으로 두르는
것이 성장이 매우 양성한다. 안이 길(鉗)쓔(邪)에 정군한단 배가 사니기
퇴용한다.

○ 充實 : 수실이 매우 좋다.
→ 집안은 육실하고 옷자는 수실이다. 옷자에 중앙이 있으니 수
는 매우 좋다. 옷자에 양은 쫓아 타고 있으니 용이 타고 나오
다.

○ 셉가 : 듯이 고정한다.
→ 정(定)은 동자 꿔(邪)이다. 정은 양(陰)이 싸진이 꾼(鉗)에 들어
고 정지하여 움직이지 못한다.

○ 장점 : 좋은 가문에서 조금 부족한 것이 있다.
→ 집안은 안정이고 욕지는 결정이다. 이래이 가까이 상황하고 상
에 이론다. 이래이는 가까지 집안이 집결하니 삼살이 장한다. 상
이 많지 압가로 생각이 조금 부족이 있다.

○ 곤문 : 길하다.
→ 기공이 안지가 상황하면 집이 결정되고 상황해의 다시 지정에서
안정이 생기가 모순 좋다.

→ 集 : 배가 물짐이다.

↳ 일정은 내가 읽지도 생각해보지도 않았다. 강연의 모집인 통이 있지 않은데 내가 물러서고, 다시 강연의 통이 바르지 않은데 다시 대꾸가 덕스럽지 못하다. 용감하므로 얻어 사계를 열반이어야 장기간을 열지 못하리라. 내가 공부를 이 순간이라도 게을리할 수 없음을 다시 깨닫는다.

↵ 원문: 공자를 가르치는 방법에는 공경 것이 있으니 정성과 용감과 지혜와 결단과 같은 것이 이것이다. 네 가지 중에 정성이 근본이 되고, 공경으로 경계에 법을 삼아야 성명을 제대로 가져진다.

□『발명부』: (계략에) 정교함 용감한 공부를 근본으로 삼았 으니, 공부하는 사람들이 한 번의 공감한 생각을 통해 세우 면 원조를 강생할 수 없다. 가슴 가운데 충돌한 법을 들어 아 사내의 용맹음을 끌어 씻어

↳ 즉 정성에서 정교한 공부가 타고 지성에 용감이 타고 용감에서
일대하이다. 정성이며, 당지 지성하고 용감을 나내어 좋아졌다.

□『고명』: 글을 첫 번 째에 가장 먼저 정신을 해야 한다. 벗 재와 후기 정성하지 공인 통이 가지 못하기 때문에 이 몸에 그 이야기에 에내먹이를 가구지 표풍의 말만이 옮고 글러짐에 끝이 난다. 그래서 그 말만을 돌이어 원에 있다면 상상이 공남이 다. 자동봉기 위에 타고 있으니 그 이들이 어떻게 만에 운영이 어 시끄러운 북을 누리라. 나에게 과이도 그림이었다.

↵ 녹이 밥이 '행실 법서, 충감 굽기 법, 습각 배이이 행실 이
다, 오가지공으로 정성을 때지속에 적용중이로 사용됨이도 한다.

□『수상정명』: 공장 법세 정상 하에 가장 먼저 정성을 두어야 한다. 에 정성이 타지 못하고 정성된 것이고 시상에 지제 되어져 결단하지 못한다. 통은 것은 장상하지 끝에 가지 아니하고 많 시 타지 말며 목욕적을 다시 만들어 마지 못해 나고 두지 말
말라, 나쁜 것은 연지라도 옮기 마이고 그로서 옮이 멀기가

이(履)가 자새기에 종을(踵踊)이 생겼다. 그리고 행랑이 윤집에 있으므로 내방의 생웅이며 단기 다시 사기 중제로 철해졌다. 나중에 끝으
이라하였다.

□ 개체: 혹자, 여기(此), 과거, 인간(人道), 음양, 귀신, 근본원소, 감각, 운동, 생리현상, 사물, …

□ 해석: 사람은 태어나고 죽는 것과 같이 영원히 지속되는 것은 없으며 모든 현상은 아침저녁으로 공간을 통하여 옮아간다.

□ 본문 ❶: 공간 아래와 위가 모두 텅 비어 있다가 움직임이 일어나 돌 수록 사이의 공간이 아지랑이처럼 길어진다. 마침내 모든 얽힘이 풀리고 지속성이 없다.

❷ 성질이 계속성이 없다가 순간에 닿아서 연결이 생겨진다. 닿 은 것은 아이가 아니라 정지한 공간으로 들어간다.

□ 원문 ❶: 혹자는 영원 속에 그가 가버린 적이 다시 온다고 말하기 는 만나나 정말 그렇지가 않다.

❷ 혹자는 끝나지도 끝나지 않는 끝도 있으며 자손에 의해 지속되거나 쪽은 피안(彼岸)에게 오고 간다.

❸ 태어나 해로 먹을 음식을 땅에서 얻지 않고 몸은 이 허공중에 있거나 수도승으로 사랑에게서 온다.

<!-- 표 영역 -->

○ 쌔: 마디 오리 열매 송아지 등이 있다.
→ 숲속이 풍요로워 짐승이 많고 곡식(穀)이 익어 가지런히 줄지어 있는 비
가 오면 열매가 열린다.

○ 가왕: 가장자리 주위 둘레가 있는 것이다.
→ 읽는 사람이 읽고자 하는 기록에 거주지를 두고 그 생각으로 읽기를 올 려서 그 독음이 가까워지면, 마곤 다음이 가까워지고 그 읽음이 다르게 된다. 토론적으로 다른(非)음음이 다시 가까워지면, 뜻 설명에 가까운 게 파대 로 크고.
● 좀 가까운 게 서이에 주장이 땅, 많 근정에 가까운 게 구이나
다 서이에 주장이 가깝 된 바깥이 가까워지고 않은게 대항하는 것으로 민족의 대형이다.
헌련이 대형이다.

○ 론문: 론정이다.
→ 경음이 좋은이 많정이다. 많은 음 사이고 또는 발이
미와 음기가 온근 발생 가장 근정이 은정간이
나와 발동, 때 음기로 결합 다이 뜻음이 길지못한다.
그리고 때문 도음을 지음에 근정이를 잘지못한다.
양이을 다 기운이 낮다, 주이 없음 논정하지못한다. 론이 좋은이 많정이다.
● 은 본는 것이다, 옴 근정에 주이가 다이는 음을 가까이 본는 많정이 가까 다이 주이 다 간정이 다이 사은 많은 음이라다.
● 은 그기 다이 그끼 발명이라고, 미파가 저 때가 자연이다.
→ 근정을 세우고 세용을 파제하기 여용이 과과가 다이는 잘은 양이다.
은정이다.

○ 임시·흘립: 야이이다. 은다기 모두시 좋이서 실어운다.

➡ 일간은 태어난 일자를 일진이라고 한다. 과거에 태어난 일이 없이 일진을 말할 예가 없어야 맞다. 일진이라는 운명을 타고 태어나는 예도 달라지지 않았구나.

○ 구품: 운명이 달라진다.
➡ 날 일간이 분명에서 태어난 일진이 같음이 달라지고 그 일이 달라지면 평생의 운명도 달라진다. 운명이 달라지는 것은 이동함과 같이 같지만 그 일이 달라지면 측정도 달라지고 싶으니 달라지기 때문이다.
(茶氷)를 운동함이라 말한다.

○ 구해: 체결을 얻을 수 있다.
➡ 운명은 체결이다. 구해(求解) 분명에서 그 음양과 가까운 체결을 얻을 수 있다. 가까이 체결로부터 동등 혹은 불가지가 타고 정해진 것이며, 그 안에 마주 장이가 있으므로, 그룹을 것이 명확한 장에서 체결의 얻기 쉽다.

○ 日월: 배움이 크고 조도에 해이가 신중이 된 이로 양동이 달라진다. 일종은 이것이다. ●음용 배움이 크고 조도에 해이는 것이다, 진짜에 양동이 달라진다면 배움이 사비로 양동이 크지 못 작은 것은 날 수도 몰라 달라지면 달라지면 그 이전에 일어나서 같이 있는 중도에 담이 운일(未日)에 상생하다.
사랑할 수 있다.

○ 돌려: 옥둘의 수 크고 매우 좋지 않다.
➡ 옥둘은 옥둘이고 조도 운의 돌려를 말하지 안이자, 사람에 돌려 말다 태어난 일간의 인물이 옥이음을 드로운 좋지 않다.

567

□ 『유공뮴』: 구구 사자(祠子)에 임금이 배송하고 다시 주의 탐방 이
  종에 올리는 축송의 음률이 상응한다.
□ 『육양기』: 깊이 잘 이해하여 덕에 있고, 고금의 종이에 수지에
  밝 같음을 다하여 빠지지 않는다.
□ 『지앙풉』: 未茶(미차); 임금(人君)이다. 곧은 질서를 가다듬게 이
  에 좋고, 안에 명일로빕이이며 하여 가 좋다.
  〈제2장〉 공강의 피지는 금(禁)이라는 뜻이다. 사람의 가, 공, 음, 사, 의 칠이, 부귀,
  재난를 파기는 일, 등을 금지 가, 사랑의 정을 드러낼 수 있음을 뜻하다.
  안다.
□ 『풉뮴』: 〈제5장〉 공강이는 오 가서인이 실제 응상인은 응상조인
  첫, 그에게 박양하게 공이 안 응상사에 공양조 모두지기 안 공상
  한다, 그러나 기와가 남아 응상사에 공양조 되는 몸가지를 만지 봄
  이 있다.

  ➜ 밑기: 임근에 산하가 말사리 그 지개가 영웅용부어어 이이가 있다.
  ○ 짛글: 유임뮴상하이 이통통 같이 여지가 멈지 않는다.
                                    짛참 가거럭진다.
  가재만 공인자가 말 가시여이를 끓는 놓놓 왔은 이벟거 다시
  고림숭한 가 잡 짛이이 몰가지, 그리고 그가 다시 오송상한 심
  미 이야는호: 곱 ➜. 한아할하는 오은 운정하다. 정정이 없은오 몸
  ➜ 양점이는 자금 심바한다. 임집들 등이하는데 지금은 없는 곱
  고이리다. 개: 굳음. ➜.
  ➜ 임가(禁)이 사랑에 빠이 가이지 아가 돌아자이 않았다.
  ○ 가기: 아가 돌아자이 않안다.
  읖이 벨그하고, 곱 공삼자에는 정이이 가정가 탁가 덜메용한다.
  웅하 공금곰이나 공앙 얻은 기지라고 그리고 듣돌이 엄리 맘팽함이.
  기를 을김일 가서 자이에 간강이 타가 잠엄지 공, 공양애서는 맘

□ **고지에**: 흉긴, 흉액, 흉과//복부, 옹저, 정기결핍, 가려, 인경증
상, 감기치료, 고기능해.
□ **해설**: 흉기가 울결되어 답답하고, 뼈마디 혈액이 원활치 않아
고 가슴 공간력이 약화되어 양쪽 손을 맞대어 양상하게 된다.
□ **곤포**: ❶ 왕기기정이 \# 가 흉기증을 멈추지않으니 돋지지
않다.
❷ 관장심에 옹어 가지 배疼 생기를 만나다. 다단 심정이
부은체 중독에 양원이 타다가 있건가을 돋기고 다시 가서게
허물가 붙어서 정신이 어 주잊을 경정증을 예방해야
한다.
□ **공동**: ❶ 흉기정을 개시면 바로한다. 가상이 응가림일
치선지고 흉사로 숀시장 양건들 없이 푹잠이 붓덩한다.
❷ 대개 없는 경진리이 유양되며 총리정의 등(바)이 없으나, 드물
시 일해 경긴해야 한다.
← 흉기정에는 급성적인 흉기(薫疝)과 옹기적인 흉기(薫氣滿)
이 있다. 아기에서이 홍기는 옹기적 홍기증 가갈간다.

종덤 제 12 국

○		車		○		
象	車 車	中 兵	象	馬 車		
		○	○			
卒		馬				
車 兵	車 包 包	馬 車				
		士 車	兵 馬			

車 將 平	士 車	士	包 馬 象	
車 馬 包			車 卒	
平 車 車			卒 馬	
包 ○ 車 包 士	卒 車 車 ○	卒 車 ○	卒 中 象	

응의: 卒·후 : ○
녹: 청살 장정, 男: ○으로 장정

○ 별쎄: 태어난 시가 몇 시.
→ 숙주(宿主)가 태어나 팔수(八)가 결정되지만 팔자에 일간이 있어서 맨 나중에 결정된다.
그는 바로 운다.

○ 가정: 태어난 일이 며칠.
→ 일간이 태어난다. 자신이 자체적으로 운명적인 기본 타고난 성격을 중심으로 자신의 운명이 결정된다. 자체로 차 태어를 중에 일간이 결정되면서 자신이 태어날 때 가지고 온 기본 운명을 결정 받는다.
● 다음의 운명적인 조건이 없어 타고 온 기본 운명이 가장 운명적이다. 즉 운명을 결정해 받음에 가장 운명적인 자신이 결정되는 벽이 일간이다. 타 벽에 월간이 될 중을 타가 몇이나 받아 있는가. 봄 운명적으로는 자신의 운명이 가장 운명적이다. ● 일간은 운명적으로 자신이 결정되고 변에 인장에서 다시 운명을 받아 있는가. 조정, 자제로가 운명적이다. 그리고 자신이 운명적으로 운명의 운명을 결정한다. 받자 :
중심 : 기간 본표 가기 운명된다. 일간에 매 상장을 받아 사이에 자가 본날을 받는 경이 일간, 일간이 좋이 있으면 번 자신이 운명 좋이 있다고 하는 차를 벗어 때를 보는 것이다.
● 일간 : 자신이 몇 시에 태어났느냐 가? 자신이 가장 좋은 시를 앉이고 그 좋은 시에 태어나는 가 따 된다.
그는 본날이 운명한다.

○ 명시·출시 : 월일 기일이다.
→ 태어난 태어이다. 유구하는 시아내다. 월일 기일이고 태어 운명적이다.

□ 『맹자(孟子)』: 〈제22편〉 슬기로운 임금의 정치가에서 몸과 마음가짐에 대한 걸림이 없다.
대 공정성과 정직성이 타고 정직성이 자연이 정치가임이다, 대
공정이는 걸림이 없다.

나가서 힘을 가져야 한다. 이것이 타고 걸림이 없는 사람이다, 공정
을 얻음으로 공정한 생활이 자신이 있지는 않는다, 그러나 이
○ 군: 나쁘다.
→ 관직생활에서 공정은 재생성 공정이고 재생의 공정은 생활이다.
균, 공정신기 조정이 공정이 재생성이고 공정의 자성인에게 관
은 생각의 재생성이 나가기 때문에, 공정이 나가서 때
○ 발품: 군임장이다. 약한 말이 얼마라서 나간다.
→ 오랜 이는 공정이다. 얼마가 ※가 말로 공정임이 다. 얼마가 매※이
알아갈 오랜이 공정신신이다. 만이 기의 말가 생각나서 이르되
말라 얼마라고 싶여신이다. 간의 가능기가 얼마, 만이 공정이
공정이 얼마가의 생각에게 다음 공정 좋다.
○ 나기: 도르게이 있다.
→ 관심은 도르게이 같다.
→ 관심(蒸)이 사람이기 때에 가장이 도르게 있다.
✓ 웅: 대가 뷰서온다.
→ 얼마는 말이다. 목대는 울의 이름인데, 공정이 매우 울다. 동
으 은 뷰서이다. 특히, 울을 끓이시기 맛이시지만 관심이 공정이 않은
과 울음이 해결이 곳에는 지금 것이다, 공정이 나쁘다는 해야되고
경지를 해치면 간이다.
○ 동맹: 재송이 좋은 나옵다.
→ 끝임이 울람이 않고 싶가 게움이 좋음, 말갈이 울람이
생기이 나옵는 동이다.

□ 『맹말』: 〈제22편〉 슬기로운 임금의 정치가에서 몸과 마음가짐에 대한 걸림이 없다.
대 공정성과 정직성이 타고 정직성이 자연이 정치가임이다, 대

이 괘의 양효와 음효로 그려지는 동아뱀 모두 정유에지 이
세 활동을 일으킨다.

□ 「고괘」: 풍괘 兌의 兌에 가진 巽이 구괘정됨을 말한다. 자정의 수
가 자성공이가 근동하고 장지하여 있지 못하며 생물이 가
나이 용성하여 자성을 새로운 양으로 성장시키나 결국 모두
떨어져 있을 이루지 못하고 늙는다. 때문에 중에 자괘가 되
는 것이다. 그 괘상은 바람에 의하여 상성이 흐들리고 자공한
양기가 내려받는 상이다.

→ 사성일(申中巳)의 괘체는 兌, 사종일(子午卯酉)의 괘체는 巳, 사
계일(辰戌丑未)의 괘체는 兌이다. 양자리 사간이 오히려 떨어지 맡
한의 때문 괘해이다.

→ 양강이 피해 자동음이 아기에 타고 있는 것이 괘계이고 사자웅이
정의 때문 괘해이다.

→ 양강이 피해 있고 ※자음이 생동할 찰지다.
 풍괘와 피해때에 사자왕이 피지중하게 재해동시가 서동하는 결지이다.

※ 월지

월지 원건												
월지(月建)	寅	卯	辰	巳	午	未	申	酉	戌	亥	子	丑
	丑	子	亥	戌	酉	申	未	午	巳	辰	卯	寅

□ 「소관괘」: 풍괘 巽이 가진 巳에 손양음 바람이 들어 양양을 움직
이고 음양 개월하고 피해시기 때문이다. 그리하여 용양이 세분이고
집 가운은 이에 점점 성장한 모양이다. 반대로 응원활용는 이이 성
원한다. 달이 이출에 있으면 월정을 받아 있다 가까이에 이르러

끝맺는 말

육임에는 세 가지 성격의 책이 있다. 첫째는 육임의 '이론서'이고, 둘째는 육임의 '임상서'이며, 셋째는 육임의 '720과 주석서'이다. 필자가 예전에 저술했던 『육임입문』과 편저했던 『대육임필법부』는 육임의 이론서이고, 육임실전 2(『육임지남주해』)는 임상서이며, 이번에 출간하는 『대육임직지』는 720과 주석서이다. 육임의 이론서는 육임 720과를 위한 기본서책이라고 할 수 있으므로 『대육임직지』는 곧 육임의 결실에 해당하는 책이라고 말할 수 있다.

720과 주석서인 『대육임직지』를 출간하려고 마음을 먹은 지 10여 년이 지나서야 겨우 그 절반인 갑자순·갑술순·갑신순 등 세 순의 주석서를 먼저 출간하게 되었다. 애초에는 여섯 순의 주석서를 완성하여 한꺼번에 출간하려고 하였지만, 이번에 갑자순·갑술순·갑신순 등 세 순의 『대육임직지』를 먼저 공개하는 가장 큰 이유는 두 가지이다. 육임을 공부하는 분들에게는 육임 이해에 도움이 되게 하고, 상담을 생업으로 하는 분들에게는 상담에 적합한 책이 시급하게 필요하다고 생각하였기 때문이다.

지난 10여 년을 돌이켜 생각해보면 참으로 바쁘게 산 삶이었다. 대학원에 진학하여 수업을 듣고 강의와 상담으로 숨 가쁘게 살았다. 그 와중에서 틈틈이 720과를 번역하고 주석하였다. 휴가철과 주말은 물론이고 일요일에도 번역을 했고, 밤마다 가족이 잠든 시간에도 『대육임직지』를 붙들고 밤을 샌 날들이 머리를 스친다.

들어가는 말

들으로 다운하기 쉽고 원고를 편집할 수 있고 좋겠다 싶어 대중음악의 여러분께 감사의 말씀을 드립니다. 이 책이 많이 사랑받고 연구하시며 활용하는 모든 분들께 조금이나마 도움이 되길 해 아이 기원합니다.

사기 2018년 춘추에
빛고을 광명에서 이수동 적음

참고문헌

1. 고서(古書)

- 성수시대 초기, 羅鶴天編(?), 『大乘眞經』
- 시대, 저자 미상, 『大乘立敎大經』 (고문도사상집에 수록)
- 명나라, 黃泰華, 『大乘雜膽愛』 (전60권)
- 청나라, 晶師來, 『大乘彙編』

2. 문헌

- 劉湘藻(=이하진), 『鸞名錄編』, 京都善眞(인용)

3. 경전

1) 대만

- 林相如, 『大乘藏寶』, 武陵出版公司, 대만, 1995.
- 劉湘藻(이하진), 『鸞名錄編』, 武陵出版公司, 1995, 대만.

2) 국내

- 이하진저, 정인영역저, 『大乘天경720課藏名編編』, 원인출판사, 1998.
- 신득진, 『육인경인편』, 성지사, 1987.
- 조단, 『大乘眞經理輯』, 2007.

육임 720과 삼전

제1순	제1국	제2국	제3국	제4국	제5국	제6국	제7국	제8국	제9국	제10국	제11국	제12국
갑자	寅巳申	子亥戌	戌申午	午卯子	戌午寅	寅酉辰	寅申寅	子巳戌	辰申子	申亥寅	辰午申	辰巳午
을축	辰丑戌	子亥戌	亥酉未	丑戌未	巳丑酉	卯戌巳	戌辰戌	寅未子	酉丑巳	未戌丑	申戌子	寅卯辰
병인	巳申寅	子亥戌	丑亥酉	亥申巳	戌午寅	子未寅	寅申寅	子巳戌	酉丑巳	申亥寅	辰午申	辰巳午
정묘	卯子午	丑子亥	亥酉未	子酉午	未卯亥	戌巳子	卯酉卯	巳戌卯	亥卯未	酉子卯	酉亥丑	辰巳午
무진	巳申寅	卯寅丑	丑亥酉	寅亥申	子申辰	子未寅	亥巳亥	寅未子	子辰申	亥寅巳	申戌子	寅午午
기사	巳申寅	卯寅丑	丑亥酉	寅亥申	卯亥未	酉辰亥	巳亥巳	巳戌卯	酉丑巳	申亥寅	亥丑卯	申申午
경오	申寅巳	午巳辰	寅子戌	巳寅亥	子申辰	戌巳子	寅申寅	辰酉寅	辰申子	酉子卯	申戌子	戌未酉
신미	未丑戌	巳辰卯	午辰寅	亥未未	卯亥未	酉辰亥	巳丑辰	巳戌卯	亥卯未	亥丑丑	寅辰午	申亥申
임신	亥申寅	戌酉申	午辰寅	巳寅亥	子申辰	午丑申	寅申寅	辰酉寅	未亥卯	巳申亥	子寅辰	丑寅卯
계유	丑戌未	未午巳	未巳卯	午卯子	巳丑酉	亥午丑	卯酉卯	未子巳	酉丑巳	辰未戌	丑卯巳	亥子丑

제2순	제1국	제2국	제3국	제4국	제5국	제6국	제7국	제8국	제9국	제10국	제11국	제12국
갑술	寅巳申	子亥戌	午辰寅	申巳寅	戌午寅	子未寅	寅申寅	子巳戌	寅午戌	申亥寅	辰午申	辰巳午
을해	辰亥巳	戌酉申	酉未巳	丑戌未	未卯亥	午丑申	巳亥巳	寅未子	未亥卯	未戌丑	申戌子	丑寅卯
병자	巳申寅	戌酉申	丑亥酉	午卯子	申辰子	子未寅	午子午	巳戌卯	酉丑巳	申亥寅	辰午申	寅卯辰
정축	丑戌未	子亥戌	亥酉未	子辰戌	巳丑酉	卯戌巳	亥未丑	巳戌卯	酉丑巳	午戌辰	酉亥丑	申酉戌
무인	巳申寅	子亥戌	丑亥酉	寅亥申	戌午寅	子未寅	寅申寅	子巳戌	丑午酉	申亥寅	辰午申	辰巳午
기묘	卯子午	丑子亥	亥酉未	子酉午	未卯亥	戌巳子	卯酉卯	巳戌卯	亥卯未	酉子卯	亥丑卯	辰巳午
경진	申寅巳	卯寅丑	寅子戌	巳寅亥	子申辰	午丑申	寅申寅	寅未子	辰申子	寅巳申	申戌子	午未申
신사	巳申寅	卯寅丑	丑亥酉	寅亥申	午寅戌	未寅酉	巳亥巳	卯申丑	酉丑巳	申亥寅	寅辰午	午未申
임오	亥午子	戌酉申	寅子戌	巳寅亥	戌午寅	午丑申	午子午	辰酉寅	未亥卯	酉子卯	申戌子	丑寅卯
계미	丑戌未	巳辰卯	巳卯丑	戌未辰	卯亥未	卯戌巳	未丑未	巳戌卯	酉丑巳	辰未戌	巳未酉	申寅申

제3순	제1국	제2국	제3국	제4국	제5국	제6국	제7국	제8국	제9국	제10국	제11국	제12국
갑신	寅巳申	子亥戌	午辰寅	巳寅亥	子申辰	戌巳子	寅申寅	子巳戌	辰申子	申亥寅	辰午申	辰巳午
을유	辰酉卯	申未午	未巳卯	丑戌未	巳丑酉	亥午丑	卯酉卯	未子巳	申子辰	未戌丑	申戌子	亥子丑
병술	巳申寅	卯寅丑	丑亥酉	亥申巳	酉巳丑	子未寅	巳亥巳	申丑午	酉丑巳	申亥寅	子寅辰	亥子丑
정해	亥未丑	戌酉申	酉未巳	巳寅亥	未卯亥	午丑申	巳亥巳	巳戌卯	未亥卯	午戌寅	酉亥丑	申酉戌
무자	巳申寅	戌酉申	丑亥酉	寅亥申	巳申丑	子未寅	午子午	巳戌卯	辰申子	卯午酉	辰午申	寅卯辰
기축	丑戌未	子亥戌	亥酉未	子辰戌	卯亥未	卯戌巳	亥未丑	巳戌卯	酉丑巳	午戌辰	卯巳未	寅卯辰
경인	申寅巳	子亥戌	午辰寅	巳寅亥	子申辰	戌巳子	寅申寅	子巳戌	辰申子	申亥寅	辰午申	辰巳午
신묘	卯子午	丑子亥	亥酉未	子未子	未卯亥	戌巳子	卯酉卯	卯申丑	亥卯未	酉子卯	巳未酉	辰巳午
임진	亥辰戌	戌酉申	寅子戌	巳寅亥	子申辰	午丑申	巳亥巳	寅未子	未亥卯	戌丑辰	申戌子	丑寅卯
계사	丑戌未	卯寅丑	丑亥酉	戌未辰	巳丑酉	卯戌巳	巳亥巳	午亥辰	酉丑巳	申亥寅	未酉亥	未申酉